Géologie
des formations superficielles

géodynamique - faciès - utilisation

Géologie des formations superficielles

géodynamique - faciès - utilisation

Michel CAMPY
Professeur
Université de Dijon

Jean-Jacques MACAIRE
Professeur
Université de Tours

MASSON   Paris   Milan   Barcelone   Mexico   1989

En couverture : *Exemple d'interactions complexes entre substrat et formations superficielles. Alluvions anciennes, à pédogenèse polyphasée, affectées par des phénomènes de cryoturbation et reposant sur les calcaires marneux du Kimméridgien* (vallée de l'Ognon, Haute-Saône. Cl. M. Campy).

— **1** Zone de pédogenèse récente ; — **2** Terrasse d'alluvions anciennes altérées ; — **3** Fentes en coin et ravins d'érosion remplis d'argile de décalcification ; — **4** Injections périglaciaires de marnes du substrat ; — **5** Calcaire marneux en place.

MASSON   120, Bd Saint-Germain, 75280 Paris Cedex 06
MASSON ITALIA EDITORI   Via Statuto 2, 20121 Milano
MASSON S.A.   Balmes 151, 08008 Barcelona
MASSON EDITORES   Dakota, 383, Colonia Napoles, 03810 Mexico D.F.

Avant-propos

Cet ouvrage consacré aux formations superficielles est destiné aux étudiants de tous niveaux et à un grand nombre des chercheurs, fondamentalistes ou praticiens, qui œuvrent dans les Sciences de la Terre : géologues, pédologues, archéologues, ingénieurs en génie civil, aménageurs, agronomes...

Les formations superficielles concernent une très vaste communauté, mais paradoxalement, elles n'ont toujours été abordées que partiellement dans les ouvrages de langue française, soit indirectement à propos des sols, de l'archéologie préhistorique, de la paléontologie humaine, de la cartographie..., soit dans des ouvrages synthétiques consacrés à la géomorphologie, à la géologie du Quaternaire ou à la géologie appliquée, toutes sciences pour lesquelles elles constituent un support commun et obligatoire. Aucun livre de large diffusion ne s'est attaché à définir les formations superficielles en tant que telles et à les replacer dans leur véritable cadre, celui de la géologie dynamique. Notre but est de combler cette lacune.

Bien que le concept de formations superficielles soit présent à l'esprit de tout géologue, ces formations sont difficiles à définir : ni leur nature pétrographique, ni leur âge, ni leur épaisseur, ni les types de relation qu'elles présentent avec les dépôts sous-jacents ne leur sont spécifiques. Seuls leur position à l'interface lithosphère-atmosphère et leur caractère essentiellement provisoire à l'échelle du temps géologique font leur originalité. Elles couvrent les continents d'un voile mouvant et discontinu sur lequel l'homme évolue.

Fondamentalement, les formations superficielles sont des formations géologiques à part entière. Cette affirmation est nécessaire face à la communauté géologique française qui les a trop négligées. Elles représentent un obstacle pour le géologue qui étudie les périodes anciennes et donc s'intéresse plus à ce qu'il y a sous le voile, qu'au voile lui-même. Cependant, le même géologue applique le principe de l'actualisme dont les fondements se trouvent, pour les processus continentaux, dans les formations vivantes, celles, en évolution permanente, qui se sont mises en place récemment et continuent d'évoluer sous nos yeux : les formations superficielles.

L'interprétation de ces formations est délicate car, à la différence des dépôts anciens, toute leur complexité nous apparaît : le rôle de la tectogenèse, du relief, du climat, de la végétation et des animaux dans les processus pétrologiques, le caractère lacunaire des séries, la vitesse des phénomènes... sont tangibles. Les notions que l'on est amené à aborder et à orchestrer sont nombreuses et variées : elles concernent principalement la différenciation des altérites et des sols, la pétrologie sédimentaire et, accessoirement, le volcanisme.

Cette complexité exige une analyse fine, rigoureuse et complète, qu'il n'est pas souhaitable d'effectuer *a posteriori* pour achever une étude paléontologique, archéologique, pédologique ou un projet d'aménagement technique. L'étude des formations superficielles doit au contraire être préliminaire et orienter les travaux fondamentaux ou appliqués à réaliser ultérieurement, en les adaptant à chaque cas particulier.

Du fait de leur proximité, il est aisé d'étudier les modalités de mise en place des formations superficielles, mais aussi de les exploiter : l'homme y trouve un support à l'agriculture, de l'eau, des matériaux divers et les sollicite pour résoudre ses problèmes d'aménagement. De plus, les ressources qu'elles offrent sont souvent renouvelables. Elles présentent donc, tant du point de vue fondamental qu'appliqué, un grand intérêt.

Souhaitant extraire les formations superficielles des cadres qui leur sont habituels (Quaternaire, préhistoire, géomorphologie, cartographie...) nous avons résolument laissé de côté les aspects historiques pour les analyser sous l'angle de la géodynamique, de leurs faciès et de leurs utilisations, à partir d'exemples pris pour la plupart, mais non exclusivement, en Europe occidentale. De ces caractères nous avons parfois tiré des enseignements quant à l'application des principes de la stratigraphie. Nous espérons ainsi montrer l'intérêt des formations superficielles pour la compréhension de l'évolution passée de la Terre et pour l'avenir de l'Homme.

Nous remercions très sincèrement tous ceux qui nous ont aidés de leurs conseils, de leurs critiques et de leurs encouragements, et qui nous ont communiqué des documents pour la réalisation de cet ouvrage, en particulier : P. Ambert, C. Carruesco, J. Casanova, J. Chaline, J. Dejou, J.-C. Etlicher, A. de Goër de Hervé, N. Leneuf, M. Magny, G. Mariez, G. Nicoud, A. Parriaux, A. Perruchot, C. Pomerol, L. Rasplus, P. Rosenthal, J. Sommé, J.-P. Tihay, J. Villain, ainsi que S. André pour la réalisation des figures et tableaux et B. Macaire-Maynard pour la dactylographie du manuscrit.

M. Campy, Dijon
J.-J. Macaire, Fès
Le 5-2-1987

Table des matières

DEUXIÈME PARTIE
FORMATIONS SUPERFICIELLES APPARENTÉES AU SUBSTRAT

TROISIÈME PARTIE
FORMATIONS SUPERFICIELLES SANS PARENTÉ AVEC LE SUBSTRAT

A. Transit par l'eau et la glace

Première partie

CONCEPT ET MÉTHODES

Le concept de formation superficielle, présent à l'esprit de tout géologue, demande à être précisé. La revue des différents aspects de ces formations dans le chapitre I, conduit à proposer la définition suivante :

« Les formations superficielles sont constituées de sédiments et de roches exogènes et volcaniques, demeurés à l'interface lithosphère-atmosphère depuis leur mise en place sur les continents, disposés en une ou plusieurs unités d'épaisseur métrique à décamétrique, avec ou sans relation génétique avec le substratum, mais étroitement associés à l'évolution du relief actuel dont ils sont l'expression lithologique. »

Les formations superficielles sont étudiées selon les méthodes classiques de la géologie. Cependant, les principes et raisonnements développés pour leur analyse et leur interprétation stratigraphique, paléogéographique, chronologique, pour leur représentation cartographique et pour leur classification, font appel à des notions variées issues de tous les horizons des Sciences de la Terre. Les divers modes d'approche, et particulièrement l'approche géodynamique et faciologique choisie par les auteurs, sont discutés dans le chapitre II.

Chapitre I

Le concept de formation superficielle

Dans la conception géologique, le terme de « formation superficielle » s'oppose à celui de substratum. Il est en effet courant de distinguer, dans une approche globale et schématique des formations géologiques, deux ensembles distincts facilement perceptibles même pour un observateur non géologue : le *substratum* formé en général de roches dures, cohérentes, assez rarement visibles en dehors des carrières, tranchées de routes, fondations d'édifices, etc., en région de plaine ou de massif ancien, ou formant au contraire l'essentiel du « paysage géologique » dans les régions de montagnes jeunes au relief très escarpé, et les *formations superficielles* qui recouvrent ce substratum en le masquant partiellement ou complètement (fig. I.1 et I.2).

Fig. I.1 — *La vallée du Cher près de Montrichard dans le Sud du bassin de Paris.* Le substrat géologique (craies turoniennes et « argiles à silex » sénoniennes) est caché presque partout par un manteau de formations superficielles où s'alimente la végétation : sables éoliens sur le plateau, colluvions argilo-siliceuses sur les longs versants à pente douce, éboulis calcaires localisés au pied de quelques abrupts et alluvions en fond de vallée.

Elles sont en général meubles ou faiblement consolidées, peuvent avoir une épaisseur de quelques décimètres mais aussi quelquefois de plusieurs dizaines de mètres. La limite entre formation superficielle et substratum est parfois difficile à placer avec précision, lorsque l'on passe progressivement de l'un à l'autre, verticalement ou latéralement. De ce fait, il est délicat de faire correspondre au concept de formation superficielle, qui s'impose à tout géologue, une définition précise. Il est cependant indispensable de le tenter.

Fig. I.2 — *Versant montagneux dans les Alpes du Valais (Suisse).* Le substrat est dégagé dans les zones hautes escarpées, tandis que les formations superficielles recouvrent les pieds du versant : placages glaciaires hérités de la glaciation récente, tablier d'éboulis en base de paroi et cônes de déjection au débouché des talwegs.

I. 1 · Définition

L'originalité des formations superficielles apparaît sous des aspects divers qui peuvent servir de base à leur définition.

I. 1. 1 · Position dans l'espace

Les formations superficielles se trouvent à l'interface lithosphère-atmosphère, à la surface des continents. Elles sont donc essentiellement d'*origine continentale*, mais peuvent aussi avoir une origine marine littorale suivie d'une émersion permanente (dépôts de plage par exemple). Elles sont *toujours affleurantes* ou subaffleurantes ; elles supportent le plus souvent les complexes d'altération et les sols, et traduisent les équilibres érosion-sédimentation.

Les formations superficielles nourrissent l'essentiel de la couverture végétale et sont concernées, au premier chef, par toutes les activités humaines (agriculture, recherche d'eau et de matériaux, grands travaux...) qui se déroulent à leur contact direct.

La position des formations superficielles fait qu'elles sont *toujours exposées* aux processus bioclimatiques et anthropiques alors que le substratum ne l'est qu'épisodiquement (fig. I.3).

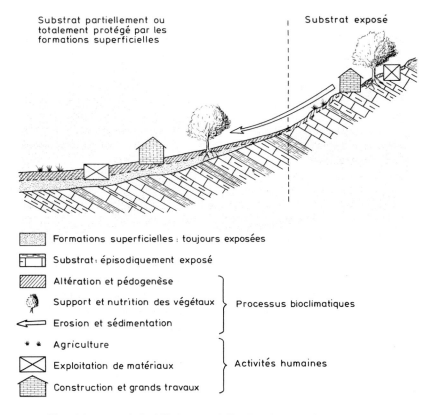

Fig. I.3 — *Vulnérabilité potentielle des diverses formations géologiques (superficielles et du substratum) aux processus bioclimatiques et aux activités humaines.*

I. 1. 2 · Relation avec le substratum (fig I.4)

Les formations superficielles peuvent être le résidu de la dégradation physique et chimique du substrat qui les supporte. Ce sont alors des altérites, *autochtones* ou para-autochtones, et la limite entre ces formations et la roche sous-jacente dont elles dérivent *(roche-mère)* peut être difficile à positionner avec exactitude (transition progressive). La seule fragmentation (par le gel, les racines, etc.) d'une roche en surface n'engendre pas une formation superficielle dont l'individualisation nécessite un déplacement des fragments les uns par rapport aux autres (par cryoturbation, tassement) ou une modification minéralogique (décarbonatation, néogenèse argileuse). Mais le plus souvent, les formations superficielles n'ont pas de relations directes avec le susbstratum qui constitue à leur égard, plus une *roche-support*, qu'une *roche-mère*. Elles résultent alors de processus géologiques sédimentaires ou quelquefois volcaniques, sont *allochtones* et *discordantes*.

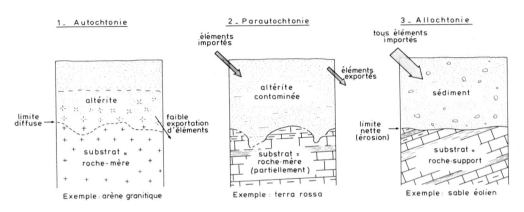

Fig. I.4 — *Relations des formations superficielles avec le substratum.*

D'autre part, on a parfois coutume d'appeler « formations superficielles » des niveaux anciens témoignant de processus de surface mais ayant été enfouis à un moment de leur histoire puis remis à l'affleurement par érosion *(exhumation)*. C'est en général le cas des altérites (autochtones ou non) comme les bauxites crétacées ou le sidérolithique éocène. Sauf dans le cas où leur exhumation s'accompagne d'une modification physico-chimique, de telles roches doivent être considérées comme appartenant au substratum au même titre que les roches sédimentaires ayant enregistré une histoire comparable.

I. 1. 3 · Position par rapport au contexte géomorphologique

La nature et la répartition des formations superficielles sont généralement *liées à la morphologie actuelle* : les alluvions sont associées aux dépressions topographiques, les éboulis aux versants escarpés, etc. Ceci se traduit dans leur dénomination courante, souvent erronée : limon des plateaux (présents aussi sur les versants), colluvions de versants (que l'on trouve aussi sur les plateaux)...

Les formes du relief agissent en favorisant ou inhibant l'action de tel ou tel *agent géodynamique* (glace, eau, vent) et en en réglant l'énergie donc la capacité d'érosion, de transport ou de sédimentation. Une orientation favorable du relief par rapport aux *agents climatiques* (pluie, soleil, vent) autorise certains processus impossibles lorsque l'orientation est défavorable, directement ou par le biais du couvert végétal.

Les formations superficielles apparaissent donc comme l'*expression lithologique de la différenciation du relief actuel.*

I. 1. 4 · Nature lithologique

Les formations superficielles sont, par essence, *exogènes* (sédimentaires et résiduelles). Elles peuvent aussi être endogènes (volcaniques).

Les roches sédimentaires *détritiques terrigènes* sont les plus fréquentes (moraines, alluvions, lœss...) : elles sont constituées d'éléments plus ou moins grossiers et hétérométriques, en général peu ou pas cimentés. Les *altérites* (résiduelles) ont souvent les mêmes caractéristiques mais sont riches en argiles. Les formations superficielles sont donc généralement des roches *meubles.*

Parfois cependant elles résultent partiellement ou totalement de précipitations physico- ou organo-chimiques : elles sont alors cohérentes (encroûtements ferrugineux, travertin...). Elles peuvent aussi être strictement organogènes (tourbes). Quant aux roches volcaniques, on peut les assimiler à des formations superficielles lorsqu'elles sont peu épaisses et épousent la topographie initiale sans l'oblitérer complètement, ce qui se produit souvent à la périphérie des édifices volcaniques.

Tels sont les saupoudrages de cendres ou la partie distale de coulées basaltiques très fluides empruntant les vallées.

La nature lithologique des formations superficielles est donc extrêmement variable.

A travers ces différents aspects on constate l'extrême variété des types de formations superficielles difficiles à définir simplement.

On peut néanmoins proposer la définition suivante :

Les formations superficielles sont constituées de sédiments et de roches exogènes ou volcaniques, demeurés à l'interface lithosphère-atmosphère depuis leur mise en place sur les continents, disposés en une ou plusieurs unités d'épaisseur métrique à décamétrique, avec ou sans relation génétique avec le substratum, mais étroitement associés à l'évolution du relief actuel dont ils sont l'expression lithologique.

I. 2 · Caractères généraux

I. 2. 1 · Variabilité verticale et horizontale

Comme on l'a vu précédemment, la plupart des formations superficielles ont une origine continentale parce qu'elles sont récentes et que la paléogéographie ayant peu évolué depuis leur mise en place, elles représentent le reliquat des processus d'érosion et de sédimentation dans la zone des terres émergées.

Ce milieu continental implique une grande *variété d'environnements* sédimentaires et les dépôts qui s'y forment reflètent cette variété.

Ainsi, les formations superficielles présentent d'abondantes *variations de faciès.* Les unités lithologiques élémentaires ont le plus souvent de très faibles extensions latérales et verticales. Une nappe alluviale par exemple, qui peut être considérée comme le type même de formation superficielle, possède rarement sur une coupe verticale de quelques mètres une constante lithologique parfaite, et la variété des apports longitudinaux et latéraux provoque de nombreuses variations de faciès (fig. I.5).

Fig. I.5 — *Hétérogénéité lithologique des formations superficielles au sein des complexes.* Au-dessus du substrat (calcaire lacustre blanc), de bas en haut : argile brune de décarbonatation à fragments calcaires (sombre), alluvions fluviatiles sableuses de l'Indre et colluvions à sables éolisés et fragments de silex et meulière (Touraine).

Ces variations sont souvent progressives par passage l'un à l'autre d'apports contrôlés par des agents de nature et d'énergie différentes (contact par exemple entre un dépôt de versant et une formation alluviale) : la transition peut se faire en quelques mètres ou en plusieurs centaines de mètres. Les variations peuvent aussi être brutales et s'opérer par des surfaces d'érosion franches. En quelques mètres sont parfois rassemblés des dépôts divers (lacustres, fluviatiles, éoliens...).

Cette complexité des rapports entre unités élémentaires conduit parfois à regrouper les formations ayant une certaine parenté génétique en complexes ou en ensembles (fig. I.6).

Le terme de *complexe* s'applique à un groupement dans un sens *vertical* de formations superposées et étroitement imbriquées.

Le terme d'*ensemble* désigne un groupement *horizontal* de formations juxtaposées et parfois imbriquées.

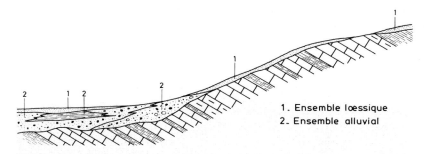

1. Ensemble lœssique
2. Ensemble alluvial

a _ Ensemble : regroupement horizontal de formations éclatées dans l'espace.

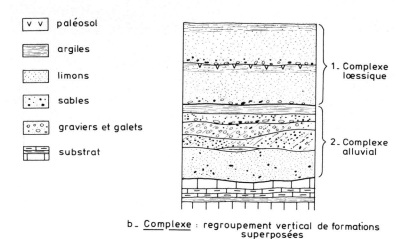

v v paléosol

argiles

limons

sables

graviers et galets

substrat

1_ Complexe lœssique

2_ Complexe alluvial

b _ Complexe : regroupement vertical de formations superposées

Fig. I.6 — *Modes de regroupement des formations superficielles.*

I. 2. 2 · Rapports avec les facteurs morphogénétiques

Les formations superficielles sont présentes lorsque la dynamique des agents de transport est insuffisante pour les exporter.

Cette dynamique est contrôlée par la *topographie* et la *nature des agents géologiques.*

Les relations entre formations superficielles et formes du relief ont été soulignées dans la définition. En milieu continental, l'importance de la pente topographique, de la dimension de la vallée, de la proximité d'un massif montagneux... est primordiale pour expliquer les processus d'altération, érosion, transport et sédimentation. Comme nous le verrons plus loin, de nombreux types de formations superficielles ne doivent leur existence qu'à un élément topographique particulier (par exemple : éboulis = abrupts).

De plus, la topographie est souvent l'expression de la *tectogenèse* qui conditionne indirectement la conservation des dépôts en surface, de la façon suivante (fig. I.7) :

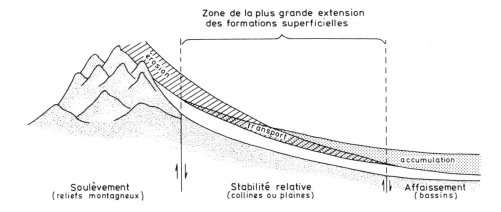

Fig. I.7 — *Distribution schématique des formations superficielles par rapport au contexte morphostructural.*

- *Mouvements positifs* (soulèvements) : provoquent des reliefs, l'érosion, et donc la non-conservation des dépôts de surface ;
- *Mouvements négatifs* (affaissements) : créent des dépressions où s'accumulent les dépôts à tel point que certains d'entre eux, quoique récents, y sont très épais et perdent, excepté à leur sommet, le caractère de formation superficielle (exemple : les dépôts quaternaires de la plaine du Pô en Italie, puissants de plusieurs milliers de mètres) ;
- *Stabilité structurale* : c'est le contexte tectonique le plus favorable à la genèse et la conservation de formations superficielles.

La nature des agents géodynamiques (eau, glace, vent), dépend principalement du *climat*.

Sous les latitudes moyennes de l'Europe occidentale, la présence ou l'absence de formations superficielles dans un lieu donné, s'explique souvent par l'action de conditions dynamiques anciennes plus actives qu'actuellement et reflétant des *paléoclimats* plus froids. C'est le cas, bien entendu, des formations glaciaires, mais aussi des grandes nappes de cailloutis grossiers colmatant les couloirs alluviaux, de la majeure partie des formations de versants et des vastes placages lœssiques.

Les péjorations climatiques cycliques qui caractérisent les périodes géologiques récentes ont favorisé la mobilisation des couvertures détritiques superficielles. Celles-ci se stabilisent et s'altèrent plus ou moins pendant les phases de réchauffement, avec l'aide de la végétation qui forme un écran protecteur contre l'agression érosive des précipitations d'une part, et ralentit et tamponne la dynamique des écoulements superficiels, facteurs d'érosion et de transport, d'autre part.

Les formations superficielles sont suffisamment fraîches et récentes pour que la plupart de leurs facteurs génétiques soient perceptibles et même encore actifs, ce qui rend leur *étude délicate et complexe*, mais aussi riche d'enseignement puisque selon le *principe de l'actualisme* cher aux géologues, elles peuvent servir de *modèle* pour la compréhension de dépôts similaires plus anciens et enfouis.

I. 2. 3 · Abondance des discontinuités et des lacunes sédimentaires

On a trop souvent tendance à penser que la totalité du temps écoulé peut se retrouver dans les dépôts. Ceci peut être vrai dans les conditions exceptionnelles de sédimentation continue (dépôts de fonds marins ou lacustres). Mais en milieu continental, environnement dominant de la genèse des formations superficielles, l'observation des phénomènes actuels, ou l'étude chronologique des dépôts anciens (quand elle est possible) nous montrent que ces dépôts renferment seulement des *bribes d'information* sur le temps écoulé. La plupart des travaux consacrés à ce problème indiquent :

- que la majeure partie des complexes de dépôts superficiels (moraines, nappes alluviales, couvertures lœssiques...) se mettent en place au cours de périodes relativement courtes correspondant à des paroxysmes dynamiques liés en général à des phases climatiques ;
- que les hiatus, apparents ou non, dans ces complexes, marqués souvent par des sols complets ou tronqués, correspondent à des phases d'interruption de dépôt excédant souvent en importance les phases de dépôts proprement dites ;
- qu'un ensemble sédimentaire cohérent géométriquement présente parfois une hétérochronie importante entre l'amont et l'aval ;
- qu'une formation superficielle définie lithologiquement constitue parfois totalement, sinon partiellement l'héritage d'une autre formation superficielle plus ancienne, érodée et remobilisée au cours d'une phase de déstabilisation climatique ou parfois tectonique.

On peut donc considérer que les formations superficielles actuellement stabilisées à l'interface terre — atmosphère constituent la résultante d'un bilan qui combine phases érosives et phases sédimentaires. Si localement les premières ont été plus actives que les secondes, le substratum sera nu et subira lui-même les attaques de l'érosion. Vues sous cet aspect, les formations superficielles constituent donc des *dépôts en transit*, temporairement stabilisés mais prêts à se remobiliser à brève échéance à l'échelle géologique lors d'une phase de déstabilisation.

C'est ainsi que pendant plus de soixante ans, la chronologie du Quaternaire s'est appuyée sur le cadre proposé par A. Penck et E. Brückner (1901-1905) des quatre cycles glaciaires — interglaciaires classiques (Günz-Mindel-Riss-Würm), établi à partir des dépôts incontestablement *tronqués et lacunaires* du piémont bavarois.

L'étude de séries supposées continues par des sondages effectués, depuis une quinzaine d'années, dans les fonds océaniques, en s'appuyant sur l'évolution du rapport O_{18}/O_{16} considéré comme indicateur de climat, a montré qu'il existait *beaucoup plus de quatre cycles* climatiques glaciaires — interglaciaires depuis le début du Quaternaire.

I. 2. 4 - Age

Eu égard à leur position en surface les formations superficielles sont nécessairement *récentes*, d'âge surtout *quaternaire*, et rarement antérieures au Néogène (H. Faure, 1978). Dépôts en transit, temporairement stabilisés à la surface des terres émergées, la durée de leur conservation et donc leur âge, dépendent de la vitesse d'évolution du relief avec lequel ils sont en équilibre : les formations superficielles sont en effet aux avant-postes de l'érosion.

Des sables pelliculaires déposés à l'Éocène ou au Miocène sur une surface peu retouchée ultérieurement sont encore actuellement en position superficielle. Mais l'environnement climatique de la dernière période géologique (le Quaternaire) est caractérisé par une suite de variations climatiques cycliques ayant fait passer l'Europe moyenne, par exemple, d'un biotope général de forêts plus ou moins ouvertes à un biotope azoïque de type désert froid.

Ces brusques variations ont été propices à une *remobilisation cyclique* des formations affleurantes. Ainsi, à chaque phase froide (dite glaciaire) du Quaternaire c'est une grande partie, sinon la totalité, des formations superficielles du cycle précédent qui a été mobilisé temporairement. Ceci explique que beaucoup de ces formations soient d'âge récent, *holocène* ou *würmien*, et qu'elles soient de plus en plus rares lorsqu'on remonte le temps.

Des formations superficielles se mettent en place aussi actuellement, lors des crues de rivières, des vents de sable, des retombées de poussières volcaniques... et l'*homme* intervient de plus en plus dans leurs processus génétiques.

Références bibliographiques

Faure H. (1978) — Colloque « Étude et cartographie des formations superficielles : Leurs applications en régions tropicales » — Thème 1 : « Formations superficielles et géologie » — Rapport de synthèse — Sao Paulo, 1, 39-54.
Penk A. et Bruckner E. (1901-1905) — Die Alpen im Eiszeitalter, Leipzig, 1-3.

Chapitre II

Approche méthodologique
des formations superficielles

On étudie les formations superficielles avec les méthodes classiques de la géologie, comprenant à la fois des observations de *terrain* et des travaux de *laboratoire* sur la pétrographie, la paléontologie, la stratigraphie, la géologie structurale, la géomorphologie, la cartographie, le but final étant soit les reconstitutions chronologiques, paléogéographiques et paléoenvironnementales, soit la reconnaissance des propriétés physico-chimiques et de l'extension de ces roches en vue de leur utilisation.

II. 1 · Analyse stratigraphique

Comme le suggère le « Guide stratigraphique international » (H.D. Hedberg, 1979), la *lithostratigraphie* sera la première étape qui pourra éventuellement être complétée par la *biostratigraphie* et aboutir à une *chronostratigraphie*. De plus, une approche « stratigraphique » originale, faisant intervenir la *topographie* et la *pédologie*, distingue les formations superficielles des autres formations géologiques.

II. 1. 1 · Définition des unités lithostratigraphiques élémentaires

Cette étape essentielle est souvent incomplètement menée ou même omise dans de nombreux travaux. Elle consiste à caractériser de la manière la plus précise possible le ou les corps sédimentaires (unités lithologiques) étudiés :
- par ses caractères propres : *faciès pétrographique* (granulométrie, minéralogie, couleur...), structures sédimentaires, contenu paléontologique, épaisseur.
- par sa *position géométrique* dans l'environnement géomorphologique : place au sein des vallées, sur les interfluves, au pied des ruptures de pentes, etc.
- par ses *relations* avec les unités supérieures, inférieures ou latérales, et la nature des passages (progressifs ou brutaux).

Mais, comme l'indique H. Faure (1978), il est difficile d'adapter aux formations superficielles la nomenclature lithostratigraphique internationale hiérarchisée en unités formelles, de la plus petite à la plus grande : *couche, membre, formation* et *groupe*.

En effet, les superpositions stratigraphiques sont souvent de faible amplitude. Les imbrications et emboîtements sont nombreux. On est amené à regrouper au sein de la même unité (par exemple formation) des dépôts éclatés dans l'espace, présentant des caractères communs, sans que l'ordre précis de leur mise en place puisse être reconstitué.

D'autre part, aux caractères lithologiques *primaires* se superposent souvent des *faciès d'altération* ou de pédogenèse *secondaires* ayant parfois tendance à uniformiser des dépôts initialement distincts (fig. II.1) ou au contraire permettant de séparer des matériaux de faciès originel semblable.

Fig. II.1 — *Alluvions fluviatiles anciennes (Pléistocène moyen) de l'Indre près de Tours.* La stratification, la composition minéralogique et la couleur initiales des limons, sables et graviers alluviaux sont fortement masquées et perturbées par des langues argileuses grises allongées verticalement ou horizontalement (zone réduite, claire sur le cliché) et une matrice argilo-ferrique brun-rougeâtre (zone oxydée, sombre), apparues bien après le dépôt par altération superficielle et pédogenèse.

La distinction entre caractères lithologiques primaires et secondaires s'impose. Plusieurs dépôts élémentaires observés en différents points pourront donc être groupés en complexes ou ensembles ayant, par exemple, valeur de membres ou de formations, sans qu'on puisse observer ces derniers en totalité en un lieu donné.

Lorsqu'une coupe assez complète donne une image satisfaisante de l'unité, elle est décrite avec précision, photographiée, dessinée, étudiée dans toutes ses composantes et sert de profil type ou *stratotype*. Un nom particulier peut lui être donné qui évitera de confondre cette unité avec une autre. Cette désignation pourra être composée de l'association d'un élément lithologique caractéristique à un *nom de lieu* ou de province où cette unité est bien représentée (ex. : argiles bleues de Bresse).

Si cette unité a déjà été définie dans le passé par d'autres auteurs, une synonymie doit être établie. On a intérêt à ne pas multiplier les appellations relatives à une même unité lithologique élémentaire et à choisir de préférence la plus ancienne dénomination attribuée. Mais si celle-ci ne convient pas et si de nouvelles études appuyées sur de nouvelles coupes plus complètes et plus significatives ont permis de dégager des caractéristiques plus représentatives, il est nécessaire de changer l'appellation en justifiant cette démarche. Si ce nouveau choix est judicieux, l'usage l'imposera progressivement dans la littérature.

Outre une description complète des caractéristiques sédimentologiques de la ou des coupes-types étudiées, la définition comportera également des éléments de caractérisation géographiques et géométriques : *cartographie* à grande échelle (1/25 000, 1/10 000 ou même 1/2 000), représentation par *bloc-diagramme* schématique, *position altimétrique* de la partie sommitale ou basale, position par rapport au niveau du cours d'eau proche, etc.

On n'insistera jamais assez sur l'importance de cette première étape. Trop d'études anciennes ou même actuelles sont dominées par l'obsession chronologique. Si bien que de nombreuses formations superficielles sont très sommairement caractérisées, mais par contre précisément — et souvent très provisoirement — situées dans un cadre chronologique à la mode. L'évolution régulière des schémas chronologiques rend très rapidement caduque la validité de telles études.

II. 1. 2 · Approche chronostratigraphique

Son but consiste à donner un âge relatif ou absolu à l'unité lithologique préalablement définie. Les formations superficielles, en majorité continentales, sont souvent *pauvres en fossiles* à la différence des formations sédimentaires marines, domaine privilégié de la stratigraphie classique. De plus, la relative jeunesse de ces formations et des fossiles qu'elles contiennent, ne permet pas toujours d'utiliser l'évolution des espèces comme critère chronologique. Certains groupes cependant, comme les rongeurs, ont évolué plus vite que d'autres et fournissent de bonnes indications chronologiques (J. Chaline, 1985).

L'*approche biostratigraphique* des formations superficielles est donc délicate et présente plusieurs particularités :
- la présence d'éléments paléontologiques liés à l'*homme* : restes fossiles ou industries nécessitant une analyse particulière et originale.
- la recherche d'éléments faunistiques demande l'étude, souvent par tamisage, d'une grande quantité de sédiments, en raison de la rareté des documents fossiles dans les dépôts continentaux. Les seuls contextes sédimentaires riches en faunes sont les *pièges karstiques* (avens et fissures) ou les *repères de carnivores* et *habitats préhistoriques* (porches de grottes). Mais ces gisements particuliers sont rarement corrélables géométriquement aux formations superficielles externes.
- l'âge récent de ces formations nécessite pour les dater non pas une seule espèce fossile, végétale ou animale, mais le plus souvent tout un *cortège* paléontologique, permettant de mieux cerner le paléoenvironnement.
- l'époque quaternaire — cadre chronologique le plus fréquent des formations superficielles — est caractérisée par des fluctuations climatiques profondes (alternance de phases dites glaciaires et interglaciaires). Les cortèges faunistiques ou floristiques fournissent d'abord des renseignements d'ordre *paléoclimatique*. La situation chronologique dans l'une ou l'autre des phases climatiques s'avère souvent difficile à préciser. En ce qui concerne les données floristiques, basées essentiellement sur les études palynologiques, seule la période tardi et post-glaciaire permet, grâce à l'évolution maintenant bien connue des environnements végétaux, d'établir un cadre chronologique fondé sur l'évolution des climats, qui jusqu'à présent s'est révélé fiable.

Les méthodes récentes de la *chronologie absolue* (carbone 14, potassium-argon...) permettent de positionner avec précision certaines formations superficielles dans les temps géologiques. Mais leur application n'est pas toujours possible en raison des *hauts risques de pollution* liés à la situation en surface des dépôts, en particulier pour ce qui est du C14 (J. Evin, 1986). Le recoupement des méthodes et la multiplication des mesures s'imposent.

La *magnétostratigraphie* est généralement difficile à mettre en œuvre en raison du caractère détritique grossier prédominant dans les dépôts, et de l'abondance des discontinuités dans les séries. D'autre part, l'altération superficielle modifie l'aimantation rémanente naturelle en introduisant une aimantation secondaire (aimantation rémanente cristalline) par néoformation d'oxydes et d'hydroxydes de fer. C'est cependant dans ces formations récentes que la magnétostratigraphie est la plus précise et la mieux connue. La limite entre la dernière période inverse (Matuyama) et la période normale actuelle (Brunhes), datée de 730 000 ans (A. Mankinen et G. Dalrymple, 1979), est commode pour situer de nombreux dépôts dans le temps.

Par ailleurs, la logique de distribution des formations superficielles par rapport au *relief* (étagement des terrasses alluviales ou marines par exemple) apporte des arguments propres à ces formations pour leur classement chronologique : mais avec ce seul critère, il est prudent de se limiter au classement relatif des formations entre elles, sans chercher à les placer plus précisément au sein des échelles chronostratigraphiques de référence, au risque de graves erreurs.

II. 2 - Représentation cartographique

II. 2. 1 - Cartes disponibles

Les cartes géologiques françaises classiques (échelles : 1/80 000 et 1/50 000) diffusées par le B.R.G.M. (Bureau de Recherches Géologiques et Minières), font en général peu de cas des formations superficielles : leur souci majeur est de donner une image cohérente des roches du sous-sol, c'est-à-dire du substratum, même si celui-ci est peu visible dans le paysage. On peut à ce titre les considérer comme des « écorchés géologiques » faisant le plus souvent *abstraction* de cette couverture représentant plus une gêne à l'observation du substrat, qu'un élément marquant du contexte géologique local (« cette mince pellicule qui masque les affleurements »). C'est ainsi que les formations superficielles ne sont cartographiées que lorsqu'elles ne permettent absolument pas de deviner le substrat sous-jacent, c'est-à-dire lorsqu'elles sont vraiment trop épaisses ou continues.

Il est cependant juste de remarquer que de nombreux efforts ont été faits depuis deux décennies en vue de leur meilleure cartographie :
- par le *B.R.G.M.* qui a pris conscience de l'importance de ces formations dans le domaine appliqué (génie civil, aménagement, agronomie) et a mieux soigné leur représentation sur les *cartes à 1/50 000*. Certaines régions (la Bresse par exemple) ont bénéficié d'un programme cartographique particulier comprenant de nombreuses campagnes de sondages peu profonds (jusqu'à 30 m), seul moyen de reconnaissance lithologique efficace dans un environnement géomorphologique peu favorable (surface plane trop couverte par la végétation).

- par les *pédologues* qui ont multiplié les levés cartographiques après les conclusions de la Commission de Pédologie et de Cartographie des Sols (C.P.C.S.) de 1967. Ces levés sont étayés par des sondages effectués à la tarrière manuelle, très peu profonds (1 m en moyenne) mais à maille serrée (hm ou km).
Plusieurs dizaines de *cartes standardisées à 1/100 000*, dont le levé est coordonné par le Centre National de la Recherche Agronomique *(C.N.R.A.)*, et de très nombreuses cartes à 1/50 000 et 1/25 000 non commercialisées ou à diffusion limitée, existent en France. Mais les informations d'ordre lithologique qu'on trouve sur ces cartes sont sommaires.
- par des *initiatives locales* émanant de laboratoires universitaires ou de groupes d'études qui ont effectué des levés cartographiques axés essentiellement sur les formations superficielles. Ainsi le C.E.R.C.G. (Centre d'Études et de Réalisations Cartographiques Géographiques dépendant du C.N.R.S.) a commencé la réalisation de *cartes géomorphologiques* qui donnent une assez bonne vision des formations superficielles (C.N.R.S., 1972). Mieux encore, le Centre de Géomorphologie du C.N.R.S. de Caen a entamé la publication d'une série de cartes des formations superficielles qui constituent un modèle à généraliser. En plus de leur intérêt scientifique fondamental, ces travaux peuvent avoir des *applications pratiques* (hydrologie superficielle, prévention des pollutions, agronomie) que les cartes géologiques classiques n'offrent pas.

II. 2. 2 · Notations cartographiques du B.R.G.M.

Après une période de recherche et d'hésitation ayant produit des notations assez fantaisistes, les symboles adoptés pour la cartographie géologique systématique ont été codifiés (Notes d'orientation pour l'établissement de la carte géologique à 1/50 000, Chapitre Formations superficielles, B.R.G.M., 1975). Les principes généraux de cette codification sont les suivants :

La notation qui désigne une formation (superficielle) est composée d'une *suite de lettres ou de chiffres* juxtaposés sur une même ligne. La signification fondamentale est fournie par le premier signe. Ceux qui le suivent précisent successivement cette signification (tab. II.1) :

- la *notation principale* : simple ou composée, généralement en *majuscules* latines, parfois anglaises, désigne la *formation*, le complexe de formations ou éventuellement un ensemble et prend en compte le ou les processus dominants responsables de leur genèse.
- la *notation subordonnée* éventuelle est en *minuscules* latines ou anglaises (ou parfois en majuscules latines ou anglaises, mais de taille réduite) et apporte des *précisions* sur la formation : origine des matériaux, chronologie relative.
- des *indices* qu'il est nécessaire de ne pas trop multiplier peuvent enfin fournir des indications de troisième ordre : nature du substrat, texture...
- des notations permettant de mentionner des *superpositions,* soit de formations superficielles entre elles (par exemple $\dfrac{FG}{G}$: nappe fluvio-glaciaire sur moraine), soit

Tab. II.1 — Notation cartographique B.R.G.M. des formations superficielles.

NOTATION PRINCIPALE		NOTATION SUBORDONNEE	
Altérites et paléosols <u>majuscule anglaise</u>	Dépôts	Origine du matériau constitutif	Chronologie relative
	Processus unique <u>majuscule latine</u> — Processus combinés <u>majuscules latines associées</u>	<u>Indice du matériau</u> ayant alimenté la formation superficielle	<u>Lettre latine minuscule</u>

Altérites et paléosols <u>majuscule anglaise</u> :

𝒜 - formations d'altération (indifférenciées)
𝒫 - paléosols
𝒞 - encroûtements calcaires
𝒮 - silicifications
𝒥 - ferruginisations

Dépôts — Processus unique <u>majuscule latine</u> :

X - dépôts artificiels, remblais
R - formations résiduelles
M - dépôts marins et littoraux
F - dépôts fluviatiles
J - cônes de déjection
P - dépôts de piémont, épandages de glacis
L - dépôts lacustres
G - dépôts glaciaires
E - éboulis de gravité
C - colluvions
S - dépôts de solifluxion
N - nappes de sables éoliens
D - dunes
OE - loess
T - tourbes
U - dépôts de précipitation chimique : tufs, travertins
V - projections volcaniques

Dépôts — Processus combinés <u>majuscules latines associées</u> :

Exemples :
FG : dépôts fluvio-glaciaires
RF : formations résiduelles et fluviatiles imbriquées
FC : alluvions - colluvions

Origine du matériau constitutif :

<u>Indice du matériau</u> ayant alimenté la formation superficielle
Exemples :
Ej_2 : éboulis (E) alimenté par le calcaire bathonien
Rm_2a : formation résiduelle issue des faluns helvétiens

Chronologie relative :

<u>Lettre latine minuscule</u>

1er rang : en remontant l'alphabet depuis z, affecté à la formation la plus récente.

2ème rang : en descendant l'alphabet depuis a, affecté à la formation la plus ancienne.

<u>Exemples</u> :
Fw, Fx, Fy, Fza, Fzb (alluvions de plus en plus récentes).

a _ Représentation cartographique

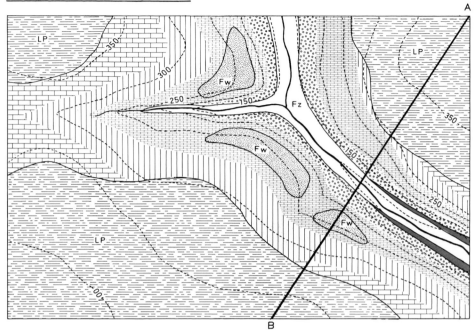

b _ Coupe AB

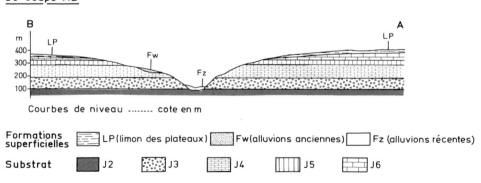

Courbes de niveau .... cote en m

Formations superficielles ⬚ LP (limon des plateaux) ⬚ Fw (alluvions anciennes) ☐ Fz (alluvions récentes)

Substrat ■ J2   ▦ J3   ▤ J4   ⦀ J5   ▥ J6

Fig. II.2 — *Propriétés cartographiques des formations superficiel-les.* Les couches du substrat sont disposées selon une logique cartographique définie : dans le cas de la structure tabulaire, la plus simple, les limites d'affleurement suivent les courbes de niveau.

Les formations superficielles, au contraire, n'obéissent à aucune règle stricte : leurs limites suivent approximativement les courbes de niveau en les recoupant de façon imprévisible. Ces formations sont discordantes sur le substrat.

de formations superficielles sur un substrat reconnu (par exemple $\dfrac{G}{J3}$: moraine sur marne du Callovien).

- certaines notations, consacrées par l'usage, sont encore utilisées parce que pratiques, mais leur emploi cache souvent un manque de connaissances approfondies sur le processus génétique (LP : « limons de plateaux » englobant toute une série de formations polygéniques affleurant à la surface des plateaux ; RS : « formations résiduelles » désignant les grandes nappes superficielles complexes de type « argiles à silex »).

Les principes de base représentés dans le tab. II.1 doivent être suivis, mais ils présentent une certaine souplesse permettant d'*adapter la notation* aux cas particuliers qui ne manquent pas d'apparaître (par exemple les variations d'épaisseur). Toute précision ou adaptation doit être explicitée clairement dans la légende stratigraphique et la notice explicative de la carte.

II.2.3 · Logique cartographique

La structure des couches sédimentaires du substratum (tabulaire, monoclinale, plissée, faillée) se traduit sur les cartes géologiques par une logique géométrique impliquant des règles précises de recoupement des courbes de niveau topographiques et des limites d'affleurement des couches (fig. II.2).

La représentation cartographique des formations superficielles, au contraire, n'obéit à *aucune règle rigoureuse*, puisque ces formations n'ont généralement pas de structure au sens tectonique du terme.

Fig. II 3.— *Discordance angulaire de formations superficielles (galets et graviers fluviatiles) sur le substrat (calcaire du Dogger). Moyen Atlas (Maroc).*

Elles sont *discordantes* sur le substrat (cartographiquement toujours, angulairement parfois fig. II.3). Les conditions de leur genèse étant étroitement liées à la topographie, et en particulier à la valeur des pentes, on pourrait s'attendre à des relations simples entre les limites des affleurements et les courbes de niveau. De fait, les contours des « limons des plateaux » suivent sensiblement les courbes de niveau marquant une colline, ou les limites d'extension des alluvions au sein des vallées présentent un certain parallélisme avec les lignes topographiques, mais il s'agit toujours d'*approximations* continuellement mises en défaut en raison de la complexité et de la fluctuation des facteurs génétiques des formations superficielles.

II. 3 · Mode de classification

La variété et surtout le caractère marginal des formations superficielles dans les Sciences de la Terre n'ont pas été propices à engendrer des classifications très élaborées comme c'est le plus souvent le cas pour les autres types de roches. Selon la manière dont on aborde ces formations, plusieurs critères peuvent être privilégiés pour fonder la classification.

II. 3. 1 · Classification à partir du critère textural

Le caractère lithologique majeur des formations superficielles, d'origine généralement détritique, est leur texture ou *granularité* : répartition des grains qui la composent dans des classes de dimensions définies.

Cette nomenclature a l'avantage de pouvoir être rapidement utilisée sur le terrain par estimation, mais elle doit être précisée par analyse et utilisation de diagrammes de texture du type *diagramme triangulaire* (fig. II.4). On peut ainsi distinguer, par exemple, des matériaux argilo-limoneux (lœss, alluvions de plaines d'inondation...), sablo-graveleux (alluvions de fonds de chenaux, formations de pente), à blocs (moraines), etc.

Son intérêt est surtout *pratique* : les qualités agronomiques, hydrogéologiques et les caractéristiques géotechniques d'une formation peuvent être directement déduites avec une assez bonne précision d'après sa position dans les différentes aires du diagramme triangulaire.

II. 3. 2 · Classification à partir des relations avec le substrat (fig. I.4)

Cette approche permet de cerner les rapports qui peuvent exister entre la formation superficielle et son substratum. On peut schématiquement distinguer trois grands groupes (B. Gèze, 1959) : les formations autochtones, parautochtones ou résiduelles, et allochtones ou de transport.

Les formations *autochtones* résultent directement de la désagrégation et de l'altération de leur substratum que l'on doit alors considérer comme la véritable roche-mère de la formation. La différence entre roche-mère et formation superficielle consiste en un ameublissement de la dernière, mais avec conservation *in-situ* des produits de la transformation. Tous les *sols* se rangent dans cette catégorie.

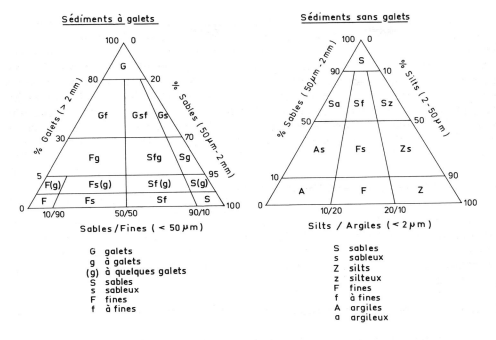

Fig. II.4 — *Diagrammes de texture des sédiments* (d'après R.L. Folk, 1968, modifié).

Les formations *parautochtones* ne constituent qu'un résidu des précédentes. Lorsqu'une partie des produits issus de la désagrégation de la roche-mère a été entraînée par dissolution, lessivage, éolisation, ruissellement... et que la fraction résiduelle est *enrichie d'éléments importés* par divers agents de transport (eau, vent...), les formations qui en résultent n'ont qu'une parenté très éloignée avec le substrat. Se placent notamment dans cette catégorie les « argiles à silex » ou à chailles, les formations sidérolitiques, les argiles à graviers, les terres rouges ou brunes (terra rossa, terra fusca).

Les formations *allochtones* n'ont plus aucun lien avec leur substratum qui constitue pour elles une roche-support. Leur présence est liée à un agent de *transport* qui les mobilise ailleurs avant de les déposer. Ce transport pourra s'effectuer sur de courtes ou de très longues distances. Ce sont par exemple les formations de versant déplacées sous l'effet gravitaire, les formations morainiques, les alluvions fluviatiles, les lœss...

II. 3. 3 · Classification génétique

Malgré les dangers qu'elle présente et donc les précautions à prendre lors de son utilisation, c'est le type de classification le plus fréquemment adopté. Elle est en effet dangereuse parce qu'on n'est jamais absolument sûr du mode de genèse d'une formation. Le géologue utilise plus volontiers la pétrographie classique sur laquelle sont fondées des classifications descriptives moins aléatoires.

L'usage a pourtant consacré, pour la classification des formations superficielles, une *typologie génétique*. La raison essentielle tient probablement au fait qu'il est souvent aisé de rapprocher ces formations de dépôts en cours de genèse. En effet, on peut fréquemment observer des formations superficielles en train de se former sous les différentes latitudes du globe. Les causes de leur mise en place peuvent donc être définies avec précision et l'analogie avec des formations plus anciennes peut être établie avec un bon degré de fiabilité.

C'est ainsi qu'on parle de formations glaciaires, fluvio-glaciaires, glacio-lacustres, fluviatiles, éoliennes, lacustres, etc.

Dans la suite de cet ouvrage, la présentation des formations superficielles adopte essentiellement ce critère de classification.

II. 4 · Synthèse

L'intégration de toutes les données débouche sur une synthèse qui peut prendre plusieurs aspects.

II. 4. 1 · Synthèse stratigraphique

Le positionnement géométrique de toutes les unités élémentaires bien caractérisées, la reconnaissance des zones de passages latéraux de faciès et des horizons limites dans les trois dimensions, permettent de proposer une stratigraphie des formations étudiées.

Cette synthèse prend en compte les éléments litho-, bio- et chronostratigraphiques et débouche sur un cadre chrono-événementiel où toutes les phases sédimentogènes et (ou) érosives sont repérées et placées dans le temps de façon absolue ou relative.

II. 4. 2 · Synthèse paléogéographique

L'étude lithologique des formations peut conduire à une reconstitution dynamique des conditions de leur mise en place et, par là, aboutir à une reconstitution paléogéographique où les divers environnements, marqués par le climat, la végétation, le milieu de vie... et leur distribution à la surface des continents, sont précisés. C'est ainsi que sera estimée l'extension d'une phase d'avancée glaciaire grâce au contact dépôts morainiques — nappes proglaciaires. De même les anciens cours fluviatiles sont reconnus et leurs déplacements repérés.

II. 4. 3 · Synthèse chronologique

Chaque événement, interprété dynamiquement, caractérisé climatiquement, pourra être placé chronologiquement et l'étude des formations superficielles d'une région aboutira, au mieux, sur un cadre chronologique discuté et parfois discutable.

L'une des caractéristiques trop souvent sous-estimée du milieu continental est, comme nous l'avons déjà souligné, que ce milieu est extrêmement *lacunaire*. Toutes les périodes ou phases climatiques ne s'impriment pas dans le paysage par un dépôt sédimentaire. Sauf dans les cas particuliers des sédimentations lacustres, il semble même que les principaux ensembles de formations superficielles (glaciaires, alluviales, lœssiques, colluviales...) correspondent à des phases chronologiques de courte durée, mais très actives. L'essentiel du temps écoulé serait plutôt caractérisé par de longues phases de stabilité pendant lesquelles les formations superficielles ne subiraient qu'un léger remaniement et, en particulier, une altération et/ou pédogenèse plus ou moins importante(s).

Quoi qu'il en soit, la tendance actuelle de l'étude des formations superficielles incline vers la proposition de synthèses (stratigraphique, paléogéographique ou, surtout, chronologique) *locales*. La référence systématique à des cadres plus généraux établis ailleurs est en contradiction avec le caractère éminemment variable de ces formations. Elle a conduit de nombreux chercheurs à des erreurs et à des attitudes figées ou stérilisantes.

II. 5 · Approche suivie dans cet ouvrage

Comme nous l'avons vu dans les paragraphes précédents, les formations superficielles peuvent être abordées sous des angles très divers. Plusieurs ouvrages classiques traitant de cartographie, de stratigraphie, de chronologie, de paléoécologie, de paléogéographie, de géologie appliquée, notamment ceux dévolus au Quaternaire ou à la préhistoire, leur sont en partie consacrés.

Nous avons choisi de présenter les formations superficielles en fonction de leurs relations avec le substrat, et dans chaque catégorie, de les analyser sous l'angle de la *géodynamique*. En effet, une compréhension précise et rigoureuse des faciès, des modalités de leur genèse, et de leur organisation dans l'espace est la condition préalable indispensable à toute interprétation chronologique, environnementale ou autre.

Un raisonnement ou une méthode valable pour un type de formation n'est pas nécessairement applicable aux autres. Par exemple, nous avons souligné, dans certains cas, les relations entre le type génétique et le type de stratigraphie qu'il autorise.

Par ailleurs, une bonne connaissance des phénomènes géodynamiques facilite et oriente la prospection, l'utilisation et la représentation graphique des formations superficielles. Nous avons réservé la dernière partie de cet ouvrage aux aspects appliqués, eux-mêmes étroitement dépendant des conditions génétiques donc des faciès et de la position géométrique de chaque formation.

Références bibliographiques

Archambault M., Lhenaff R. et Vanney J.-R. (1974) — Documents et méthodes pour le commentaire de cartes (géographie et géologie), Masson éd., 3 fascicules.

Bowen D.Q. (1978) — Quaternary Geology, Pergamon Press, Oxford, 221 p.

B.R.G.M. (1975) — Notes d'orientation pour l'établissement de la carte géologique à 1/50 000. Service Géologique National. Orléans, 240 p.

Chaline J. (sous la direction de) (1980) — Problèmes de stratigraphie du Quaternaire, en France et dans les pays limitrophes, *Suppl. Bull. Ass. Fr. Et. Quat.* NS n° 1, 372 p.

Chaline J. (1985) — Histoire de l'homme et des climats du Quaternaire, Doin éd., Paris, 366 p.

C.N.R.S. (1972) — Cartographie géomorphologique, Mémoires et Documents, C.N.R.S., NS, vol. 12, 267 p.

C.P.C.S. (1967) — Classification des sols, E.N.S.A., Grignon, 87 p.

Evin J. (1986) — Altérations et datations des sédiments quaternaires, *Bull. Ass. Fr. Et. Quat.*, 3-4, p. 205-214.

Faure H. (1978) — Colloque « Étude et cartographie des formations superficielles : leurs applications en régions tropicales » — Thème 1 : « Formations superficielles et géologie » — Rapport de synthèse — Sao Paulo, 1, 39-54.

Folk R.L. (1968) — Petrology of sedimentary rocks, Austin Univ. of Texas, 170 p.

Gèze B. (1959) — La notion d'âge du sol, son application à quelques exemples régionaux, *Ann. Agro.*, 10, p. 237-249.

Hedberg H.D. (1979) — Guide stratigraphique international, Trad. P. Burollet, C. Pareyn, C. Pomerol, M.-L. et P. Rat, Doin éd., Paris, 233 p.

Mankinen A. et Dalrymple G. (1979) — Revised geomagnetic time scale for the interval 0 to 5 m.y B.P., *Journ. Geophys. Res.*, 84 B. p. 615-626.

Pomerol C. (1973) — Stratigraphie et paléogéographie, Ère cénozoïque (Tertiaire et Quaternaire), Doin éd., Paris, 269 p.

Deuxième partie

FORMATIONS SUPERFICIELLES APPARENTÉES AU SUBSTRAT

De nombreuses formations superficielles sont constituées d'éléments issus du substrat géologique qu'elles recouvrent directement ou qui affleure à proximité immédiate.

Les altérites (chapitre III) forment un manteau quasi continu dans les régions à climat humide de l'Europe moyenne. Elles reflètent la nature du substrat dont elles dérivent par altération météorique (arènes sur granite, terra fusca sur calcaire, « argile à silex » sur craie...) mais leurs propriétés physico-chimiques sont très différentes. Les altérites sont essentiellement autochtones et résiduelles mais peuvent aussi comprendre une fraction allochtone engendrant notamment des encroûtements.

Les sols (chapitre IV) coiffent toutes les formations géologiques, qu'elles soient superficielles ou qu'elles appartiennent au substrat. Ils sont caractérisés par l'interaction des éléments minéraux de la lithosphère et organiques de la biosphère, et dépendent étroitement du couple climat-végétation. Les paléosols sont des sols, enfouis ou non, qui ont commencé à se différencier avant l'Holocène. La connaissance des modalités de genèse et des principaux types de sols est indispensable à qui étudie le milieu superficiel.

Les formations de versant (chapitre V) résultent du déplacement de fragments par rapport aux roches qui les ont libérés, sous l'effet des forces gravitaires liées aux pentes. Le chemin qu'ils ont parcouru est généralement court et étroitement dépendant de la topographie locale, donc du contexte structural et de la nature du substrat. Ces formations sont fréquentes mais discontinues. Elles forment la transition entre les sols et altérites et les formations à transit long. Leur position est particulièrement instable à la surface de la lithosphère.

Les formations du domaine karstique (chapitre VI) sont limitées aux régions à substrat de calcaires durs. Des phénomènes superficiels particuliers s'y développent, qui engendrent des matériaux résiduels insolubles (argiles) ou des dépôts par précipitation chimique (travertins) dans des sites de surface ou de subsurface divers. Les mécanismes et la configuration des sites d'accumulation sont toujours contrôlés par le substrat carbonaté lui-même.

Chapitre III

Les altérites

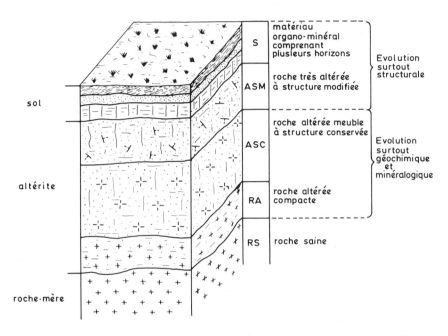

Fig. III.1 — *Schéma théorique d'un profil d'altération superficielle non remanié* (d'après P. Ildefonse et al., 1979).

A proximité de la surface du sol, les roches subissent des modifications sous l'effet des *agents biologiques et climatiques*, et de la *circulation des eaux* dans les nappes phréatiques. Ces modifications donnent naissance à des formations superficielles appelées *altérites*, autochtones (en place) ou allochtones (déplacées), dont la filiation génétique avec les roches dont elles procèdent *(roches-mères)* est plus ou moins étroite.

Lorsque l'altérite est plus meuble que la roche-mère, elle est sensible à l'érosion et dispersée au sein de colluvions, alluvions, etc. : elle pourvoit à l'alimentation des roches sédimentaires détritiques terrigènes. Si l'altérite est plus cohérente que le substratum (croûtes siliceuses ou ferrugineuses sur sables, croûtes calcaires sur marnes...), elle ralentit au contraire les processus d'érosion. Dans tous les cas, les altérites en place sont mieux conservées dans les régions à *pentes faibles ou modérées* (plateaux des bassins sédimentaires et massifs anciens) où l'érosion est faible. Sur ce manteau d'altérites, l'évolution superficielle ultérieure avec l'intervention directe des agents biologiques, entraîne la formation d'un *sol* (fig. III.1).

III. 1 · Modalités d'élaboration

III. 1. 1 · Les mécanismes

La dégradation superficielle des roches comprend deux étapes : la désagrégation mécanique et l'altération chimique.

La *désagrégation mécanique* provient de l'élargissement et de la multiplication des fissures qui existent à différentes échelles dans la roche initiale, au niveau du minéral (clivages), entre les minéraux (joints de grains) ou au sein des blocs de roche (joints thermiques, de stratification, de schistosité ; diaclases).

L'accroissement de la fissuration peut résulter du développement du réseau racinaire des végétaux ou de l'action des animaux fouisseurs. Le gel, en transformant l'eau en glace plus volumineuse, fait éclater les roches : ce phénomène appelé *gélifraction* fut particulièrement actif pendant les glaciations quaternaires, notamment lorsque les cycles gel-dégel étaient nombreux. Toutes les variations thermiques, même en l'absence d'eau, surtout si les roches sont peu protégées par le couvert végétal, favorisent la fragmentation des roches : c'est la *thermoclastie*. Les croissances cristallines secondaires (minéraux argileux, oxydes et hydroxydes, sels divers) agissent plus intimement dans les clivages ou les joints de grains et provoquent, par pression, la microdivision des minéraux ou leur déchaussement de la roche : *argiloclastie, haloclastie*.

Bien que n'affectant pas la composition de la roche, la désagrégation physique agit insidieusement en augmentant la surface de contact entre l'eau ou l'air et la matière minérale : elle prépare et amplifie le processus d'altération chimique qui va amener les réelles modifications par soustraction ou addition d'éléments chimiques.

L'eau est le principal agent d'altération : elle induit la dissolution des sels solubles (de Na^+, K^+, Mg^{++}, Ca^{++}...), l'hydratation de certains ions (Fe) et surtout l'hydrolyse qui produit, par extraction des cations situés dans les réseaux des minéraux, l'effondrement des structures cristallines. Les eaux chargées de substances organiques acides ou de gaz carbonique (CO_2) sont encore plus agressives vis-à-vis des minéraux, en particulier du carbonate de calcium (calcite) dissous sous forme de bicarbonate $(CO_3 H)_2$ Ca ou de nitrate $(NO_3)_2$ Ca.

L'air contenu dans les fissures d'une roche, par son oxygène, rend le milieu oxydant. Lorsque la même roche est gorgée d'eau, le milieu pauvre en oxygène, y est réducteur. Les variations du potentiel d'oxydo-réduction produisent des transformations minéralogiques et agissent sur la solubilité d'ions comme le fer ou le manganèse.

III. 1. 2 · Les transformations

Les minéraux silicatés sont plus ou moins sensibles à l'altération chimique selon leur nature. S.S. Goldich (1938) a remarqué que, dans l'ensemble, l'*ordre de fragilité croissante* des minéraux essentiels des roches endogènes (quartz, muscovite, feldpaths potassiques, plagioclases Na, biotite, plagioclases Ca, hornblende, augite, olivine) est inverse de l'ordre de leur cristallisation au sein des magmas.

Cette observation a été confirmée et affinée par de nombreux travaux ultérieurs. Des calculs théoriques tenant compte de l'énergie libre standard de formation des différents minéraux selon la composition des solutions (pH, Eh, concentration en certains éléments) ont conduit à des *diagrammes d'équilibre*.

La confrontation des évolutions relevées dans la nature avec les travaux expérimentaux, montre que la stabilité ou l'instabilité d'un minéral ne tiennent pas seulement à la nature du minéral lui-même, mais aussi aux *conditions du milieu superficiel*. Les ions extraits des minéraux sont progressivement éliminés du profil sous forme soluble *(lixiviation)*, en général dans l'ordre suivant aux pH voisins de 7 : Na, Ca, Mg, K, Si, Fe, Al (fig. III.16). En fait dans le détail cet ordre peut varier selon l'aptitude des minéraux à libérer tel ou tel élément. Lorsque le milieu est acide (pH $\simeq$ 4) et que les eaux sont chargées en certains composés organiques solubles (acides oxalique, citrique...), Fe et Al sont plus mobiles que la silice et sont exportés sous forme de complexes organo-métalliques *(chéluviation)*.

Ces *mouvements d'ions* au sein de l'altérite se traduisent par un déficit chimique global par rapport à la roche initiale (tableaux III.1 et III.2) et par la genèse de minéraux secondaires (minéraux argileux, oxydes et hydroxydes), formant le « *complexe d'altération* », selon deux processus :
- par *transformation* progressive de la structure et modification de la chimie des minéraux primaires (c'est surtout le cas des phyllosilicates).
- par *néoformation* : cristallisation d'un minéral à partir des éléments en solution les moins mobiles, avec parfois passage par un stade intermédiaire amorphe (gel). J. Dejou et al. (1977) ont résumé les nombreux travaux traçant les itinéraires suivis par les minéraux silicatés au cours de leur évolution superficielle. Les étapes de cette évolution sont surtout bien marquées sous les climats tempérés humides, peu agressifs (fig. III.2).

La genèse des minéraux secondaires est souvent induite par une « *évolution initiale* » au sein du minéral (albitisation, séricitisation, chloritisation) qui peut être d'origine superficielle mais le plus souvent d'origine profonde (rétrodiagenèse).

Les produits secondaires élaborés renferment :
- des phyllosilicates de *type 2/1* (deux couches de Si pour une couche de Al) : illite, vermiculite, intergrade Al (transition vermiculite-chlorite), smectites et interstratifiés multiples.
- des phyllosilicates de *type 1/1* (à une couche de Si pour une couche de Al) : kaolinite, halloysite.
- des oxydes et hydroxydes de Fe et Al.

Généralement, en climat tempéré humide, les divers minéraux secondaires sont formés successivement comme indiqué sur la figure III.2. Le stade kaolinite et oxyhydroxydes peut être atteint par de nombreux minéraux d'autant plus que ceux-ci sont fragiles, le milieu acide et lixiviant, et la durée de l'altération prolongée. En milieu confiné l'évolution est stoppée au stade des phyllosilicates 2/1.

Mais le degré de destruction des minéraux primaires et la composition du « complexe d'altération » dépendent avant tout du *climat* sous lequel l'altérite s'est différenciée. A la suite des travaux de G. Pedro (1964 à 1969) et H. Paquet (1969) on distingue les domaines d'altération suivants :
- *altération nulle* : sous les climats froids ou chauds et secs des déserts des régions polaires ou tropicales les minéraux primaires n'évoluent pratiquement pas.
- *bisiallitisation* : les climats tempérés et humides affectent modérément les miné-

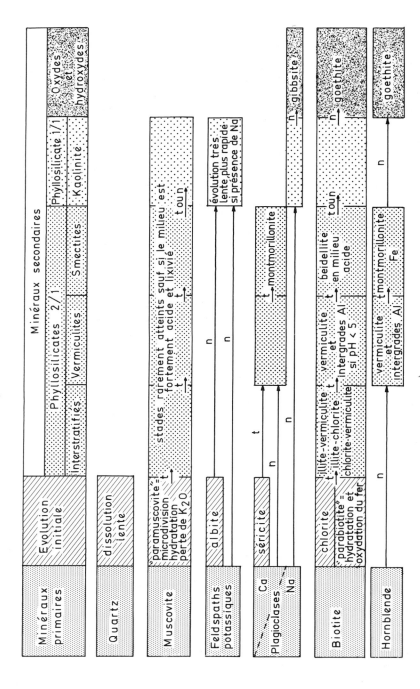

Fig. III.2 — *Évolution superficielle des principaux minéraux silicatés en climat tempéré humide. n :* néoformation ; *t :* transformation.

raux et donnent naissance à des phyllosilicates variés, surtout de type 2/1 (fig. III.2). Le climat méditerranéen à saisons contrastées, humides et sèches, est favorable à l'individualisation des oxydes de fer responsables de la rubéfaction des altérites : un type particulier de bisiallitisation apparaît, la *fersiallitisation.*

- *monosiallitisation* : sous climat tropical, chaud et humide, la forte altération des minéraux et l'appauvrissement de l'altérite en silice plus soluble que Al et Fe, amène la formation préférentielle d'argile 1/1 (kaolinite).

- *ferrallitisation* : sous climat équatorial très chaud et humide, l'altération est extrême. Tous les minéraux primaires sont détruits. L'élimination quasi complète de la silice empêche la formation de minéraux argileux. Seuls les oxydes de fer et d'aluminium demeurent près de la surface.

Les pays d'Europe occidentale couvrent actuellement les domaines d'altération nulle (au Nord) et de bisiallitisation, avec fersiallitisation au Sud. Mais au cours des temps anté-quaternaires, l'Europe a connu des altérations plus intenses sous des climats à tendance tropicale.

III. 1. 3 · Le bilan

On estime le degré d'altération d'une roche en comparant la composition chimique globale de l'altérite à celle de la roche saine.

La seule confrontation des analyses chimiques totales, en %, ne permet pas de suivre précisément les gains et les pertes subies par la roche : elle révèle seulement les mouvements relatifs des constituants (enrichissement en Fe ou Al par rapport à Si, etc.). Certaines méthodes permettent d'établir un bilan approché de l'altération.

a) La méthode isovolumétrique (tableau III.1)

Elle est applicable aux matériaux altérés n'ayant pas subi de tassement et dont l'architecture est conservée (niveaux RA et ASC de la figure III.1).

On compare la masse (en cg) des divers éléments contenus dans 1 cm³ de roche saine à celle restant dans le même volume de roche altérée. Cette opération nécessite de mesurer la densité des divers matériaux, généralement à l'aide d'un pycnomètre.

On évalue ainsi l'importance des mouvements d'ions : relativement à la roche saine, l'altérite est habituellement débitrice, sauf pour H_2O.

Cette méthode proposée par G. Millot et M. Bonifas (1955) dans le cas de l'altération ferrallitique (latérites) a aussi été utilisée dans les zones tempérées, soit à l'échelle de l'ensemble d'un profil, soit à l'échelle des galets à cortex d'altération.

La méthode isovolumétrique n'est cependant pas applicable dans les nombreux cas où la structure de la roche initiale a disparu (niveaux ASM et S de la figure III.1).

b) La méthode isoquartz (tableau III.2)

Elle est bien adaptée aux altérites élaborées dans les régions à climat tempéré et méditerranéen où le quartz, ubiquiste, est peu touché par les agents météoriques.

Cette méthode a donné de bons résultats pour établir le bilan de l'altération des roches cristallines et cristallophylliennes en arènes et gores (J. Dejou et al., 1977).

TAB. III.1 — Application de la méthode isovolumétrique à l'altération des galets alluviaux de spilite (d'après M. Icole 1974).

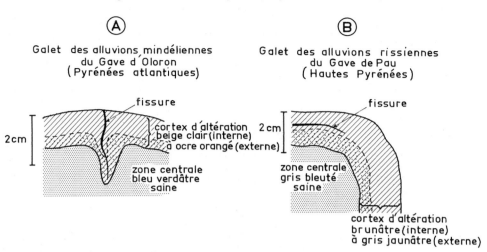

Constituants chimiques	Ⓐ Galet mindélien				Ⓑ Galet rissien
	Composition chimique en %		Composition chimique en cg/cm³		Bilan de l'altération dans le cortex (cg/cm³)	Bilan de l'altération dans le cortex (cg/cm³)
	Centre	Cortex	Centre (% × 2,88)	Cortex (% × 1,67)		
SiO_2	56,30	52,70	162,14	88,00	− 74,14	− 22,20
Al_2O_3	15,05	16,30	43,21	27,22	− 15,99	− 0,51
Fe_2O_3	7,76	13,97	22,34	23,32	+ 0,98	+ 0,50
MgO	6,02	5,04	17,33	8,41	− 8,92	− 4,36
CaO	7,72	1,35	22,23	2,25	− 19,98	− 8,62
Na_2O	2,43	−	6,99	−	− 6,99	− 1,67
K_2O	1,16	1,08	3,34	1,80	− 1,54	+ 0,17
TiO_2	0,55	1,12	1,58	1,87	+ 0,29	+ 0,61
H_2O	2,94	9,93	8,46	16,58	+ 8,12	+ 4,31
Total	100,07	100,60			− 118,17	− 31,77
Densité	2,88	1,67				

Le bilan fait apparaître un départ en valeur absolue (cg/cm³) de SiO_2, Al_2O_3, MgO, CaO, Na_2O, K_2O plus marqué dans le cortex du galet mindélien que dans celui du galet rissien soumis moins longtemps que le premier aux processus d'altération.

Les valeurs positives du bilan (Fe_2O_3, TiO_2, H_2O) témoignent d'éléments issus de l'extérieur et piégés dans l'espace poreux du cortex.

TAB. III.2 — Application de la méthode isoquartz à l'altération du granite en climat tempéré (d'après J. Dejou, 1967).

A			B			C		
Constituants chimiques	Granite %	Arène %	Minéraux	Granite %	Arène %	Granite (B×1)	Arène (B× $\frac{36,00}{40,30}$)	Bilan %
H_2O	0,73	1,82	Apatite	0,24	0,24	0,24	0,21	- 0,03
SiO_2	73,80	72,69	Opaques	0,60	0,90	0,60	0,80	+ 0,20
Al_2O_3	15,32	16,18	Biotite	3,55	3,90	3,55	3,50	- 0,05
Fe_2O_3	0,71	1,23	Muscovite	2,80	3,30	2,80	2,95	+ 0,15
FeO	0,77	0,54	Feldspath K	22,45	22,00	22,45	19,80	- 2,65
TiO_2	0,10	0,23	Albite	30,65	12,60	30,65	11,35	- 19,30
P_2O_5	0,10	0,10	Anorthite	1,75	0,80	1,75	0,75	- 1,00
MnO	0,06	0,04	Al_2O_3 restant	2,45	0,40	2,45	0,36	- 2,09
CaO	0,47	0,28	Quartz	36,00	40,30	36,00	36,00	0
MgO	0,16	0,15	Phase < 2μ (kaolinite)	–	11,40	–	10,26	+ 10,26
K_2O	4,34	4,44	Phase 2-5 μ	–	3,00	–	2,70	+ 2,70
Na_2O	3,70	1,53	H_2O totale	0,73	1,82	0,73	1,65	+ 0,93
Total	100,26	99,68	Total	101,22	100,66	101,22	90,33	- 10,88

(Minéraux primaires pour les lignes Apatite à Quartz ; Complexe d'altération pour les lignes Phase < 2μ à H_2O totale)

Roche-mère : granite à deux micas, à grains fins, de Saint-Brisson (Morvan).

La méthode comporte trois opérations :

A — Analyse chimique globale des roches à divers niveaux du profil.

B — Estimation de la composition minéralogique quantitative de chaque niveau en utilisant les formules générales (ou établies après analyse séparée) des minéraux présents.

C — Calcul de la composition minéralogique de chaque niveau par rapport à 100 de la roche fraîche de référence (en considérant la teneur en quartz invariante).

Le bilan fait apparaître une évolution géochimique « ménagée », caractéristique de l'altération en région tempérée : les pertes les plus importantes concernent dans l'ordre décroissant : albite, feldspath K, anorthite et biotite.

Son application pose néanmoins souvent des problèmes liés en particulier à la dissolution inévitable du quartz, même si elle est faible, et à l'estimation souvent approximative de la composition chimique des minéraux.

D'autres invariants ont été proposés pour l'établissement des bilans d'altération. Ce sont en général des éléments peu mobiles comme l'*aluminium*, le *titane* ou le *zirconium* qui présentent le désavantage, surtout pour les deux derniers éléments, d'être moins abondants que la silice dans les roches.

III. 2 · Arènes et gores

Les *arènes* dérivent de l'altération des roches *magmatiques plutoniques* (granites, diorites...) et les *gores* plutôt des roches *métamorphiques* (gneiss, micaschistes) : elles sont très répandues sur les massifs anciens. Les altérites issues des roches volcaniques, moins fréquentes et minces, n'ont pas de dénomination propre. Leur débit se rapproche parfois de celui des arènes, mais ce sont le plus généralement des matériaux bruns relativement riches en fractions fines (limons et argiles), dérivant souvent d'une altération en boules comparable à celle des granites (fig. III.3).

Fig. III.3 — *Altération en boules d'un basalte, très comparable à celle d'un granite (Ifrane, Maroc).*

III. 2. 1 · Faciès et constitution

Les *arènes* en place sont de couleur claire et à dominante sableuse. Elles sont composées des minéraux de la roche initiale, reconnaissables bien que diversement altérés, situés dans leur position d'origine, mais ayant perdu leur cohésion. Elles contiennent des îlots de roche encore saine : ces îlots ont la forme de *boules* cohérentes enveloppées d'*écailles* au sein desquelles la roche se désagrège progressivement vers l'extérieur jusqu'à proximité des fissures où les teneurs en minéraux argileux et ox-hydroxydes sont les plus élevées (fig. III.3 et III.4).

Les minéraux les plus fragiles (biotite, feldpaths plagioclases) produisent une phase argileuse secondaire principalement composée de kaolinite et gibbsite sur granites, et de vermiculite, montmorillonite et interstratifiés sur diorites. Dans les régions tempérées, contrairement aux régions tropicales, quartz, feldpaths potassiques et muscovite sont généralement peu affectés. Les roches plutoniques à grains grossiers et non quartzeuses s'arénisent plus vite.

Les *gores* présentent de nombreux points communs avec les arènes. Ils s'en distinguent par une plus grande richesse en phase argileuse secondaire, car les roches métamorphiques dont ils dérivent sont riches en biotite facilement altérable et possèdent une anisotropie (orientation par foliation, schistosité) qui favorise la pénétration de l'eau et donc l'hydrolyse.

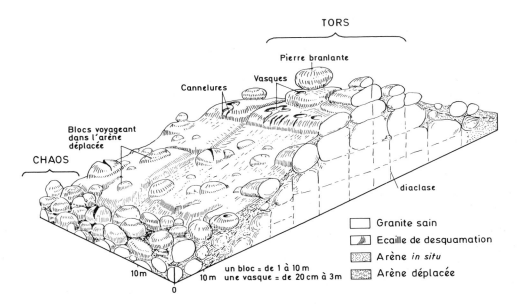

Fig. III.4 — *Altération en boules du granite* (d'après A. Godard, « *Pays et paysages du granite* », P.U.F. 1977).

III. 2. 2 · Distribution et genèse

Sur les pentes, les arènes sont épaisses de quelques mètres. Elles peuvent atteindre 20 m dans les régions planes, et même 35 m dans les zones où le socle est fracturé. Elles épousent la surface topographique (arènes « *épidermiques* »), mais se rencontrent aussi parfois à quelques mètres de profondeur, sous la roche dure (arènes « *dermiques* ») : elles résultent dans ce cas d'une hydrolyse par circulation latérale d'une nappe d'eau souterraine.

En Limousin, J.-C. Flageollet (1977) distingue :
- Les *arènes riches en argile et limon*, à kaolinite et gibbsite abondantes, et pauvres en minéraux primaires, sur les reliefs montagneux et les plateaux élevés. Leur élaboration pourrait avoir commencé au Pliocène ou au Pléistocène ancien.
- Les *arènes sableuses* à minéraux primaires encore abondants, assez argileuses (kaolinite, parfois gibbsite), distribuées indifféremment dans le relief. Elles se formeraient depuis le Pléistocène moyen.
- Les *arènes à sables grossiers*, peu argileuses mais pouvant aussi contenir un peu de kaolinite et gibbsite, et localisées dans les vallées. Elles dateraient du Pléistocène supérieur et de l'Holocène.

Ces arènes sont distinctes par le *degré* et non par la *nature* de l'altération ; leurs caractères particuliers dépendent de leur âge, du climat, du drainage et de la topographie locale.

Il semble que la plupart des arènes soient *récentes* parce qu'elles peuvent se former rapidement, en quelques centaines ou milliers d'années, que l'évolution des minéraux primaires est généralement *ménagée* et que la kaolinite et la gibbsite ont la possibilité d'apparaître sous les climats tempérés actuels (J. Dejou et al., 1977) sans impliquer nécessairement des climats anciens plus chauds et humides. Elles se sont différenciées par altération cumulée au cours de phases interglaciaires à la fin du Quaternaire principalement. Les arènes très argileuses, fortement kaolinisées et rubéfiées (à tendance ferrallitique), attribuables aux climats plus agressifs du Paléogène ou du Néogène, sont rares et conservées à la faveur d'accidents tectoniques. On connaît aussi des arènes enfouies sous des couches sédimentaires mésozoïques ou des coulées volcaniques cénozoïques.

Les arènes en place passent souvent vers le sommet des profils à des arènes remaniées sous climat périglaciaire par cryoreptation (arènes litées) ou gélifluxion (arènes limoneuses à blocs) : voir § V.2.2.d. A la partie supérieure des versants, l'érosion dégage progressivement la couche meuble d'arène et met à jour des blocs arrondis de roche peu altérée, découpés par l'ancien réseau de diaclases. Lorsqu'ils sont encore en place, ces blocs forment des *tors* (fig. III.4). Déplacés sur les versants et lavés de leur gangue d'arène, ils forment des *chaos* comme ceux bien connus du Sidobre ou du Morvan. En Vendée, ces blocs sont appelés « chirons ».

Sur les surfaces granitiques, l'arénisation progressive fait apparaître des formes de dissolution particulières qui s'autoentretiennent et s'accentuent parce que l'humidité y demeure plus longtemps qu'ailleurs : ce sont les *cannelures*, *vasques* et *taffonis*.

III. 3 · Argiles et sables de décarbonatation

Les roches calcaires fissurées soumises à la lixiviation par les eaux chargées de CO_2, d'ions $NO_3^=$ et d'acides organiques en région tempérée, perdent une grande partie, sinon la totalité de leurs carbonates à proximité de la surface du sol. Ce phénomène donne naissance à des altérites composées des minéraux initialement présents dans la roche calcaire (silicates, oxydes insolubles) auxquels viennent s'ajouter des minéraux de néogenèse et souvent une fraction détritique allochtone. Ces matériaux, à dominante sableuse ou argileuse selon la nature de la roche d'origine, couvrent une grande partie de la surface des bassins sédimentaires ou des plateaux calcaires. Ils remplissent aussi des fissures ou des cavités d'origine karstique (voir chap. VI).

III. 3. 1 · Terra rossa et terra fusca

Les calcaires jurassiques, *durs*, induisent la formation de terres argileuses brunes appelées *terra fusca*, abondantes en Lorraine, en Bourgogne, ou de terres rouges nommées *terra rossa* bien représentées dans les régions méridionales (Provence, Espagne), occidentales (Périgord, Charentes) ou montagneuses (Jura Souabe). Ces formations ont une épaisseur variant de quelques dm à quelques m (fig. III.5). L'altération procède par *dissolution pelliculaire* (M. Lamouroux, 1972) : des pellicules de minéraux silicatés et d'oxydes de fer se décollent des blocs calcaires corrodés, chaque année, pendant la période humide. La terra fusca se forme dans les régions à climat plus humide et moins chaud que la terra rossa dont la rubéfaction nécessite une saison sèche avec néanmoins une pluviosité annuelle élevée (au moins 1 000 mm).

Fig. III.5 — *Terra rossa sur calcaire crétacé dur et très fissuré (Jordanie).*

Compte tenu de la faible proportion d'impuretés silicatées dans les calcaires durs (en Bourgogne, il faudrait 16 m de calcaire lithographique pour produire 1 m de « terre d'Aubue », d'après D. Baize, 1972), et de la lenteur de la dissolution des carbonates (quelques dizaines ou centaines de g par m² de terrain percolé par an), il est sûr que la plupart des terra fusca et rossa sont anciennes et ont connu *plusieurs cycles climatiques* d'évolution : celles dont la fraction argileuse est riche en illite se sont formées pendant les dernières phases interglaciaires du Quaternaire, tandis que d'autres, riches en kaolinite, remontent au Quaternaire ancien ou au Néogène.

Les calcaires sableux ou les grès à ciment calcaire se transforment en *sables argileux résiduels*. C'est le cas par exemple des grès du Lias inférieur du Sud-Est de la Belgique ou des faluns miocènes de Touraine.

III. 3. 2 · Argiles à silex

Les *calcaires tendres* du Jurassique et les *craies* du Crétacé, plus riches en fraction silicatée, induisent par décarbonatation la formation d'*argiles bariolées* (noires, grises, vertes, brunes, rouges...) pouvant atteindre plusieurs mètres d'épaisseur. Lorsque ces calcaires contiennent des accidents siliceux (silex, cherts, chailles, meulières) ces derniers se trouvent mêlés à l'argile résiduelle (argiles à silex du bassin de Londres, de Normandie, argiles à chailles du Jura, du Nivernais, certaines argiles à meulière du Bassin de Paris).

L'« *argile à silex* » est la plus répandue de ces formations, en particulier dans l'ouest et le sud du Bassin de Paris. Il faut bien distinguer les argiles à silex issues d'une *sédimentation* marine ou lagunaire initiale, comme c'est le cas dans le sud-ouest du Bassin de Paris à la fin du Crétacé (formations « argilo-siliceuses » sénoniennes de Touraine) et qui appartiennent au substrat géologique, des argiles à silex véritables formations superficielles provenant de la *décarbonatation* des craies. Ces dernières ont une épaisseur moyenne de quelques mètres et forment des *poches* dans la craie sous-jacente (fig. III.6). Certaines d'entre elles (ouest du Bassin de Paris), les plus évoluées, se trouvent sur les *plateaux*, à l'affleurement ou recouvertes par des sédiments d'âge tertiaire : elles sont riches en kaolinite, ferruginisées et contiennent des silex cariés (désilicification). Elles se sont formées sous les climats ferrallitisants à tendance tropicale du Paléogène. D'autres argiles à silex (N.-E. du Bassin de Paris) épousent les *versants de vallée*, contiennent surtout des smectites, de l'illite et des silex peu altérés. Elles sont apparues sous des climats tempérés pendant les périodes interglaciaires du Quaternaire, avant le dépôt des couvertures lœssiques (C. Mathieu, 1975).

Fig. III.6 — « *Argile à silex* » *de décarbonatation d'une craie sénonienne (Sens, Yonne)*. Remarquer la croûte de précipitation des carbonates au contact couverture — craie.

III. 3. 3 · Couvertures mixtes : résiduelles et détritiques

Bien souvent, les « argiles et sables de décarbonatation » ont une histoire complexe : ils ont été remaniés et contaminés par des *apports allochtones*, notamment à leur partie supérieure.

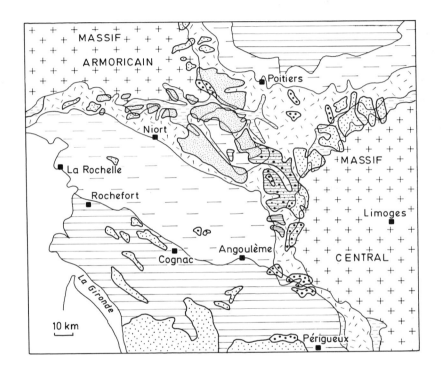

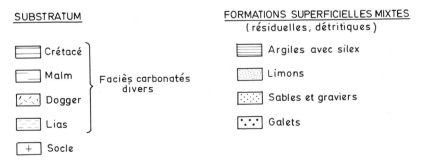

Fig. III.7 — *Nature et distribution des formations superficielles cénozoïques sur la plate-forme Nord-Aquitaine* (d'après G. Callot, 1976, modifié). Voir aussi le tableau III.3.

Les terra rossa et fusca présentent fréquemment une fraction limoneuse d'*origine éolienne* marquée dans le Jura suisse par la chlorite alpine (M. Gratier et M. Pochon, 1976) : voir § VI.3.1. a. Les poussières d'origine saharienne nourrissent les terra rossa de Grèce (D.A. Macleod, 1980) et d'Italie (M.L. Jackson et al. 1982). Les terres rouges des grands causses du sud du Massif Central contiennent des argiles et du sable *alluviaux* amenés au Pliocène ou au Quaternaire ancien des reliefs alentours, en particulier des Cévennes ; les terres rouges ont été ultérieurement recarbonatées (D. Cals et al. 1980).

De même les argiles à silex du Bassin de Paris ont généralement été perturbées au Quaternaire par le *ruissellement*, le *vent* ou le *gel*. Elles contiennent du sable ou du limon et les silex sont roulés ou fragmentés. Ce ne sont plus alors des formations strictement résiduelles, c'est pourquoi on les nomme « *complexes à silex* » (connus autrefois sous le nom de « *biefs à silex* »).

G. Callot (1976) a expliqué la *distribution* des couvertures mixtes (résiduelle et fluviatile) sur la plate-forme carbonatée nord-aquitaine. Dans cette zone, située en contrebas du Massif Central, les calcaires jurassiques et crétacés sont recouverts de diverses formations argileuses, limoneuses, sablo-graveleuses et à galets d'âge variable au sein du Cénozoïque et pouvant atteindre 30 m d'épaisseur. Les premières sont plus étendues vers l'ouest, jusqu'aux Sables-d'Olonne, que les dernières limitées à

TAB. III.3 — Influence de la nature du substratum calcaire sur la répartition des formations superficielles dans la région Nord-Aquitaine (d'après G. Callot, 1976). *Voir aussi Fig. III.7.*

Substratum calcaire		Formations superficielles (épaisseurs supérieures à 2m)	
Nature	Résidu non carbonaté (% moyen)	Mode de répartition	Coefficient de recouvrement
Marnes et calcaires marneux	10 - 40	–	0,3 %
Calcaires durs sans silex	0,5 - 4	discontinu	15 %
Calcaires détritiques sableux	25 - 50	discontinu	20 %
Calcaires crayeux à barres de silex du Crétacé	30 - 50	groupé	26 %
Calcaires durs à silex du Dogger	2 - 10	groupé	60 %
Calcaires siliceux et marnes du Lias	40 - 70	continu	85 %

l'Angoumois (fig. III.7). Selon leur nature, les calcaires piègent différemment les produits silicatés (tableau III.3). Dans les calcaires siliceux, la dissolution de la fraction carbonatée, plus soluble que la silice, crée un *système poreux* au milieu duquel migrent les argiles qui emballent chailles et silex : sur ces calcaires, les couvertures sont épaisses. Les calcaires sans silex, mais à ciment calcaire dur, portent des couvertures peu épaisses et discontinues, localisées surtout dans les fissures karstiques. Les calcaires non siliceux et sans architecture cristalline solide (marnes, craies sans silex, calcaires marneux...) ne conservent pas leurs couvertures.

III. 3. 4 · Décarbonatation sous couverture (fig. III.8)

Des argiles de décarbonatation peuvent aussi se former aux dépens d'une roche calcaire, sous une couverture détritique *perméable* (alluvions, limons). Au contact couverture-calcaire, s'individualise une *frange d'argile* généralement très plastique, de couleur variable, d'épaisseur décimétrique, épousant la forme des poches de dissolution. On y trouve des minéraux argileux de néoformation (smectites et kaolinite) accompagnant les minéraux présents dans le calcaire (illite surtout). La formation de ces argiles n'est pas placée directement sous le contrôle du climat (précipitations) ; elle dépend surtout de l'activité karstique (karst couvert, A. Bonte, 1963). Ces argiles sont parfois enrichies en argiles d'illuviation issues de la couverture détritique superposée et floculant au contact du calcaire. Ce matériau argileux d'origine mixte forme l'*horizon béta* (β) des pédologues (J. Ducloux, 1978).

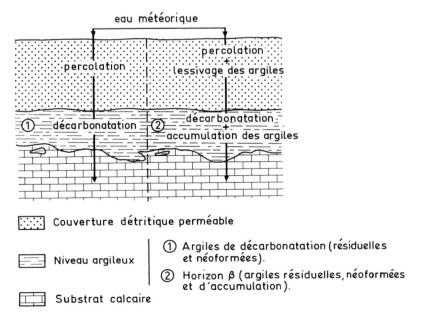

Fig. III.8 — *Genèse des niveaux argileux entre couverture perméable et substrat calcaire.*

III.4 · Les encroûtements calcaires

III.4.1 · Diversité et classification

La calcite, peu soluble dans l'eau pure (0,05 g/l environ), est dissoute dans l'eau chargée de CO_2 sous forme de bicarbonate, à raison de 1,5 g/l maximum à 0°C. La lixiviation de la calcite des roches calcaires décroît avec l'augmentation de la température et la baisse de pression partielle de CO_2 de l'eau.

La fluctuation de ces paramètres physico-chimiques, renforcée par l'évaporation de l'eau, entraîne la précipitation fréquente de la calcite non loin des zones de dissolution, dans les milieux superficiels. Il se forme des encroûtements calcaires dont la couleur (blanc, gris, beige, rose...) dépend de la nature et de la quantité des oxydes et hydroxydes de Fe ou Mn associés.

Les milieux et modalités de genèse, comme les formes, des redistributions carbonatées, sont extrêmement variés. P. Freytet et J.-C. Plaziat (1978) distinguent :
- Les *milieux bien drainés* : ils correspondent à des écoulements de sub-surface ou au sein de formations détritiques perméables, dans des zones à pente topographique (glacis alluviaux, talus d'éboulis...) ou à surface horizontale (couvertures lœssiques...), sensibles aux fluctuations bioclimatiques superficielles.
- Les *milieux hydromorphes* : il s'agit des plaines d'inondation alluviales ou des bassins lacustres et de leur marge palustre où la circulation est très ralentie voire nulle. Les processus sédimentaire, diagénétique et pédologique y interfèrent de façon complexe.
- Le *milieu supralittoral* : les accumulations calcaires superficielles y sont fréquentes (formation de grès dunaires, croûtes laminaires, beach-rock...). Il s'agit d'un milieu bien drainé, mais dans un contexte particulier.

Ce chapitre est consacré plus particulièrement aux *encroûtements de milieux bien drainés* associés aux phénomènes d'altération superficielle. Ce qui relève des milieux alluvial, lacustre et supralittoral est réservé aux chapitres qui leur sont consacrés.

La localisation et la nature des principaux types d'encroûtements calcaires en milieu bien drainé sont représentés sur la figure III.9. On relève plusieurs formes d'accumulation dépendantes ou non les unes des autres.

III.4.2 · Revêtement et imprégnation des roches du substratum

La précipitation de calcite à partir de solutions issues de la surface et circulant dans les fissures d'une *roche calcaire* (fig. III.9, 1) donne naissance à des macrocristaux de calcite ou à des *croûtes zonaires* moulant les faces des fragments rocheux. Les croûtes zonaires sont des accumulations peu épaisses (quelques mm ou cm) de calcaire très dur renfermant une phase détritique fine, en minces couches superposées, alternativement claires ou colorées par de la matière organique, du manganèse ou des argiles (J.-H. Durand et al., 1979). Elles résultent de la précipitation de carbonates ou du piégeage de particules éoliennes par les algues et lichens tapissant la surface des roches. Les croûtes zonaires sont rares en Europe occidentale où le climat est trop humide pour qu'elles apparaissent. On les rencontre surtout sur le littoral méditerranéen exposé aux chutes de poussières en provenance du Sahara (voir § X.1.2).

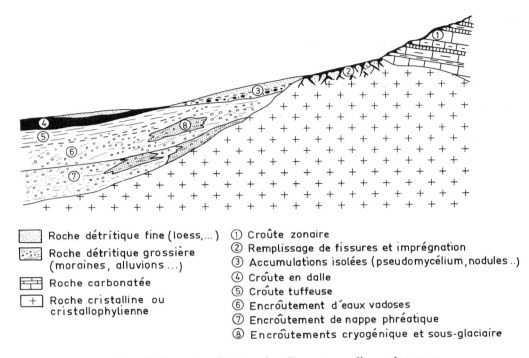

Fig. III.9 — *Localisation des divers types d'encroûtements calcaires en milieu bien drainé.*

Dans les roches *cristallines* (fig. III.9, 2), les carbonates comblent les fissures et les pores, et se développent progressivement au détriment des minéraux silicatés par *épigénie* (G. Millot, 1979).

III. 4. 3 · Accumulations pédologiques isolées (fig. III.9, 3)

Au sein des sols calcaires formés sur limons, lœss, marnes ou sables carbonatés, en région tempérée humide, la lixiviation des carbonates dans les horizons superficiels est souvent associée à une *accumulation discontinue* (horizon Ca).

L'accumulation prend la forme de fins *filaments* blanchâtres (pseudo-mycélium), de *taches* farineuses, de *granules* (mm), de *nodules* (cm à dm) durcis comme les « poupées » des lœss (fig. III.10), ou de *manchons* de racines mortes. Dans les sables, la calcite peut précipiter en *bandes* discontinues (accumulation sériée). Ces concentrations ont des causes soit biologiques (baisse de pression partielle de CO_2), soit physiques (dessication en profondeur...).

III. 4. 4 · Croûtes calcaires

Les croûtes calcaires, connues sous le nom de *calcrête, caliche* ou *kankar* en différentes régions du monde, sont principalement localisées au sommet des remblaiements alluviaux, dans la partie basse des glacis.

Fig. III.10 — *Accumulation de carbonates sous forme de poupées (au niveau du marteau), à la base d'un paléosol intercalé dans un complexe de formations superficielles (Bourgogne).*

Elles n'ont pas, en Europe occidentale, l'importance qu'elles présentent en Afrique du Nord ou dans l'ouest des États-Unis. Elles affectent néanmoins de nombreuses formations détritiques, plutôt grossières, du Pliocène et du Pléistocène ancien dans les régions méditerranéennes au climat alors subaride.

On distingue (fig. III.9, 4 et 5 et fig. III.11) :

- A la base, une « *croûte tuffeuse* » : friable, blanc plâtreux avec des nuances de jaune, gris ou rose, à feuilletage sub-horizontal, elle rappelle le travertin. Elle contient des ooïdes, des concrétions ferrugineuses, de la matière organique (algues, champignons) mais peu de fraction détritique (T. Vogt, 1984).
- Au sommet, une « *croûte en dalle* » : elle est dure, compacte, rose (à hématite), beige ou ocre (à goethite et hydroxydes) et contient un peu plus de fraction détritique que la croûte tuffeuse. Elle peut être homogène ou discrètement litée.

Il faut néanmoins noter que les croûtes ne sont pas toujours aussi bien différenciées et qu'elles peuvent correspondre aussi à des *bandes calcaires dures*, centimétriques, multiples et irrégulières, disposées au sein d'un matériau meuble à caractère colluvial dérivant du substrat dans des zones de pentes.

Les interprétations pédologique et sédimentaire qui s'opposent pour expliquer l'origine des croûtes calcaires, reflètent leur diversité et leur complexité.

Fig. III.11 — *Croûte calcaire près de Fès (Maroc).* La zone tuffeuse, friable, est surmontée d'une dalle formant surplomb, elle-même en cours de dissolution sous un horizon A1 de sol isohumique riche en matière organique.

a) L'hypothèse pédologique

Elle rapporte la formation des croûtes aux *sols isohumiques fersiallitiques* ou sols marrons des régions de garrigue ou maquis à climat chaud et sec (P. Duchaufour, 1977).

L'explication « per ascensum » faisant intervenir la remontée des carbonates en solution et leur précipitation près de la surface par des processus d'évaporation, comme c'est le cas pour les croûtes salées, a généralement été abandonnée au profit de celles mettant en jeu des *migrations latérales* et « *per descendum* ».

A. Ruellan (1971) décompose la genèse des croûtes d'Afrique du Nord en plusieurs épisodes successifs (sols polycycliques) :
- Mise en place par *colluvionnement* sur le substratum, d'un matériau détritique rubéfié allochtone (type terra rossa) dans les zones basses des piémonts de montagnes calcaires lors de *périodes humides.*
- Arrivée par migration latérale, le long des pentes calcaires du piémont, de *solutions chargées en bicarbonate* qui précipite, lors de périodes plus *arides*, dans le matériau colluvial sous forme de taches pulvérulentes, amas et nodules s'anastomosant en une croûte. Le pH fortement basique et la présence d'ions Mg^{++} permettent parfois la genèse d'argiles fibreuses (palygorskite). Les fortes concentrations en $CaCO_3$ relevées dans les croûtes sont expliquées par l'épigénie du quartz et des silicates fins du manteau détritique par la calcite. Les dalles superficielles très dures résultent de multiples redissolutions-recristallisations.

- Différenciation superficielle d'un *horizon marron A* (mélange d'oxydes ferriques rouges et d'humus noir), épais (30-50 cm), riche en matière organique très humifère par suite de l'installation d'une végétation arbustive et herbacée (graminées xérophiles).

L'érosion de cet horizon amène très souvent la croûte à l'affleurement.

b) L'hypothèse sédimentaire

Cette hypothèse amorcée par J.C. Branner (1911) a subi ensuite divers développements.

Pour J.-H. Durand (1952) les croûtes sont des constructions sédimentaires dues aux eaux de *ruissellement laminaire*. H. Paquet (1969) explique la forte concentration en carbonate dans les croûtes par l'arrivée de *coulées de boues* calcaires formées sur matériaux tendres en période pluvieuse.

Le caractère presque exclusivement calcaire des croûtes, l'abondance des algues d'eau douce et des champignons, la présence fréquente de palygorskite et de traces de dessication suggèrent à T. Vogt (1984) un paysage de *mares* temporaires avec décantation et dessèchement à la fin d'une phase de remblaiement fluviatile.

La présence de croûtes calcaires sur roches silicatées, comme celles observées en Espagne sud-orientale par W.D. Blümel (1981), est interprétée par l'apport et le *dépôt par le vent* de poussières carbonatées allochtones ce qui n'exclut pas une évolution pédogénétique ultérieure. A. Goudie (1973) a étendu cette dernière hypothèse à l'ensemble des croûtes calcaires des régions péridésertiques.

III. 4. 5 · Encroûtements d'eaux vadoses (fig. III.9, 6)

Les sédiments perméables, soumis temporairement à la circulation d'eau bicarbonatée en transit vers les nappes d'eau souterraine, sont l'objet de dépôts de cal-

Fig. III.12 — *Encroûtements carbonatés d'eaux vadoses, en microstalagtites à la base de galets fluviatiles.*

cite en *microstalagtites*. Ces dépôts sont localisés sur la face « abritée » des éléments, par exemple à la base des galets au sein de formations alluviales (fig. III.12).

Lorsque les galets sont eux-mêmes carbonatés, ils portent des traces de dissolution sous forme de cupules dans les zones « exposées » au flux aqueux : au sommet ou aux points de contacts intergranulaires.

III. 4. 6 · Encroûtements de nappe phréatique (fig. III.9, 7)

Lorsque les espaces intergranulaires sont engorgés en permanence dans les nappes d'eau souterraine, de la calcite spathique se dépose sous forme de *franges* d'épaisseur assez constante sur toute la surface des éléments constitutifs (fig. III.13). Ces cristaux se développent vers le centre des vides qu'ils comblent progressivement. Ainsi se sont formés de nombreux *conglomérats fluviatiles* plio-quaternaires ou « villafranchiens » dans les pays méditerranéens.

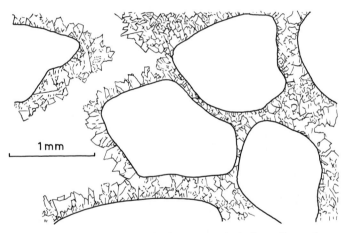

Fig. III.13 — *Ciment de nappe phréatique.* Les cristaux de spathite se développent à la surface des grains détritiques vers le centre des vides, jusqu'à les combler (alluvions würmiennes du Rhin, d'après T. Vogt, 1984).

III. 4. 7 · Encroûtements liés au froid (fig.III.9, 8)

On en connaît deux types :
- Les encroûtements *cryogéniques*, provenant du gel de l'eau dans les nappes phréatiques. La glace contient 500 à 1 000 fois moins de bicarbonate que l'eau. Au cours du gel, le bicarbonate tend à se concentrer dans l'eau résiduelle, ce qui provoque sa précipitation (B. Hallet, 1976). Les galets s'entourent d'un ciment blanc jaunâtre plus épais vers la base qu'au sommet. En microscopie, le ciment paraît formé de cristaux de calcite enracinés dans le cortex des galets, disposés en fines

lamelles parallèles renfermant des inclusions d'air et des hydroxydes de Fe, en couches alternativement claires et sombres, marquant chaque cycle gel-dégel (T. Vogt, 1984). On les trouve dans de nombreux dépôts fluviatiles (alluvions würmiennes du Rhin en Alsace, Provence, Languedoc...).

Les encroûtements *sous-glaciaires* : les eaux de fonte de la glace en se réchauffant à travers les moraines sous-glaciaires donnent naissance à des croûtes à structure finement feuilletée (« pseudostromatolites »), dures, souvent distribuées en plaques discontinues d'épaisseur millimétrique à centimétrique. Au microscope, la calcite a un aspect voisin de celle des encroûtements cryogéniques, en cristaux rayonnants colorés en ocre ou gris par des sels ferromanganiques ; elle englobe impuretés et bulles d'air.

Ce type d'encroûtement est fréquent dans les moraines de fond en pays calcaires comme le Jura. Il a été aussi observé sur les parois rocheuses des fjords, en Norvège.

III. 5 · Les encroûtements siliceux

III. 5. 1 · Nature et distribution

L'altération des minéraux silicatés libère de la silice solubilisée à raison de 10 mg par litre d'eau en moyenne. Au cours de sa migration vers la mer, la silice a pu être fixée dans les milieux superficiels par des roches de toutes origines et tous âges, et donner naissance à des encroûtements siliceux diffus et localisés ou à des croûtes continues d'épaisseur décimétrique à métrique, appelées « *silcrète* » comme celles formées actuellement au Sahara, en Afrique du Sud et en Autralie.

Bien que la silice y soit mobile, les silicifications sont plutôt rares et discrètes dans les formations superficielles quaternaires d'Europe occidentale et sont limitées à des situations topographiques particulières. Elles sont mieux différenciées dans les niveaux plus anciens (plio-quaternaires ou tertiaires) en raison de climats alors plus contrastés (humides, secs et chauds) qu'actuellement, favorables à la libération et à la précipitation de la silice, et de durées d'évolution plus longues : la genèse des silicifications est en effet toujours *lente*. Certaines de ces silicifications anciennes sont enfouies ; d'autres sont demeurées à l'affleurement ou ont été remaniées en surface et peuvent donc être considérées comme formations superficielles.

Les encroûtements siliceux sont constitués de *nodules, amas discontinus* ou *dalles* de roches diverses : silex, cherts, opalites, argillites, grès, quartzites, conglomérats à ciment siliceux renfermant parfois, à l'état résiduel, des éléments carbonatés. Par vieillissement, la silice prend des formes minéralogiques de plus en plus cristallisées : aux rayons X on observe la succession *opale A* (amorphe), *opale CT* (cristobalite-tridymite), *quartz*, et en microscopie optique, *quartzine, lutécite, calcédonite, quartz micro- et macrocristallin.*

Génétiquement, on distingue les silicifications liées à la circulation de l'eau dans les nappes près de la surface, ce qui correspond plutôt à une « diagenèse superficielle », et les silicifications résultant de processus pédogénétiques.

III. 5. 2 · Silicifications par « diagenèse superficielle »

Dans ce cas, la silicification a un faciès assez *homogène verticalement* et se présente en bancs *interstratifiés* dans la formation. La précipitation de silice apparaît très tôt après le dépôt, parfois à l'occasion d'un simple ralentissement de la sédimentation, et de façon répétée dans des dépressions où les conditions chimiques superficielles peuvent varier très rapidement.

Dans les sédiments carbonatés ou évaporitiques (milieu basique), les minéraux primaires sont envahis par de la silice (molasse miocène de l'Armagnac ou calcaires lacustres oligocènes du nord de l'Aquitaine). Dans les dépôts détritiques, il y a cimentation par nourrissage des grains de quartz (grès de Fontainebleau) ou, si le milieu est acide et hydrolysant, les minéraux primaires sont altérés, transformés et finalement épigénisés par de la silice (dalle siliceuse des grès albiens du Gard). Ces processus liés à des conditions géodynamiques locales, ont pu apparaître à toutes les époques (R. Meyer, 1984).

III. 5. 3 · Silicifications pédologiques

Les silicifications d'origine plus strictement pédologique présentent une *succession verticale des faciès* (de bas en haut : granules, nodules, amas, dalle massive), des figures d'*illuviation* de la silice (remplissage au fond des pores intergranulaires et coiffes au sommet des grains) et renferment parfois des *restes végétaux*. Ces croûtes épousent une paléosurface plane, tronquent plusieurs niveaux stratigraphiques et sont fréquemment remaniées en surface. Elles sont apparues lentement en bordure des bassins sédimentaires, dans les zones à drainage ralenti sous climat tempéré à chaud avec alternance de périodes humides et sèches.

Dans le Bassin de Paris, on connaît deux phases principales de silicification pédogénétique (M. Thiry et al., 1983). L'une, rapportée à la limite Éocène moyen-Eocène supérieur, a affecté des niveaux jurassiques calcaires (Sancerrois), crétacés argilo-siliceux (Maine, Anjou, Touraine), éocènes continentaux détritiques (Brie, Touraine, Brenne) et lacustres (Sancerrois) : elle est à l'origine de grès lustrés (grès « ladères » du pays chartrain) ou de conglomérats dont les blocs résiduels trouvés épars dans les champs en Touraine sont appelés « perrons » (fig. III.14).

Fig. III.14 — « *Perron* » *en Touraine.* Ces blocs proviennent de dalles conglomératiques siliceuses éocènes, démantelées. Ils sont souvent emballés dans une matrice argilo-sableuse colluvionnée sur les versants.

L'autre période de silicification est attribuée au Plio-Quaternaire : les argiles à meulière de Montmorency et de Brie procèdent de la dissolution des carbonates, l'illuviation et la néoformation d'argiles (kaolinite), et la précipitation de silice en masses compactes ou celluleuses sur divers calcaires paléogènes (calcaires d'Étampes, de Brie, de Champigny) ou sur des sables oligocènes (sables de Fontainebleau) et pliocène (sables de Lozère). Cette phase de silicification s'est terminée au début du creusement des vallées (fig. III.15).

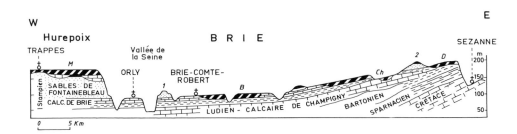

Fig. III.15 — *Disposition des argiles à meulières plio-quaternaires dans la morphologie du Bassin de Paris* (d'après F. Ménillet, 1985).
M : argile à meulières de Montmorency — Hurepoix ; **B :** argile à meulières de Brie ; **Ch :** argile à meulières sur calcaire de Champigny ; **D :** argile à meulières sur marnes et argiles du Bartonien ; *1* et *2* : buttes témoins de sables de Fontainebleau, couronnées par des alluvions anciennes de la Seine *(1)* et par des blocs résiduels de meulière de Montmorency *(2)*.

III. 6 · Les concentrations ferrugineuses

III. 6. 1 · Comportement du fer dans les milieux superficiels

Le fer, placé au quatrième rang dans l'ordre d'abondance des éléments chimiques constituant l'écorce terrestre continentale (5 % en poids), est un composant facilement repérable par la *couleur ocre ou rougeâtre* qu'il confère généralement aux roches, même lorsqu'il se trouve en petite quantité.

Une fois extrait des minéraux, le fer est reconcentré dans les milieux superficiels, du fait de sa *faible solubilité* en milieu oxydant aux pH naturels (3,5 à 9,5) en comparaison de la silice et des bases qui sont évacuées (fig. III.16).

De plus, le fer se distingue de l'aluminium un peu plus abondant que lui (moyenne 8 % des éléments en poids) et de solubilité voisine aux pH acides, parce qu'il est moins facilement intégré au réseau des phyllosilicates argileux : c'est pourquoi il se présente fréquemment sous forme *libre* d'oxydes ou hydroxydes colorés, cryptocristallins ou cristallisés (hématite, limonite, goethite, lépidocrocite...).

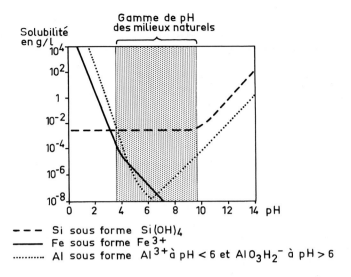

Fig. III.16 — *Solubilité comparée de Si, Fe et Al, en fonction du pH* (d'après R. Wey et B. Siffert, 1962, modifié).

Les éventuelles redistributions du fer dépendent de plusieurs processus :

- *oxydo-réduction* : le fer passe facilement de la forme oxydée Fe^{3+} (rouge) à la forme réduite Fe^{2+} (gris verdâtre) selon les valeurs du potentiel d'oxydo-réduction (Eh) et du pH (fig. III.17). Le manganèse, de comportement voisin mais moins abondant, accompagne souvent le fer.

Dans les milieux gorgés d'eau peu mobile, donc très pauvre en oxygène, le fer est réduit et solubilisé sous la forme ionique Fe^{2+} ou de bicarbonate $Fe(CO_3H)_2$ aux pH < 6 (P. Duchaufour, 1983) ; il peut migrer pour précipiter dans les zones plus oxydantes.

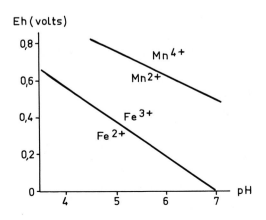

Fig. III.17 — *Limites des domaines $Fe^{2+} - Fe^{3+}$ et $Mn^{2+} - Mn^{4+}$ en fonction du Eh et du pH* (d'après Green et al. in P. Duchaufour, 1983).

- *chéluviation* : Fe^{2+} ou Fe^{3+} associés à certaines matières organiques acides (acides aliphatiques, acides phénols, polyphénols) forment des complexes organométalliques pseudo-solubles qui accroissent fortement la mobilité du fer.

- *érosion-sédimentation* : le démantèlement des encroûtements ferrugineux plus ou moins cohérents conduit à la formation de sédiments rubéfiés dans lesquels les particules ferrifères (granules, nodules...) peuvent être particulièrement concentrées, à certains niveaux, en raison de leur plus grande densité.

Ces processus expliquent les divers types de concentrations ferrugineuses.

III. 6. 2 · Divers types de concentrations ferrugineuses

a) Ferruginisations plio-quaternaires et hydromorphies

L'altération superficielle développée au Pliocène ou au Quaternaire sur différentes roches a provoqué la libération d'oxydes et hydroxydes de Fe accompagnant les minéraux argileux dans la phase minérale secondaire. L'importance de la rubéfaction appréciée grâce à un code de couleur international (Munsell Soil Color Charts, 1954), dépend de la durée de l'altération, du paléoclimat local et de la nature de la roche-mère. Il faut noter aussi que l'intensité de la couleur rouge est plus liée à la *forme minéralogique* du fer qu'à sa *teneur*.

En Europe occidentale les ferruginisations par altération plio-quaternaire sont assez *limitées* (jusqu'à 6 à 8 % de fer libre). On peut citer des concrétionnements sporadiques nommés « *kercha* » dans la formation alluviale pliocène de Lannemezan du piémont pyrénéen.

Généralement, dans ces altérites, la distribution du fer est dépendante de celle des argiles par le biais des phénomènes d'oxydo-réduction. Des *taches bariolées* ou des *concrétions ferro-manganiques* apparaissent, qui constituent des *hydromorphies*. Dans les zones compactes mal drainées, le fer réduit est progressivement exporté, laissant des plages de couleur gris-verdâtre au sein d'un matériau plus poreux et oxydant de couleur rougeâtre : *pseudogley*. La précipitation du fer à la périphérie des plages grises forme souvent une auréole sur-rubéfiée (fig. III.18). Ce processus

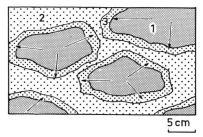

5 cm

Fig. III.18 — *Distribution des couleurs dans un pseudogley.*

1 _ Plages gris-verdâtre (réductrices)
2 _ Plages rouge-orangé (oxydantes)
3 _ Auréoles sur-rubéfiées (précipitation du fer en bordure des zones réductrices.)
→ Sens de migration du Fe^{2+}

peut être accentué par la présence de racines et de micro-organismes vivant dans la rhizosphère, favorisant le caractère localement réducteur (fig. II.1).

Un matériau argileux très peu perméable, gorgé d'eau peu oxygénée en permanence est totalement réducteur et de couleur entièrement gris-verdâtre : il constitue un *gley*.

b) Le sidérolitique

Le sidérolitique (Fleury, 1909) renferme de véritables concentrations ferrugineuses. C'est un faciès omniprésent en différentes régions du globe, notamment en Europe : il répond, dans certains cas (faciès les plus récents), à la définition des formations superficielles donnée en introduction (chap. I). Le sidérolitique est composé de sables et d'argiles kaoliniques blancs ou bariolés, parfois de calcaires dans lesquels le fer (goethite, hématite) apparaît en *pisolites, concrétions, rognons ou croûtes*, souvent associés à des silicifications. La disparition de la plupart des minéraux primaires non quartzeux, l'abondance de la kaolinite, des oxydes de fer, parfois d'oxydes d'aluminium, traduisent une altération de *type ferrallitique*, celle qui, actuellement, est à l'origine des latérites intertropicales.

On trouve rarement dans le sidérolitique les profils latéritiques en place : généralement « *le sidérolitique est du latéritique remanié* » (G. Millot, 1964) dans des sédiments fluviatiles, lacustres, colluviaux, etc. Il semble que les climats tropicaux chauds et humides nécessaires à la ferrallitisation aient prédominé dans presque toutes les régions jusqu'à la fin du Miocène : ils ont profondément affecté les continents pendant les périodes de régression marine (Dévono-carbonifère, Crétacé inférieur, Éocène), ou de stabilité tectonique. La mobilisation de la croûte latéritique serait la conséquence d'une modification climatique ou de mouvements du sol. Le sidérolitique *éocène* est le mieux conservé car le plus récent : il a été l'objet, autrefois, de l'exploitation artisanale du fer dont on retrouve les traces disséminées dans la plupart des campagnes françaises. Il fournit actuellement des argiles kaoliniques réfractaires (Bassin de Paris, Périgord, Tchécoslovaquie).

c) L'alios

Tandis que dans les altérations à pH neutre ou faiblement acide Fe (et Al) se concentrent superficiellement par départ des autres éléments plus solubles, à *pH acide* et avec l'aide des *acides organiques complexants* (chéluviation) dans les sols podzoliques, ces éléments quittent les zones superficielles pour s'accumuler dans un horizon profond, induré, ocre à noirâtre, gréseux ou conglomératique : *l'alios* (fig. IV.8.e).

En Europe occidentale, les alios pléistocènes ou holocènes sont fréquents dans les matériaux *sableux* (sables de Fontainebleau, sables dunaires des Landes, etc.) mais sont peu épais (quelques dm) et d'extension limitée. Ils correspondent souvent à des périodes climatiques fraîches et humides favorables au développement des espèces végétales acidifiantes (résineux, Éricacées). Les alios sont connus sous différents noms : « grepp » dans les alluvions de la Garonne, « ortstein » dans les formations éoliennes et fluvio-glaciaires des plaines du Nord de l'Allemagne. L'érosion des niveaux meubles sus-jacents les amène parfois à affleurer.

d) Les encroûtements de nappe phréatique

Le fer, associé au manganèse, peut se concentrer à proximité de la surface du sol dans la zone de battement d'une nappe phréatique : il apparaît en *encroûtements rouilles à noirâtres* à la surface des éléments dans les matériaux perméables (alluvions fluviatiles par exemple). Le fer réduit, solubilisé dans l'eau de la nappe, précipite sous forme d'oxydes ou d'hydroxydes mal cristallisés dans la zone aérée lors de l'abaissement de la surface piézométrique en période sèche.

Les dépôts ferro-manganiques sont généralement peu abondants : ils colmatent rarement la totalité des espaces intergranulaires car l'eau des nappes, en mouvement donc peu réductrice, contient moins de Fe et Mn solubles que celle des milieux hydromorphes. Ces dépôts ne sont pas associés à des minéraux argileux et soulignent, par des traces horizontales se poursuivant dans les strates sous-jacentes, les niveaux de battement de la nappe.

Références bibliographiques

Baize D. (1972) — Les sols développés dans la couverture des plateaux jurassiques de Bourgogne — Pédogenèse et origine. *Bull. Ass. Fr. Et. Sol.*, 1, 37-43.

Birkeland W. (1974) — Pedology, weathering and pedological research. Oxford Univ. Press, London, 285 p.

Blumel W.D. (1981) — Pedologische und geomorphologische Aspekte der Kalkrustenbildung in Südwestafrika und Südospanien. Karlsruher Geogr. Hefte, 10, 228 p.

Bonte A. (1963) — Les remplissages karstiques. Sedimentology, p. 33-340.

Branner J.C. (1911) — Aggraded limestone plains in the interior of Bahia and the climatic changes suggested by them. *Bull. Geol. Soc. America*, 22, p. 491-511.

Callot G. (1976) — Analyse d'un système géo-pédologique régional. Étude sédimentologique et cartographique des sols et formations superficielles sur plate-forme calcaire peu déformée — Région Nord Aquitaine. Thèse U.S.T.L., Montpellier, 2 tomes.

Cals D., Prever-Loiri R., Rousset C. (1980) — Les terres rouges des Grands Causses du Massif central (France). *Rev. Géog. Phys. et Géol. Dyn.*, 22, 4-5, 343-356.

Collectif (1967) — Colloque sur les « Argiles à silex » du Bassin de Paris. *Mem. H. Sér. Soc. Géol. France*, n° 4, 84 p.

Dejou J., Guyot J. et Robert M. (1977) — Évolution superficielle des roches cristallines et cristallophylliennes dans les régions tempérées. I.N.R.A., Paris, 464 p.

Duchaufour P. (1983) — Pédologie — 1 : Pédogenèse et classification. Masson éd. 491 p.

Ducloux J. (1978) — Contribution à l'étude des sols lessivés en climat atlantique. Thèse doct. État, Poitiers, 200 p.

Durand J.-H. (1952) — Les différents types de croûtes, leurs caractères principaux, leur signification climatique. *Actes Conf. Panafricaine Préhist.* (11e ses., Alger), p. 275-278.

Durand J.-H., Gaucher G., Lacroix D., Mathieu L., Mercier J.-L., Vogt T., Wilbert J. (1979) — Premiers résultats du groupe de travail sur les croûtes calcaires. *Bull. Ass. Sén. Et. Quat.*, 54-55, p. 25-29.

Flageollet J.-C. (1977) — Origines des reliefs, altérations et formations superficielles, contribution à l'étude géomorphologique des massifs anciens cristallins, Limousin et Vendée. Sciences de la Terre, Mém. n° 35, Nancy, 440 p.

Freytet P. et Plaziat J.-C. (1978) — Les redistributions carbonatées pédogénétiques (nodules, croûtes, « calcretes ») : les deux types principaux d'environnements favorables à leur développement. *C.R. Ac. Sc. P.*, t. 286, p. 1775-1778.

Godard A. (1977) — Pays et paysages du granite. P.U.F., 232 p.

Goldich S.S. (1938) — A study of rock weathering. *Journ. Geol.*, 46, p. 17-58.

Goudie A. (1973) — Duricrusts in Tropical and Subtropical landscapes. Clarendon Press, Oxford, 174 p.

Gratier M. et Pochon M. (1976) — Les sols rubéfiés du pied du Jura. Soc. Suisse de Pédologie, Séance du 12 mars 1976, 6 pages.

Hallet B. (1976) — Deposits formed by a subglacial precipitation of $CaCO_3$. *Geol. Soc. America Bull.* n° 87, p. 1003-1015.

Icole M. (1974) — Géochimie des altérations dans les nappes d'alluvions du piémont occidental nord pyrénéen — Éléments de paléopédologie quaternaire. *Sci. Geol.,* n° 40, 200 p.

Ildefonse P., Proust D., Meunier A. et Velde B. (1979) — Rôle de la structure dans l'altération des roches cristallines au sein des microsystèmes. *Bull. Ass. Fr. Et. Sol,* 2-3, 239-257.

Jackson M.L., Clayton R.N., Violante A. et Violante P. (1982) — Eolian influence on terra rossa soils of Italy traced by quartz oxygen isotopic ratio. *Int. Clay Conf. Proc.* (A.I.P.E.A.) 1981, p. 293-301.

Lamouroux M. (1972) — Étude des sols formés sur roches carbonatées. Mémoire O.R.S.T.O.M., n° 56, 266 p.

Loughnan F.C. (1969) — Chemical weathering of the silicate minerals. Elsevier, New York, 154 p.

Macleod D.A. (1980) — The origin of the red mediterranean soils in Epirus, Greece. *J. Soil Sci.,* 31, p. 125-136.

Mathieu C. (1975) — Sur les argiles de décarbonatation de la craie dans le Nord de la France. *Bull. Ass. Fr. Et. Sol,* 3, p. 183-206.

Menillet F. (1985) — Les meulières et les argiles à meulières ; leurs rapports avec les surfaces néogène à quaternaire ancien du Bassin de Paris. Géologie de la France, n° 2, p. 213-226.

Meyer R. (1984) — Fixation de la silice dans les environnements continentaux. Bull. Centres Rech. Explor. — Prod. Elf Aquitaine, 8, 1, p. 195-207.

Millot G. (1964) — Géologie des argiles, 1 vol., Masson éd., Paris, 499 p.

Millot G. (1979) — Les phénomènes d'épigénie calcaire et leur rôle dans l'altération. *Bull. Ass. Fr. Et. Sol,* 2-3, 259-261.

Millot G. et Bonifas M. (1955) — Transformations isovolumétriques dans les phénomènes de latéritisation et de bauxitisation. *Bull. Serv. Carte Géol. Alsace-Lorraine,* 8, p. 1-20.

Munsell Color Compagny (1954) — Munsell soil color charts. Baltimore, U.S.A.

Paquet H. (1969) — Évolution géochimique des minéraux argileux dans les altérations et les sols des climats méditerranéens et tropicaux. Thèse Doct. État, Univ. Strasbourg, 210 p.

Pedro G. (1964) — Contribution à l'étude expérimentale de l'altération géochimique des roches cristallines. Thèse Doct. État, Paris, 334 p.

Pedro G. (1966) — Essai sur la caractérisation géochimique des différents processus zonaux résultant de l'altération des roches superficielles (cycle alumino-silicique). *C. R. Ac. Sc. P.,* t. 262, p. 1828-1831.

Ruellan A. (1971) — Les sols à profil calcaire différencié des plaines de la Basse Moulouya. Thèse Doct. État, Sciences, Strasbourg, Mém. O.R.S.T.O.M. n° 54, 302 p.

Thiry M., Delaunay A., Dewolf Y., Dupuis C., Menillet F., Pellerin J. et Rasplus L. (1983) — Les périodes de silicification au Cénozoïque dans le Bassin de Paris. *Bull. Soc. Géol. Fr.,* n° 1, p. 31-40.

Vogt T. (éditeur) (1981) — Croûtes calcaires : micromorphologie et géomorphologie. *Rech. Géogr.,* Strasbourg, 12, 1979, 86 p.

Vogt T. (1984) — Croûtes calcaires : types et genèse. Thèse Doct. État, Sciences, Strasbourg, 228 p.

Chapitre IV

Sols et Paléosols

Au sommet des altérites se trouvent les sols qui s'en distinguent par une modification plus poussée des roches-mères, imputable à l'attaque des matériaux minéraux par la matière organique et les êtres vivants (végétaux et animaux), et aussi à l'impact plus incisif des agents bioclimatiques (fig. III.1).

Le sol se reconnaît par la présence de *matière organique*. C'est aussi la zone au sein de laquelle des particules fines *non solubles*, organiques ou minérales, peuvent *migrer*, à la différence des altérites où les transferts de matière se font essentiellement par voie soluble. La limite précise entre le sol et l'altérite est parfois difficile à cerner et requiert des observations et analyses détaillées. De plus, en Europe où les climats plio-quaternaires n'ont jamais été très agressifs vis-à-vis des minéraux et où la matière organique à évolution plutôt lente donne des humus qui s'intègrent assez profondément, il arrive qu'altérites et sols aient la même épaisseur (quelques dm à 1 ou 2 m maximum) et soient confondus.

Les sols que l'on observe actuellement en surface ont une *histoire* plus ou moins longue. Certains n'évoluent que depuis la fin de la dernière glaciation (- 10 000 ans B.P.), sous des climats et végétations post-glaciaires peu différents de ce qu'ils sont actuellement, et avec lesquels ils sont en équilibre. Ils peuvent affecter n'importe quel type de formation superficielle, ou directement le substratum.

D'autres sols plus vieux, enfouis ou affleurants, ont connu, outre le climat actuel, un ou plusieurs types de climats révolus au cours de la dernière phase glaciaire ou des phases — glaciaires et interglaciaires — antérieures ou même des épisodes climatiques plus anciens qui s'apparentent à ceux des régions chaudes : ces sols portent le nom général de *paléosols*. Ils sont souvent intégrés au sein des complexes de formations superficielles et concernent directement le géologue.

L'étude des sols est l'objet d'une science fondamentale particulière : la *pédologie*. Notre intention n'est pas de la développer ici en détail : des ouvrages spécialisés et complets lui sont consacrés, notamment ceux de P.W. Birkeland (1974), M. Bonneau et B. Souchier (1979), P. Duchaufour (1983), G. Aubert et J. Boulaine (1980). Il nous paraît néanmoins nécessaire, en raison de l'ubiquité des sols dans les milieux superficiels et de leur interférence avec les formations géologiques qu'on y trouve, d'en brosser les traits principaux à partir des ouvrages cités ci-dessus. L'accent sera mis particulièrement sur les paléosols.

IV. 1 . Les composants du sol et leur organisation

IV. 1. 1 · Les composants minéraux et la texture

Le sol est constitué essentiellement d'éléments minéraux meubles dérivant de la désagrégation physique et de l'altération chimique de la roche-mère sous-jacente (cette roche-mère peut être déjà une altérite). Les processus de l'altération et leurs conséquences ont été décrits dans le paragraphe III.1 consacré aux modalités d'élaboration des altérites.

Il faut ajouter, à propos des sols, que l'omniprésence de la matière organique modifie et accélère souvent l'altération par acidification du milieu. S. Bruckert (1970) et M. Razzaghe-Karimi (1974) ont montré que l'humus de type mull acide accroît l'extraction des ions K^+ et Al^{3+} des micas et des feldspaths *(acidolyse)* tandis que les composés complexant des humus de type moder et mor provoquent une désorganisation quasi complète de tous les silicates (par une acidification extrême : $pH \simeq 4$) et l'entraînement des ions sous forme de complexes solubles *(complexolyse)*.

La *texture* est la composition granulométrique de la fraction minérale insoluble du sol. Elle comprend donc les minéraux primaires et secondaires mais son expression chiffrée exclut le $CaCO_3$, les sels divers et les oxydes et hydroxydes amorphes éliminés par attaques lors de la préparation des échantillons. De plus, la texture ne prend en compte que les particules d'une taille inférieure à 2 mm (« terre fine ») actives dans la pédogenèse.

Le report des teneurs en sables, limons et argiles au sein d'un *diagramme de texture* des pédologues (fig. IV.1) comparable aux diagrammes triangulaires utilisés par les sédimentologistes (fig. II.4) permet d'attribuer un *nom conventionnel* au matériau et de prévoir certaines de ses propriétés agrologiques.

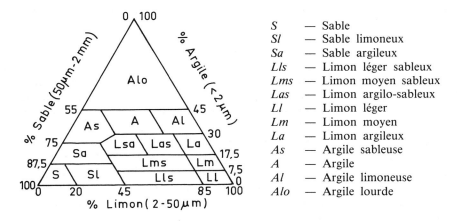

S	— Sable
Sl	— Sable limoneux
Sa	— Sable argileux
Lls	— Limon léger sableux
Lms	— Limon moyen sableux
Las	— Limon argilo-sableux
Ll	— Limon léger
Lm	— Limon moyen
La	— Limon argileux
As	— Argile sableuse
A	— Argile
Al	— Argile limoneuse
Alo	— Argile lourde

Fig. IV.1 — *Diagramme de texture des sols* (d'après M. Jamagne, 1967).

Parmi les particules minérales, les plus grossières (sable, limon grossier) constituent le *squelette* du sol, statique. Les plus fines (limon fin et argile) forment en partie le *plasma*. Certains éléments plasmiques (argiles surtout) peuvent être mobiles entre les grains du squelette et engendrer, après piégeage dans les vides du sol, des accumulations texturales (N. Fédoroff, in M. Bonneau et B. Souchier, 1979).

IV. 1. 2 · Les composants organiques

Les macro et micro-organismes végétaux et animaux fournissent de la matière organique au sol, soit périodiquement (espèces végétales à feuillage caduque, déjections animales), soit après leur mort.

La *matière végétale* est la plus abondante. Les débris tombés à la surface du sol *(litière)* ou ceux qui sont déjà enfouis provenant des *racines*, sont décomposés par les micro-organismes. Cette décomposition, plus ou moins rapide, conduit à la formation d'humus *(humification)*, directement ou indirectement après décomposition totale de la matière organique fraîche *(minéralisation)* comme indiqué sur la figure IV.2 (P. Duchaufour, 1983).

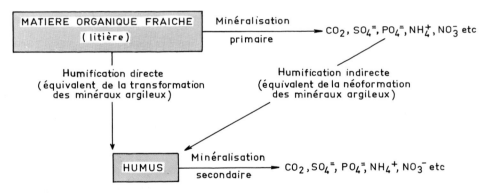

Fig. IV.2 — *Itinéraires suivis par la matière organique dans le sol* (adapté de P. Duchaufour, 1983).

Les humus sont constitués d'acides fulviques (AF_1 : très solubles et très acides, AF_2 : peu mobiles et peu acides), d'acides humiques (AH_1 : bruns et mobiles, AH_2 et AH_3 : gris et stables) et d'humine diversement associés. Le rapport de leurs teneurs respectives en carbone et en azote (C/N) permet de les différencier.

Les humus ont des *propriétés colloïdales* et peuvent migrer plus ou moins facilement dans le sol où ils se mêlent parfois intimement à la matière minérale (argiles). Ils subissent à long terme une minéralisation secondaire conduisant à leur destruction complète : certains humus stables demeurent longtemps dans le sol, d'autres au contraire, labiles, sont vite détruits.

La nature des humus dépend de plusieurs paramètres : climat, végétation, lithologie et topographie jouant sur l'aération ou la saturation en eau du sol et sur l'activité biologique des micro-organismes (fig. IV.3). En milieu toujours *saturé* d'eau,

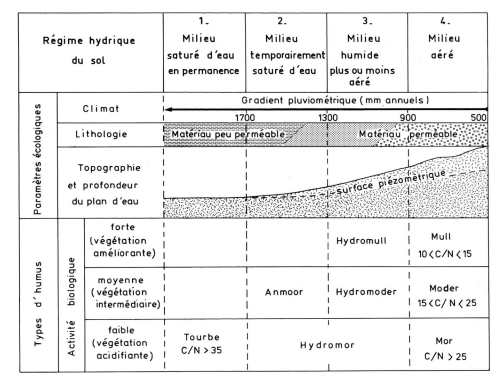

Fig. IV.3 — *Relations entre les types d'humus et l'écologie du sol
dans les régions tempérées* (adapté de P. Duchaufour, 1965). C/N :
rapport carbone/azote.

donc pauvre en oxygène, l'activité des micro-organismes aérobies est faible : la
matière organique s'accumule en surface sans évoluer sensiblement et donne de la
tourbe parfois épaisse de plusieurs mètres (voir § IX.3.3).

A l'opposé, en milieu toujours *bien drainé*, l'activité biologique dépend de la
capacité nutritionnelle de la matière organique fraîche (richesse en azote) et de la
composition chimique du complexe d'altération (abondance des argiles, des ions
Ca^{2+}, Mg^{2+}... agissant sur le pH du milieu).

Ainsi, en milieu aéré peu acide, riche en azote (végétation « améliorante ») et
en ions Ca^{2+}, la litière est toujours très mince : elle évolue en un an ou deux en
humus de type *mull forestier* ou *calcique* profondément incorporé au sol et associé
sous forme de complexes stables aux colloïdes minéraux.

En milieu aéré acide, la litière, surtout si elle est composée de matières organiques difficilement biodégradables (végétation « acidifiante »), évolue lentement (quelques dizaines d'années) en humus de type *mor*, pauvre en azote et pseudo-soluble,
migrant progressivement en profondeur sans s'associer aux argiles. La matière végétale peu transformée s'accumule en surface en un horizon épais (Ao).

Il existe des types d'humus intermédiaires entre les pôles définis ci-dessus (*mull acide, moder, hydromull, hydromoder, hydromor* et *anmoor*).

Les contrastes climatiques (thermiques et pluviométriques) favorisent la conservation des humus *(maturation)*.

IV. 1. 3 · La structure du sol

La *structure* du sol est l'arrangement spatial des particules minérales et organiques entre elles, conduisant souvent à la formation d'*agrégats* visibles macroscopiquement (fig. IV.4 et IV.5).

Fig. IV.4 — *Structure grume-leuse dans un horizon A1 de sol brun.*

Fig. IV.5 — *Structures polyédrique grossière (partie supérieure) et prismatique (partie inférieure) dans un horizon (B) argileux de vertisol.*

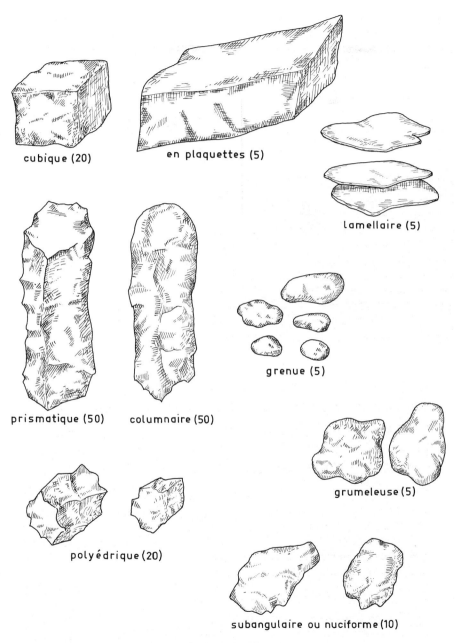

cubique (20)

en plaquettes (5)

lamellaire (5)

prismatique (50)

columnaire (50)

grenue (5)

grumeleuse (5)

polyédrique (20)

subangulaire ou nuciforme (10)

— Structure (avec dimension moyenne en mm) _

Fig. IV.6 — *Principaux types d'agrégats structuraux* (d'après R. Maignien, 1969).

Beaucoup de ces agrégats proviennent d'une cimentation des grains par les colloïdes lorsqu'ils sont à l'état floculé (en milieux basiques riches en ions Ca^{2+}, Mg^{2+}, K^+, Na^+... ou en milieu très acide). On distingue (M. Bonneau et B. Souchier, 1979) :

— la *structure particulaire* où les éléments ne sont pas soudés entre eux. Le sol est meuble.

— des *structures de précipitation chimique* : les oxy-hydroxydes de Fe et Mn, les carbonates, les sels, en précipitant forment des concrétionnements massifs plus ou moins durs, isolés (granules, nodules) ou continus (alios, cuirasses, croûtes), donnant des grès ou conglomérats d'origine pédologique. Les matériaux fins (limons) peuvent être faiblement liés entre eux et avoir un aspect homogène (structure fondue).

— des *structures construites par les humus* (fig. IV.6) : le mull provoque la formation de grumeaux ou de grains de petite taille (1 mm à 1 cm) et à contours arrondis. Des agrégats un peu plus grossiers, nuciformes, fragiles sont dus au moder.

— des *structures par fragmentation* dues aux *minéraux argileux*, lorsqu'ils sont suffisamment abondants (20 à 30 %). Les agrégats sont limités par des fentes de dessication qui apparaissent lors des périodes sèches. Ils ont des contours anguleux, des formes variées (cubique, en plaquette, en prisme, polyédrique), et une taille s'échelonnant de 1 mm à 10 cm (fig. IV.6). Après humectation, le gonflement des colloïdes entraîne la disparition des agrégats. Ces structures par fragmentation existent dans tous les matériaux argileux, y compris hors des sols.

Ces structures sont plus ou moins bien exprimées selon la composition et l'état du sol au moment de son observation.

L'examen en microscopie optique permet de connaître l'arrangement intime des particules du sol *(microstructure)* décrit en détail par R. Brewer (1964) et N. Fédoroff in M. Bonneau et B. Souchier (1979).

La structure, par les discontinuités qui l'accompagnent, joue un rôle important dans l'enracinement des végétaux et la circulation de l'air et de l'eau dans le sol.

IV. 1. 4 · Le profil pédologique

a) Différenciation du profil

Les processus pédogénétiques induisent l'apparition de niveaux distincts à l'intérieur du sol et parallèles à la surface topographique : les *horizons*. La superposition des horizons constitue le *profil pédologique*. Cette différenciation verticale résulte :

— du *gradient d'altération* de la roche-mère de la base au sommet du sol, avec dissolution et reprécipitation de sels solubles.

— de la *distribution de la matière organique* avec incorporation plus ou moins profonde de l'humus.

— du *lessivage* (éluviation) ou de l'*accumulation* (illuviation) de colloïdes minéraux (argiles, oxy-hydroxydes de Fe) ou parfois organiques (humus), redistribués au sein du sol par les eaux en transit.

Elle se traduit morphologiquement par des variations touchant :

— l'*aspect de la matière organique* : des horizons (A) à débris végétaux diversement transformés peuvent être distingués.

— la *texture* : l'altération seule produit un amenuisement de la taille des grains du bas vers le haut du profil. De plus, on observe parfois des horizons superficiels poreux, appauvris en argile (A) et d'autres plus compacts enrichis par illuviation (Bt).

— la *structure* : les variations des teneurs en carbonates, sesquioxydes, argile ou humus d'un horizon à l'autre, se répercutent sur la morphologie des agrégats.

— la *couleur* : l'altération, en libérant du fer, fait apparaître une couleur rougeâtre en milieu oxydant (Fe^{3+}). On a vu dans le § III.6.2.a que la présence d'eau dans le profil, par réduction des ions ferriques, peut créer des assemblages disparates de couleurs (hydromorphies).

La matière organique amène une coloration gris foncé à noire dans les horizons superficiels. Son association aux oxydes et hydroxydes de fer donne la teinte brune caractéristique des sols des régions tempérées humides. On apprécie la couleur par référence à un code international : Munsell soil color charts (1954).

— la *fréquence des concrétions* (granules ferro-manganiques, nodules calcaires...)

— la *densité* et la *taille des racines*.

b) Nomenclature des horizons

Le regroupement des divers caractères qui viennent d'être cités permet d'identifier un ou plusieurs horizons au sein du profil, désignés selon une nomenclature dont les principaux termes sont consignés dans le tableau IV.1.

Lorsqu'un sol se forme au détriment de plusieurs couches sédimentaires de compositions différentes *(sol polygénique)*, on fait précéder les indices d'horizons par des chiffres romains (II, III, etc.) représentant des roches-mères distinctes, d'autant plus anciennes que le chiffre est grand. Par convention, le chiffre I n'est jamais utilisé notamment dans le cas général où il n'y a qu'une seule roche-mère (G. Aubert et J. Boulaine, 1980).

Exemple d'indexation des horizons dans un profil polygénique de sol lessivé : $A_1 — A_2 — B_1 — IIB2t — IIB3t — IIIC$.

c) Cas particulier des horizons de sols sableux à bandes argilo-ferriques

On observe fréquemment au sein des formations superficielles à dominante sableuse, des *bandes* enrichies en argile et en fer, épaisses de quelques mm ou cm et espacées assez régulièrement de plusieurs cm ou dm (fig. IV.7). Cette disposition a intrigué de nombreux chercheurs et différentes hypothèses ont été émises pour expliquer leur origine :

— *hypothèse sédimentaire* : les bandes enrichies en argile peuvent être des lits sédimentaires initialement distincts (J. Dupuis, 1954). Leur espacement n'est pas régulier et la granulométrie varie fortement entre la zone interbande et les « bandes ».

— *action d'une nappe phréatique* : elle est applicable aux bandes rougeâtres exclusivement ferriques qui soulignent les niveaux de battement de la surface d'une nappe d'eau (P. Horemans, 1961).

— *hypothèse thermique* : les sels de fer dissous ou les colloïdes ferriques dispersés dans les eaux du sol peuvent s'accumuler sous l'effet d'une variation brutale de température (H. Bertouille, 1976). L'eau est attirée vers la zone froide tandis que

HORIZONS PRINCIPAUX	SUBDIVISIONS	INDICES COMPLEMENTAIRES
A : horizon de surface, à matière organique, souvent appauvri en argile ou en fer par éluviation.	Aoo : débris végétaux identifiables. Ao : à matière organique partiellement décomposée (plus de 30 %). A1 : mixte, à matière organique (moins de 30 %) et minérale mélangées. A2 : pauvre en matière organique, appauvri en argile et fer par éluviation. Ap : perturbé par le labour.	g : attribué aux horizons qui présentent une hydromorphie temporaire, avec bariolage de taches grises et rouilles. Exemple : A2g, B2 tg
(B) : horizon distinct de la roche-mère par son degré d'altération, et de l'horizon A par sa très faible teneur en matière organique.		ca : attribué aux horizons enrichis en CaCO₃. Exemple : C ca
B : horizon enrichi en matières par illuviation.	B1 : transition avec A. B2 : constituant l'essentiel de B. B3 : transition avec C. Exemple : B2t	Bt : accumulation d'argile. Bh : accumulation d'humus (mor). Bs : accumulation d'oxydes et hydroxydes de Fe et Al.	sa : attribué aux horizons enrichis en sels. Exemple : A sa
Bêta (β) : horizon particulier d'altération et d'accumulation, riche en argile et en fer, situé entre une couverture sableuse ou limoneuse et un substrat calcaire.		
C : roche-mère du sol, souvent meuble et altérée.		
R : roche dure non altérée.		
G : horizon gris verdâtre, riche en fer réduit, à nappe d'eau permanente.		

TAB. IV.1 — *Nomenclature des principaux horizons de sols.*

les sels tendent à s'en éloigner *(thermophorèse)*. Un front de gel fluctuant peut entraîner la genèse de bandes ferriques superposées *(cryophorèse)*. Les bandes ainsi formées sont souvent festonnées.

— *hypothèse faisant intervenir le lessivage* : dans les sols sableux, les colloïdes argilo-ferriques ne migrent pas entre les agrégats, comme dans les matériaux argilo-limoneux, mais entre les grains. Les bandes proviennent du colmatage rapide des pores intergranulaires du sable par les colloïdes issus de l'éluviation de la zone interbande immédiatement superposée. Le Bt en bandes est donc en réalité constitué de l'alternance d'horizons A_2 (interbandes) et Bt (bandes) (H.C. Folks et F.F. Riecken, 1956).

Dans les arènes, sur les versants, les bandes résultent parfois de la migration latérale des colloïdes qui se fixent au niveau des discontinuités mécaniques (plan de fauchage) (J.-P. Legros, 1976).

La matière organique et le $CaCO_3$ peuvent aussi s'accumuler en bandes dans les matériaux sableux.

Fig. IV.7 — *Bandes d'accumulations argilo-ferriques (sombres) dans un sable fluviatile éolisé du Cher en Touraine, visibles sur la moitié inférieure du cliché.*

IV. 2 · Nature et répartition des sols actuels

La répartition des divers types de sols à la surface de l'écorce terrestre est placée sous le contrôle de trois facteurs principaux : le climat, la topographie et la roche-mère.

IV. 2. 1 · Relations avec le climat

Le climat joue un rôle prépondérant dans la pédogenèse, directement, par les paramètres qui le caractérisent (pluviométrie, température) et indirectement par le couvert végétal qu'il induit.

On a vu précédemment (§ IV.1.1 et IV.1.2) que l'altération des minéraux dans les sols et la genèse des humus sont étroitement dépendants du *couple climat-végétation*. Sous un climat donné, un équilibre s'établit *(climax)* entre la nature du sol et son couvert végétal.

Il en découle logiquement une *répartition zonale* des principaux types de sols en fonction des grands domaines bio-climatiques, ce que Dokouchaev, géologue père de la pédologie, fut le premier à souligner dès la fin du XIXe siècle. Cette pédogenèse zonale tend à uniformiser dans les sols des matériaux d'origines diverses.

Nous nous bornerons à citer ici les grands domaines climatiques de l'Europe occidentale et des régions avoisinantes ainsi que les traits essentiels des sols que l'on y rencontre, d'après P. Duchaufour (1983).

a) Sols des climats méditerranéens

Chauds (température moyenne 13 à 20°C), assez humides (pluviométrie annuelle moyenne : 500 à 1 000 mm), mais à saisons contrastées, les climats méditerranéens sont généralement accompagnés d'une forêt xérophile à espèces à feuilles persistantes.

Dans ce contexte, apparaissent des *sols rouges* (fig. IV.8.a) : la saison humide favorise l'altération de la roche-mère (fersiallitisation) et le lessivage des colloïdes. Les éléments libérés, dont le fer, sont fixés au sein du profil pendant la saison sèche, ce qui explique la teinte rouge des horizons A_2 et Bt de ces sols. De plus, les saisons contrastées sont favorables à une bonne humification (mull en A_1).

Dans les zones moins pluvieuses, à saison sèche prolongée (tendance subtropicale), s'installent une végétation arbustive à steppique et des *sols marrons à croûte calcaire*, faisant la transition avec les sols isohumiques des climats continentaux (voir § III.4.4.a).

b) Sols des climats continentaux

Les climats continentaux sont caractérisés par des saisons très contrastées, tant du point de vue thermique que pluviométrique. La pluviométrie annuelle moyenne assez faible (400 à 500 mm, surtout en été) et le gel fréquent en hiver n'autorisent généralement qu'une végétation dominée par les graminées (steppe).

L'altération se traduit par la décarbonatation rapide de la roche-mère, mais une faible évolution de la fraction silicatée. Le lessivage des colloïdes est presque nul. Le fait essentiel réside dans la forte production de matière organique par décomposition annuelle de l'ensemble de l'appareil végétatif aérien et souterrain des graminées et l'humification intense (mull calcique).

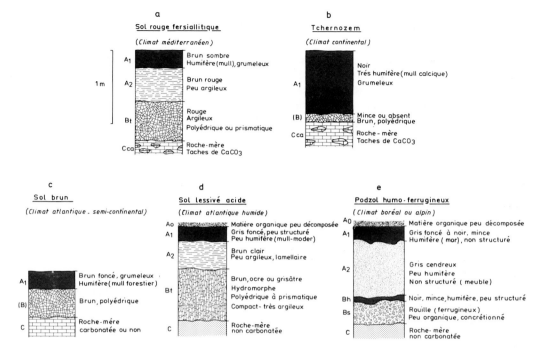

Fig. IV.8 — *Quelques profils types de sols liés aux climats européens.*

L'incorporation profonde de cet humus très noir (A_1 épais) dont la teneur est alors presque identique dans l'ensemble du profil, est à l'origine du terme « isohumique » attribué à ces sols. Le tchernozem russe en est le plus célèbre représentant (fig. IV.8.b).

c) Sols des climats atlantiques

Les climats atlantiques sont tempérés et humides (moyennes annuelles : 8 à 13° C et 500 à 1 200 mm d'eau), à saisons peu contrastées et sont accompagnés de forêts de feuillus ou mixtes feuillus — résineux, fournissant une litière facilement biodégradable.

Le fer libéré par l'altération modérée des minéraux (bisiallitisation), associé aux minéraux argileux et au mull dont il favorise la genèse, confère aux sols leur *couleur brune*. L'humidité est toujours suffisante pour que ces sols brunifiés soient totalement décarbonatés. On en distingue deux types principaux :

— *sol brun* (fig. IV.8.c) : il est caractérisé par la formation d'un mull forestier peu acide assez abondant en A_1. La décarbonatation et l'absence de lessivage des argiles et du fer laissent seulement apparaître un horizon (B) d'altération entre le A_1 et la roche-mère. Ce type de sol se trouve plutôt dans les zones à climat atlantique moins humide et à tendance semi-continentale.

— *sol lessivé acide* (fig. IV.8.d) : il se rencontre surtout dans les régions occidentales au climat très humide. L'éluviation de l'argile et du fer fait apparaître un épais horizon A$_2$ au-dessus d'un horizon d'illuviation Bt argileux dont la compacité, en ralentissant le drainage, produit des *hydromorphies*. L'accroissement de l'acidité au sommet du profil provoque le ralentissement de la dégradation de la matière organique (Ao) et la genèse d'un humus de type mull — moder (A$_1$). Ce type de sol peut atteindre le stade « lessivé dégradé » : le A$_2$ forme des indentations (glosses) dans le Bt sous-jacent par attaque en milieu fortement acide des minéraux argileux d'illuviation.

Ces sols brunifiés sont très répandus en Europe occidentale, en particulier sur les couvertures lœssiques (M. Jamagne, 1973).

Tous les intermédiaires entre les deux types extrêmes décrits ci-dessus sont connus et identifiés par l'*indice d'entraînement* n de l'argile ou du fer (% argile ou Fe dans le Bt / % argile ou Fe dans le A$_2$) : n = 1, sol brun ; 1 < n < 1,5, sol brun faiblement lessivé ; 1,5 < n < 1,8, sol brun lessivé ; 1,8 < n < 2, sol lessivé ; n > 2, sol lessivé dégradé.

d) Sols des climats boréaux et alpins

Les climats froids (moyennes annuelles < 8°C) et humides (pluviométrie annuelle 500 à 1 000 mm) sont généralement en équilibre avec des forêts de résineux ou de landes à bruyères.

Le trait pédogénétique dominant, dans ce contexte bioclimatique, est la lente décomposition de la matière organique provoquant la formation d'une *litière épaisse* (Ao) et d'un humus très acide et pseudosoluble, le mor (A$_1$).

Les composés humiques du mor induisent la complexolyse des minéraux non quartzeux dans les horizons A (*A$_2$ cendreux* notamment) et migrent en profondeur en entraînant les ions Fe et Al. L'humus s'accumule en un Bh très mince, l'aluminium, et le fer surtout, dans un Bs *(alios)* (fig. IV.8.e). A long terme, les horizons superficiels deviennent exclusivement quartzeux. Ainsi naissent les sols podzolisés dont le *podzol humo-ferrugineux* est l'exemple type. Les zones les plus humides sont le domaine d'élection de la *tourbe*.

e) Sols des climats arctiques

Les climats arctiques, très froids, ne permettent pas, sinon très peu (lichens, buissons), le développement de la végétation. La conjonction d'une faible production de matière organique, d'une humification très ralentie et d'une altération réduite explique le faible développement de la pédogenèse dans ces régions. Il se forme au plus un horizon A à tourbe ou anmoor en milieu humide ou à mor en milieu bien drainé.

Ces sols sont surtout marqués de l'empreinte du *gel*. Ils portent les noms de *gélisols*, *tjales* ou *cryosols*. Ils comprennent un horizon gelé permanent (*permafrost* ou *pergélisol*) en profondeur, pouvant atteindre plusieurs m ou dizaines de m d'épaisseur, et une zone superficielle qui dégèle chaque année en été *(mollisol)*. Ce mollisol, gorgé d'eau, peut être le siège d'hydromorphies (horizons à gley).

L'alternance gel-dégel engendre diverses structures à grande échelle caractéristiques des cryosols.

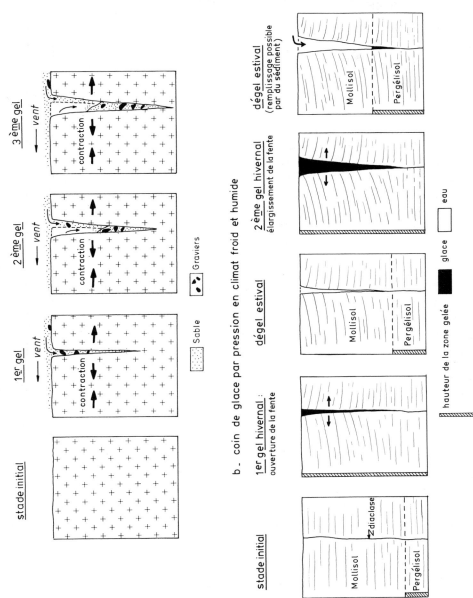

a. coin de sable par contraction thermique en climat froid et sec

b. coin de glace par pression en climat froid et humide

Fig. IV.9 — *Genèse des fentes en coin.*

e.1 — Fentes en coin

Ce sont des fissures en forme de V larges de quelques dm au sommet et profondes de quelques dm ou m, vues en coupe verticale. Dans le plan horizontal, en surface, elles sont distribuées selon les côtés d'un polygone de plusieurs mètres ou décamètres de diamètre.

Elles apparaissent (J. Dylik et G.C. Maarleveld, 1967 et A. Pissart, 1970) :

— soit par *contraction thermique* du sol soumis brutalement au gel, en climat sec. Ces fentes, béantes, mais étroites, sont comblées de matériaux colluviaux ou éoliens en transit à la surface : les éléments les plus fins (sables) tombent au fond tandis que les plus grossiers demeurent au sommet, bloqués par l'étroitesse de la fissure (fig. IV.9.a).

Les gels annuels successifs élargissent la fissure qui se comble au fur et à mesure (*coins de sable* ou sand wedges).

— soit, lorsque le sol contient de l'eau (mollisol), par transformation de celle-ci en *glace* qui élargit les fissures préexistantes en exerçant sur les parois des pressions de l'ordre de 14 kg/cm^2 (*coins de glace* ou ice wedges) (fig. IV.9.b). Lorsque les fissures possèdent déjà un remplissage de sable, le mélange sable — glace est encore plus efficace (J.-P. Lautridou, 1985).

e.2 — Structures polygonales

Elles proviennent d'une redistribution par cryoturbation des fragments de roches constituant le sol (sol polygonal).

Les unités structurales sont schématiquement inscriptibles dans une demi-sphère d'axe vertical à convexité tournée vers le bas ; leur section à la surface du sol est

Fig. IV.10 — *Festons de cryoturbation dans un sol polygonal en Bourgogne* (d'après J. Chaline, 1985).
1 — Calcaire en place ; **2** — Calcaire démantelé, fissuré par le gel ; **3** — Blocailles calcaires redressées à la verticale ; **4** — Limon occupant le centre des cellules polygonales.

polygonale, avec un diamètre variable de quelques dm à 1 ou 2 m (fig. IV.14). En coupe verticale, le contour des polygones dessine des *festons* ou *guirlandes* soulignés par les éléments les plus grossiers (fig. IV.10).

La genèse de ces structures paraît complexe. La disposition polygonale implique des phénomènes comparables à ceux mis en œuvre dans la formation des fentes en coin. L'expulsion vers la périphérie de l'unité et l'orientation subverticale des blocs pourraient résulter de l'accrétion centrifuge de glace fibreuse *(pipkrakes)* (J. Chaline, 1985).

Les structures polygonales régulières se rencontrent en topographie plane. Sur les versants, l'étirement des polygones selon un axe par glissement le long de la pente est à l'origine des *sols striés*.

e.3 — Cryoturbation profonde

La partie inférieure plastique du mollisol, comprise entre le pergélisol et la couche superficielle nouvellement gelée à l'automne, est soumise à des contraintes produisant des déformations complexes (plication) en profondeur (fig. IV.11).

Lorsque la couche reprise par le gel en surface est mince, la pression locale du mollisol sous-jacent peut la déformer voire la percer par injection du type micro-diapir créant des bombements en surface.

Fig. IV.11 — *Figures de déformations complexes par injection de limons sableux superficiels (foncé) dans des marno-calcaires (clairs) lors des phénomènes de gels et dégels successifs en contexte périgla-ciaire.* Contact terrasse ancienne et substrat kimméridgien (Vallée de l'Ognon — Doubs).

IV. 2. 2 · Relations avec la topographie

La topographie intervient dans la pédogenèse et la répartition des sols sur deux plans :

— *en commandant les processus d'érosion* : l'épaisseur des sols varie en fonction de la valeur des pentes.

— *en déterminant la distribution des eaux superficielles* qui engorgent les sols dans les zones déprimées.

Elle module ainsi la nature des sols au sein de chaque zone climatique.

a) Répartition des sols selon la valeur des pentes

Le degré d'évolution d'un sol et donc son épaisseur dépendent, comme nous le verrons par la suite, de la durée de la pédogenèse.

Sur une *surface plane*, peu touchée par l'érosion, surtout si la roche-mère est perméable, le sol prend son développement optimum et se rapproche de son équilibre climacique.

Sur les *pentes*, principalement si le couvert végétal est réduit, le ruissellement décape les horizons superficiels du sol qu'il rajeunit au fur et à mesure de son évolution : le sol est alors partiellement privé de ce qui fait son originalité, la matière organique. Il est d'autant moins épais (peu d'horizons) que la pente est forte.

Les sols sont ainsi répartis logiquement dans l'espace selon une toposéquence (fig. IV.12). Dans le cas extrême, la roche-mère affleure. Ces sols d'érosion peu évolués portent les noms de *régosols* sur roches tendres et *lithosols* sur roches dures.

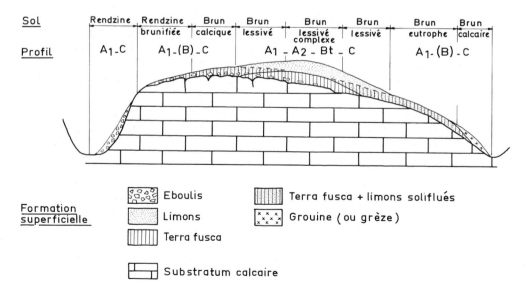

Fig. IV.12 — *Influence de la topographie sur la répartition des formations superficielles et des sols sur un substratum calcaire en Lorraine* (d'après M. Gury et P. Duchaufour, 1972).

De plus, les produits de l'érosion s'accumulent à la faveur de ruptures de pentes locales, ce qui entraîne une importante variabilité latérale des formations superficielles roches-mères des sols.

b) Sols des zones déprimées humides

Les eaux de ruissellement et de drainage des nappes souterraines convergent vers les dépressions topographiques (cuvettes, vallons, vallées) où elles déterminent des nappes d'eau superficielles dont la surface piézométrique est proche de la surface topographique.

Les sols sont ainsi amenés à évoluer dans un milieu totalement ou partiellement gorgé d'eau, ce qui modifie fortement la pédogenèse. C'est le domaine des *sols hydromorphes* marqués par un ralentissement de la dégradation de la matière organique, une mauvaise humification (formation de tourbe, hydromor ou hydromull), un appauvrissement en oxygène conduisant à des phénomènes d'oxydo-réduction affectant surtout le fer (voir § III.6.2).

L'évolution de ces sols dépend étroitement de la dynamique de la nappe d'eau : lorsque celle-ci baisse périodiquement, l'alternance de phases oxydantes et réductrices engendre des *pseudogleys* à taches ocres et grises et concrétions ferromanganiques. Si la nappe est permanente, le milieu, fortement réducteur, donne naissance à un *gley* uniformément gris-verdâtre.

IV. 2. 3 - Relations avec la roche-mère

Comme la topographie, la nature pétrographique de la roche-mère peut modifier localement la pédogenèse climacique.

La roche-mère agit de façon notable lorsque sa composition chimique présente un trait particulier bien marqué. C'est le cas des roches carbonatées, calcaires ou dolomitiques, sur lesquelles apparaissent les *sols calcimagnésiques*.

L'excès de calcium ralentit les processus d'altération. La matière organique est rapidement décomposée, profondément intégrée au sol mais l'humification est bloquée à un stade précoce (mull carbonaté). Le profil, totalement carbonaté, est peu évolué : de type A_1-R *(rendzine)* ou A_1-(B)-R *(rendzine brunifiée)*.

Cependant, si la durée de la pédogenèse ou l'humidité sont suffisantes (zone atlantique), ces sols progressivement décarbonatés puis lessivés deviennent des sols brunifiés (fig. IV.12).

L'abondance de sels solubles, NaCl notamment, est aussi à l'origine de sols spéciaux : les *sols salsodiques*. En Europe où l'humidité du climat provoque l'élimination rapide des sels dans les zones superficielles, ces sols sont surtout limités aux régions côtières (marais, polders) où l'apport de sel par les embruns et les nappes d'eau souterraines est permanent. Mais ils peuvent se rencontrer aussi dans les régions continentales (par exemple les « sélins » de la Limagne de Clermont-Ferrand, J. Dejou, 1985).

La roche-mère oriente également la pédogenèse par sa texture : une texture très argileuse sous climat humide, en ralentissant la circulation de l'eau, induit des sols hydromorphes, y compris dans des positions topographiques élevées. Une texture sableuse ou limoneuse exacerbe plutôt la pédogenèse climatique.

IV. 3 · Les paléosols

Les sols décrits ci-dessus traduisent les conditions écologiques *actuelles* qui règnent sans grande variation depuis la fin de la dernière glaciation.

Les paléosols sont des sols ayant connu des environnements bioclimatiques, topographiques, hydrologiques plus *anciens*, de même type ou différents de l'actuel. On les repère fréquemment au sein des séries sédimentaires ou en surface, et ceci particulièrement en association avec les formations superficielles dont le caractère continental et discontinu a été très favorable à leur développement et à leur conservation.

Les paléosols intéressent au premier chef le géologue des formations superficielles car ils permettent de reconstituer les paléomilieux. Leur interprétation est délicate. Elle nécessite de les définir précisément.

IV. 3. 1 · Nomenclature des paléosols

Divers qualificatifs sont employés pour définir les paléosols (fig. IV.13).

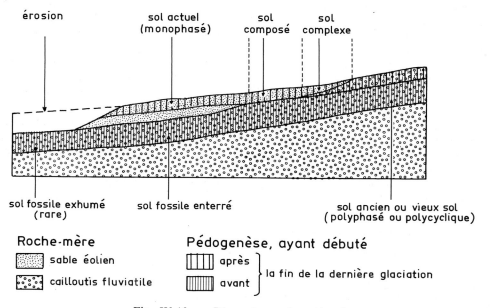

Fig. IV.13 — *Divers types de paléosols.*

a) Sols fossiles

Ce sont les véritables paléosols résultant uniquement d'une genèse antérieure à l'Holocène, sous des conditions identiques ou non aux conditions actuelles. On distingue (B. Gèze, 1959) :

— les *sols fossiles enterrés*, enfouis sous des dépôts plus récents assez épais pour qu'ils n'aient pu subir une évolution ultérieure. Ils sont fréquents dans les complexes lœssiques, les formations de versant ou entre deux coulées volcaniques successives.

— les *sols fossiles exhumés*, d'abord enterrés puis remis à jour par l'érosion assez récemment pour ne pas avoir subi d'évolution ultérieure (cas assez rare).

Ils renseignent sur les conditions écologiques pendant un laps de temps limité et une époque précise.

b) Sols monophasés

Un sol *monophasé* est caractérisé par un ensemble de traits pédologiques ayant évolué de façon synchrone dans un seul type d'environnement bioclimatique (N. Fédoroff, 1986). C'est le cas des sols postglaciaires comme ceux formés sur les lœss récents d'Europe occidentale. De nombreux sols fossiles à durée de vie limitée, sont monophasés.

c) Sols polyphasés et polycycliques

Le sol *polyphasé*, défini par L. Glangeaud (1956), renferme des caractères pédologiques peu ou pas compatibles entre eux, qui sont soit juxtaposés, soit superposés (N. Fédoroff, 1986). Cela traduit la succession de deux ou plusieurs phases pédogénétiques et autant d'environnements distincts. Les horizons issus de la nouvelle pédogenèse sont notés ' pour les distinguer des horizons préexistants. Exemple : A'2 (nouveau) sur Bt (ancien) (fig. IV.15).

Un sol *polycyclique* est un sol polyphasé qui a connu au moins deux fois le même environnement, par exemple deux interglaciaires à climat tempéré humide et couvert forestier avec altération, humification, lessivage, séparés par une période glaciaire à figures cryogéniques.

Ces sols se forment sur des matériaux restés à l'affleurement pendant un assez long temps. L'arrêt d'une phase et le renouvellement de la pédogenèse peut aussi être la conséquence de l'intervention humaine depuis quelques millénaires (par le défrichement, les façons culturales, etc.).

Souvent, la nouvelle pédogenèse a repris un sol préalablement tronqué en partie par l'érosion.

d) Sols anciens ou vieux sols

Ces paléosols se sont différenciés sur des matériaux *demeurés à l'affleurement* depuis leur mise en place et ont évolué *pendant plus de 10 000 ans*, durée de l'Holocène. Ils ont donc connu plusieurs environnements bioclimatiques et sont polyphasés ou polycycliques. Cependant, les caractères anciens du sol n'apparaissent bien qu'à sa partie inférieure, la partie supérieure étant perturbée par la pédogenèse postglaciaire, fortement exprimée et encore fonctionnelle.

Les sols anciens sont fréquents à la surface des terrasses fluviatiles.

e) Sols composés et sols complexes

Ils sont formés aux dépens de *deux matériaux distincts* superposés : par exemple une couche de sables éoliens reposant sur un cailloutis fluviatile. Le plus ancien est affecté d'un sol fossile et le plus récent, peu épais, d'un sol mono ou polyphasé. Lorsque les deux sols sont juste en contact stratigraphique sans interférer, le sol est *composé*. Si la base du sol supérieur affecte le sommet du paléosol sous-jacent, le sol est *complexe* (R.H.G. Bos et J. Sevink, 1975).

Du fait des variations d'épaisseur des couches sédimentaires, on passe latéralement de sols composés à des sols complexes (fig. IV.13).

IV. 3. 2 · Signification écologique des paléosols

Les paléosols fournissent des renseignements précieux sur les *climats, couvertures végétales* et *topographies anciennes*. Il faut évidemment que ces sols aient évolué suffisamment longtemps (quelques centaines ou milliers d'années) pour être en équilibre avec leur environnement (climax). Il faut aussi tenir compte de la nature de la roche-mère qui peut accélérer ou ralentir l'acquisition des traits climaciques.

Les caractères pédologiques significatifs sont : le degré d'évolution du profil (nombre, nature et épaisseur des horizons), le degré d'altération des minéraux (abondance et nature des minéraux argileux d'origine secondaire et de la rubéfaction par les sesquioxydes de fer), le type d'humus et la morphologie (texture et structure) des horizons. Dans le cas des sols polyphasés, l'analyse morphologique au microscope (micromorphologie) est utile car elle fait apparaître des phénomènes et des phases pédogénétiques insoupçonnables à l'œil nu (R. Brewer, 1964).

Cependant, dans l'interprétation des paléosols, il faut tenir compte de ce que les humus, à transformation relativement rapide par rapport aux composés minéraux, ne correspondent souvent plus actuellement aux équilibres écologiques passés, car ils ont évolué, voire disparu, ce qui constitue un handicap majeur.

L'interprétation des paléosols s'appuie aussi sur l'étude des *fossiles* qu'ils renferment (pollens, faunes malacologiques) et sur les *datations absolues* (carbone 14).

a) Sols fossiles monophasés

On les interprète par référence aux climax observés actuellement dans différentes zones climatiques, mais bien souvent ces sols fossiles ont des faciès propres ne trouvant pas exactement d'équivalent actuel. C'est le cas des paléosols enfouis dans les séries lœssiques de l'Europe du Nord-Ouest et particulièrement en Belgique où l'on a reconnu successivement les sols suivants depuis l'Éemien (voir § X.2.2 et X.4.2) :

— *sol brun lessivé* marquant le climat atlantique tempéré humide de l'interglaciaire éemien. Exemple : le sol de Rocourt (F. Gullentops, 1954).

— *sols gris humifères*, forestiers à steppiques, traduisant des climats frais et humides au Weichsélien inférieur. Exemple : le sol de Warneton (R. Paepe, 1968).

— *gley de toundra* sur permafrost indiquant un climat arctique humide à plusieurs reprises au Weichsélien moyen. Exemple : les nassboden (P. Haesaert, 1974).

— *sol brun, à gley* et *gélifluxion* ou localement tourbeux, d'interprétation délicate (peut-être polyphasé), marquant une amélioration légère du climat entre le Weichsélien moyen et supérieur. Exemple : le sol de Kesselt (F. Gullentops, 1954).

— *sol brun plus ou moins lessivé* sous climat atlantique formé au cours de l'Holocène (postglaciaire) sur le lœss déposé durant le Weichsélien supérieur (M. Jamagne, 1973).

Ces observations impliquent que les zones bioclimatiques aient fortement fluctué en Europe au cours du dernier cycle interglaciaire-glaciaire, comme au cours de l'ensemble du Pléistocène. On trouve des sols rouges méditerranéens (interglaciaires) jusqu'aux latitudes voisines de 46-47° N (Poitou, Alsace). Le climat continental apanage de l'Europe orientale, a progressé plusieurs fois vers l'ouest.

Des sols podzolisés de climats boréaux se sont formés à maintes reprises en Europe, au sud de la zone climacique actuelle des podzols. Les structures de cryosols arctiques (fentes en coins, cryoturbations...) sont apparues lors de certaines phases glaciaires en Europe moyenne. Par exemple, P. Horemans (1960) a décrit des sols polygonaux « wurmiens » sur des terrasses alluviales de la Loire, dans l'Orléanais (fig. IV.14).

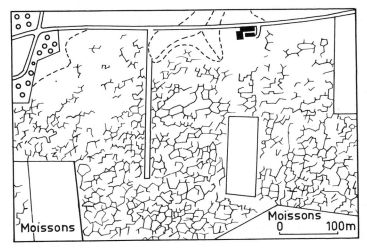

Fig. IV.14 — *Réseau polygonal de fentes en coin à la surface d'une terrasse würmienne de la Loire dans l'Orléanais* (d'après P. Horemans, 1960).

b) Paléosols polyphasés

L'interprétation écologique des paléosols élaborés sur des surfaces restées longtemps à l'affleurement et ayant connu plusieurs phases climatiques est très délicate : c'est le cas des vieux sols des terrasses fluviatiles plio-quaternaires.

Lorsqu'ils sont distribués en séquences chronologiques, ces paléosols paraissent d'autant plus évolués et épais qu'ils sont anciens (fig. IV.15). Doit-on attribuer cette gradation à une durée d'évolution plus longue dans les plus vieux sols *(facteur temps)* selon des processus s'enchaînant immuablement (décarbonatation, altération, lessivage, engorgement et dégradation hydromorphe), ou à l'existence de milieux anciens plus efficaces pédogénétiquement et disparus par la suite *(facteur climat)* ? Pour résoudre ce problème il est nécessaire de distinguer le *type* et le *degré* de la pédogenèse.

Les vieux sols alluviaux polyphasés d'une région donnée présentent des caractères, acquis pendant les périodes interglaciaires, de même type mais de degré différent selon leur âge, ce qui met en avant l'influence du facteur temps : les séquences
paléopédologiques des terrasses de la vallée du Rhône (M. Bornand, 1978), de l'Orb
(J. Barrière, 1971), de la Garonne (M. Icole, 1974) ou de la Loire (J.-J. Macaire,
1982) ne permettent pas d'affirmer l'existence de climats interglaciaires très sensiblement plus chauds et humides au début du Quaternaire que maintenant.

Mais les types de sol, au sein des séquences, varient d'une région à l'autre. Le
cumul des pédogenèses peut donc néanmoins refléter la zonation climatique : séquences de sols rouges (fersiallitiques) dans les régions méridionales (vallée du Rhône,
Languedoc, Espagne), séquence de sols bruns lessivés en Europe moyenne (Bassin
de Paris, Angleterre, Belgique...).

Les caractères pédologiques acquis pendant les phases glaciaires apparaissent très
bien au sein de séquences de sols polyphasés, notamment en micromorphologie
(B. Van Vliet-Lanoë in J. Boardman, 1985), car ils sont d'un type très différent de
ceux des phases interglaciaires (podzolisation, cryoturbation...). Par exemple, la
séquence des paléosols alluviaux de la Loire (fig. IV.15) montre un horizon de dégradation (IIA'2) formé sous climat frais et humide au début de la dernière glaciation,
indépendant du degré d'évolution des horizons Bt sous-jacents : il n'affecte que les
alluvions d'âge anté-würmien.

Les écarts climatiques glaciaires-interglaciaires sont plus nettement marqués dans
les sols polyphasés d'Europe moyenne et septentrionale que dans ceux d'Europe
méridionale.

IV. 3. 3 · Intérêt stratigraphique

Les paléosols présentent un intérêt stratigraphique par leur position au sein de
séries (stratigraphie géométrique) et par leur faciès qui permettent d'établir une chronologie relative entre des formations affleurantes (pédostratigraphie).

a) Stratigraphie géométrique

Les sols fossiles constituent des niveaux repère précieux au sein des séries de formations superficielles superposées (complexes) : ils soulignent des paléosurfaces, témoignent de phases d'arrêt de la sédimentation ou de reprise d'érosion. On relève la
succession de phases « *biostasiques* » de pédogenèse sous couvert végétal, et de phases
« *rhéxistasiques* » d'érosion ou d'accumulation sur sol dénudé (H. Erhart, 1956), liées
aux fluctuations climatiques.

Certains sols fossiles aux faciès bien caractérisés permettent des *corrélations* sur
de longues distances, comme celles proposées entre les diverses provinces de lœss
et sables éoliens du Nord-Ouest de l'Europe (J. Sommé et al., 1980). La prudence
est néanmoins toujours de rigueur car les facteurs locaux (stationels) de la pédogenèse peuvent avoir modifié sensiblement les faciès. D'autre part, le sol, milieu vivant,
renferme souvent des documents paléontologiques (pollens, coquilles, industries préhistoriques, charbon de bois) absents ou moins concentrés dans les roches-mères.
Selon le type de pédogenèse, ces documents sont plus ou moins bien conservés :
les éléments biogéniques sont plus rapidement dégradés en milieu oxydant.

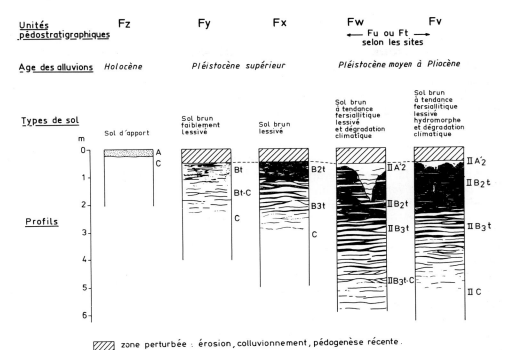

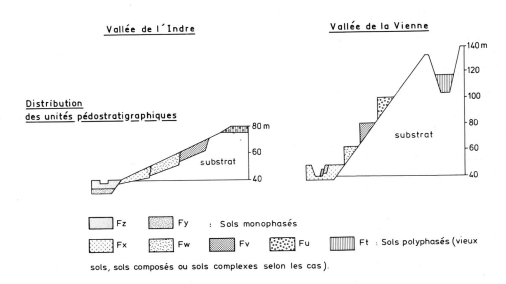

Fig. IV.15 — *Séquence de sols et paléosols formés sur les alluvions de la Loire et de ses affluents (Cher, Indre, Vienne et Creuse) en Touraine* (d'après J.-J. Macaire, 1986).

b) Pédostratigraphie

Les formations superficielles d'une région, affleurantes, éclatées dans l'espace (ensembles), ayant connu les mêmes phases climatiques, portent des *vieux sols semblables*. Ces traits pédologiques acquis secondairement permettent de comparer entre eux divers dépôts et de les classer chronologiquement en fonction du degré d'évolution des sols qui les affectent. C'est le cas des formations fluviatiles disposées en terrasses (fig. IV.15), mais aussi de toutes couvertures, éoliennes, colluviales ou autres.

Cette pédostratigraphie fut développée avec succès dans l'étude des dépôts fluvioglaciaires du Bassin du Rhône (F. Bourdier, 1961) et est utilisée, à défaut d'autres arguments, dans de nombreuses autres régions.

Cependant, la pédostratigraphie n'est applicable que si les formations considérées possédaient *initialement* une *composition voisine* : deux vieux sols contigus, de même âge, différenciés l'un sur roche sableuse carbonatée et l'autre sur roche limonoargileuse non calcaire, ne peuvent développer les mêmes caractères. La situation topographique importe également. Si l'on ajoute les variations bioclimatiques interrégionales, on comprend que cette méthode stratigraphique, très précieuse à l'échelle d'une région, ne puisse avoir une valeur universelle.

Références bibliographiques

Aubert G. et Boulaine J. (1980) — La pédologie. Coll. « Que sais-je ? », P.U.F., n° 352, 128 p.

Barrière J. (1971) — Limites d'utilisation des paléosols pour la reconstitution des paléoclimats. *C. R. Ac. Sc.*, t. 272, p. 2426-2429.

Bertouille H. (1976) — Contribution à l'étude des ferruginisations et encroûtements calcaires : rôle des thermomigrations. *Rev. Géogr. Montréal*, vol. XXX, 4, 327-338.

Birkeland P. W. (1974) — Pedology, weathering and geomorphological research. Oxford Press Univ., London, 285 p.

Boardman J. éd. (1985) — Soils and Quaternary Landscape Evolution. J. Wiley and Sons Ltd.

Bonneau M. et Souchier B. (1979) — Pédologie — 2 : Constituants et propriétés du sol. Masson éd., Paris, 459 p.

Bornand M. (1978) — Altération des matériaux fluvio-glaciaires, genèse et évolution des sols sur terrasses quaternaires dans la moyenne vallée du Rhône. Thèse Doct. État, Montpellier, 329 p.

Bos R. H. G. et Sevink J. (1975) — Introduction of gradational and pedomorphic features in description of soils. *J. Soil Sc.*, 26, 3, 223-233.

Bourdier F. (1961) — Le Bassin du Rhône au Quaternaire, Géologie et Préhistoire. C.N.R.S. éd., Paris, 2 vol., 363 p.

Brewer R. (1964) — Étude micromorphologique et minéralogique des sols. J. Wiley and Sons, New York, 470 p. Trad. O.R.S.T.O.M.

Bruckert S. (1970) — Influence des composés organiques solubles sur la pédogenèse en milieu acide. Thèse Doct. État, Nancy I, Ann. Agro. 21, 4, 421, et 21, 6, 725.

Chaline J. (1985) — Histoire de l'homme et des climats au Quaternaire. Doin éd., Paris, 366 p.

Dejou J. (1985) — Les sols de la région de Clermont-Ferrand. *Rev. Sc. Nat. d'Auvergne*, 51, 25-42.

Duchaufour P. (1965) — Précis de pédologie. Masson éd., Paris, 482 p.

Duchaufour P. (1983) — Pédologie — 1 : Pédogenèse et classification. Masson éd., Paris, 491 p.

Dupuis J. (1954) — A propos du sol à bandes horizontales multiples d'Élancourt. *Bull. Ass. Fr. Et. Sol*, 51, 1-5.

Dylik J. et Maarleveld G. C. (1967) — Frost craks, frost fissures and related polygones. A summary of the literature of the past decade. *Med. ed. Geol. Stichting*, n. Ser., 18, 7-21.

Erhart H. (1956) — La genèse des sols en tant que phénomène géologique. Masson éd., Paris, 90 p.

Fédoroff N. (1986) — Un plaidoyer en faveur de la paléopédologie. *Bull. Ass. Fr. Et. Quat.*, 3-4, 195-204.

Folks H. C. et Riecken F. F. (1956) — Physical and chemical properties of some Iowa soil profils with clay iron bands. *Soil Sci. Soc. Amer. Proc.*, 20, 575-580.

Gèze B. (1959) — La notion d'âge du sol. Son application à quelques exemples régionaux. *Ann. Agron.*, III, 237-249.

Glangeaud L. (1956) — Classification des sols et hiérarchie des phénomènes en pédologie. VIe Congrès Sc. Sol, Paris.

Gullentops F. (1954) — Contributions à la chronologie du Pléistocène et des formes du relief en Belgique. *Mém. Inst. Géol. de Louvain*, 18, 125-252.

Gury M. et Duchaufour P. (1972) — Relations entre les formations superficielles et la pédogenèse sur le substratum calcaire. *Sc. du sol*, Fr., 1, 19-24.

Haesaerts P. (1974) — Séquence paléoclimatique du Pléistocène supérieur du Bassin de la Haisne. *Ann. Soc. Géol. Belg.*, 97, 105-137.

Horemans P. (1960) — Réseaux de fentes en coin périglaciaires d'âge würmien visibles sur photographies aériennes dans l'Orléanais. *C. R. Ac. Sc.*, t. 250, p. 3356-3358.

Horemans P. (1961) — Contribution à l'étude pédologique des terrasses alluviales de la Loire moyenne. Thèse Doct. 3e cycle, Paris, 164 p.

Icole M. (1974) — Géochimie des altérations dans les nappes d'alluvions du Piémont occidental nord-pyrénéen. *Sc. Géol.*, Strasbourg, Mém. n° 40, 201 p.

Jamagne M. (1967) — Bases et techniques d'une cartographie des sols. *Ann. Agro.*, V 18, h. Sér., I.N.R.A., Versailles.

Jamagne M. (1973) — Contribution à l'étude pédogénétique des formations lœssiques du Nord de la France. Thèse Doct. État, Univ. Gembloux, 445 p.

Lautridou J.-P. (1985) — Le cycle périglaciaire pléistocène en Europe du Nord-Ouest et plus particulièrement en Normandie. Thèse Doct. État, Caen, 2 tomes, 908 p.

Legros J.-P. (1976) — Migrations latérales et accumulations litées dans les arènes du massif cristallin et cristallophyllien du Pilat (Ardèche, Loire, Haute-Loire). *Sciences du Sol*, Fr., 3, 205-220.

Macaire J.-J. (1982) — Sur la signification paléoclimatique des « vieux sols » élaborés au cours du Plio-Quaternaire. Le cas des formations alluviales du sud-ouest du Bassin de Paris (Touraine et ses abords). *C. R. Ac. Sc.*, t. 294, p. 1335-1340.

Macaire J.-J. (1986) — Apport de l'altération superficielle à la stratigraphie. Exemple des formations alluviales et éoliennes plio-quaternaires de Touraine, France. *Bull. Ass. Fr. Et. Quat.*, 3-4, 43-55.

Maignien R. (1969) — Manuel de prospection pédologique. Docum. O.R.S.T.O.M., Paris, 132 p.

Munsell Color Compagny (1954) — *Munsell soil color charts*. Baltimore, U.S.A.

Paepe R. (1968) — Les sols fossiles pléistocènes de la Belgique. Pédologie, Gand, XVIII, 2, 176-188.

Pissart A. (1970) — Les phénomènes physiques essentiels liés au gel, les structures périglaciaires qui en résultent et leur signification climatique. *Ann. Soc. Géol. Belg.*, 95, 1, p. 7-49.

Razzaghe-Karimi M. (1974) — Évolution géochimique et minéralogique des micas et phyllosilicates en présence d'acides organiques. Thèse Spec., Paris VI, 96 p.

Sommé J., Paepe R. et Lautridou J.-P. (1980) — Principes, méthodes et système de la stratigraphie du Quaternaire dans le Nord-Ouest de la France et la Belgique. *Suppl. Bull. Ass. Fr. Et. Quat.*, N.S. n° 1, 148-162.

Chapitre V

Les formations de versant

Il peut sembler surprenant de réserver une place spéciale à un type de dépôt, en tenant compte seulement de sa localisation topographique. La plupart des autres groupes de formations superficielles sont en effet liés à l'agent de leur transport et de leur mise en place (formations glaciaires, fluviatiles...). Le versant n'est pas ici uniquement considéré dans son acception topographique, mais dans une prise en compte de son fort *pouvoir sédimentogène*. On peut en effet considérer que les versants portent l'essentiel des matériaux prélevés au substrat et pourvoient à l'alimentation ultérieure des autres formations superficielles. Le facteur essentiel mis en jeu est ici la *gravité*, aidée par l'eau sous ses différents aspects, les variations de température, l'activité biologique, etc.

Les dépôts de versant ont donc une place à part dans les formations superficielles en dehors de leur stricte localisation. Dans l'espace, ils se situent souvent à l'amont de tous les autres qu'ils contribuent à nourrir. Entre leur individualisation à partir du substrat et leur évacuation par un agent de transport (vent, eau, glace) la durée et la distance du transit sur le versant sont en général courtes.

Avant d'examiner les principaux types de formations de versant, il est nécessaire de présenter l'ensemble des facteurs qui concourent à leur mise en place.

V. 1 · Dynamique des versants

Par définition, le versant est caractérisé par une pente où s'exercent des forces gravitaires. En dehors de cette constante physique, un très grand nombre de facteurs interviennent, que l'on peut regrouper (fig. V.1) :

— *facteurs passifs* liés à la nature du substrat et de ses produits dérivés : type lithologique, fracturation, pendage, disposition structurale, exposition.

— *facteurs actifs* liés aux agents d'érosion : climat au sens large, action biologique, soulèvement différentiel.

L'action conjuguée de ces facteurs concourt à une morphogenèse propre dont la résultante est un versant transitoirement stable, possédant une pente d'équilibre. Ces notions théoriques masquent cependant une évolution permanente, parfois imperceptible, mais toujours active (dynamique de versant).

On peut distinguer deux temps dans cette dynamique :

— la *mobilisation* du matériau : c'est la dégradation sur place des roches, ou météorisation (weathering) qui peut s'effectuer par des processus mécaniques (désagrégation) et chimiques (altération) (cf. § III.1.1) et qui permet aux éléments d'être ultérieurement mobiles.

— l'*extraction* du matériau de sa position initiale (ablation) et son *déplacement* le long du versant avant son exportation éventuelle par un agent de transport.

Mais ces deux temps de la dynamique du versant s'exercent sur un substrat proche de l'interface lithosphère-atmosphère, substrat qui a, de ce fait, subi une mise en condition qu'il est nécessaire d'examiner.

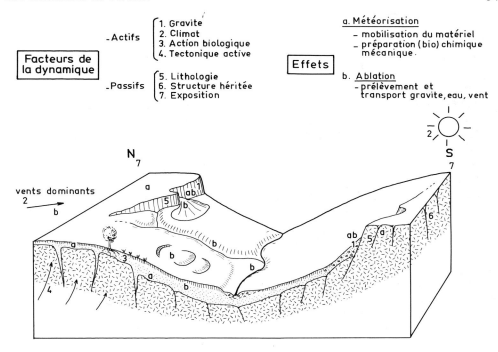

Fig. V.1 — *Dynamique des versants.* Les facteurs — actifs et passifs — et les effets — météorisation et ablation.

V. 1. 1 · Conditionnement initial du substrat sous les versants

Le creusement des vallées provoque des perturbations dans la répartition originelle des contraintes internes auxquelles les roches étaient soumises en profondeur :
— contraintes verticales liées au poids des roches,
— contraintes horizontales liées aux forces tangentielles qui s'exercent dans la croûte terrestre (chaîne de montagne jeune, zone en compression...).
Cette perturbation des contraintes peut être globalement assimilée à une *détente généralisée* des contraintes verticales et à un *déséquilibre* des contraintes horizontales, créant un appel vers les zones déprimées.
Selon la plasticité et la cohésion de la roche, ces déséquilibres provoquent des ruptures ou des élargissements de vides initiaux. Les ruptures peuvent s'effectuer à toutes les échelles depuis celle du grain dans une roche grenue. Les fissures (diaclases) préexistantes s'élargissent et de nouvelles discontinuités pourront se créer, formant un réseau parallèle au versant et tout à fait indépendant du réseau structural initial *(néodiaclases)*.
L'importance de ces phénomènes de détente est en liaison directe avec :
— la nature et l'intensité des contraintes initiales : plus elles étaient fortes, plus les effets de la détente sont manifestes ;

— la disposition structurale initiale : zone faillée et disloquée avec brèche tectonique, inclinaison des pendages selon la pente du versant et nombreuses diaclases favorisent la détente ;

— la nature de la roche : les discontinuités lithologiques entraînent des réponses différentielles au phénomène de détente ;

— le dénivelé du versant et la profondeur de la vallée par rapport aux bords de l'interfluve.

Ces modifications facilitent l'accès et la pénétration en profondeur dans les roches du substratum des agents de l'altération météorique et de l'érosion.

V. 1. 2 · Mobilisation des roches in situ par les agents météoriques

Sous la surface des versants, les roches sont dégradées par les agents météoriques selon les modalités décrites dans le § III.1, ce qui les prédispose à leur déplacement ultérieur. La situation des matériaux affleurant sur des pentes topographiques amène quelques particularités.

a) Mobilisation mécanique

Tous les processus de fragmentation météorique des roches sont exacerbés lorsque celles-ci affleurent sur des pentes ou forment des abrupts, parce qu'elles sont plus exposées aux pluies fouettantes, aux fluctuations thermiques et que le couvert végétal est souvent moins dense qu'ailleurs.

Il faut noter que dans presque tous les cas, même lorsque des effets thermiques sont en jeu (thermoclastie), l'intervention, même discrète, de l'eau paraît indispensable (P. Birot, 1981). Des phénomènes comparables à ceux décrits dans les pierres en œuvre (voir chapitre XVI) peuvent être observés sur les parois rocheuses.

L'évolution mécanique des roches a plusieurs effets :

— la *désagrégation granulaire*, ou émiettement : elle affecte les roches hétérogènes comme le granite et produit un matériau sableux ou granuleux dans lequel, à la différence d'une arène classique, les minéraux sont tous presque intacts chimiquement. Elle résulterait de différences dans les coefficients de dilatation et dans la pénétration de la chaleur (selon la couleur ou l'état de surface — lisse et réfléchissante ou mate et absorbante —) dans les divers minéraux. Ces actions thermiques sont probablement associées à une certaine humidité, et des cristallisations de sels entre les grains ne sont pas à exclure.

— la *desquamation* : les mêmes causes que ci-dessus provoquent la rupture et le détachement d'écailles plus ou moins épaisses (« lames de couteau » des calcaires, écailles bombées des granites, plaques des gneiss...).

— la *fragmentation* : des clastes, de taille et de forme variables selon la densité des fissures, se détachent de la roche formant le substrat, expulsées par la pression de la glace, des racines, etc. avec l'aide de la gravité qui facilite leur déchaussement.

b) Mobilisation chimique

L'eau et l'air sont particulièrement efficaces sous les versants puisqu'ils rencontrent des roches très fissurées. L'altération chimique est contrôlée comme ailleurs par des agents actifs (climat, végétation), mais aussi par des facteurs passifs (ou de réaction), plus ou moins favorables (solubilité des minéraux de la roche-mère, importance de la fissuration par détente, nature des écoulements liée à la morphologie des vides de pénétration de l'eau, etc.).

De plus, l'évolution chimique est *rapide* car les pentes accélèrent la circulation de l'eau, donc les phénomènes de dissolution et d'évacuation des produits solubles (lixiviation). Les travaux effectués dans le cadre de l'action thématique programmée portant sur les phénomènes de transport de matière à la surface de l'écorce terrestre (A.T.P — C.N.R.S, 1979) ont montré que le façonnement des versants tient plus à l'altération *près* de la surface (« épidermique »), associée à des tassements et des modifications structurales, qu'à l'évolution à la base des profils (« hypodermique ») non accompagnée de changements de structure et de volume (niveaux RS et ASC de la fig. III.1).

V. 1. 3 · Mouvement des matériaux sur les versants : phénomène d'ablation

On distinguera les déplacements de matière où l'eau joue un rôle prépondérant par opposition à ceux où l'eau n'intervient pas nécessairement.

a) Entraînement et transport direct par l'eau (fig. V.2)

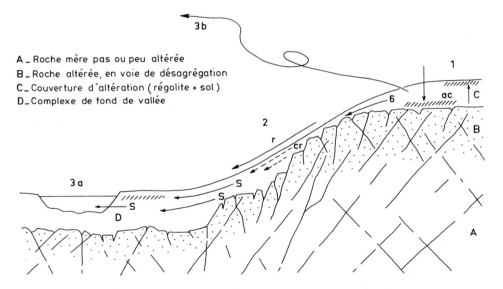

Fig. V.2 — *Entraînement et transport des matériaux sur les versants* (d'après P. Rat).
1. Migrations à l'intérieur du profil : genèse des sols, des croûtes et des horizons d'accumulation *(ac)*. Pénétration de l'altération en profondeur.
2. Entraînement hors du profil : *S.* produits solubles ; *Cr.* reptation de la couverture, maximum en surface ; *r.* ruissellement, glissement en masse.
3. Entraînement au loin : *a.* cours d'eau ; *b.* vent.

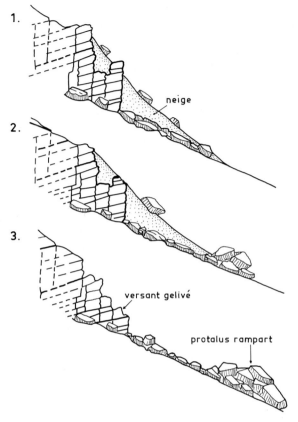

Fig. V.3 — *Rôle d'un talus de neige plus ou moins durcie au contact d'un versant gélivé.*

Plusieurs voies sont possibles :

— En *solution* : les transports de matériaux en solution sont sous la double dépendance de la solubilité du substrat et du régime des eaux. Ils ne donnent pas souvent matière à édification de formations superficielles importantes (travertins, tufs), mais peuvent contribuer à la compaction et à l'induration des formations superficielles existantes (éboulis consolidés, brèches).

— Par *ruissellement superficiel* : il est particulièrement efficace en cas d'insuffisance du couvert végétal et lorsque le régime des pluies est irrégulier. Certains versants, à substrat surtout argileux (terres noires de Durance, argilites pliocènes du Massif central), sont particulièrement sensibles à ce phénomène. Les modalités du ruissellement varient selon les roches, les pentes et le climat, notamment le régime des pluies. On distingue (P. Birot, 1981 et P. Rat, inédit) :

• le ruissellement *organisé* s'effectuant toujours aux mêmes endroits, en ravins individualisés (gully-erosion) distribués en systèmes hiérarchisés (bad-lands), ou en ravinement diffus sous forme de rigoles (rill-erosion).

• le ruissellement *inorganisé* provoquant une érosion pelliculaire (sheet-erosion) due au ruissellement diffus sur des pentes douces et régulières, ou à l'inondation en nappe (sheet-flood, sheet-wash) qui se développe sur glacis ou pédiment au pied d'un massif en climat semi-désertique.

Il existe des régions où l'érosion par ruissellement est la règle normale (semidéserts), mais il en est d'autres où le ruissellement est accidentel et se déclenche sporadiquement. C'est le cas des régions où la couverture végétale est clairsemée (régions péri-désertiques : plaines du centre-ouest américain, régions méditerranéennes...) ; mais le ruissellement affecte aussi des régions aux conditions climatiques moyennes comme en Europe occidentale. Il devient alors l'agent principal de l'érosion accélérée qui s'oppose à l'érosion naturelle, imperceptible car lente et ne modifiant pas l'aspect du versant.

— Par la *neige* : la présence de talus neigeux discontinus sur un versant peut provoquer l'entraînement de blocs sur la pente de neige durcie à partir d'affleurements rocheux (fig. V.3). Après avoir glissé, les blocs vont s'entasser assez bas dans le versant, en une sorte de bourrelet simulant une moraine et formant un rempart dans la partie basale. Ces accumulations sont parfois appelées moraines de névé ou protalus rempart.

b) Déplacements favorisés par l'eau d'imbibition

L'eau d'imbibition modifie considérablement les caractéristiques mécaniques des dépôts couvrant les versants. L'augmentation de la teneur en eau dans un matériau meuble abaisse son pouvoir de cohésion et si les forces gravitaires liées à la pente dépassent les forces de compaction, ce matériau se mobilise. On peut selon le critère *vitesse*, distinguer des mouvements lents et des mouvements rapides.

b.1 — Mouvements lents : reptation, solifluxion et glissements en masse

— *Reptation* (creep ou creeping) (fig. V.4) : c'est le déplacement lent et continu de l'ensemble du matériau, résultant d'une infinité de très petits mouvements des particules les unes par rapport aux autres. Il est provoqué sur le versant par tous les facteurs imperceptibles d'instabilité liés aux plantes, animaux, variations d'humidité, de température. La reptation peut apparaître « à sec », mais l'eau d'imbibition joue un rôle moteur prépondérant. Elle se manifeste surtout dans la zone superficielle et provoque, par exemple, l'inclinaison des piquets et la courbure des arbres. Le phénomène de reptation diminue d'intensité progressivement en profondeur sans qu'une limite nette apparaisse entre zone mobile et zone stable.

— *Solifluxion* : c'est le déplacement différentiel d'une partie du versant par accélération localisée du mouvement de reptation d'une couche pouvant atteindre un ou deux mètres d'épaisseur. La solifluxion est provoquée par une différence de comportement entre les horizons superficiels et les niveaux plus profonds (discontinuité lithologique initiale ou liée à l'altération). Une accentuation du phénomène de solifluxion a lieu dans les environnements périglaciaires lorsque les dégels périodiques entraînent une discontinuité de comportement entre les niveaux superficiels gorgés d'eau (mollisol) et les niveaux profonds gelés (permafrost).

Alors que les phénomènes de reptation sont peu visibles, la solifluxion laisse des traces nettes dans le versant : une ou plusieurs *déchirures* à l'amont du panneau

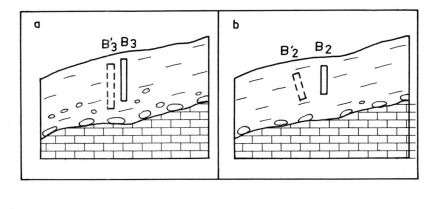

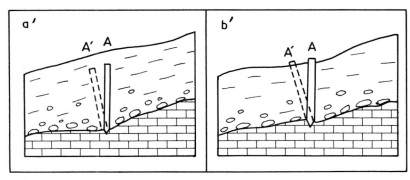

Fig. V.4 — *Enregistrement des mouvements lents à l'aide de potelets enterrés,* d'après la méthode de F. Morand (in P. Birot, 1981). En **a'** et **b'**, de longs potelets atteignent le substratum immobile. Le potelet subit une rotation. Dans la partie supérieure de la figure, on emploie des potelets courts. En **a**, il y a translation d'ensemble. En **b**, il y a, à la fois, translation et rotation, les horizons supérieurs étant plus rapides.

glissé, une surface plus ou moins chaotique sur le panneau lui-même se terminant à l'aval par un *bourrelet* chevauchant la zone autochtone non affectée (fig. V.5). La structure interne du matériau n'a pas été sensiblement modifiée. Seules les limites du panneau glissé peuvent présenter des traces du mouvement sous forme de brisures, plissotements, courbures ou étirements (crochet de solifluxion). La vitesse de déplacement est variable mais reste limitée, de l'ordre du mètre à l'heure. La reptation et la solifluxion peuvent provoquer dans les roches schisteuses ou stratifiées verticales ou inclinées du substrat le déplacement par courbure des têtes de banc (phénomène de fauchage) (fig. V.6).

— *Glissements en masse* : cette appellation recouvre une série de phénomènes qui ont lieu sur des pentes d'inclinaison variable, mais qui concernent un matériau homogène contenant toujours une assez forte teneur en argiles ou silts dans lequel

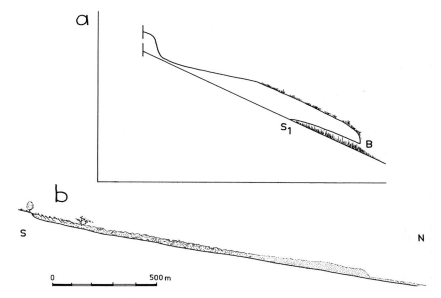

Fig. V.5 — *Deux représentations de coulées de solifluxion.*
a : Coupe d'une langue de solifluxion avec cisaillement basal (d'après
P. Birot, 1981) : coupe théorique sans échelle. Recouvrement de
l'herbe suivant le cisaillement basal S1b.
b : Un glissement superficiel dans les argiles : Valdrôme — Drôme
(d'après J. Goguel, 1971).

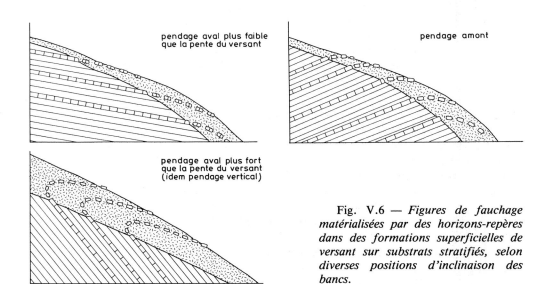

Fig. V.6 — *Figures de fauchage matérialisées par des horizons-repères dans des formations superficielles de versant sur substrats stratifiés, selon diverses positions d'inclinaison des bancs.*

l'eau a joué un rôle préparatoire d'imprégnation et de déstructuration. Une cause parfois minime peut déclencher le glissement lorsque le seuil de stabilité est atteint (brusque apport d'eau de précipitation ou latérale, sapement basal, surcharge en tête, secousse). Ces glissements ont des tailles très variées mais ils ont toujours la forme de vastes *loupes* décollées au niveau d'une surface soit courbe (glissements dits « circulaires » ou « rotationnels »), soit plus ou moins parallèle à la pente. La zone de décollement laisse en amont un abrupt courbe, concave vers l'aval (niche de décollement) et la masse déplacée peut s'étager en *gradins* séparés par des zones de fractures normales à l'amont (affaissement) et inverses à l'aval où les différents compartiments tendent à chevaucher les uns sur les autres pour former un bourrelet chaotique en relief (fig. V.7).

Le glissement en masse est donc un phénomène comparable aux coulées de solifluxion, mais la masse glissée affecte des zones plus profondes du versant et sa dislocation est plus importante. La limite entre les deux cas n'est cependant pas toujours nette et une typologie est difficile à établir car les caractéristiques initiales des versants affectés ne sont jamais parfaitement identiques.

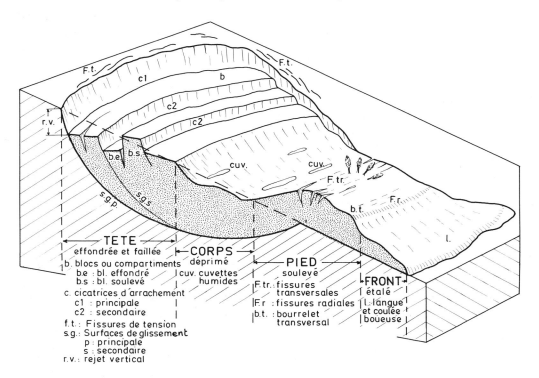

Fig. V.7 — *Bloc-diagramme schématique d'un glissement de terrain, terminologie sommaire* (d'après A. Millies-Lacroix, 1981). Le glissement représenté correspond au type dit « rotationnel », prolongé par une amorce de coulée boueuse (slump-earthflow). La surface de glissement a été grossièrement assimilée à un arc de cercle.

b.2 — Mouvements rapides : les coulées boueuses et avalanches

— Les *coulées boueuses* : ce sont des phénomènes bien souvent redoutables, destructeurs, comparables à des crues subites. L'eau est à l'origine du phénomène par une imprégnation brutale de matériaux à forte porosité provoquant leur gonflement et leur instabilité. La masse affectée commence à fluer lorsque le matériau dépasse sa limite de liquidité : la coulée se déclenche alors et peut acquérir une vitesse et une force considérables. Elle peut sur son passage réincorporer des matériaux meubles grâce à sa grande compétence.

La morphologie générale d'une coulée boueuse de grande taille est celle d'un *torrent* avec sa zone d'arrachement en amont, son chenal d'écoulement où les matériaux initiaux très fluides ont pu se concentrer et où le pouvoir d'ablation est le plus fort, et le lobe en aval, sorte de cône de déjection qui peut s'édifier bien au-delà du débouché de la petite vallée latérale en barrant la vallée majeure. Les matériaux déposés sont très hétérométriques (mass-flow). C'est à cette catégorie qu'appartiennent les *lahars* déclenchés à partir d'accumulations de cendres volcaniques (voir § XI.2.4).

— Les *avalanches* : ce terme est réservé aux éboulements et coulées neigeuses mais l'énergie mise en œuvre peut souvent entraîner des éléments du versant. Leur rôle peut être important dans le façonnement des versants et les accumulations à leur pied.

c) Déplacements sans intervention obligatoire de l'eau

La *gravité* (à sec) est ici le moteur essentiel et le déplacement a lieu à toutes les échelles, du simple bloc venant alimenter un éboulis à l'effondrement d'une paroi rocheuse kilométrique. Le phénomène intervient surtout à partir de roches cohérentes, rigides, placées en équilibre instable à la suite de vitesses d'ablation différentes et qui se trouvent déséquilibrées lorsque les forces gravitaires l'emportent sur les forces de cohésion. Le mouvement peut être violent, rapide et de courte durée, ou plus lent, et il a souvent été préparé par une dégradation météorique et une ablation peu perceptibles. La détente du substrat, soit après un creusement rapide de vallée, soit en liaison avec des forces extérieures (poids et pression d'une masse de glace par exemple) favorise cette dynamique dont le déclenchement peut être d'ordre sismique.

La typologie des processus et des accumulations est difficile à établir. Les critères de classification possibles sont multiples, liés soit à la nature lithologique du substrat (type, cohésion, stratification, homogénéité lithologique...) ou à sa disposition structurale (par rapport aux pendages, failles et diaclases, crochons...), soit au volume et à l'échelle de la masse concernée (du fragment à la totalité de la paroi). La *vitesse* du mouvement nous servira de guide typologique. Bien que peu précis ou déformés par l'usage courant, nous réserverons les termes de « glissements-effondrements » aux phénomènes plutôt lents, et « chutes de pierres », « écroulements » et « éboulements massifs » aux phénomènes plus rapides.

c.1 — Mouvements lents : glissements-effondrements (collapse)

Ils sont causés par une hétérogénéité lithologique ou (et) structurale du versant. La présence, en superposition, d'une couche basale plastique de type marne et d'une couche sommitale cohérente de type *barre calcaire* ou coulée basaltique provoque l'enfoncement progressif, par décalage vertical, de petits panneaux en direction de la pente. C'est le cas des systèmes de failles dites *panaméennes.* Lorsque la couche de soubassement est trop plastique pour se fracturer, et que la pente est douce, la couche rigide sommitale subit seule une dislocation en blocs massifs qui se déplacent latéralement sur le versant avec mouvements de rotation possibles. C'est le système de base de corniche de J. Joly (1968) (fig. V.8).

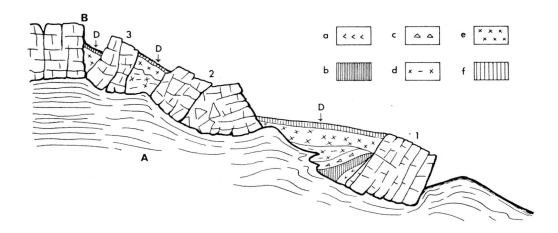

Fig. V.8 — *Coupe schématique du système de base de corniche de Genay* (d'après J. Joly).
Terrains en place : **A.** Marnes liasiques ; **B.** Corniche des calcaires bajociens. Barres rocheuses détachées de la corniche : **1.** Barre inférieure, la plus ancienne ; **2.** Barre moyenne ; **3.** Barre supérieure, la plus récente, encore en contact avec la corniche.
Dépôt derrière les barres **(D)** : *a.* Horizons du Bajocien supérieur remaniés ; *b.* Série très rouge ; *c.* Série rouge avec « la brèche » et le Paléolithique moyen ; *d.* Série brune avec le Paléolithique supérieur ; *e.* Série claire, jaunâtre, avec industrie rare et atypique ; *f.* Couche humifère avec Néolithique final.

Certaines dispositions structurales dans des formations hétérogènes sont propices à des réactions disharmoniques des différentes assises. C'est le cas des décoiffements, renversements ou plissotements fréquents sur les flancs redressés d'anticlinaux (fig. V.9) ou sur les couches à structures monoclinales (fig. V.10), recoupés par l'érosion.

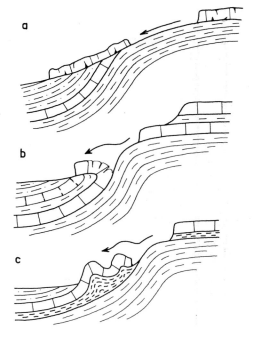

Fig. V.9 — *Structures de glissement lent sur flanc d'anticlinal — collapse structure* (d'après P. Rat).
a : décoiffement ; **b :** renversement ;
c : plissottement. Cas du Crétacé sur le flanc redressé des synclinaux jurassiens en auge. Cas également du « chapeau de gendarme ».

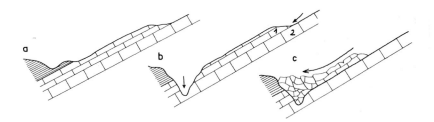

Fig. V.10 — *Schéma d'un glissement sur flanc monoclinal hétérogène* (d'après P. Rat). **a :** État initial : **b :** Enfoncement de la vallée, suppression du point d'appui des couches *1*, fragilisation du contact entre *1* et *2* par circulation d'eau ; **c :** glissement.

c.2 — **Mouvements rapides : chutes de pierres, éboulements et écroulements massifs**

Très voisins des précédents par les mécanismes de préparation et de déclenchement, ils s'en distinguent seulement par la brutalité du phénomène.

— *Chutes de pierres* : la mobilisation par cryoclastie, thermoclastie... entraîne la séparation d'un fragment de la masse rocheuse. Le bloc descellé tombe et roule sur la pente. L'activité de fragmentation et de destruction d'une paroi est liée à l'importance de sa fracturation initiale et à l'intensité des agents climatiques. Un talus d'éboulis basal s'édifie selon une pente assez régulière qui dépend de la taille des matériaux et de leur forme. Cette pente est de l'ordre de 35° (27° à 39° selon A. Cailleux, 1948). En milieu périglaciaire, ce phénomène produit des éboulis ordonnés avec l'intervention de la neige et de la glace (voir § V.2.2.c2). Dans les autres milieux le talus d'éboulis n'est pas stratifié : un granoclassement latéral s'établit (gros blocs vers la partie inférieure et petits blocs à la partie supérieure du talus).

— *Éboulements et écroulements massifs* : il existe, là encore, tous les intermédiaires entre le détachement d'un bloc décimétrique et l'écroulement massif d'un flanc de vallée de l'ordre du kilomètre. Le langage courant distingue dans l'ordre d'importance : chute de pierres, éboulement, écroulement. Les processus généraux restent cependant identiques, l'intensité du phénomène étant liée à l'échelle topographique du lieu (hautes montagnes à forts dénivelés ou plateaux faiblement incisés par des vallées).

Quelques exemples viennent à l'appui d'un essai de typologie sommaire :

• Écroulements de *surplomb* rocheux en formations horizontales ou subhorizontales (fig. V.11a) : le terrain sous-jacent, s'il est plus ou moins marneux ou argileux, se tasse sous la charge au niveau de son bord libre. Si la zone de contact entre les deux formations est aquifère, le processus s'aggrave par affouillement du pied, mais ce dernier facteur n'est pas obligatoire. Les diaclases verticales dans la masse rigide s'ouvrent en coin et il y a basculement progressif, suivi d'effondrement.

• Écroulements *en aval pendage* de formations hétérogènes (fig. V.11b) : parfois facilité par l'eau, le glissement évolue ensuite en chute et, comme dans le cas précédent, il y a au cours de celle-ci dislocation, pouvant aller jusqu'à la pulvérisation. D'autres sites caractéristiques sont constitués par les versants de rives concaves des cours d'eau et par les falaises côtières : la paroi est mise en porte-à-faux par l'érosion linéaire qui se développe à son pied.

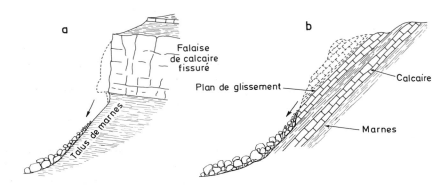

Fig. V.11 — *Deux types classiques d'écroulement* (d'après L. Moret, 1945). **a** : rupture d'un pan de falaise. Position horizontale des couches du substrat ; **b** : glissement sur couches hétérogènes en disposition d'aval pendage.

• Écroulements de *falaises* en position de flanc d'anticlinal faillé : exemple du Vaiont. Le 9 octobre 1963 à 22 h 39, une masse d'environ 300 millions de m³ de roche qui constituait le versant sud de la retenue artificielle du Vaiont (Alpes vénitiennes) se détache du flanc du Mont Toc. L'arrivée soudaine de l'énorme masse dans le lac provoqua une onde qui, passant par-dessus la digue, s'abattit en aval sur la vallée de la Piave. Bilan de la catastrophe : 1 700 morts, 6 milliards de lires de dégâts et cinq villages détruits. Seule la résistance de la digue qui retint une partie des eaux, évita une plus grande catastrophe.

Un mouvement extrêmement lent du versant avait déjà été décelé en mai 1960. Il s'accélère brusquement le 9 octobre 1963 vers 10 h 30, puis en 100 secondes environ (parmi lesquelles environ 45 secondes de chute libre), il atteint une vitesse de l'ordre de 60 km/h. Le matériel s'est déplacé en bloc, gardant son unité presque partout, remontant sur la base du versant opposé, avec un comportement pseudo-plastique.

V . 2 · Divers types et constitution des dépôts de versant

Les forces gravitaires apparaissent comme le facteur commun et original de la genèse des dépôts de versant. Elles sont liées aux *valeurs des pentes* et à l'*ampleur du relief*. Le contexte géomorphologique servira donc de fil directeur à la classification de ces dépôts.

Précisons que les dépôts de cônes de déjection ou cônes alluviaux, type particulier d'accumulation situé dans les zones à fort contraste topographique (débouché des entailles de montagnes dans un bassin ou une vallée majeure) sont traités dans le chapitre relatif aux formations fluviatiles (§ VIII.2.2.c). En effet ces dépôts sont formés, en alternance, de niveaux à caractère strictement torrentiel ou fluviatile et de coulées boueuses engendrées en partie par la dynamique de versant. L'eau joue toujours un rôle capital dans leur mise en place.

V. 2. 1 · Les dépôts de versant en haute montagne

La plupart des hautes montagnes des moyennes latitudes ont été noyées sous les glaciers récemment (stades würmiens, tardiglaciaires et même au petit âge glaciaire) et le substrat a été nettoyé à cette occasion de l'essentiel de sa couverture superficielle antérieure. La glace a laissé, après son retrait, une *morphologie très contrastée* avec des crêtes sommitales dominant des reliefs abrupts, eux-mêmes découpés en crêtes secondaires séparant des zones déprimées à forte pente jusqu'au thalweg. Dans ce contexte, prédominent les phénomènes de désagrégation mécanique, d'ablation et transport sous l'action de la gravité.

Les dépôts issus des couloirs d'avalanche actifs, recouvrent ou se mêlent aux dépôts strictement glaciaires plus anciens. Les principales formations de versant présentes sont nommées éboulis au sens large, champs de blocs lorsque les fragments de fort volume dominent, coulées de blocailles, protalus rempart ou « moraines » de névé lorsque la neige plus ou moins durcie est intervenue dans la mise en place, et glaciers rocheux (fig. V.12). Cette variété de termes montre la difficulté d'une typologie claire et certains essais récents (M. Jorda, 1984) proposent une approche

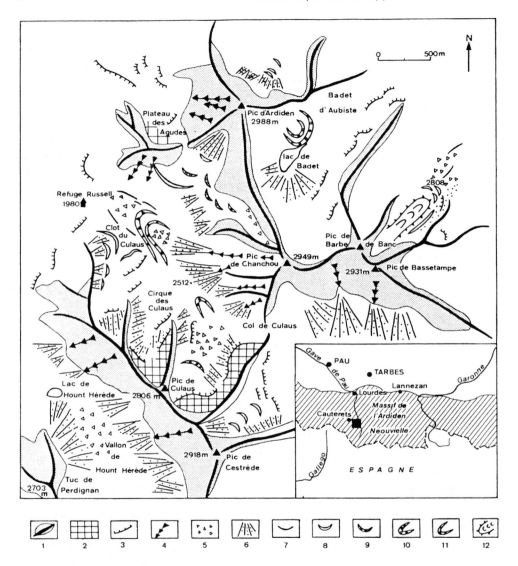

Fig. V.12 — *Croquis géomorphologique du massif de l'Ardiden et répartition des principales formations de versant* (d'après F. Cazenave-Piarrot et J.P. Tihay, 1984).

1. Crêtes principales et versants rocheux à pente raide ; **2.** Versants rocheux périglaciaires ; **3.** Ressauts rocheux ; **4.** Principaux couloirs d'avalanches ; **5.** Champs de mégablocs ; **6.** Éboulis mixtes ; **7.** Cordons morainiques ; **8.** Protalus remparts de versant ; **9.** Protalus remparts de pied de versant ; **10.** Glacier rocheux de fond de cirque ; **11.** Glacier rocheux de fond de vallée ; **12.** Glacier rocheux de langue.

morphodynamique globale de ce type de dépôts. Toutes ces formations, échelonnées depuis la paroi rocheuse émettrice de débris jusqu'aux bas versants et aux formations superficielles structurées auxquelles elles passent en aval, sont associées génétiquement. Elles ont en commun d'être généralement hétérométriques, non stratifiées, à éléments anguleux et à forte porosité.

a) Les éboulis au sens large

Ils sont localisés à la base des corniches et dans les couloirs d'avalanches. Leur texture est largement tributaire de la roche d'origine, de sa nature lithologique et de sa fracturation (A. Godard, 1984). Les paramètres structuraux interviennent à plusieurs niveaux dans la genèse des éboulis : d'abord dans la taille des débris, puis dans la pente d'équilibre du talus directement sous la dépendance du coefficient d'angulosité et de frottement interne. Lorsque l'alimentation produit des fragments de tailles voisines, la pente du talus est régulière : il se forme une *coulée de blocailles* homogène. Au contraire, lorsque l'hétérométrie est forte, il s'effectue un classement granulométrique différentiel : les plus gros éléments s'isolent de l'éboulis et vont alimenter des *champs de blocs* indépendants.

On distingue (G. Soutade, 1984) :

— Les éboulis liés à la gravité *pure*, édifiés par transit à sec du matériau issu des parois et ne subissant pas de remaniement important. Ce sont les pierriers classiques de base de paroi.

Fig. V.13 — *Éboulis de haute montagne :* le Pic d'Ardiden (Pyrénées centrales). Dissymétrie de modelé entre le versant exposé à l'ouest (bord gauche de la photo) buriné par les couloirs d'avalanches et le flanc sud-est (de face) où un grand éboulis mixte recouvre en partie un glacier rocheux de versant (cliché J.P. Tihay).

— Les éboulis *assistés* où interviennent des phénomènes de glissement sur plaque de neige, gélifluxion, ruissellement, avalanche ou même fluage lié à l'existence d'une réserve de glace au sein du matériau (fig. V.13).

Ces épandages d'éboulis sont également présents en dehors des zones de haute montagne et sont interprétés dans ce cas comme les produits de la dynamique périglaciaire. C'est le cas des « nappes de blocailles » ou « mers de rochers » qui recouvrent les pentes en contrebas des corniches de basalte d'Auvergne, du Velay, de l'Aubrac (P. Bout et al., 1976) ainsi que des « convois à blocs » décrits généralement sur socle cristallin (Massif central, Vosges), discordants sur les arènes litées. C'est aussi le cas des « chirats » (fig. V.14), champs de blocs à la dynamique complexe qui couronnent les plus hauts sommets de la bordure orientale du Massif central (B. Etlicher, 1984).

Fig. V.14 — *Vue localisée d'un chirat de la bordure orientale du Massif central.* C'est le type des champs de blocs, mis en place à la fin de la dernière glaciation selon une dynamique complexe. On note la structure *open-work* des dalles à débit lamellaire disposées sur la tranche dans le bourrelet (cliché B. Etlicher).

b) Les moraines de névé et glaciers rocheux

Ils se distinguent des éboulis au sens large par le rôle que jouent la *neige* et la *glace* intersticielles dans leur édification et leur structuration.

b.1 — Moraines de névé

Ce sont des accumulations de blocs de tailles variées, disposés en bourrelet arqués séparés du versant par une zone déprimée (*protalus rempart* des auteurs anglo-saxons). Le rôle de la neige est nécessaire pour la construction de tels édifices, mais son intervention peut se faire de plusieurs manières (fig. V.15 et V.16) :

— La neige peut constituer un *placage passif* de flanc de versant à la base d'un abrupt soumis à la fragmentation. Les blocs disloqués glissent sur le talus nival et s'accumulent à sa base en formant un bourrelet isolé du versant lors de la fonte.

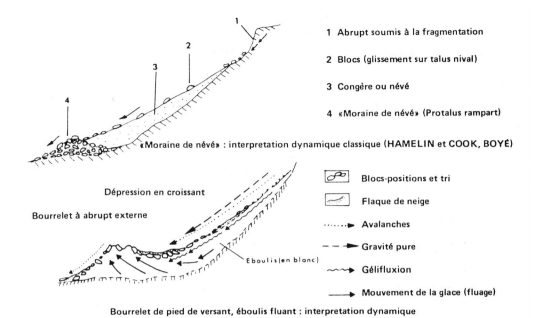

1 Abrupt soumis à la fragmentation

2 Blocs (glissement sur talus nival)

3 Congère ou névé

4 «Moraine de névé» (Protalus rampart)

«Moraine de névé» : interpretation dynamique classique (HAMELIN et COOK, BOYÉ)

Dépression en croissant

Bourrelet à abrupt externe

Eboulis (en blanc)

	Blocs-positions et tri
	Flaque de neige
	Avalanches
	Gravité pure
	Gélifluxion
	Mouvement de la glace (fluage)

Bourrelet de pied de versant, éboulis fluant : interpretation dynamique

D'après B. FRANCOU. 1977, 1981.

Fig. V.15 — *Moraines de névé, bourrelet de pied de versant, éboulis fluants* (in M. Jorda, 1984).

Fig. V.16 — *Moraines de névé* (protalus rempart). On distingue plusieurs bourrelets successifs pierreux, dont le plus en aval (le plus ancien ?) est souligné par la végétation (Pyrénées centrales. Cliché J.P. Tihay).

— Les éboulis peuvent s'*intégrer* au talus nival et progresser vers le bas par fluage et géliflexion de la matrice neigeuse plus ou moins transformée en glace. Il en résulte une accumulation basale sous forme d'un bourrelet de blocs de texture hétérométrique. Cette dynamique de versant concerne les éboulis fluants (B. Francou, 1981).

Ces bourrelets sont fréquents au pied des versants dans les régions où a régné un environnement périglaciaire. C'est le cas des « clocha snachta » d'Irlande occidentale (A. Coude, 1984).

b.2 — Glaciers rocheux

Ils se présentent sous forme d'accumulations détritiques ayant la configuration de *langues* ou de *lobes* de dimensions parfois kilométriques et de pente axiale variable (de quelques degrés à 20 degrés), présentant des bourrelets transversaux convexes (fig. V.17). Des rides longitudinales peuvent s'observer, depuis la base du talus ou des couloirs d'éboulis jusqu'à la zone frontale marquée par une pente externe assez abrupte (30 à 45°) dont la dénivellation peut atteindre plusieurs dizaines de mètres.

Les glaciers rocheux sont étroitement liés à un milieu périglaciaire d'altitude ou de haute latitude, au-dessous de la limite des neiges pérennes. Il semble qu'ils soient caractéristiques des climats périglaciaires assez *secs*, sous-alimentés en précipitations (Alpes méridionales françaises, versant sud des Pyrénées, Haut Atlas marocain).

Certains auteurs (J. Tricart et A. Cailleux, 1962) interprètent les glaciers rocheux comme une forme de décrépitude glaciaire provoquant l'enfouissement d'un glacier résiduel sous les éboulis issus du versant. Des sondages ont permis de montrer que

Fig. V.17 — *Vue aérienne du glacier rocheux de Bestampe (Pyrénées centrales).* On remarque la série de bourrelets de fluage convexes vers l'aval (à gauche) et le dénivelé très raide du talus frontal. Sa longueur est de l'ordre de 400 m (cliché J.P. Tihay).

les glaciers rocheux constituaient une forme périglaciaire d'altitude associée à un per-gélisol fluant en profondeur, entraîné par l'action conjuguée de la pente et de la charge des matériaux (fig. V.18). Ainsi s'expliqueraient les structures fluidales des bourrelets transversaux convexes.

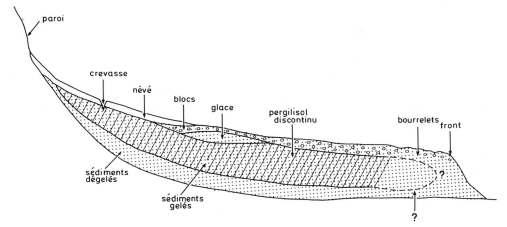

Fig. V.18 — *Schéma interprétatif d'une coupe longitudinale d'un glacier rocheux — glacier de Sainte-Anne — Queyras* (d'après M. Evin, 1984).

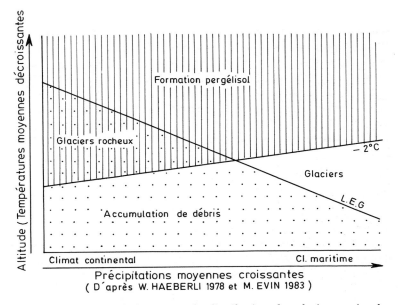

Fig. V.19 — *Relations entre la distribution des glaciers vrais, des glaciers rocheux, des éboulis, et du pergélisol en fonction de la température (liée à l'altitude) et de la pluviosité* (in M. Jorda, 1984).

Dans des conditions particulières, d'abord topographiques (versants raides, couloirs d'avalanches) puis climatiques (étage altitudinal supérieur à l'isotherme -2°), les éboulis se comportent comme un réservoir de glace interstitielle assimilable à un pergélisol qui cimente les blocs et confère à l'ensemble une viscosité générale déclenchant un mouvement vers le bas.

Éboulis, glaciers rocheux et toutes les formations superficielles d'altitude apparaissent donc comme l'expression d'un climat périglaciaire sous-alimenté en précipitations. Lorsque celles-ci sont plus abondantes, elles permettent le développement de glaciers vrais (fig. V.19).

V. 2. 2 - Les dépôts de versant en moyenne montagne

L'essentiel des dépôts de versant de moyenne montagne, aux latitudes de l'Europe, est hérité des environnements périglaciaires passés, la grande majorité étant liée à la dernière glaciation. Les plus anciens (pléistocène moyen à pliocène), s'ils ont été conservés, ont bénéficié de circonstances favorables à leur préservation : induration, ennoyage de versants, modification du réseau hydrographique, piégeage karstique, etc.

Les dépôts récents liés à la reprise de l'érosion par la mise en culture depuis le Néolithique sont rares dans ces régions à vocation d'élevage où dominent les prairies.

a) Dépôts de fond de vallons fossiles : coulées de solifluxion et cônes de déjection (fig. V.20)

Le substrat présente toujours une hétérogénéité d'ordre lithologique ou structurale. Celle-ci conditionne le relief qui s'organise en *vallons* dans les zones de moindre résistance à l'érosion, séparés par des *épaulements* plus ou moins marqués au-dessus des roches plus résistantes. Au niveau de ceux-ci, les formations superficielles sont pratiquement absentes, alors qu'elles s'épaississent pour former de réels dépôts au fond des vallons qu'elles colmatent. La plupart de ces vallons sont dits « fossiles » car ils n'évoluent plus actuellement.

Les dépôts de vallons fossiles sont particulièrement développés dans les régions méditerranéennes où ils traduisent une évolution du climat depuis la dernière glaciation, avec régression de l'humidité et réchauffement favorables à leur stabilisation (M. Dubar, 1978).

Du point de vue lithologique, ces dépôts sont variés à l'image de la nature du substrat. Ils présentent une forte hétérométrie, des éléments peu émoussés et une matrice argileuse ou argilo-silteuse plus ou moins abondante. Ils traduisent une mise en place par *coulées de solifluxion* ou en *cônes de déjection* et peuvent se raccorder vers l'aval aux alluvions des vallées principales, mais ils sont souvent perchés par rapport à la plaine actuelle.

Ces dépôts de fond de vallons peuvent être *hydromorphes*, mais ils sont souvent drainés par un écoulement longitudinal qui apparaît en petites sources sporadiques au front de l'accumulation. En cas de pluie exceptionnelle, l'imbibition de la base du dépôt peut provoquer sa déstabilisation et son glissement vers l'aval. Cette réactivation des dépôts de vallons est considérée comme la cause première des glissements de terrain dans le bassin méditerranéen (A.-C. Perrusset, 1976).

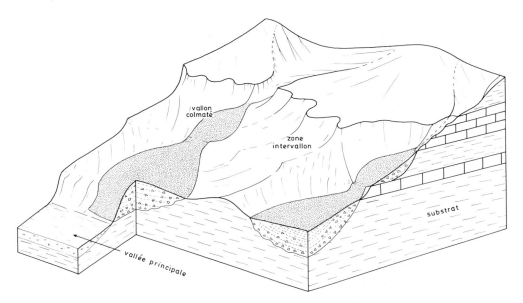

Fig. V.20 — *Dépôts de vallons fossiles.*

b) Dépôts de versants argileux et marneux : loupes de glissement et coulées boueuses (fig. V.21).

Les grandes séries sédimentaires du Trias au Crétacé présentent d'épaisses séquences argileuses et surtout marneuses (marnes du Keuper, du Lias, de l'Oxfordien inférieur, du Valanginien, de l'Albien...) formant les versants de nombreuses régions de moyenne montagne en Europe occidentale. Ces versants sont souvent recouverts de pâturages dominés, ou non, par une corniche calcaire.

Ces pentes ont une morphologie bien particulière, *bosselée*, avec replats, pentes raides, contrepentes... Ce relief peut être dû à des variations lithologiques du substrat (bancs calcaires isolés dans l'ensemble marneux), mais il reflète, le plus souvent, la présence de *loupes de glissement* et de *coulées boueuses* anciennes, fossilisées, de taille décamétrique à hectométrique.

Les coupes effectuées dans ces versants atteignent rarement le substrat marneux en place, mais une couverture de marnes altérées et pédogénisée, de couleur brune. Ces marnes déstructurées possèdent une bonne porosité : elles sont perméables à l'eau, ce qui leur a permis de se désolidariser facilement du substrat et de glisser en masse sur la pente au-dessus des marnes saines.

Malgré l'aspect homogène de ce matériau remanié, il est souvent possible d'identifier d'anciennes loupes de glissement ou coulées boueuses, développées en plusieurs générations successives et *empilées* selon la ligne de plus grande pente : seules les loupes superficielles sont repérables en surface et les plus récentes sont les plus nettes morphologiquement. L'empilement est en général plus épais au bas de la pente (il peut y avoir trois ou quatre loupes superposées), tandis que la couche de marne

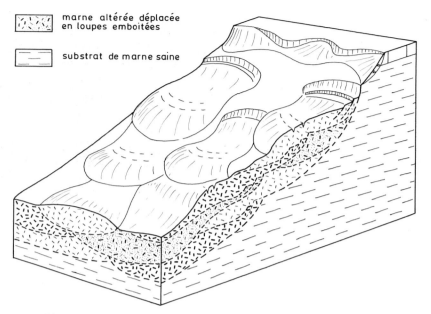

marne altérée déplacée en loupes emboîtées

substrat de marne saine

Fig. V.21 — *Dépôts superficiels de versant à substrat marneux.*
Coulées boueuses et loupes de glissement superposées.

altérée et remaniée est plus mince au sommet où les marnes saines du substrat peuvent affleurer.

La nature minéralogique des argiles paraît avoir joué un rôle actif dans cette dynamique (H. Chamley et G. Mascle, 1970). L'abondance de montmorillonite, à fort pouvoir d'absorption, permet aux marnes de se gorger d'eau lors de pluies et favorise leur plasticité, donc leur instabilité. De plus, ce type de formation étant essentiellement hérité des environnements périglaciaires pendant lesquels la rareté de la végétation, les alternances de gels profonds et de dégels superficiels favorisaient la pénétration de l'eau, des écarts de plasticité existaient entre les divers niveaux des marnes.

Ces couvertures sont actuellement en équilibre précaire : la moindre fouille ou surcharge (remblai de route par exemple) peut provoquer des glissements en chaîne. Les travaux de soutainement effectués dans de telles formations doivent atteindre un appui stable sur les marnes saines du substrat, par des pieux en béton (A. Bonte, 1970).

c) Dépôts de versants à corniche : éboulis et grèzes litées

c.1 — Éboulis

La base des versants à corniche est généralement masquée par un manteau d'éboulis plus ou moins épais. La cryoclastie, associée ou non à la dissolution chimique, et la gravité, sont responsables de l'accumulation, d'où le nom d'*éboulis de gravité* (fig. V.22).

Fig. V.22 — *Éboulis de gravité en pied de falaise calcaire.* Le pierrier actif tend à provoquer l'ennoyage progressif de la falaise et à bloquer l'approvisionnement (Gorge du Sebou-Maroc).

En Europe, la plupart de ces éboulis sont actuellement stabilisés et colonisés par la végétation qui assure leur maintien. Il existe cependant des éboulis encore actifs au pied des hautes corniches dans les montagnes à fortes dénivellations et dans les zones de haute latitude où le phénomène gel-dégel est efficace. On peut donc considérer que l'essentiel des talus d'éboulis stabilisés d'Europe se sont formés en environnements périglaciaires.

Leur genèse dépend de la nature lithologique de la corniche, de sa fissuration initiale et de sa porosité favorisant plus ou moins le gel. La gélivité se manifeste au niveau de la corniche par l'existence de creux *(vires)* en relation avec un banc rocheux particulièrement sensible, séparés par des *surplombs* plus résistants au gel. Cette différence de réaction détermine l'existence des *abris sous roche*, lieux fréquents d'habitats préhistoriques (fig. V.23). Abris et corniches sont diversement colmatés, parfois totalement, par les éboulis.

Un éboulis est constitué de fragments grossiers, non classés ou avec tout au plus une concentration des blocs les plus volumineux vers le bas. Ces fragments sont anguleux et de même nature pétrographique que la paroi. Des éléments fins issus de la solifluxion d'anciens sols ou formations de couverture des plateaux peuvent être mêlés aux blocs et cailloux.

Les éboulis se raccordent progressivement vers l'aval aux formations de vallées qu'ils contribuent à alimenter.

c.2 — Grèzes litées

Une variété particulière d'éboulis, quoique peu fréquente, a retenu l'attention des chercheurs : ce sont les éboulis ordonnés (A. Cailleux, 1948), ou éboulis stratifiés (stratified screes des auteurs anglo-saxons) ou grèzes litées (Y. Guillien, 1951). Une étude récente de ces formations, associée à des essais de gélifraction expérimentale, a été réalisée au laboratoire de géomorphologie du C.N.R.S. de Caen (J.-C. Ozouf, 1983).

— Définition

Les grèzes litées sont des dépôts de pente constitués de fragments anguleux mélangés à des éléments fins. Elles se présentent sous la forme de successions assez régulières de lits fins, appelés *lits gras,* formés d'un matériau hétérométrique allant de l'argile au gravier, et de lits grossiers, ou *lits maigres,* presque exclusivement com-

Fig. V.23 — *Genèse et évolution d'un abri sous roche*
(d'après F. Bordes, 1984).

posés de graviers et de gravillons, la fraction inférieure à 0,5 mm étant très faible en proportion (fig. V.24). Dans la plupart des cas, la pente des lits est comprise entre 10 et 30°. Le *cyclothème*, défini par Y. Guillien (1964), associe un lit maigre au lit gras qui le surmonte. L'épaisseur des lits varie de quelques centimètres à 20-25 centimètres et sur un même lit des variations se produisent de haut en bas de la pente (J.-C. Ozouf, 1983).

Fig. V.24 — *Grèze litée du Châtillonnais* (cliché J. Chaline).

La plupart des grèzes litées sont issues de substrats calcaires, mais d'autres origines sont possibles : roches volcaniques au Groenland (A. Cailleux, 1954) et dans les Andes chiliennes (J. Tricart, 1967), grauwackes en Nouvelle-Zélande, gneiss et micaschistes dans les Andes vénézuéliennes et en Allemagne, schistes au Pays de Galles et dans les Ardennes, et roches cristallines dans le Massif central français.

— *Contexte sédimentaire* des grèzes litées

Les grèzes litées font souvent partie d'un complexe sédimentaire. Celui des grèzes de Marmagne en Côte d'Or, adossé à une corniche calcaire partiellement masquée, montre de bas en haut (J. Joly, 1976 et fig. V.25) :

• un niveau de fragments calcaires dans une matrice limoneuse brune,

• une série inférieure de grèze reposant sur une épaisse couche d'argile brun rouge, dont le contenu paléontologique (mollusques, vertébrés) révèle un environnement forestier. La stratification est peu nette et vers le haut de la coupe la série subit un fauchage et passe latéralement à des figures de cryoturbation,

• une série moyenne de grèze typique, très épaisse dans la partie centrale de la coupe, de couleur plus claire (brun clair à rosâtre) que la série inférieure,

• une série supérieure de grèze brune, terreuse, traversée par des lits de calcite blanche et pulvérulente, revêtant l'ensemble du versant.

— *Distribution* des grèzes litées

Plusieurs observations effectuées en France (J.-C. Ozouf, 1983) ont montré que les grèzes litées se sont presque exclusivement développées à partir de roches appartenant au *Jurassique moyen* et surtout *supérieur*. Les grèzes litées sont donc bien liées à des faciès particuliers du substrat. D'autre part, ces dépôts sont toujours précisément localisés sur le *versant à faible pente* de vallons et vallées à profil transversal dissymétrique (fig. V.26) : ils se trouvent surtout vers le bas du versant, alimentés par la partie haute, rocheuse, dont la pente actuelle peut être faible ($\geqslant 3°$).

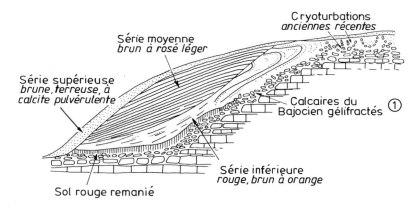

Fig. V.25 — *Coupe schématique d'une grèze litée et des sédiments associés.* Exemple de Marmagne, Côte d'Or (d'après J. Joly, 1976).

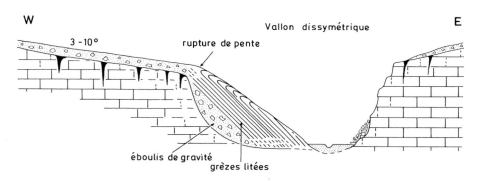

Fig. V.26 — *Position des grèzes litées dans leur contexte géomorphologique.*

La partie supérieure du dépôt est limitée par une rupture de pente convexe. Le haut du versant et le plateau portent une couverture complexe partiellement décarbonatée du type « terre de Groie » (cf. § III.3). Enfin la présence des grèzes est fonction de l'*orientation* des versants, donc des paramètres climatiques. On distingue généralement trois domaines (A. Journaux, 1976) (fig. V.27) :

• domaine à climat très rigoureux : les grèzes litées reposent sur les versants exposés au S, SE, et SW. Ces versants reçoivent assez de chaleur estivale pour dégeler et engendrer la solifluxion, contrairement aux versants exposés au N, qui restent gelés.

• domaine à climat moyennement rigoureux (cas du Bassin de Paris et des Charentes pendant les glaciations quaternaires) : les grèzes se trouvent sur les versants exposés à l'E, au NE et au SE. Seuls ces versants ont connu les nombreuses alternances gel — dégel génératrices de dépôts cryoclastiques. Les versants exposés au

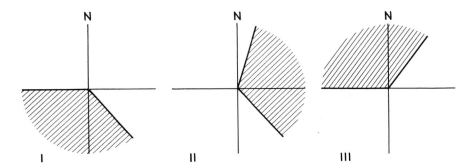

Fig. V.27 — *Orientation des dépôts de grèze (secteur hachuré)* (A. Journaux, 1976).
I : Cas des climats froids rigoureux (Sibérie et Arctique actuels, Pologne au Quaternaire).
II : Cas des climats froids modérés (Russie actuelle, Bassin Parisien au Quaternaire).
III : Cas des climats d'altitude ou de latitude moyenne (région méditerranéenne au Quaternaire).

sud et à l'ouest étaient trop chauds pour qu'un gélisol s'y forme, et ceux exposés au nord, au contraire étaient gelés en permanence.

• domaine méditerranéen où seuls les versants exposés au N et NW étaient assez froids pour porter un gélisol, versants couverts parfois de grèzes.

— *Genèse* des grèzes litées

La préparation du matériau a lieu par *cryoclastie*, sur le plateau calcaire dominant le versant, pendant des périodes de gel intense entrecoupées de dégels périodiques. Les expériences en laboratoire ont montré (Y. Guillien et J.-P. Lautridou, 1970) que le fractionnement des blocs calcaires est atteint après 150 cycles gel — dégel. Les éléments habituels de la grèze correspondent au stade final d'amenuisement des gelifracts par cryoclastie (J.-C. Ozouf, 1983). La fraction fine provient d'apports éoliens, de la reprise d'épandages et paléosols des plateaux ou des interbancs marneux du Jurassique.

Deux processus sont proposés pour la mise en place des grèzes :

• *hypothèse cryonivale* (Y. Guillien, 1964) : mise en place de couches successives (cyclothème) par ruissellement sur sol gelé lors de la fonte saisonnière du manteau de neige. L'alternance des lits « maigres » et « gras » résulte d'apports différentiels. La position des grèzes sur les versants sous le vent serait calquée sur celle des plaques de neige (fig. V.28).

• *hypothèse de l'action conjuguée de la congélifluxion et du ruissellement* (A. Journaux, 1976 et fig. V.29) : le lit gras constitue le dépôt originel mis en place par glissement en masse d'un matériau gorgé d'eau issu du haut du versant. La congélifluxion ou gélifluxion invoquée pour ce phénomène s'apparente à la solifluxion et apparaît lors du dégel superficiel saisonnier du sol gelé. La partie supérieure du lit gras est enrichie en particules argileuses par ruissellement : un feuilletage fin peut

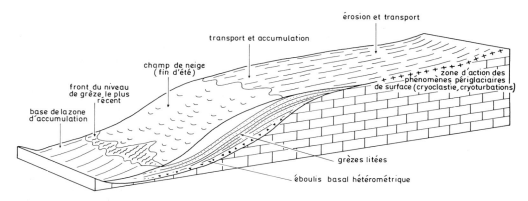

Fig. V.28 — *La genèse des grèzes litées, hypothèse cryonivale*
(Y. Guillien, 1951).

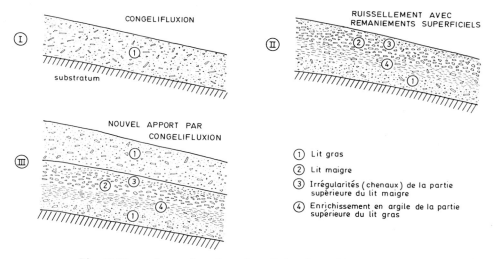

Fig. V.29 — *La genèse des grèzes litées, hypothèse de la congéli-*
fluxion et du ruissellement (A. Journaux, 1976).

survenir. Le lit maigre se formerait par lavage d'une tranche supérieure du lit gras,
évacuation de la matière fine par ruissellement et réorganisation des coulées graveleuses dans le sens de la pente. Au sommet du lit maigre, la fin de l'épandage est
marquée par de petits chenaux emplis de matériel lavé. Cette hypothèse paraît la
plus probable.

d) Dépôts de versants granitiques ou apparentés

En Europe occidentale, beaucoup de moyennes montagnes, héritées de l'orogenèse hercynienne, sont constituées de roches éruptives ou métamorphiques grenues,

couvertes d'un manteau d'arènes ou de gores plus ou moins épais (voir § III.2). Ces altérites sont généralement en place dans les zones à faible pente. Cependant leur partie supérieure peut être mise en mouvement et alimenter des dépôts, recouvrant l'altérite in situ, sur les versants plus prononcés. Deux types, souvent superposés, sont connus : les arènes litées et les arènes limoneuses à blocs.

Les *arènes litées*, appelées aussi selon les auteurs « arènes fauchées » (A. Godard, 1972) ou « arènes remaniées » (J. Verague, 1973), sont constituées de lits épais de quelques cm à 10 ou 20 cm, alternativement clairs (grisâtres) et riches en quartz et feldspaths, et sombres (ocres, bruns) à fraction argileuse plus abondante. Ces lits sont parallèles à la pente topographique, mais on voit certains d'entre eux, les plus foncés et ocres notamment, se raccorder par des crochons vers l'amont à des dia-clases subverticales bordées par une arène plus altérée de teinte ocre (fig. V.30).

On a d'abord rapporté la mise en place de ces arènes à des processus de géli-fluxion et de ruissellement en milieu périglaciaire, comparables à ceux invoqués pour les grèzes litées. Mais l'enracinement des arènes litées dans les arènes en place évo-que plutôt un étirement plastique en milieu périglaciaire, se marquant par des micro-décrochements (J.-P. Lautridou, 1985). Il s'agirait d'une cryoreptation sous climat froid et humide avec intervention de lentilles de glace provoquant des cisaillements dans l'arène et un glissement par gravité de plans les uns sur les autres, sur des pentes de 5 à 20° (B. Van Vliet-Lanoe et B. Valladas, 1983).

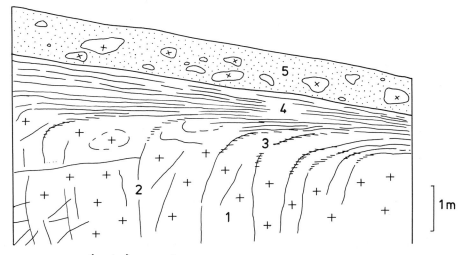

1 _ Arène en place
2 _ Diaclase bordée d'arène ocre plus argileuse
3 _ Microcisaillements
4 _ Arène litée
5 _ Arène limoneuse à blocs

Fig. V.30 — *Dépôts de versant granitique* (adapté de J.-P. Lautri-dou, 1985).

Les discontinuités mécaniques sont le siège actuellement de circulations d'eau et d'un lessivage oblique, pédologique, d'argiles qui s'accumulent sous forme de bandes (J.-P. Legros, 1976) (voir § IV.1.4.c).

Les *arènes limoneuses à blocs* (ou « convois à blocs ») sont hétérogènes, sans classement ni stratification et séparées des arènes litées qu'elles recouvrent souvent, par une nette discontinuité. Elles résultent probablement de l'accentuation du phénomène décrit ci-dessus, provoquant pour des valeurs de pente supérieures à 20° la rupture du matériau superficiel qui glisse en masse vers le bas par gélifluxion, en incorporant des blocs de taille variable, issus de la partie supérieure du versant (J.-C. Flageollet, 1977). La gélifluxion est facilitée par la granularité plus fine de l'arène près de la surface.

V. 2. 3 · Les dépôts de versant à faible pente des bassins sédimentaires

Comme dans les régions de montagne, la plupart des dépôts des versants façonnés dans les plaines et plateaux des bassins sédimentaires proviennent des environnements périglaciaires passés. Cependant, en raison de la vocation agricole, en particulier céréalière, des plaines, le développement extensif des cultures a provoqué une reprise récente des transferts de matière en surface, et nombreux sont les dépôts d'âge historique d'épaisseur non négligeable (quelques dm, parfois quelques m). Nous laisserons de côté ces dépôts anthropiques traités ultérieurement (§ XVII.4).

Les dépôts de versant des bassins sédimentaires portent le nom général de *colluvions*.

a) Lithologie des colluvions

Les colluvions sont distinctes des éboulis et des grèzes décrits auparavant, présents aussi localement dans les régions de plaines. Leur nature lithologique est variée et liée au substrat qui les alimente.

Les colluvions ont en commun de ne pas présenter de structure sédimentaire nette, tout au plus une grossière stratification, non continue, à certains niveaux (fig. V.31). Elles sont hétérométriques, à matrice fine abondante et très souvent polygéniques : elles renferment des éléments issus de plusieurs couches distinctes affleurant sur les plateaux ou en amont topographiquement (par exemple, des fragments de chert et de calcaire jurassiques du substrat mêlés à des graviers et galets de quartz ou de meulière, repris à des alluvions fluviatiles anciennes).

Leur typologie est donc difficile et variable selon les régions. On peut, à titre d'exemple, citer quelques-unes des colluvions de versant *monogéniques* notées lors de la cartographie à 1/50 000ᵉ des formations superficielles dans le sud du Bassin de Paris :

— *colluvion alimentée par les calcaires kimméridjiens*: sédiment à matrice argilo-calcaire ocre à brune contenant des fragments hétérométriques de calcaire émoussés. Des encroûtements et nodules friables, blanchâtres, de précipitation de la calcite, y sont visibles.

— *colluvion alimentée par les formations argilo-siliceuses (« argiles à silex ») sénoniennes* : c'est un matériau d'aspect anarchique, riche en silex plus ou moins frag-

Fig. V.31 — *Accumulation colluviale en fond de vallon sur craie
sénonienne.* On remarque plusieurs niveaux de colluvions sablo-
graveleuses calcaires séparés par des paléosols (Touraine).

mentés, non usés, pris dans une matrice argileuse bariolée (rouge, ocre, grise,
blanchâtre).

— *colluvion alimentée par les formations détritiques éocènes* : c'est une argile
sableuse rouge, renfermant des galets de quartz ou de chailles à patine noire, parfois cassés. Des fragments ou des blocs de « perron » (conglomérat siliceux) de quelques dm jusqu'à 1 m de diamètre, ayant glissé sur les versants, peuvent y être inclus.

— *colluvion alimentée par les limons éoliens* : ils ont la même composition argilo-
limoneuse dominante mais la colluvion se distingue du limon éolien par la présence
de graviers ou petits fragments de silex dispersés à tous les niveaux, parfois plus
abondants en un ou deux lits discontinus.

— *colluvion alimentée par les alluvions fluviatiles anciennes* : on y trouve une
matrice sableuse de couleur grisâtre, associée à des graviers ou galets parfois fragmentés dispersés dans la masse. A la différence des alluvions en place, les indices
de paléopédogenèse (revêtements argileux, couleur brun-rougeâtre...), les graviers de
roches fragiles (granite, micaschiste...) et la stratification ont disparu.

b) Genèse

Dans ce contexte topographique, la dynamique gravitaire proprement dite est très
atténuée. Les sédiments n'évoluent en surface qu'avec le concours de l'*eau d'imbibition* ou de *ruissellement*, et les versants constituent des zones de transit rapide
entre les plateaux d'interfluve et les plaines alluviales.

De plus, lors des périodes froides à végétation raréfiée, la dynamique éolienne
a pu s'exercer sur des surfaces (plateaux) au relief peu accentué, donc peu abritées

du vent. Une partie des produits de la déflation a été abandonnée sur les versants situés sous le vent.

L'essentiel des dépôts procède de coulées boueuses, par *solifluxion* consécutive à la fonte de la glace dans la partie superficielle (mollisol) d'un sol gelé, sous climat périglaciaire. Temporairement, le ruissellement diffus a pu amorcer un léger tri. Parallèlement, des particules d'origine éolienne ont pu saupoudrer la surface et être incorporées lors de la coulée suivante.

Lorsque la *dynamique éolienne* a prévalu (phase sèche et froide) un lœss purement éolien a recouvert la colluvion. Un climat plus clément amenait le développement de la végétation et d'un *sol* fixant temporairement le dépôt (cas actuel sur les versants non défrichés). Les colluvions participent donc à des complexes. A la partie inférieure des versants, en bordure des plaines alluviales, colluvions et alluvions fluviatiles s'imbriquent. Les colluvions s'accumulent aussi au fond des vallons (fig. V.31).

c) Distribution

Les colluvions se trouvent à divers niveaux sur les versants (sommet, partie moyenne ou basse) sans qu'une règle précise puisse être établie. Des ondulations ou des ressauts de faible ampleur suffisent à les piéger : elles s'accumulent dans les *concavités localisées* tandis qu'elles manquent sur les convexités topographiques. Leur répartition tend donc à régulariser la morphologie.

D'autre part, l'épaisseur des colluvions est généralement faible (quelques dm ou m), avec de rapides variations latérales (fig. V.31). Elles affleurent en placages discontinus, ce qui rend leur cartographie difficile. Ce sont néanmoins des formations omniprésentes. De très nombreux auteurs ont relevé que les colluvions se trouvent

Fig. V.32 — *Colluvion de versant, argilo-limoneuse et carbonatée, alimentée par la craie micacée turonienne.* Le placage colluvial régularise la morphologie du versant (Touraine).

surtout sur les versants à faible pente des vallées dissymétriques (fig. V.32), ceux là même qui portent ailleurs les grèzes litées (fig. V.26) ou les plus fortes accumulations de lœss dans les régions favorables. Les facteurs climatiques favorisant l'alternance gel-dégel, liés à l'exposition, ont joué également pour la mise en place des couvertures colluviales.

Références bibliographiques

A.T.P. C.N.R.S. (1979) — Phénomènes de transport de matière dans l'écorce terrestre. Résultats scientifiques. *Mém. Sc. Géol.*, Strasbourg, n° 53.

Birot P. (1981) — Les processus d'érosion à la surface des continents. Éditions Masson, 605 p.

Bonte A. (1970) — Le glissement de terrain, phénomène profond ou superficiel, influence de l'eau. *Ann. Soc. Géol. du Nord*, t. XC, fasc. 4, p. 395-406.

Bout P. (1976) — Les limons quaternaires et les dépôts de pente dans le Massif central. in La Préhistoire française, t. I, p. 154-156.

Cailleux A. (1984) — Études de cryopédologie. Exp. Pol. françaises, 68 p., 59 fig.

Cailleux A. et Taylor G. (1954) — Cryopédologie, étude des sols gelés. Exp. Pol. françaises, Hermann et Cie Éditeurs, Paris, 220 p.

Cazenave-Piarrot F. et Tihay J.-P. (1984) — Éboulis, formations morainiques et glaciers rocheux dans le massif de l'Ardiden (Pyrénées centrales). in Éboulis et environnement géographique passé et actuel. Publication du Centre de Géographie Physique H. Elhai, p. 121-135.

Chamley H. et Mascle G. (1970) — Observations sur les glissements de terrain en Sicile orientale. *Ann. Soc. Géol. du Nord*, t. XC, fasc. 4, p. 406-410.

Combefort M. (1971) — Géotechnique de l'ingénieur et reconnaissance des sols. Éd. Eyrolles, 345 p.

Coude A. (1984) — Les clocha snachta des montagnes irlandaises. in Éboulis et environnement géographique passé et actuel. Publication du Centre de Géographie Physique H. Elhai, p. 51-57.

Dubar M. (1978) — Les dépôts quaternaires de la moyenne vallée de la Durance et des assises terminales du plateau de Valensole. Livret-guide excursion A.F.E.Q., mai 1978.

Etlicher B. (1974) — Lithologie et développement des éboulis : les chirats. in Éboulis et environnement géographique passé et actuel. Publication du Centre de Géographie Physique H. Elhai, p. 61-78.

Evin M. (1984) — Présence et signification morphoclimatique de sédiments gelés à l'amont des glaciers rocheux. in Éboulis et environnement géographique passé et actuel. Publication du Centre de Géographie Physique H. Elhai, p. 137-142.

Flageollet J.-C. (1977) — Origine des reliefs, altérations et formations superficielles. Contribution de l'étude géomorphologique des massifs anciens cristallins. L'exemple de la Vendée du Nord-Ouest. Sciences de la Terre, Nancy, Mém. 35, 461 p.

Francou B. (1981) — Géodynamique des éboulis et formes associées de la Combe de Laurichard (Hautes-Alpes). Thèse de 3ᵉ cycle.

Godard A. et al. (1972) — Quelques enseignements apportés par le Massif central français dans l'étude géomorphologique des sables cristallins. *Rev. géogr. phys. et géol. dyn.*, XIV, 3.

Godard A. (1984) — Le rôle de la structure dans les éboulis de haute altitude. in Éboulis et environnement géographique passé et actuel. Publication du Centre de Géographie Physique H. Elhai, p. 79-90.

Goguel J. et Pachoud A. (1981) — Les mouvements de terrain du versant sud du Massif de Platé (Haute-Savoie), France. *Bull. liaison P. et Ch. spécial*, X, p. 15-25.

Guillien Y. (1951) — Les grèzes litées de Charentes. *Rev. Géogr. Pyrénées Sud-Ouest*, p. 152-162.

Guillien Y. (1964) — Les grèzes litées comme dépôts cyclothèmiques. Zeitschrift für Geomorphologie, Supplementband 5, p. 53-58.

Guillien Y. et Lautridou J.-P. (1979) — Recherches de gélifraction expérimentale du Centre de Géomorphologie. Calcaires des Charentes. *Bull. du Centre de Géomorphologie*, Caen, n° 5, 53 p.

Hérail G. (1984) — Les cônes de déjection. Formes et sédiments. in La sédimentation continentale. *Bull. Centres Rech. Explor. Prod. Elf-Aquitaine*, 8, 1, p. 135-150.

Joly J. (1968) — Une formation quaternaire mal connue : les systèmes de base de corniche. *C.R. Ac. Sc.* Paris, t. 266, 559-562.

Joly J. (1976) — Les grèzes de Marmagne. in Les actions périglaciaires sur les plateaux et les pentes. Bull. A.F.E.Q., 3-4, p. 115-118.

Jorda M. (1984) — Éboulis et glaciers rocheux. in Éboulis et environnement géographique passé et actuel. Publication du Centre de Géographie Physique H. Elhai, p. 107-119.

Journaux A. (1976) — Les grèzes litées du Châtillonnais. *Bull. A.F.E.Q.,* 3-4, p. 123-138.

Julian M. (1984) — Éboulis et glaciers rocheux. in Éboulis et environnement géographique passé et actuel. Publication du Centre de Géographie Physique H. Elhai, p. 153-159.

Lautridou J.-P. (1985) — Le cycle périglaciaire pléistocène en Europe du Nord-Ouest. Thèse d'État, Université de Caen, 903 p.

Legros J.-P. (1976) — Migrations latérales et accumulations litées dans les arènes du Massif cristallin et cristallophyllien du Pilat (Ardèche, Loire, Haute-Loire). Sc. du Sol, 3, 205-220.

Millies-Lacroix A. (1981) — Classification des talus et versants instables. *Bull. liaison Labo P. et Ch. Spécial X,* p. 55-62.

Ozouf J.-C. (1983) — Comparaison de gélifracts naturels, de grèzes charentaises et de gélifracts fabriqués. Thèse de 3e cycle, Caen, 185 p., 74 fig.

Perrusset A.-C. (1976) — Glissements superficiels de terrains et rochers. Thèse d'État de l'Université de Nice, 370 p.

Rat P. (1985) — Cours de Géodynamique externe. Université de Dijon, inédit.

Rust B.R. (1979) — Coarse alluvial deposits. in Facies models. R.G. Nalker ed. Geoscience Canada, reprint series 1.

Soutade G. (1984) — Compte rendu de discussion. in Éboulis et environnement géographique passé et actuel. Publication du Centre de Géographie Physique H. Elhai, p. 175-181.

Texier J.-P. (1979) — Recherches sur les formations superficielles du Bassin de l'Isle. Thèse d'État, Université de Bordeaux, 447 p.

Van Vliet-Lanoe B. et Valladas B. (1983) — A propos des formations déplacées sur versants cristallins des massifs anciens : le rôle de la glace de ségrégation dans la dynamique. *Bull. A.F.E.Q.,* 4, 153-160.

Verague J. (1973) — L'arénisation du Massif de l'Orne (Basse-Normandie). *Bull. Centre de Géomorphologie*, Caen, n° 16.

Chapitre VI

Les formations
du domaine karstique

Le domaine karstique induit une couverture superficielle autochtone ou subautochtone particulière. Son originalité est liée à l'aptitude du substrat à la dissolution (roches calcaires, gypse) qui provoque un modelé particulier du paysage. Ses principaux aspects — géomorphologie, circulation des eaux, spéléogenèse — sont largement abordés dans de nombreux ouvrages spécialisés, mais le problème des formations superficielles associées n'a jamais fait l'objet d'une synthèse particulière.

La dissolution proprement dite entraîne la mise en disponibilité des *deux composantes principales* des roches soumises à l'érosion karstique :

— d'une part *la matière soluble* sous forme de solutions carbonatées évacuées par les eaux d'infiltration et dans une moindre mesure par les eaux de ruissellement. Les carbonates pourront précipiter soit dans le domaine karstique souterrain, soit à l'extérieur sous forme d'accumulations carbonatées au niveau des résurgences ou dans le lit des cours d'eau (tufs calcaires ou travertins).

— d'autre part le *résidu insoluble*, souvent présent en faible pourcentage dans la roche, qui peut être évacué en suspension par les eaux de ruissellement et d'infiltration. Il peut aussi s'accumuler sur le lieu de la dissolution ou dans son environnement proche. Selon le bilan positif ou négatif du couple production-évacuation, les couvertures des résidus insolubles s'épaissiront sur place dans les zones d'accumulation privilégiées en rapport avec la morphologie ou au contraire les roches du substrat seront dénudées.

VI. 1 · Unité et diversité des roches du substrat en domaine karstique

Si l'on excepte les roches évaporitiques (gypse et sels), génératrices d'environnements karstiques spéciaux, la majorité du domaine karstique se développe sur substrat calcaire. Il existe donc une *unité initiale* déterminée par la *composition géochimique* de la roche (CO_3Ca dominant ou exclusif), entraînant une *grande solubilité* par l'eau chargée de gaz carbonique. Cette unité initiale est renforcée par une fracturation plus ou moins prononcée conférant aux roches calcaires une perméabilité de fissure ou perméabilité en grand.

Mais cette unité fondamentale est modulée par la très grande diversité des roches calcaires :

— *diversité lithologique* relative aux différents types de faciès et à la capacité de pénétration de l'eau. Entre un calcaire massif d'origine récifale et un calcaire crayeux de grande porosité, tous les intermédiaires sont possibles vis-à-vis de la circulation et de l'infiltration de l'eau. L'épaisseur des bancs, leur régularité, la présence ou l'absence de strates marneuses intercalées constitueront autant de critères différentiels vis-à-vis de la dissolution et de ses effets.

— *diversité géochimique.* L'importance et la nature du contenu non carbonaté détermineront l'importance et la nature des produits de décarbonatation (résidu insoluble). Les minéraux argileux dominent en général avec les oxydes insolubles, le quartz, la glauconite. Le phénomène karstique n'affecte que les roches calcaires où le CO_3Ca domine largement avec au minimum 80 % de l'ensemble. Dès que la proportion de matériaux insolubles dépasse 20 % (calcaire marneux) la roche n'a plus un comportement de type karstique.

— *diversité structurale.* La *disposition structurale générale* (plateau monoclinal, dépression synclinale, courbure anticlinale) a une influence sur la dissolution des masses calcaires (D. Aubert, 1969), ainsi que la structure interne : failles et diaclases constituent des moyens d'accès des eaux d'infiltration et augmentent la surface de contact, donc la dissolution.

Cette diversité des masses karstifiables provoque une grande variété des formes karstiques et, pour ce qui nous concerne, de l'intensité de la dissolution, donc de l'importance des produits exportés sous forme de solutions, ainsi que de *la capacité des roches calcaires à conserver un manteau d'altérite* issu du résidu insoluble.

VI. 2 · L'origine des couvertures superficielles : la dissolution des calcaires

VI. 2. 1 · Le siège de la dissolution

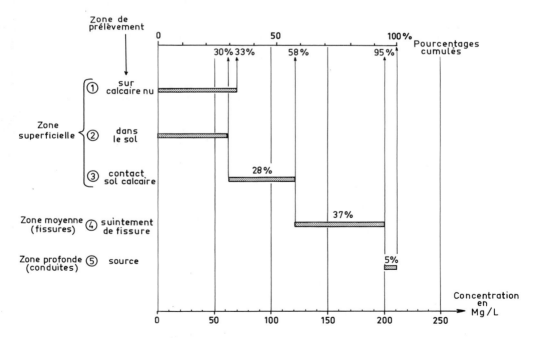

Fig. VI.1 — *Mesures de la concentration des carbonates dissous dans divers points du karst jurassien* (D. Aubert, 1967).

Entre l'eau atmosphérique, considérée comme pure, qui tombe sur une région calcaire et l'eau riche en bicarbonate de calcium dissous qui sort d'une résurgence, *où s'effectue la charge* ? De nombreuses tentatives ont été faites pour mesurer l'importance du prélèvement dans les diverses zones du karst. La diversité des cas, évoquée dans le paragraphe précédent, complique l'approche méthodologique et rend difficile la généralisation. Divers travaux semblent cependant apporter des éléments de réponse importants et définitifs.

— Dans le Vercors (P. Chevalier, 1953) la dureté (pourcentage en bicarbonate dissous) de l'eau à la source est déjà forte à *très faible profondeur* sous le plateau superficiel. Il semble que les quelques dizaines de mètres du réseau superficiel suffisent à saturer les eaux d'infiltration.

— Dans le Quercy (A. Cavaille, 1953) il en est de même, ainsi que dans un certain nombre d'autres régions de France (P. Caro, 1965).

— Pour plusieurs auteurs (P. Birot et al., 1961 ; A. Bogli, 1951 ; J. Corbel, 1959), la dissolution est surtout sous la dépendance de la température. Elle l'emporte en surface dans les climats chauds et elle est prépondérante en profondeur dans les régions froides, à l'exception de celles qui possèdent un sous-sol gelé.

— Dans le Jura (D. Aubert, 1967), un grand nombre d'analyses de la dureté de l'eau ont été réalisées à divers points des réseaux karstiques. Les résultats globaux sont présentés dans les figures VI.1 et VI.2.

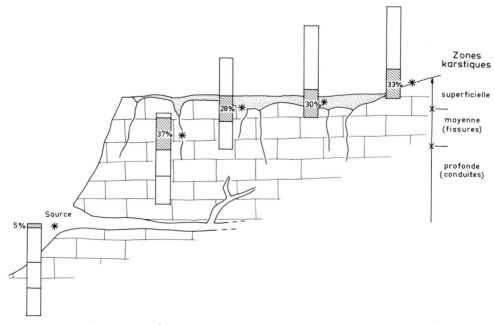

Fig. VI.2 — *Évolution de la charge en carbonates dissous de l'eau d'infiltration dans les différentes zones du karst du haut Jura* (d'après D. Aubert, 1967).

Les principaux enseignements de ces mesures sont clairs :
— La dissolution superficielle (dans le sol et au contact sol-calcaire) *représente près de 60 %* de la dissolution totale. On peut constater que la présence d'un sol double, ou presque, la valeur de la dissolution superficielle.
— Dans la zone moyenne du karst (zone des fissures), la dissolution est *également importante* (37 %). Elle tend à élargir les fissures et les joints de stratification et contribue à la désagrégation des bancs calcaires, préparant ainsi l'action superficielle.
— Dans la zone profonde (zone des conduites), la dissolution ne représente que 5 % du total. Elle est donc *presque insignifiante*.

La mise à disposition du résidu insoluble qui vient alimenter les sols et altérites sur calcaire (voir § III.3), est donc plus importante en surface qu'en profondeur. En théorie donc, la couverture meuble de cette fraction résiduelle devrait sans cesse s'épaissir. En réalité, la perméabilité en grand des calcaires permet l'entraînement en profondeur de cette fraction qui peut provoquer le colmatage des fissures profondes ou ressortir en suspension au niveau des sources.

VI. 2. 2 · Le mécanisme de la dissolution

Nous n'aborderons pas le détail du mécanisme chimique de la dissolution des roches carbonatées largement traité par ailleurs (voir détails bibliographiques dans P. Birot 1981, T. Muxart 1981, H. Roques et G. Ek 1973). L'eau pure ne peut dissoudre qu'une faible quantité de calcaire. C'est le CO_2 dissous qui provoque la libération d'ions H^+ par l'intermédiaire de l'acide carbonique. L'eau ionisée intervient donc comme *solvant* (libération de Ca^{2+} et CO_3^{2-} à partir du solide) et comme *réactif* (transformation de CO_3^{2-} en HCO_3^-). Le carbonate de calcium est solubilisé en bicarbonate $Ca(CO_3H)_2$ qui migre dans l'eau d'infiltration. Cette dissolution est essentiellement favorisée par une augmentation de la pression partielle de CO_2 et

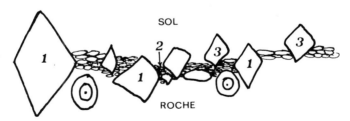

Fig. VI.3 — *Schéma de l'altération pelliculaire des calcaires sparitiques à ciment micritique* (M. Pochon, 1978).
1 : éléments sparitiques encore profondément « enracinés » qui forment les aspérités de la surface.
2 : les particules micritiques les plus fines sont les plus vulnérables.
3 : éléments sparitiques presque entièrement dégagés ; ils iront nourrir la pellicule d'altération.

par une diminution de la température, le CO_2 étant plus soluble à froid qu'à chaud.

Du point de vue physique et mécanique, l'attaque du calcaire se fait par formation d'une *pellicule d'altération* d'épaisseur variable, constituée de l'accumulation des débris les plus grossiers de la roche-mère (bioclastes, cristaux) (fig. VI.3). Les éléments calcitiques les plus fins sont dissous préférentiellement aux éléments plus grossiers qui ont donc tendance à se déchausser et viennent nourrir la pellicule d'altération. Celle-ci est digérée progressivement vers sa périphérie par dissolution progressive des éléments déchaussés qui diminuent de taille. Les produits solubles sont entraînés par l'eau et le résidu insoluble vient nourrir le sol superficiel ou colmater les fissures (fig. VI.4). L'altération des calcaires dolomitiques est comparable. La dissolution préférentielle des ciments calcimicritiques provoque le déchaussement des cristaux dolomitiques moins solubles qui s'accumulent au niveau d'une pellicule d'altération souvent plus épaisse (plusieurs millimètres) que dans les calcaires purs.

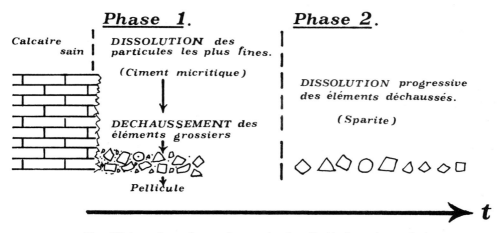

Fig. VI.4 — *Les deux phases de la dissolution des calcaires* (M. Pochon, 1978).

VI. 2. 3 · Importance de la dissolution

Le dosage des carbonates d'une source karstique, sur une année complète, ou mieux sur plusieurs années, permet de connaître la quantité de calcaire évacuée, donc dissous dans le bassin versant du réseau hydrologique. On peut donc aisément calculer cette quantité annuelle, la rapporter à la surface drainée et évaluer à la suite la valeur théorique de la tranche de calcaires enlevée par dissolution. L'extrapolation de cette valeur à une unité de temps géologique (siècle, millénaire ou million d'année) donne une idée de l'importance de cette dissolution. Ces valeurs doivent bien entendu être considérées avec beaucoup de précautions (variations climatiques, difficultés d'estimation du bassin versant *réel* en milieu karstique, hétérogénéité de la dissolution en fonction des faciès), mais elles ont le mérite de fournir des données indicatives intéressantes dans la mesure où elles procurent des estimations *quantitatives* des carbonates évacués, donc des résidus insolubles libérés et du taux d'érosion des massifs calcaires.

La figure VI.5 donne un bilan estimatif quantitatif de ce taux d'érosion dans différentes régions du globe sous divers climats (J. Nicod, 1972). On peut constater l'importance de la dissolution dans les zones froides arctiques ou montagnardes. Mais l'environnement froid n'est actif qu'en présence d'une grande humidité. En zone sèche, bien que froide, la dissolution est très réduite. Dans le domaine tropical humide, la dissolution est en moyenne plus faible que dans les domaines océaniques et continentaux, du fait des hautes températures, mais la quantité d'eau est importante et la végétation abondante est génératrice de CO_2 qui augmente le pouvoir dissolvant. Malgré une sursaturation des eaux de sources en carbonate en été, les régions méditerranéennes ont en général un taux de dissolution assez réduit en raison de la médiocrité des précipitations et de la part prise par l'évapotranspiration dans le cycle de l'eau. La régularité et la relative importance des taux de dissolution dans les environnements semi-continentaux à couverture neigeuse et dans le contexte méditerranéen montagnard sont à noter. Elles montrent la grande aptitude de ces zones à la libération de carbonates solubles et de résidus insolubles liés.

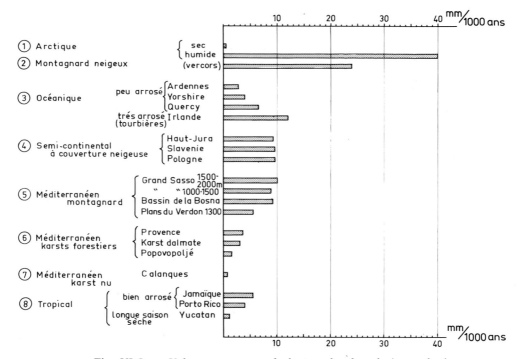

Fig. VI.5 — *Valeurs moyennes de la tranche de calcaires enlevée par dissolution, en millimètres par millénaire* (d'après divers auteurs in J. Nicod, 1972).

Au paramètre passif que constitue l'aptitude plus ou moins grande des calcaires à la dissolution, s'ajoutent donc trois paramètres actifs liés au climat : la température ambiante induisant celle des eaux circulant dans les karsts, l'importance des précipitations et les taux de gaz carbonique dissous.

VI. 3 · Les formations issues de l'accumulation des résidus insolubles

Formations *en transit* par excellence, les couvertures de résidus insolubles issus de la dissolution des calcaires ne demeurent généralement pas longtemps en place, là où la dissolution les a accumulés. La topographie habituellement irrégulière des massifs calcaires et plus encore leur fissuration et leur perméabilité « en grand » concourent à débarrasser rapidement les couvertures superficielles insolubles, soit par glissement lent et solifluxion le long des pentes, soit par entraînement dans le karst profond selon les phénomènes de soutirage actif propres au domaine karstique. Ces couvertures sont donc rarement autochtones au sens strict, mais le plus souvent subautochtones. La charge des eaux en particules argileuses ou limoneuses aux résurgences karstiques en crue traduit l'importance des exportations.

VI. 3. 1 · Les accumulations de surface

a) Nature et importance

Leur nature est directement dépendante de la minéralogie du résidu insoluble des roches du substrat (voir III.3.3.). Mais un certain nombre de différences notoires, aussi bien qualitatives que quantitatives, interviennent parfois entre la composition minéralogique du résidu insoluble de la roche et du sol sus-jacent. Les études comparées, réalisées sur les calcaires et les sols du haut Jura en donnent un exemple (M. Pochon, 1978) (fig. VI.6). Plusieurs différences apparaissent :

— Les smectites sont en général plus abondantes dans le sol que dans le substrat. C'est également le cas des minéraux interstratifiés 10-14 et 11,5.

— Les illites au contraire, largement dominantes dans le résidu insoluble (plus de 50 %) sont beaucoup moins abondantes dans les sols.

— Le pourcentage des kaolinites varie peu, mais par contre, la chlorite augmente dans les sols où elle est parfois en quantité dix fois supérieure à celle du substrat (3e échantillon).

— Des minéraux (quartz, feldspaths potassiques, plagioclases) apparaissent dans les sols, alors qu'ils n'existent pas dans le résidu insoluble des calcaires.

Un certain nombre de phénomènes viennent donc modifier la composition du résidu insoluble des calcaires, alimentant les sols et les formations superficielles :

— un apport allochtone qui ne peut être qu'éolien, vérifié par la granulométrie, en quartz, feldspaths et chlorite ferrifère.

— une dégradation intense de l'illite en minéraux gonflants (interstratifiés et smectites).

L'importance des accumulations de couverture sur calcaire est liée à la vitesse de dissolution, directement liée au climat, mais aussi au pourcentage du résidu inso-

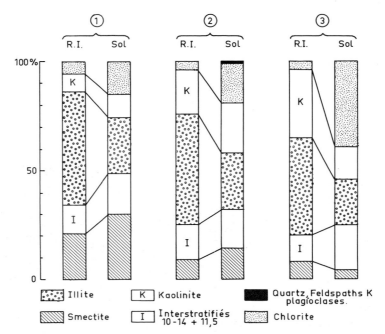

Fig. VI.6 — *Analyse minéralogique comparée du résidu insoluble* (R.I.) *des calcaires du substrat et des sols susjacents dans le haut Jura.* Les minéraux argileux sont exprimés en pourcentage relatif (d'après M. Pochon, 1978).

1 : Portlandien dolomitique — fraction inférieure à 2 microns.

2 : Calcaires du Kimméridgien — fraction inférieure à 2 microns.

3 : Calcaires du Séquanien — fraction inférieure à 10 microns.

luble des calcaires du substrat (voir § III.3.3). Certains calcaires argileux contenant 15 % ou plus de minéraux phylliteux auront une productivité très grande par rapport aux calcaires purs dont certains contiennent moins de 0,05 % de résidu insoluble. La couleur des formations superficielles sur calcaire peut varier du gris foncé à tous les tons du brun ou du jaune-brun et cette coloration est essentiellement héritée de celle du résidu insoluble de la roche-mère.

b) Évolution et lieu d'accumulation

Les produits de la décarbonatation alimentant les sols sur calcaires sont souvent repris et remaniés par les phénomènes de creep, de solifluxion et de ruissellement. Ils s'accumulent ainsi à la base des versants, dans les combes ou dans les dénivelés topographiques propres à la morphologie karstique (dolines, fissures) sous forme de terra fusca ou de terra rossa (voir paragraphe III.3) ou d'argiles à chailles et à silex, tandis que les barres calcaires et les plateaux à faibles pentes apparaissent dénudés ou porteurs de sols récents, peu épais, sans cesse appauvris par les exportations verticales ou latérales. Les vallées sèches, fréquentes dans les plateaux calcaires, sont partiellement comblées des produits de la dissolution issus de leur bassin versant superficiel (fig. VI.7).

Fig. VI.7 — *Vallée sèche sur substrat calcaire dans le Périgord.*

VI. 3. 2 · La migration et le piégeage en profondeur

Le soutirage en profondeur des sols et des formations superficielles du domaine karstique est lié à des paramètres dépendants du substrat (fissuration, dénivelé, sensibilité à la spéléogenèse) et à des paramètres dépendants du climat (pluviométrie). Diverses études réalisées dans des contextes différents (L.J. Alias Perez et al., 1981 ; M. Gaiffe et S. Bruckert, 1985) montrent que ce soutirage est important et encore très actif actuellement. Il s'effectue surtout au niveau des dolines. La comparaison des comblements de dolines et des sols et formations de couverture des plateaux environnants permet de mettre en évidence de nombreuses anomalies :

— des redoublements fréquents d'horizons A humifères dans les dolines, jamais présents ailleurs,

— des enfouissements profonds de charbons issus d'incendies historiques (datés au C14) ou de poteries protohistoriques dans les entonnoirs d'absorption,

— des traces micromorphologiques de nombreuses phases de lessivage dans les dolines, avec des illuviations multiples (figures d'érosion sur plusieurs générations d'argilanes) et des figures abondantes d'apports colluvionnaires (concrétions ferrugineuses patinées, fragments de charbons et ferriargilanes intégrées à la matrice),

— des horizons limoneux anormalement épais dans les dolines, séparés par des horizons A humifères récents.

Ces observations montrent l'intense activité de réceptacle que constituent les dolines et toutes les dépressions du domaine karstique. Le mouvement de matériaux
s'effectue à la fois par apports latéraux superficiels (des plateaux environnants à
la doline) et par enfoncement vertical du matériel piégé dans les zones profondes
du karst.

Fig. VI.8 — *Bouchon karstique.* Poche d'argile et d'éboulis cryo-
clastique. Aven des Valerots (cliché J. Chaline).

Le piégeage en profondeur se fait au niveau des fissures et des réseaux karstiques fossiles qu'il obstrue sous forme de bouchons argilo-limoneux (fig. VI.8). Ce
piégeage peut être de longue durée dans des cas exceptionnels de blocage d'érosion
de massifs calcaires aplanis. Des faunes de vertébrés de l'ère tertiaire ont été en effet
fossilisées dans ces remplissages, attestant de leur ancienneté. Mais le plus souvent,
ce piégeage est de courte durée. Les repères chronologiques associés, faunistiques
ou préhistoriques, sont récents (Pléistocène supérieur dans la plupart des cas). Il
faut donc admettre que tôt ou tard, les produits de la décarbonatation sont évacués
en suspension au niveau des résurgences à l'occasion des crues.

VI. 4 · Les formations de précipitation des produits issus de la dissolution : travertins ou tufs calcaires

Les régions à substrat calcaire sont riches en formations superficielles de type
travertin ou tuf calcaire. Selon les auteurs, l'une ou l'autre appellation est utilisée,
bien que l'usage courant réserve plutôt le terme de travertin aux dépôts compacts
et bien cristallisés, alors que le terme de tuf calcaire est plutôt attribué aux forma-

tions plus spongieuses et poreuses. Ces deux faciès coexistent le plus souvent et sont l'expression d'un même phénomène dans des contextes génétiques associés, fonction d'associations phytosociologiques différentes. Nous emploierons donc indistinctement l'un ou l'autre terme pour désigner ces formations d'une manière générale, privilégiant cependant le terme de travertin plus utilisé en particulier dans la littérature étrangère.

Les travertins sont directement liés à l'environnement karstique. Leur édification nécessite trois étapes :

— prélèvement du calcium sous forme de bicarbonate par dissolution de la roche-mère par les eaux météoriques,

— transport de cet élément en solution sur une distance variable,

— enfin précipitation de carbonate de calcium plus ou moins pur, par modification de certaines caractéristiques physico-chimiques ou biologiques de l'eau, induite par des variations d'ordre géochimique, géomorphologique ou climatique du milieu.

Les travertins sont présents dans tous les environnements karstiques du globe, mais c'est dans les régions méditerranéennes que ces formations offrent la plus grande variété. Dans le domaine des climats tempérés, ils ne sont représentés que par des accumulations de volume et d'extension limités. En climats subarides, les encroûtements calcaires se généralisent en dehors du domaine karstique sous forme de croûte (voir § III.4) (J. Nicod, 1981).

VI. 4. 1 · Typologie géomorphologique

Les formations travertineuses sont le plus souvent liées au cours de rivières issues de résurgences karstiques (fig. VI.9) et l'on peut schématiquement distinguer trois types principaux en relation avec la morphologie du cours d'eau (J. Casanova, 1982).

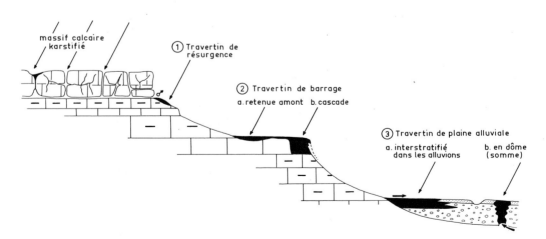

Fig. VI.9 — *Les principaux types de travertins dans leur contexte géomorphologique.*

a) Les complexes de résurgence. Ils sont en général de dimensions modestes, constitués de couches grossièrement stratifiées, de pendage conforme à celui de la pente topographique.

b) Les complexes de barrage situés dans le cours amont de la rivière, déterminés par une rupture de pente brusque, provoquant une cascade et une retenue en amont (fig. VI.10).

Fig. VI.10 — *Complexes de tufs actifs avec barrage provoquant une cascade et une retenue en amont.* Dômes de la Krka en amont de Sibenik, Croatie (cliché P. Ambert).

— La zone de cascade est le siège d'une précipitation intense de CO_3Ca par l'intermédiaire des mousses et des algues encroûtantes qui colonisent la rupture de pente perpétuellement humide et bien oxygénée. La croissance du complexe est réglée alors par la concurrence entre le développement biologique (bryophytes, algues et bactéries associées) et la précipitation du CO_3Ca. Ces deux actions conjointes détermineront une croissance du complexe vers l'aval par progradation progressive du barrage sur toute l'étendue du front si la tranche d'eau l'occupe complètement ou seulement au niveau des chenaux actifs.

— Dans la zone de retenue, associée ou non à une cascade, se développe un plan d'eau de faible profondeur dans lequel des encroûtements carbonatés se forment au niveau des zones les plus riches en colonies algaires ou en végétaux hydrophiles (prêles, bryophytes, roseaux). La croissance du complexe travertineux se fait alors de manière plus ou moins régulière par accrétion horizontale sous le contrôle bathymétrique du seuil de la retenue, lui-même sujet à un rehaussement régulier.

c) Les complexes de plaine alluviale. Ils se développent en interdépendance avec les dépôts alluviaux détritiques qu'ils compactent ou dans lesquels ils s'interstratifient. Des accumulations en dôme peuvent également se développer dans certaines circonstances et en particulier par arrivée d'eau souterraine, riche en carbonates dissous, issue de la nappe phréatique des calcaires encaissants (exemple de la Somme).

Ces principaux types liés à la géomorphologie ne sont évidemment pas toujours situés avec autant de rigueur sur le cours d'une rivière du domaine karstique. Certaines formations de sources résurgentes peuvent directement s'édifier au contact d'une nappe alluviale et, au contraire, des complexes travertineux peuvent s'interstratifier avec des séries détritiques dès le cours amont de la rivière.

VI. 4. 2 - Typologie faciologique

Les édifices travertineux présentent une grande variété de faciès, aussi bien au niveau de l'affleurement (macrofaciès) qu'au niveau de l'observation microscopique. Tous cependant présentent une association proche ou lointaine, avec des structures végétales en place sur le lieu de précipitation (plantes supérieures hygrophiles, mousses, algues) ou déposées secondairement (branches, brindilles, feuilles), des microorganismes bactériens souvent associés aux végétaux considérés comme support, ou plus rarement des structures animales (coquilles de mollusques, nidification de larves d'insectes...). Il semble donc que les constructions travertineuses sont liées à des *écosystèmes complexes*, d'où la multiplication des faciès, due à la grande variété des environnements génétiques dans le temps et dans l'espace.

a) Classification basée sur la fréquence des associations végétales fossiles

— *Tufs à Equisetum*, de structure massive, vacuolaire et formant des constructions cohérentes au niveau de l'affleurement. Les carbonates moulent très finement les tiges d'Equisetum, formant des fourreaux creux assemblés par une matrice pulvérulente. L'examen microscopique montre des couches concentriques sombres et claires souvent liées à des structures algaires associées.

— *Tufs à Chara* : comparables aux précédents, les tiges de characées remplaçant les tiges d'*Équisetum*.

— *Tufs à mousses*, peu consolidés, mal structurés, constitués de masses friables, légères et poreuses. Ils sont formés de tubules groupées ou simples dont l'axe est creux. L'ensemble montre une structure vermiculée due aux traces de végétaux rapidement incrustés.

— *Tufs à Cyanophycées* : ils se présentent sous forme d'encroûtements moulant différents supports végétaux ou minéraux et se développant en dômes massifs à couches concaves vers le bas, ou en draperies plissées. Les encroûtements plus ou moins continus sont formés d'une alternance de couches sombres et claires et prennent l'aspect de stromatolites bourgeonnants ou plans. Les filaments algaires sont présents à tous les niveaux et ont servi de base à la précipitation. Ces encroûtements algaires peuvent également se faire sur des germes minéraux ou végétaux sous forme d'oncolites libres ou soudés.

— *Tufs à débris végétaux* indifférenciés, moulant des fragments d'origine végétale diverse et servant de support aux colonies algaires (fig. VI.11).

— *Tufs à traces animales* ou à coquilles de gastéropodes, tufs à chironomides, etc.

Cette classification adoptée par de nombreux auteurs dans une optique descriptive (Irion G. et al., 1968 ; Lang J. et al., 1970 ; Donsimoni M., 1975) a le mérite

Fig. VI.11 — *Encroûtements tufacés autour de tiges végétales.*
Tufs à roseaux — La Resclauze, Gabian, Hérault (cliché P. Ambert).

de pouvoir s'appliquer directement sur le terrain, mais rend peu compte des conditions de genèse. D'après J. Casanova (1982) « elle complique la compréhension du phénomène encroûtement carbonaté en permettant de créer un terme par échantillon prélevé ». D'après cet auteur « les végétaux en position de vie sur lesquels se moulent les encroûtements ont uniquement *un rôle de support et la morphologie de ce support induit la morphologie de l'encroûtement.* Un échantillon contenant un fort pourcentage d'éléments végétaux n'a d'autre valeur que de signaler à cet emplacement une concentration spécifique (touffe de roseaux ou d'Equisetum, buisson de mousses) ».

Il semble en effet que les cyanophycées et les bactéries (coenoses cyanobactériennes) soient les principales responsables de la précipitation carbonatée et les encroûtements qu'elles induisent sont différents selon les conditions écologiques où elles se développent. C'est donc une typologie morphologique des encroûtements qui est présentée à partir de l'étude des travertins du Sud de la France.

b) Classification basée sur la morphologie des encroûtements

Une classification des encroûtements travertineux, basée essentiellement sur des *critères morphologiques*, a permis d'intéressantes comparaisons avec d'autres milieux stromatolitiques continentaux du Cénozoïque. Des analogies ont pu être établies entre les milieux de formation, les morphologies développées et l'écologie des communautés algaires (Casanova J., 1984, fig. VI.12).

— *Encroûtements cylindriques*

Un encroûtement cylindrique se définit morphologiquement par des couches concentriques développées autour d'un support polymorphe : végétal *in situ* ou frag-

Fig. VI.12 — *Différents types d'encroûtements des travertins du Sud-Est de la France* (clichés et légendes J. Casanova).
a — Encroûtement cylindrique à nucleus composé de fragments de végétaux.
b — Encroûtement plan typique.
c — Encroûtement plan composé de lamines horizontales à subhorizontales superposées parallèlement au substratum.
d — Encroûtement en dôme développé à la faveur d'une faible rupture de pente.

ment détritique ; une même couche entoure complètement le nucléus ; les premières moulent fidèlement la silhouette du support alors que les dernières tendent à réduire les aspérités.

— *Encroûtements sur galets*

La genèse d'un encroûtement sur galet se déroule suivant un schéma identique à celui d'un encroûtement cylindrique : colonisation du nucléus par le tapis algaire et formation d'un dépôt carbonaté qui moule la totalité de la surface exposée. Morphologiquement, l'encroûtement sur galets se distingue par l'absence de rythme laminaire, ainsi que par l'importance du rapport de taille encroûtement/nucléus.

— *Encroûtements plans*

Un encroûtement plan se compose de lamines horizontales à subhorizontales superposées parallèlement au substratum. Certaines variations morphologiques sont induites par des facteurs écologiques (exondation temporaire, dessication, discontinuité latérale ou déformation du tapis algaire).

— *Encroûtements en dôme*

Ils constituent une variante de l'encroûtement plan et, de ce fait, leur structure est laminaire : cependant, leur occurrence, se limite aux barrages en retenue (fig VI.9, type 2a).

— *Encroûtements de mousse*

Le massif de mousse constitue un micromilieu à l'intérieur duquel l'élimination du CO_2 est intense ; cyanophycées et bactéries participent activement à la précipitation. Bien que leur structure interne ne soit pas laminée, on peut observer dans les massifs de mousses fossilisés l'existence d'une zonation concentrique grossière qui reflète le rythme de croissance de l'association bryophytes/cyanophycées/bactéries. Extérieurement, l'encroûtement de mousse constitue soit des massifs globulaires, soit des draperies allongées. Ces morphologies sont généralement enrobées par un encroûtement stromatolitique lorsque la croissance des bryophytes est interrompue.

Cette attention particulière accordée aux encroûtements travertineux ne doit pas faire oublier l'extrême variété des faciès associés aux travertins et en particulier l'interaction fréquente avec les sédiments détritiques. Un exemple particulièrement complexe servira d'illustration.

c) Description d'une séquence travertineuse complexe : la coupe des tufs de Saint-Antonin (Bouches-du-Rhône, France) d'après J.-L. Guendon et J. Vaudour, 1981

La coupe visible sur une puissance de 13 m (fig. VI.13) montre une superposition de faciès traduisant une évolution des paléoenvironnements.

— *Une formation (1) à blocs* calcaires anguleux métriques, emballés dans une matrice argilo-conglomératique plus ou moins cimentée par de la calcite.

— *Un premier niveau travertineux*, subdivisé ainsi :

• A la base, sur près d'un mètre d'épaisseur, *un faciès laminé (2)*, à couches onduleuses subhorizontales, millimétriques à centimétriques, à empreintes foliaires. La structure interne des lamines est formée de fibres perpendiculaires subverticales d'origine algaire (cyanophycées encroûtantes). Chaque filament est entouré d'un « manchon » de calcite qui correspond à la calcification primaire dans le mucilage de l'algue. Dans certaines lamines, de couleur claire, la calcite, micritique à la base, devient sparitique au sommet où un liséré brun (voile bactérien) rythme vraisemblablement un cycle annuel de croissance du tapis algaire. Les vacuoles allongées qui jalonnent la base de chaque lamine correspondent à des galeries de larves de Chironomides. Des espaces vides également perpendiculaires aux lamines correspondent aux tiges de Bryophytes ayant servi de support aux algues encroûtantes.

• Plus haut, sur près de 3 mètres parfois, un empilement de lits onduleux épais de 10 à 15 cm, d'aspect caverneux, forme *des dômes (3)*. La structure s'organise perpendiculairement aux lits, la porosité est développée, la cohésion forte, les empreintes foliaires rares. Elle correspond à des tapis successifs de bryophytes ayant servi de support à des cyanophycées encroûtantes. Ce faciès est tronqué

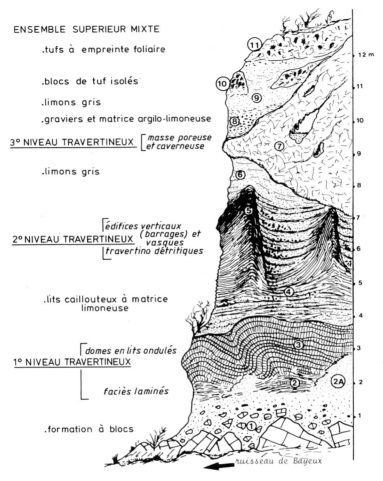

ENSEMBLE SUPERIEUR MIXTE

.tufs à empreinte foliaire

.blocs de tuf isolés

.limons gris

.graviers et matrice argilo-limoneuse

3° NIVEAU TRAVERTINEUX [*masse poreuse et caverneuse*

.limons gris

2° NIVEAU TRAVERTINEUX [*édifices verticaux (barrages) et vasques travertino détritiques*

.lits caillouteux à matrice limoneuse

1° NIVEAU TRAVERTINEUX [*domes en lits ondulés* [*faciès laminés*

.formation à blocs

ruisseau de Bayeux

Fig. VI.13 — *Un exemple de séquence travertineuse complexe.* Les tufs de St-Antonin (J.L. Guendon et J. Vaudour, 1981).

par une érosion et recouvert par un mètre environ de limons à *lits caillouteux* (4) comparables au niveau 2. Il s'agit d'une boue calcitique essentiellement détritique, sédimentée dans une petite retenue.

— *Un second niveau travertineux stratifié*, d'une épaisseur de 2 à 3 m montre une alternance de couches centimétriques à décimétriques, limoneuses (à lentilles caillouteuses) et travertineuses. Vers le haut, ces dernières se redressent localement et constituent, par leur empilement, des édifices verticaux ou *barrages (5)*, d'une hauteur de 2-3 m, à profil dissymétrique, abrupt à l'amont, en pente douce à l'aval. Ils délimitent des « gours » (= vasques) dans lesquels s'est développée une sédimentation travertino-détritique, à feuilles et branches encroûtées et niveaux limoneux à lentilles conglomératiques. Au sommet, le détritique devient prépondérant et des *limons gris (6)* recouvrent localement les barrages.

— *Un troisième niveau travertineux (7)* : sa base est formée par une masse poreuse, d'aspect caverneux, trouée de petites cavités dont le toit est tapissé de concrétions calcaires. Les empreintes foliaires y sont rares, mais on note de gros manchons cylindriques.

— *Un ensemble détritique et travertineux supérieur* : à la base, une formation argilo-limoneuse brun-rouge (8), à gravillons de calcaire et de quartz, passe, vers le haut, à un *limon gris (9)*, à Gastéropodes, puis à des *barrages de tufs (10)*, n'excédant pas un mètre de hauteur, à empreintes foliaires et manchons cylindriques. La coupe se termine par un mince niveau détritique, recouvert par *une ultime passée travertineuse (11)*, également riche en feuilles et manchons. Le sol superficiel, de type calcimagnésique, est peu développé.

Cette séquence complexe où les formations travertineuses au sens strict s'interstratifient avec des niveaux plus limoneux ou à blocs peut être classée dans le type alluvial. L'alimentation en détritique est temporairement interrompue par des barrages algo-bryophytiques permettant les précipitations biochimiques de type stromatolitique et délimitant des retenues où sont de nouveau piégés les apports terrigènes.

VI. 4. 3 · Genèse des tufs calcaires et travertins : les processus de la précipitation

La précipitation de $CaCO_3$ correspond à la rupture des équilibres chimiques par la modification d'au moins un des paramètres définissant le système et le déplacement de ces équilibres dans le sens d'une diminution de la concentration de carbonate de calcium dissous (T. Muxart, 1981).

Il semble que les précipitations d'origine strictement chimique sont rares. Dans toutes les études entreprises (précipitations provoquées en laboratoire — J.-P. Adolphe, 1973 à 1982 — processus actuels de précipitation dans la nature — J.-P. Adolphe, 1973 ; J. Casanova, 1980 — analyse des microfaciès des tufs calcaires et travertins anciens), *le rôle primordial des processus biologiques* est mis en évidence. Les principaux groupes responsables de la précipitation de carbonates sont :

— les algues bleues et vertes, des mousses et des plantes hygrophiles. Elle est à relier à l'assimilation chlorophylienne et à l'utilisation du CO_2 dissous par les végétaux,

— les bactéries associées ou non aux organismes précédents,

— les algues vertes et certains mollusques d'eau douce qui prélèvent et fixent directement $CaCO_3$,

— les micro-organismes qui détruisent les composés organiques du sol ayant mobilisé $CaCO_3$,

— les racines qui, utilisant les solutions du sol, favorisent les remontées, l'aération et l'évaporation des eaux.

La précipitation intervient donc lorsque existent les conditions écologiques favorables à l'installation d'un biotope riche en espèces absorbant le CO_2 par photosynthèse sur ou proche d'un courant d'eau contenant des carbonates dissous. Elle implique donc des conditions :

— géomorphologiques : présence de cascades, retenues, chenaux,
— climatiques : humidité abondante, températures favorables,
— géochimiques liées aux précédentes : présence de carbonates dissous propres aux réseaux hydrologiques liés à l'environnement karstique.

Toutes les espèces présentes dans les biotopes favorables à la précipitation n'ont pas le même pouvoir sédimentogène. De nombreuses plantes macrophytes (roseaux, equisetales, charas, bryophytes, feuilles d'arbres divers) n'auraient qu'un rôle indirect de support vis-à-vis de colonies algaires (cyanophycées essentiellement) ou bactériennes directement responsables de la précipitation.

Les différents faciès de travertins au sens strict (encroûtements) correspondent à des contextes géomorphologiques, donc à des énergies hydrodynamiques et à des associations végétales différentes (J. Casanova, 1984 ; fig. VI.14) :

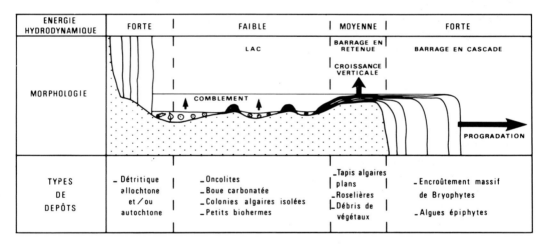

Fig. VI.14 — *Relations entre les types de dépôts travertineux, la morphologie du cours d'eau et l'énergie hydrodynamique* (J. Casanova, 1982).

— *Les encroûtements massifs* se développent sur des buissons de bryophytes. On peut distinguer une zonation concentrique grossière qui reflète le rythme de croissance de l'association bryophytes — cyanophycées — bactéries. Ces encroûtements constituent soit des massifs globulaires, soit des draperies allongées. Ces formes sont généralement enrobées par un encroûtement laminaire lorsque la croissance des bryophytes est interrompue par le développement d'un voile bactérien. Actuellement, ce type d'encroûtement apparaît sur des *fronts de cascade et la concurrence entre la précipitation carbonatée et la croissance biologique assure la progradation du bioherme* (J. Casanova, 1982).

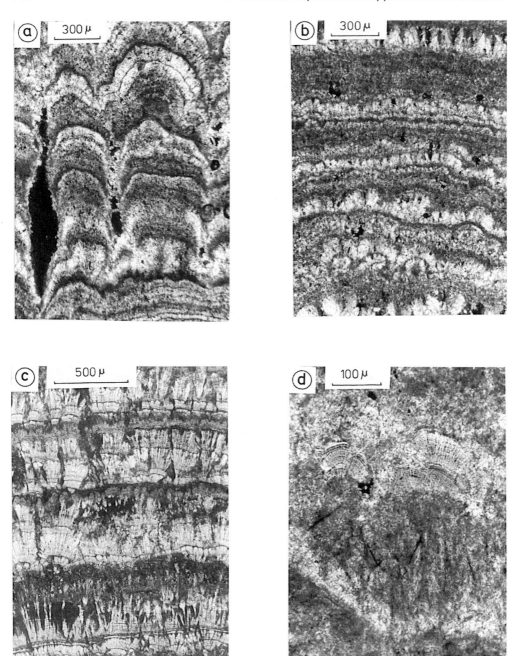

Fig. VI.15 — *Microfaciès d'encroûtements travertineux du Sud-Est de la France, d'origine cyano-bactérienne* (clichés et légendes J. Casanova). Voir ci-contre.

— *Les encroûtements plans* se composent de lamines horizontales à subhorizontales superposées parallèlement au substrat. Ils sont actuellement produits par des tapis algaires à faible profondeur d'eau courante permanente et de faible turbidité ou soumise à des *périodes d'exondation saisonnière*.

— *Les encroûtements cylindriques* sont constitués de couches concentriques précipitées autour de supports divers : végétaux *in situ* ou fragments détritiques. Dans ce cas, la nature du support définit le milieu de dépôt : les roselières se développent au *sommet des barrages* en retenue ou en *milieu lacustre peu profond* ; les débris végétaux s'accumulent dans les vasques au pied des cascades.

— *Les oncolites* se présentent sous la forme d'éléments sphériques ou subsphériques constitués de couches rythmées concentriques englobant ou non un nucléus : fragment d'encroûtement, gravelle, bioclaste. Ils se forment dans *les vasques à la base des cascades* ou bien dans les *retenues d'eau en arrière des barrages*. L'énergie hydrodynamique correspondant à ce type de dépôt est généralement faible.

C'est donc au *tapis algo-bactérien* colonisant les divers supports qu'est due la précipitation des carbonates (J. Casanova, 1982). L'étude biologique de la composition du tapis algaire permet à cet auteur de dégager deux faits essentiels dans les encroûtements stromatolitiques actuels du Sud de la France :

— Tous les encroûtements ont livré à la décalcification des coenoses polygénériques de cyanophycées et bactéries. La production carbonatée n'est ni piégée, ni disséminée au hasard dans le tapis algaire, mais orientée autour des filaments.

— *Rivularia haematites* et *Phormidium incrustatum* sont les espèces dominantes de ces polycoenoses, lesquelles comprennent par ailleurs des cyanophycées accompagnatrices et des organismes épiphytes (fig. VI.15).

« Bien que cyanophycées et bactéries métabolisent seules le carbonate, le tapis algaire contient de nombreux organismes non encroûtants qui l'utilisent comme habitat, support ou nourriture. Le tapis algaire apparaît comme un microcosme complexe, véritable microécosystème au sein du biotope. L'étude de la composition du tapis algo-bactérien au cours d'un cycle annuel permet de souligner l'extrême dépendance de la précipitation et donc de la morphologie stromatolitique vis-à-vis du facteur biologique. Non seulement le phénomène d'encroûtement est soumis à l'extension et au degré d'épanouissement du tapis, mais le type de cristal précipité varie suivant l'espèce de cyanophycées. Deux types de cristallisations spécifiques ont pu être mis en évidence (fig. VI.16). La production carbonatée de *Phormidium incrustatum* est composée de grains micritiques. Des germes de cristallisation prennent naissance, en nombre considérable, au contact de la gaine et par coalescence forment un ''manchon de calcification primaire''. Les germes de cristallisation apparaissent

---

a — Croissance colummaire de tapis de *Phormidium incrustatum*.

b — Lamination alternée simple. Lamines micritiques (foncées) générées par *Phormidium incrustatum* et lamines sparitiques (claires) générées par *Rivularia haematites*.

c — Lamination répétitive composée de grandes lamines sparitiques microlaminées générées par *Rivularia haematites*. Le sommet des colonies, micro-sparitique à micritique, est la conséquence de la désorganisation du mucus algaire.

d — Colonies hémisphériques de *Rivularia haematites* développées sur un buisson de filaments de *Phormidium incrustatum*.

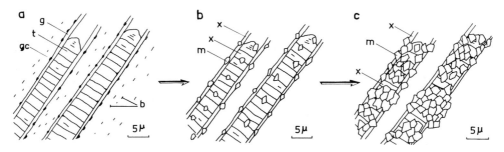

Phormidium incrustatum

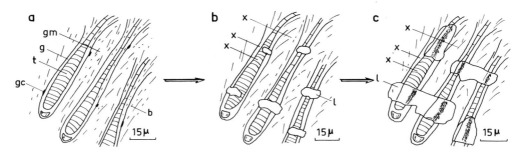

Rivularia haematites

Fig. VI.16 — *Stades successifs de développement des cristallisations sur les filaments de deux algues bleues : Phormidium incrustatum et Rivularia heamatites.* (J. Casanova, 1981.)
g : gaine ; *t :* trichome ; *gc :* germe de cristallisation ; *m :* microcristaux ; *b :* bactéries ; *gm :* gel mucilagineux ; *l :* lamelles.

en nombre plus réduit chez *Rivularia haematites* ; ils développent des cristaux lamellaires qui, par empilement et croissance latérale, entourent partiellement le filament. La cristallisation est dans tous les cas extracellulaire : l'apparition des germes se fait à partir des fibres polysaccharidiques qui composent les gaines et le gel mucilagineux » (J. Casanova, 1982).

VI. 4. 4 · Stratigraphie des tufs calcaires et travertins. Rapport avec les autres types de formations superficielles

Comme la plupart des formations superficielles, les différentes générations de formations travertineuses sont rarement superposées. Il y a exceptionnellement recouvrement de plusieurs séries, sauf dans les édifices précipités liés aux plaines alluviales, mais le plus souvent les différentes constructions s'échelonnent dans l'espace, de la source à la zone inférieure des cours d'eau du domaine karstique. La stratigraphie des différents corps sédimentaires travertineux s'appuie donc sur des bases géomorphologiques, paléoclimatiques et chronologiques.

La genèse des édifices travertineux nécessite un environnement climatique favorable au développement de biocoenoses végétales, donc des conditions d'humidité et de température de type interglaciaire ou interstadiaire (P. Ambert, 1981b). Toutes les analyses des macroflores piégées ou des séquences palynologiques associées (J. de Beaulieu, 1972 ; M.A. Geurts, 1976) traduisent des environnements tempérés ou tempérés frais, mais jamais très froids. Certains types de travertins peuvent néanmoins se développer dans des zones de très haute altitude, comme dans la zone hymalayenne aux environs de 4 000 m (M. Fort, 1981) dans des conditions de gels fréquents. Cependant, « sans nier la relation entre les grands édifices carbonatés et les principales oscillations chaudes du Quaternaire (au moins en Europe), la notion de *réchauffement relatif*, génératrice d'un équilibre, peut-être précaire, semble être à ce jour la plus féconde à rendre compte avec précision des conditions de leur morphogenèse » (P. Ambert, 1981b).

a) Relations stratigraphiques des édifices travertineux

Les complexes travertineux d'un même versant en domaine karstique se présentent le plus souvent sous forme d'étagement, plus rarement en recouvrement (P. Ambert, 1981b) :

— *Complexes travertineux étagés* (fig. VI.17) :
- Gradins étagés de même âge. C'est probablement le cas le plus fréquent. Plusieurs ruptures de pentes échelonnées sur le cours de la rivière développent chacune de manière synchrone un édifice travertineux avec cascade et retenue amont.

- Gradins étagés d'âges différents. Dans ce cas, les travertins sont d'autant plus anciens qu'ils sont situés plus haut dans la vallée. Ces constructions diachroniques sont liées à la migration de l'exutoire karstique de plus en plus bas. Les formations les plus anciennes se fossilisent à l'amont tandis que les précipitations édifient des barrages travertineux plus à l'aval. Cet étagement lié à l'abaissement des réseaux karstiques, parallèle au creusement des vallées, peut être contrecarré ou inversé par des phénomènes tectoniques provoquant des étagements inverses : les travertins anciens sont conservés dans le fossé d'effondrement, tandis que la surélévation du horst provoque la naissance de nouveaux édifices travertineux en altitude. Il existe des cas d'étagements complexes liés à l'évolution géomorphologique des vallées et à l'influence d'autres types de formations superficielles (fig. VI.18) (P. Ambert, 1981a).

— *Complexes travertineux en recouvrement* (fig. VI.19)
Ils interfèrent souvent avec les complexes étagés. Plusieurs cas peuvent se présenter :
- Emboîtement de terrasses biochimiques de vallées. Ils sont comparables au modèle des terrasses alluviales emboîtées et chaque corps emboîté s'est souvent en partie nourri des complexes plus anciens.
- Recouvrement par superposition de deux complexes travertineux d'origine différente. C'est le cas par exemple d'un système de cascade progradant sur un système de précipitation alluviale.

A. GRADINS ÉTAGÉS DE MÊME AGE

1. Barrages de tuf des lacs de Plitvice (Croatie)

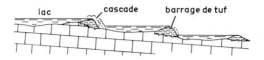

2. Les deux gradins de Cotignac (Provence)

B. GRADINS ÉTAGÉS D'AGES DIFFERENTS

1. Etagement normal : Marseille

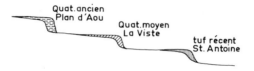

2. Etagement "inversé": Naoussa (Macédoine)

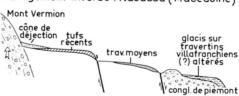

Fig. VI.17 — *Quelques exemples de systèmes travertineux étagés* (P. Ambert, 1981).

• Remplissages de karst de complexes travertineux. Les travertins anciens sont fréquemment karstifiés. Des concrétionnements secondaires comblent les galeries ou abris sous roches, créant ainsi des remplissages secondaires discordants que seuls les indices chronostratigraphiques peuvent séparer des travertins encaissants.

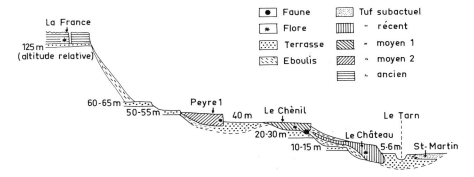

Fig. VI.18 — *Exemple d'étagement complexe de travertins en relation avec d'autres types de formations superficielles :* Les « tufs » de Millau (P. Ambert, 1981).

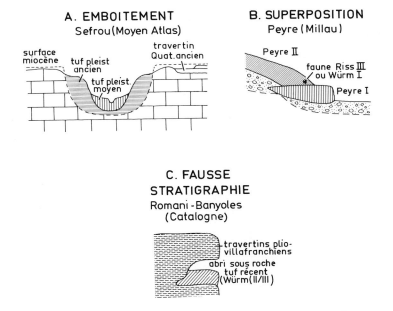

Fig. VI.19 — *Quelques exemples de systèmes travertineux en recouvrement* (P. Ambert, 1981).

b) Rapports stratigraphiques entre les édifices travertineux et les autres types de formations superficielles

— *Formations alluviales* : les travertins peuvent s'interstratifier avec les formations alluviales, ce qui implique une édification contemporaine, mais alternée. Les cas de contact le plus fréquent semblent cependant être la fossilisation ou l'induration de la terrasse alluviale par le concrétionnement. Si on admet que le remplissage alluvial des vallées domine en environnement périglaciaire ou rhexistasique, il est normal que les concrétionnements majeurs s'établissent au cours de l'environnement interglaciaire immédiatement postérieur. Des cas de contact discordant d'alluvions sur travertins ont cependant été observés dans la région de Millau (P. Ambert, 1981).

— *Dépôts de pente* : les travertins sont fréquents dans les dépôts de pente carbonatés. Ils indurent le plus souvent les groizes et les éboulis ou s'y interstratifient (fig. VI.20). Un niveau régulier de travertins scelle les remplissages cryoclastiques d'abri ou de porche de grotte dans l'Est de la France. Son contenu palynologique et les associations de gastéropodes présentes ont permis de le dater de l'Atlantique (M. Campy, 1974).

Fig. VI.20 — *Limons tufacés interstratifiés dans des éboulis eux-mêmes indurés par un ciment carbonaté* — Tuf de Rec, Aude (cliché P. Ambert).

— *Des niveaux tufacés* s'interstratifient également dans certaines séquences de lœss à Saint-Pierre-lès-Elbeuf par exemple. Ils moulent également les formations de glacis au Maroc (J. Martin, 1977).

Les travertins, type de carbonates continentaux, constituent l'une des seules expressions sédimentogènes des phases tempérées du Quaternaire européen. Ils méritent une attention particulière de la part des biostratigraphes car ils constituent l'un des seuls témoignages de la sédimentation continentale en phase biostasique.

Références bibliographiques

Adolphe J.-P. (1973) — Contribution à l'étude des encroûtements carbonatés de l'Aqueduc du Pont-du-Gard. *C. R. Ac. Sc. Paris*, p. 2329-2332.

Adolphe J.-P. (1982) — Exemples de contribution micro-organique dans les constructions carbonatées continentales. *in* Formations carbonatées externes. Tufs et travertins, J. Vicod édit., Assoc. franc. de karstologie, Mémoire n° 3, p. 15-30.

Alias Perez *et al.* (1981) — Contribucion al estudio de los suelos del Calar del Mundo (Albacete). *Anales de Edafologia y Agrobiol.*, XL, p. 1905-1924.

Ambert P. (1981a) — Les travertins de Millau : recherches préliminaires. *Actes du Coll. de l'A.G.F. Formations carbonatées externes*, p. 9-14.

Ambert P. (1981b) — Chronologie locale et synchronisme paléoclimatique. *Actes du Coll. de l'A.G.F. Formations carbonatées externes*, p. 201-206.

Aubert D. (1967) — Estimation de la dissolution superficielle dans le Jura. *Bull. Soc. Vaud. de Sc. Nat.*, vol. 69, n° 324, fasc. 8, p. 365-376.

Aubert D. (1969) — Phénomènes et formes du karst jurassien. *Eclogae Geol. Helvetiae*, vol. 62, n° 2, p. 325-399.

Beaulieu J. de (1972) — Analyse pollinique des tufs de Saint-Paul-lès-Durance. *Bull. A.F.E.Q.* 32, 3.

Birot P., Henin S., Guillien Y., Delvert J. (1961) — Contribution à l'étude de la désagrégation des roches. *Centre doc. univ.*, Paris, 321 p.

Bogli A. (1951) — Kalklösung und Karrenbildung. *Zeitschr. f. Geomorph.* 2, p. 4-21.

Campy M. (1974) — Un remplissage karstique dans le Jura salinois. Le Trou du Diable à Pretin (Jura). *Ann. Sc. Univ. Besançon*, 3e série, fasc. 22, p. 33-41.

Caro P. (1965) — La chimie du gaz carbonique et des carbonates et les phénomènes hydrogéologiques karstiques. *Chron. Hydrogéol. B.R.G.M.*, 7, p. 51-77.

Casanova J. (1982) — Morphologie et biolithogenèse des barrages de travertins. *Actes du Coll. de l'A.G.F., Formations carbonatées externes*, p. 45-54.

Casanova J. (1984) — Genèse des carbonates d'un travertin pléistocène ; interprétation paléoécologique du sondage Peyre I (Compregnac, Aveyron). *Geobios*, Mem. sp. n° 8, p. 219-225.

Cavaille A. (1953) — L'érosion actuelle du Quercy. *Rev. morph. dyn.*, 4, p. 57-74.

Chevalier P. (1953) — Érosion ou corrosion. *Ier Congrès int. spéléo.* Paris, p. 35-39.

Corbel J. (1959) — Érosion en terrain calcaire. *Ann. Géogr.*, 58, 366, p. 97-120.

Donsimoni M. (1975) — Étude de calcaires concrétionnés lacustres de l'Oligocène supérieur et de l'Aquitanien du Bassin de Limagne (Massif central - France). Thèse 3e cycle, Univ. Paris VI, 197 p.

Fort M. (1981) — Les travertins de Samdo (Himalaya du Népal) : un exemple de concrétionnement carbonaté en haute altitude. *Actes du Coll. de l'A.G.F., Formations carbonatées externes*, p. 79-88.

Gaiffe M. et Bruckert S. (1985) — Analyse des transports de matière et des processus pédogénétiques impliqués dans les chaînes de sols du karst jurassien. in *Soils and Geomorphology*, P.D. Jungerius ed., Catena supplement 6, p. 159-174.

Geurts M. A. (1976) — Genèse et stratigraphie des travertins de fond de vallée en Belgique. Thèse, Louvain la Neuve, *Geogr. Lovaniensia*, 16, 166 p.

Guendon J.-L. et Vaudour J. (1981) — Les tufs holocènes de Saint-Antonin-sur-Bayon (Bouches-du-Rhône). Aspects pétrographiques et signification paléogéographique. *Actes du Coll. de l'A.G.F., Formations carbonatées externes*, p. 89-100.

Irion G. et Muller G. (1969) — Mineralogy, petrology and chemical composition of some calcareous tufa from the Schwäbische Alb, Germany. *in* Muller G., Friedman G.H. (Edit). Recent development in carbonate sedimentology.

Lang J. et Lucas G. (1970) — Contribution à l'étude de biohermes continentaux : barrages des lacs de Band-e-Amir (Afghanistan central). *B.S.G.F.*, 7e série, t. XII, p. 834-842.

Martin J. (1977) — Le Moyen Atlas Central, étude géomorphologique. Thèse, Paris, 778 p.

Muxart T. (1981) — Rappel des principaux facteurs conditionnant la précipitation des carbonates en milieu continental. *Actes du Coll. de l'A.G.F., Formations carbonatées externes*, p. 119-128.

Nicod J. (1972) — Pays et paysages du calcaire. *P.U.F. Coll. Sup. Le Géographe*.

Nicod J. sous la direct. de (1981) — Formations carbonatées externes. Tufs et travertins. Assoc. fr. de karstologie, Mémoire n° 3, 216 p.

Pochon M. (1978) — Origine et évolution des sols du Haut-Jura Suisse. Phénomène d'altération des roches calcaires sous climat tempéré humide. *Mémoires de la Société Helvétique des Sciences Naturelles*, vol. XC, 190 p.

Roques H. et Ek C. (1973) — Étude expérimentale de la dissolution des calcaires par une eau chargée en CO_2. *Ann. de Spéléologie*, t. 28, fasc. 4, p. 550-565.

Troisième partie

FORMATIONS SUPERFICIELLES
SANS PARENTÉ AVEC LE SUBSTRAT

A. — Transit par l'eau et la glace

Les formations glaciaires, fluviatiles et lacustres constituent l'essentiel des dépôts continentaux progressivement acheminés dans les bassins versants par le vecteur aqueux sous forme solide ou liquide et transitoirement accumulés au gré des variations hydrodynamiques sur ce parcours. Issues initialement du substrat affleurant, ces formations peuvent avoir transité par des complexes autochtones (sols, paléosols) ou parautochtones (altérites et dépôts de versant) dont elles constituent la phase héritée ultime, résiduelle. Leur caractère de produit d'exportation leur confère donc une nature tout à fait indépendante, sans lien de parenté avec le substrat qui les porte, bien que localement une part non négligeable de matériaux puisse s'incorporer au cours de ce cheminement.

Les formations glaciaires (chap. VII) représentent souvent les produits à l'amont de ce parcours. Un réapprovisionnement actif est exceptionnel actuellement dans le contexte interglaciaire franc que nous vivons et il ne concerne que les bassins versants de haute altitude où le phénomène glaciaire est encore vivant. Mais la constante glaciaire qui régnait il y a quelque vingt mille ans a profondément marqué les cours supérieurs et son influence se manifeste encore par les modifications hydrographiques et morphologiques qu'elle a imposées, surtout par la masse de matériaux qu'elle a produits et abandonnés quelquefois à de très basses altitudes.

Les formations fluviatiles (chap. VIII) prennent le relais en aval des précédentes. Elles se concentrent dans des couloirs alluviaux bien individualisés sur le plan géomorphologique et géodynamique. Les cours actuels se sont inscrits dans les masses alluvionnaires proglaciaires ou périglaciaires de la dernière période froide et l'importance du transit s'est notoirement abaissée depuis le dernier réchauffement climatique. Les corps sédimentaires alluviaux récents occupent l'essentiel des basses plaines alluviales tandis que les matériaux anciens, exceptionnellement préservés en terrasses, couvrent de manière très discontinue les flancs des vallées.

Les formations lacustres et palustres (chap. IX) constituent des accumulations particulières dans les bassins versants. Piégés par la brusque chute hydrodynamique, les matériaux détritiques en transit sont stoppés dans leur progression vers l'aval et concourent au remplissage en général rapide des dépressions lacustres. Écosystèmes complexes, les lacs sont souvent des producteurs et des conservateurs de matière organique qui influence sensiblement les systèmes sédimentaires et leur confère une originalité, manifeste en particulier dans les cas extrême des tourbières.

Chapitre VII

Les formations glaciaires

Toutes les formations glaciaires ne rentrent pas dans la catégorie des formations superficielles, objet de cet ouvrage. Mais le fait qu'une extension glaciaire extraordinaire se soit développée il y a très peu de temps dans l'histoire géologique de la planète, a provoqué le dépôt — *en position superficielle* — d'une large couverture de sédiments glaciaires au pied des montagnes et dans des zones éloignées des pôles. Il existe par contre des formations glaciaires qui n'ont rien de superficiel — par exemple les Tillites précambriennes d'Écosse.

Les produits des glaciations récentes recouvrent, de façon plus ou moins continue, de très vastes territoires bien loin des glaciers actuels, puisqu'on estime qu'ils occupent environ 35 % de l'Europe — essentiellement le bouclier scandinave, la Finlande et toute l'Europe moyenne au nord d'une ligne est-ouest allant de Cracovie à la Hollande —, la périphérie du Massif Alpin au-dessus de 200 à 800 m d'altitude selon la latitude, et de vastes régions de moyenne montagne à la latitude de là France : Pyrénées, Jura, Vosges, Massif central. C'est dire leur importance dans ces zones, pour toutes les activités touchant au terrain : travaux de génie civil, agriculture,...

Pour mieux comprendre la particularité des formations glaciaires évoquons rapidement ce qu'est un glacier et comment il fonctionne.

VII. 1 · L'agent du dépôt : le glacier

Un glacier se forme lorsque deux conditions climatiques nécessaires principales existent : *basses températures moyennes* et *abondantes précipitations*. Si la première de ces conditions vient immédiatement à l'esprit, la deuxième est moins évidente et pourtant de nombreuses régions, comme le nord de l'Asie, ont subi et subissent encore des températures moyennes largement propices à la genèse de glaciers sans pour autant en être recouvertes. Dans ces zones les précipitations sont insuffisantes pour créer et alimenter des masses de glace.

Ces précipitations se font le plus souvent sous forme de neige et si le bilan global précipitation/fonte est positif, il s'établit une *compaction progressive du reliquat neigeux* dont l'état physique se transforme peu à peu sous l'effet du poids et des variations de température. La neige initiale subit une *diagenèse* par simplification de ses cristaux initiaux, accroissement de cristaux secondaires et évacuation de l'air emprisonné. Sa densité s'accroît progressivement de 0,02 à environ 0,9 en quelques années, en passant par des phases intermédiaires dont la plus connue est le stade du névé.

La glace n'est ni un solide intégral ni un liquide. Elle peut être considérée comme un solide visqueux, c'est-à-dire qu'elle peut se mettre en mouvement par écoulement lent selon son propre poids combiné aux forces imposées par la topographie du substratum sur lequel elle s'est accumulée. Aucune loi générale de cet écoulement ne peut être donné. Il varie selon de nombreux paramètres que l'on peut classer en deux types :

- les caractères de la glace : état cristallin, température, pourcentage en eau intersticielle...
- les caractères du substrat : pente, nature, rugosité du lit, conditions topographiques, rétrécissement ou élargissement de la vallée.

Cet écoulement est de type laminaire et de nombreux travaux récents, par observations et mesures directes sur quelques glaciers, ont permis de se faire une idée des mécanismes qui régissent l'écoulement glaciaire. Les trois mécanismes fondamentaux proposés sont (J. Veertman, 1964 ; L. Lliboutry, 1965) :

- Glissement par fonte et regel : les pressions différentielles au contact des protubérences du substrat provoquent des variations du point de congélation et des alternances de gels et de dégels permettant l'écoulement.
- Glissement par plasticité : déformation obligée de type plastique de la glace au contact des obstacles.
- Glissement par cavitation généralisée : formation, à l'aval des obstacles du lit, de nombreuses cavités qui se remplissent d'eau de fonte dont la mise en charge isole le glacier de son substrat. Ce type de glissement ne peut avoir une action de mobilisation que sous un glacier peu épais.

Les vitesses d'écoulement sont très variables selon l'état de la glace et les caractères du substrat. Elles peuvent être nulles ou presque nulles à la base de la zone centrale des glaciers froids de type calotte ou inlandsis et peuvent par contre atteindre 30 mètres/jour dans des glaciers tempérés présentant un fort pourcentage d'eau intersticielle sur un substrat à forte pente. Schématiquement, la partie superficielle avance plus vite que la partie profonde et la partie médiane avance plus rapidement que les bords.

Chaque glacier est particulier mais on peut cependant rassembler les glaciers actuels, et par analogie les anciens, selon deux grands types principaux :

— *Les glaciers de calotte :* ils se forment par accumulation dans des zones continentales, plates ou déprimées dont les reliefs périphériques retardent. l'évacuation de fonte. Ces calottes peuvent être immenses (8 000 km de diamètre pour la calotte antarctique actuelle — 1 000 km pour le Groendland (fig. VII.1) et on leur donne le nom d'Inlandsis. Au dernier maximum glaciaire, l'inlandsis laurentien couvrait l'Amérique du Nord d'une calotte de glace de 5 000 km de diamètre et l'inlandsis scandinave couvrait le nord de l'Europe d'une calotte de 2 000 km de diamètre. Les mouvements de ces inlandsis sont lents, surtout au centre. Ce sont en général des *glaciers de haute latitude*, donc des *produits du froid* qui résistent malgré une faible alimentation car leur ablation périphérique est proportionnellement faible par rapport à leur masse. Ils possèdent donc une *grande inertie à la fonte* et l'on pense que si l'on parvenait à faire fondre l'Inlandsis groendlandais artificiellement il ne se reconstituerait pas.

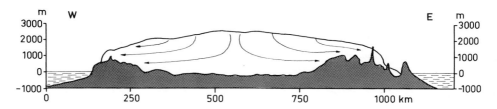

Fig. VII.1 — *L'inlandsis groendlandais.* Coupe transversale est-ouest dans la zone centrale : le relief est très exagéré (d'après R.F. Flint, 1971).

— *Les glaciers de vallée* (type alpin) : ils se développent en zone montagneuse et leur alimentation se fait au niveau d'une zone d'accumulation dans les cirques de haute altitude. L'évacuation se fait sous forme de *langues glaciaires* qui suivent les vallées jusqu'à la zone d'ablation où les processus de fonte deviennent prépondérants (fig. VII.2 et VII.3).

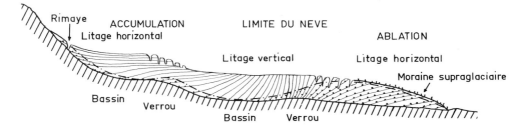

Fig. VII.2 — *Profil schématique longitudinal d'un glacier de vallée* (d'après Streiff Becker et Schwarzbach in H.E. Reineick et I.B. Singh, 1973).

Un glacier de vallée peut être subdivisé schématiquement en deux zones distinctes :
- A l'amont, une *zone d'accumulation* où s'établit la compaction de la glace. C'est la zone pourvoyeuse située souvent dans des cirques de haute altitude, entourée de pentes raides. Cette zone-réservoir reçoit directement au cours de pratiquement toute l'année, ou indirectement par avalanches issues des marges, des quantités considérables de neige. Le profil concave de la surface du glacier témoigne en cette zone de l'importance des apports latéraux. C'est ici que s'amorce le mouvement du glacier et, en fin d'été, la sous-alimentation provoque un décollement en forme de crevasses entre le névé et la roche encaissante (rimaye).

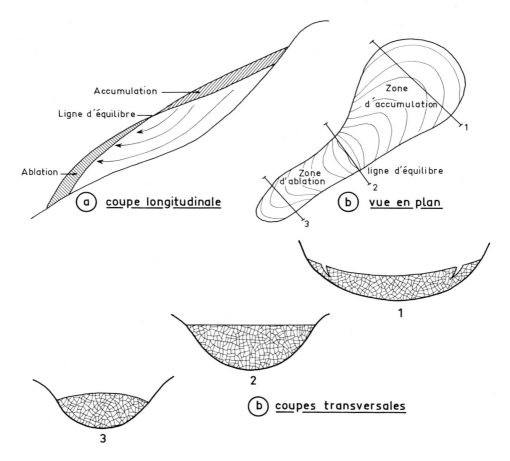

Fig. VII.3 — *Morphologie schématique d'un petit glacier de vallée.* Localisation des zones d'accumulation et d'ablation (d'après J.T. Andrews, 1975 modifié).

- A l'aval par contre, la glace s'engage dans des vallées plus étroites et prend la forme d'une langue glaciaire typique. Ici la fonte équilibre les apports, c'est la *zone d'ablation* où le glacier libère ses produits transportés. Le profil de la surface du glacier est convexe et des chenaux de fonte juxtaglaciaire courent souvent sur le glacier.

Lorsque les précipitations de l'amont augmentent le glacier avance, c'est-à-dire que son front d'ablation se déplace vers l'aval. Dans le cas contraire, il recule. Dans le cas d'équilibre entre l'alimentation et l'ablation, le glacier est stationnaire. Les glaciers de vallée sont les produits d'un *surcroît d'alimentation* (grande accumulation et forte ablation simultanée), de ce fait ils sont en général actifs et leur vitesse de déplacement est grande. Selon la topographie des vallées, il peut y avoir *diffluence* (division d'une langue en deux) ou *confluence* (réunion de deux langues en une seule).

— *D'autres types dérivés,* de moindre importance, sont également reconnus : calottes isolées de petites tailles (Icefield), calottes sur zones montagneuses (R.F. Flint, 1971), glaciers de piémont, glaciers de cirque (fig. VII.4). Certaines classifications choisissent comme critère la température (P. Woldstedt, 1961) et distinguent ainsi les *glaciers froids ou polaires* (température largement en dessous du point de fusion — absence d'eau intersticielle et basale — mouvements lents), des *glaciers tempérés* ou même chauds (température proche du point de fusion — abondance d'eau incluse infra et supraglaciaire — mouvements rapides).

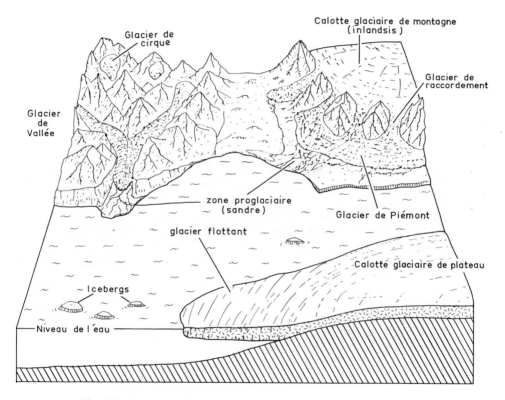

Fig. VII.4 — *Représentation schématique des principaux types de glaciers* (d'après J.R.L. Allen, 1970).

VII. 2 · L'érosion et le transport glaciaires

L'importance du pouvoir érosif des glaciers est encore un sujet discuté. Pour certains, les glaciers sont de *puissants agents destructifs* du substratum, pour d'autres ils ont au contraire un *rôle de protection* du relief préexistant. Chaque école présente ses arguments : importance des vides d'érosion laissés après le passage des gla-

ciers (fjords norvégiens, surcreusements occupés par les lacs) et des débris morainiques abandonnés lors du retrait pour les premiers ou au contraire, structures sous-
morainiques (anciens sols par exemple) non dérangées pour les autres.

La difficulté de généraliser tient ici encore à la diversité des cas. Il est maintenant admis d'une façon générale que « les glaciers ont un pouvoir d'érosion modéré
et sélectif » (M. Deynoux, 1980). Il semble que les glaciers de vallée par leur grande
mobilité, leurs multiples contacts avec le substratum rocheux et l'abondance des discontinuités topographiques qu'ils trouvent sur leur parcours sont des agents d'érosion plus actifs que les inlandsis, plus lents et plus froids. Certaines zones marginales de ceux-ci peuvent cependant fortement rajeunir les reliefs préexistants au même
titre que les glaciers de vallée (vallées en U, polis glaciaires, roches moutonnées,
striations et cannelures) (fig. VII.5).

Fig. VII.5 — *Roches moutonnées
et blocs erratiques épars sur un verrou
barrant une ancienne vallée glaciaire*
(versant sud des Pyrénées).

Les profils transversaux de vallée en auge traditionnellement attribués à une érosion glaciaire (fig. VII.6 et 7) ne sont cependant pas toujours présents dans les régions
autrefois parcourues par des langues glaciaires. Certains types de substrats se prêtent mieux que d'autres à ce modelé typique. De plus, il semble que cette morphologie s'élabore surtout dans les moyennes et basses vallées glaciaires, là où, d'une
part la vitesse de la glace atteint son maximum et d'autre part le contact glace-
substrat est très chargé en matériel sous-glaciaire et présente, de ce fait, un pouvoir

abrasif important. C'est aussi dans cette zone que les reculs et réavancées successifs sont les plus nombreux, faisant alterner en un même endroit les phases de cryoclastie périglaciaire et les phases de déblaiement par le glacier.

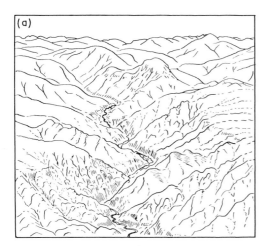
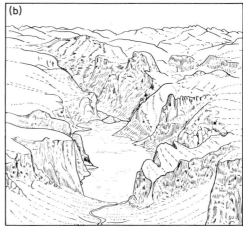

Fig. VII.6 — *Exemple d'interprétation maximaliste de l'érosion glaciaire :* La Yosemite Valley avant **(a)** et après **(b)** la glaciation (d'après Matthes, 1930 in D.E. Sugden et B.S. John, 1976).

Fig. VII.7 — *La haute vallée du Rhône.* On distingue sur la gauche le front du glacier perché sur son éperon rocheux et dont les eaux de fonte constituent la source initiale du Rhône. Le profil transversal de la vallée en U apparaît nettement sur la droite du cliché.

Les profils longitudinaux des anciennes vallées glaciaires présentent aussi une allure caractéristique (fig. VII.8). Les zones les plus facilement érodables (lithologie tendre, grande densité des fractures) sont surcreusées en bassins par approfondissements localisés, tandis que les zones les plus résistantes restent en relief relatif (verrou). Cette morphologie caractéristique avec contre-pente sera favorable à l'installation de lacs plus ou moins vastes et profonds.

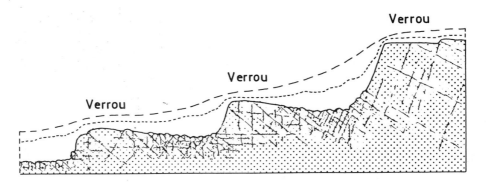

Fig. VII.8 — *Section longitudinale théorique d'une vallée glaciaire où alternent verrous et bassins de surcreusement.* Les zones érodées par abrasion (contre-pente) alternent avec les zones érodées par délogement produisant un profil en escalier. Dans ce cas, la fracturation du substrat est considérée comme le facteur contrôlant le type d'érosion. Le profil proglaciaire est en tiret. La ligne pointillée suggère un profil intermédiaire après une glaciation plus ancienne (d'après Matthes, 1930 in R.F. Flint, 1971).

De toute manière, la glace en elle-même étant moins dure que le substratum, quels que soient son état physique et son épaisseur, elle est incapable, seule, d'érosion. Mais les débris qu'elle contient (blocs, galets et particules de toutes tailles) et qu'elle transporte en sont plus ou moins capables, selon leur nature et leur forme. Les stries et les cannelures observées sur les anciens cours de glaciers sont dues aux frottements de fragments rocheux durs enchâssés dans la glace.

Le prélèvement de matériel rocheux par la glace au substratum se fait de deux manières :

- par abrasion par les fragments enchâssés dans la glace agissant comme les aspérités d'une lime sur un support plus tendre d'où elles prélèvent des fragments. Cette abrasion s'effectue surtout sur les contre-pentes inclinées vers l'amont du lit du glacier, là où les pressions exercées sont les plus fortes. Les produits ainsi arrachés sont en général fins et la *farine glaciaire*, constante granulométrique bien connue dans les sédiments morainiques, en est l'expression directe.
- par arrachement ou délogement (lucking ou quarrying) sur les pentes tournées vers l'aval du cours. Immédiatement à l'aval de celles-ci se crée un vide, l'état semi-

solide de la glace ne lui permettant pas une retombée immédiate comme l'eau d'une cascade. Les fortes pressions de l'amont ne sont alors plus compensées à l'aval et de gros blocs peuvent ainsi s'en détacher à partir des moindres fissures de la roche. Le gel de l'eau remplissant les fractures peut également aider le phénomène.

S'incorporent également à la glace des matériaux superficiels meubles existant avant le développement du glacier (alluvions, dépôts de pentes, limons éoliens) qu'il entraîne lors de sa progression. Dans le cas des vallées à pentes raides surplombant les langues glaciaires, des éboulements en masse peuvent aussi alimenter le glacier en matériaux.

Après leur incorporation dans la glace, les matériaux détritiques peuvent avoir des destins divers (fig. VII.9). Transportés par le glacier, ils constituent *les moraines mouvantes* dont l'itinéraire le plus simple les amène directement jusqu'à la zone de fonte glaciaire qui les libérera. Ce parcours peut être interrompu par des stages de dépôts temporaires :

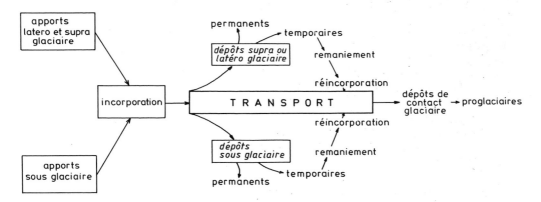

Fig. VII.9 — *Les entrées et les sorties de matériel détritique dans un glacier.* Le cheminement des particules peut être simple ou plus complexe avec des dépôts temporaires, remaniements et réincorporation avant le dépôt définitif.

- en position *infraglaciaire,*
   . incorporation au tapis de moraine de fond,
   . reprise par des écoulements sous-glaciaires,
- en positions *supra* et *latéro-glaciaire,*
   . incorporation aux moraines latérales,
   . reprise par des écoulements supraglaciaires.

Des réavancées du glacier ou des modifications de son énergie peuvent réincorporer ces matériaux dans la glace active. Ils achèveront leur parcours, soit dans la zone d'ablation définitive, soit dans la glace morte qui les libérera progressivement.

Ainsi le glacier entraînera dans sa mouvance une charge de débris soit en position supraglaciaire, intraglaciaire (incorporés à la glace depuis la partie supérieure par les crevasses ou la gravité et depuis la partie inférieure par les plans de cisaillement de la glace) ou infraglaciaire au contact glace-substratum. Il déposera ces matériaux soit au cours de sa progression, à sa base ou latéralement, soit dans sa zone extrême là où la glace dégelant, les débris sont abandonnés et souvent plus ou moins repris par les eaux de fonte. Lors de son retrait, la fonte généralisée libérera sur place la charge de débris. Les sédiments ainsi accumulés constituent les dépôts glaciaires.

VII. 3 · Les dépôts glaciaires

Le phénomène glaciaire a des conséquences qui vont bien au-delà de l'aire géographique couverte par le glacier. Les caractéristiques dynamiques d'un front glaciaire qui progresse, recule, fond périodiquement, engendrent dans les couloirs alluviaux qui en sont issus une sédimentation tout à fait particulière qui doit tout au fait qu'elle a lieu à l'aval d'un glacier (en position dite proglaciaire). Ainsi on ne réserve pas seulement l'appellation de dépôts glaciaires aux seuls matériaux issus directement de la glace mais aussi aux produits véhiculés puis déposés par ses eaux de fonte et tant que l'origine glaciaire peut se percevoir.

Ainsi, on subdivise les dépôts glaciaires *s.l.* en deux grands ensembles : les dépôts *directement* issus de la glace et les dépôts issus *indirectement* de la glace après un vecteur intermédiaire qui est le plus souvent l'eau de fonte, mais qui peut être aussi les icebergs ou même le vent. Mais tous sont de près ou de loin en relation avec le phénomène glaciaire. Les premiers sont en général non stratifiés alors que les seconds sont stratifiés bien que cette distinction ne soit pas toujours vérifiée. M. Deynoux (1980), propose les termes de *dépôts glaciogéniques* s'opposant aux *dépôts glaciaires de remaniement*.

Dans la littérature internationale, on trouve également souvent les termes de *ortho-moraines* (ortho-tills) désignant les sédiments directement déposés par la glace sans vecteur intermédiaire, s'opposant aux *para-moraines* (para-tills ou allo-tills ou secondary-tills) qui désignent du matériel issu d'un glacier, mais secondairement repris par l'eau ou la gravité (G. Seret, 1985).

Le terme le plus utilisé dans la littérature française est le terme de *moraine*. L'origine de ce mot est très ancienne : il semble avoir été repris dès le début du XIXᵉ siècle par De Saussure à partir d'un vieux terme du pays savoyard (mouraine) désignant les accumulations de blocs au pied des vallées alpines. L'emploi géologique de ce terme a subi bien des vicissitudes car dans son acception géomorphologique il désigne plus souvent des formes (rides moraïniques, moraines frontales ou latérales) que des sédiments proprement dits. Le terme *argiles à blocaux* souvent employé dans les descriptions cartographiques est aussi progressivement écarté car trop restrictif. Le terme le plus souvent employé dans le langage géologique international, imposé progressivement par l'usage et surtout le dynamisme de la recherche anglo-saxonne est le mot *till* ou *tillite*, employé pour la première fois en Écosse.

Il semble donc que de plus en plus on s'achemine vers une acception du terme *moraine* dans un sens uniquement géomorphologique (cordon terminal, latéral ou médian) alors que le terme de *till* désigne le sédiment déposé directement — glaciogénique, ortho-till — ou indirectement — dépôts glaciaires de remaniement, para-till, allo-till, secondary-till — par un glacier.

VII. 3. 1 · Caractères généraux

L'hétérométrie est la caractéristique la plus générale. La grande compétence de la glace, ou plutôt sa compétence non sélective, détermine le transport et dans une moindre mesure le dépôt de fragments lithiques de toutes tailles à la différence de l'eau ou du vent. Les dépôts glaciaires sont caractérisés par le voisinage inorganisé de très gros blocs, de cailloux, de galets, de sables, de silts et même d'argile. Cette hétérométrie peut s'atténuer dans les dépôts de remaniement ou même complètement disparaître dans les dépôts glacio-lacustres (de lacs proglaciaires), mais d'autres caractéristiques attesteront alors de l'origine glaciaire indirecte. La classe granulométrique la plus fine, terme ultime des écrasements et des frictions, est souvent représentée par un broyat de minéraux emballant les plus gros éléments, que l'on appelle *farine glaciaire.*

Le façonnement des blocs et des galets est typiquement caractérisé par un *émoussé léger,* n'affectant que les angles des blocs initiaux, arrachés puis entraînés, par opposition au façonnement général des blocs et des galets fluviatiles qui, sans cesse roulés au fond du lit ou façonnés par les sables en suspension dans les courants aqueux

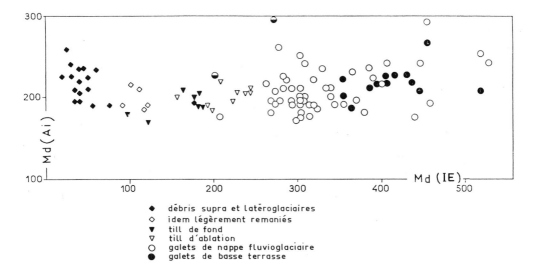

Fig. VII.10 — *Relations entre les valeurs d'indice d'émoussé* (IE) *et d'aplatissement* (AI) *des dépôts glaciaires et fluvio-glaciaires de l'amont à l'aval d'une vallée alpine* (Ch. Schluchter, 1978).

turbulents, prennent un arrondi plus ou moins prononcé mais toujours présent : là aussi tous les intermédiaires sont possibles entre le bloc glaciaire typique à peine équarri et le galet de nappe fluvio-glaciaire à plusieurs centaines de km du front glaciaire (fig. VII.10).

Le matériel morainique est toujours, au niveau de ses constituants minéraux, d'une fraîcheur originelle exceptionnelle. La faible agressivité géochimique du milieu s'opposant aux fortes actions physiques de percussion et d'écrasement confère aux diverses fractions un aspect toujours frais et non altéré.

VII. 3. 2 · Typologie des dépôts glaciaires

Les dépôts glaciaires sont souvent présentés dans les travaux français selon la position qu'ils occupaient par rapport au glacier qui les a mis en place : moraine terminale, moraine de fond, moraine latérale.

A cette *conception géomorphologique* qui ne rend pas compte des faciès et des caractéristiques sédimentologiques, s'est substituée peu à peu une classification géné-tique. La comparaison des anciens dépôts avec les produits des glaciers actuels a facilité cette nouvelle approche qui tient compte de la *structure des sédiments* (figu-res de dépôt, compaction), de *la texture* (granularité) et de la *morphologie des éléments lithiques*. Une commission de l'I.N.Q.U.A. (International Union for Quater-nary Research) animée par A. Dreimanis a fait progresser les recherches dans ce domaine.

a) Les dépôts glaciogéniques : *tills ou moraines s.s.*

« Sédiments transportés puis déposés par un glacier actif, ou libérés par la fonte de la glace et qui ont pu subir, postérieurement à leur dépôt, des déformations mais aucun remaniement important » (M. Deynoux, 1980).

On peut les classer en deux grands types génétiques :
— *Tills de fond,* déposés à la base du glacier lors de sa progression.
— *Tills d'ablation,* formés par accumulation progressive des matériaux lors de la fonte du glacier.

La différence fondamentale entre ces deux types de tills est granulométrique (fig. VII.11) et structurale. Les tills de fond sont en général très hétérométriques, avec blocs et cailloux striés caractéristiques, très indurés et compactés par le poids du glacier qui les recouvrait.

a.1 — Tills de fond (basal tills)
— Selon le type de mise en place, on peut distinguer (G. Seret, 1985) :
• *Moraine de plaquage (lodgement till)*
Les matériaux détritiques soudés à la glace basale s'y déplacent le long de *plans de cisaillement* (shear-planes). Les forces de friction entre le glacier et le substrat peuvent provoquer le plaquage (to lodge) des éléments détritiques sur celui-ci et son incorporation. Les moraines de plaquage peuvent s'édifier élément par élément, ou par paquets. Les cailloux plaqués séparément ont en général leur grand axe disposé

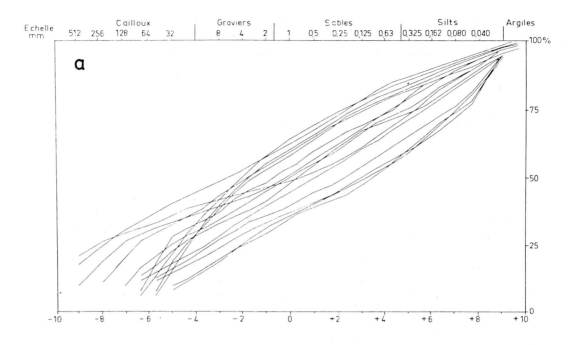

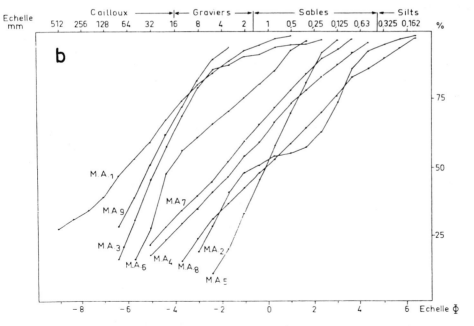

Fig. VII.11 — *Courbes granulométriques représentatives de tills.*
a : tills de fond ; **b :** tills d'ablation (M. Campy, 1983).

parallèlement à la direction de progression de la lame de glace qui les a abandonnés. Les paquets de matériel meuble, plaqués en vrac sur le support glaciaire, peuvent être de toutes dimensions, jusqu'à plusieurs mètres cubes. Leur faciès initial, souvent lacustre ou fluviatile, peut rester identifiable. Les lits en sont alors tronqués, affectés de plis et découpés par des failles avec injections de filets de boues.

• *Moraine de fonte sous pression (melt-out till)*

Lorsque la température des lames de glace est proche du point de fusion, les obstacles à la friction peuvent déterminer le surcroît de pression nécessaire à une fusion basale. Les débris soudés au glacier sont alors détachés, et soumis à un courant d'eau de fonte sous pression, à température légèrement négative. Les éléments meubles sont ainsi soumis à un lavage responsable d'un litage fin, surtout des sables et des silts. Le glacier ne cessant d'exercer sa pression sur ce type de moraine, le sédiment présente une *structure pseudo-tectonique* (glaci-tectonique) complexe, de plis et failles syn-sédimentaires. Des passées de boue et des débris grossiers sont fréquemment injectés dans les moraines de fonte sous pression.

Les faciès de moraine de plaquage et de moraine de fonte sous pression sont parfois interstratifiés, indiquant peut-être des fluctuations des conditions sousglaciaires de températures et ou de pressions.

• *Moraine de dislocation (dislodgement till)*

Des paquets de substratum sont prélevés en blocs au sommet du plancher sousglaciaire. Leur prélèvement par le glacier exploite le réseau des joints de la roche : diaclases, failles, joints de stratification. De tels ensembles, atteignant souvent plusieurs mètres cubes, sont pris en charge et progressivement disloqués au sein du glacier. Des laminations de boue allochtone sous pression sont injectées le long des joints de dislocation.

— Selon la morphologie du substratum, des tills en position de « till de fond » pourront cependant présenter des faciès différents (fig. VII.12). Sur les contre-pentes à regard amont du substratum, les tills sous-glaciaires sont tassés et compactés par le poids et les pressions de la glace en mouvement. Par contre, à l'aval des irrégularités proéminentes du substrat, les débris sous-glaciaires se mettent en place dans

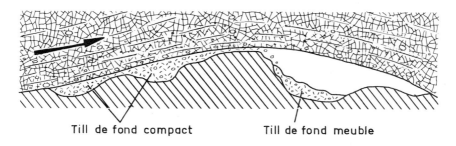

Till de fond compact   Till de fond meuble

Fig. VII.12 — *Dépôt de tills de fond par fusion modérée à la base du glacier au passage d'une roche moutonnée.* Coupe établie par Boulton à partir de plusieurs observations ponctuelles à la base de glaciers du Spitzberg (in M. Deynoux, 1980).

le vide, non occupé par la glace mais pouvant être parcouru par des eaux de fonte. Ce faciès, malgré sa position sous-glaciaire, se rapproche plus des tills d'ablation que des tills de fond.

Une particularité des galets et blocs présents dans la moraine de fond est remarquable. Ils sont fréquemment striés par frottement soit contre les autres galets véhiculés, soit contre le substrat. De plus, dans les moraines de fond typiques, un fort pourcentage d'entre eux présente une forme caractéristique dite « *en fer à repasser* » (fig. VII.13). Outre un léger émoussé des angles, une longue station dans la glace active a provoqué des enlèvements par contact et cassures lors de leur progression, ce qui leur donne une forme légèrement pointue vers l'avant.

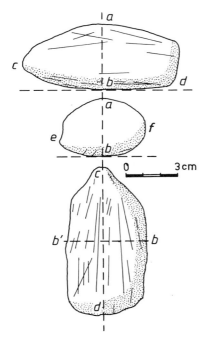

Fig. VII.13 — *Galet en « fer à repasser »*. Forme typique d'un till de fond (d'après R.F. Flint, 1971).

a.2 — Tills d'ablation (ablation tills)

Mis en place par accumulation des matériaux lors de la fonte de la glace, les tills d'ablation sont *moins compacts* que les tills de fond. Ils sont plus aérés, la matrice fine ayant souvent été emportée par les eaux de fonte, et peuvent parfois présenter des structures sédimentaires de stratification.

Ils se forment à la périphérie du glacier, là où la fonte de la glace libère des matériaux, ou sur le glacier lors de sa décrépitude. Tills de fond et tills d'ablation se trouvent fréquemment *en superposition*. L'interprétation en a été donnée par

R.F. Flint (1971) (fig. VII.14). Sous une masse de glace active, un tapis de till de fond (lodgement till) plus ou moins épais se met en place. Il se tasse et s'indure sous le poids et aucune stratification n'est visible. Au cours du retrait glaciaire, une grande quantité de glace fond sur place sous forme de blocs isolés de glace morte qui se désorganise, libérant la charge en matériaux détritiques qu'elle contient. Ceux-ci s'accumulent d'abord dans les crevasses de la glace morte, puis au contact du till

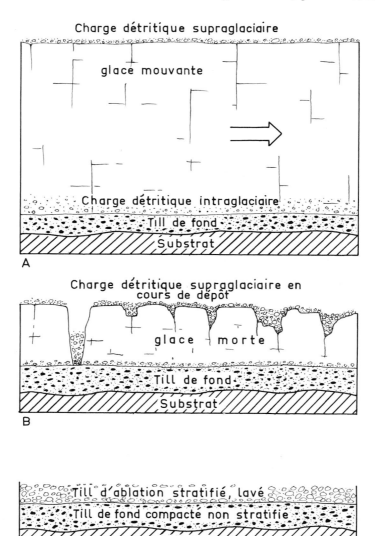

Fig. VII.14 — *Mise en place superposée de tills de fond et d'ablation* (d'après Flint, 1971).

Fig. VII.15 — *Superposition classique de till de fond et de till d'ablation.* Dans la partie inférieure de la coupe, le till de fond conserve une pente abrupte que lui permet son compactage et sa cohésion. Dans la partie supérieure, le till d'ablation, lavé et débarrassé de sa matrice fine par les eaux de fonte, prend une pente beaucoup moins forte (tills calcaires du Jura).

de fond, lorsque l'ensemble de la glace a disparu. Cette deuxième couverture est constituée de matériaux plus aérés, non compactés, quelquefois stratifiés et dépourvus de fractions fines (fig. VII.15). Cette structure très typique des tills d'ablation s'est mise en place sous l'influence des eaux de fonte que gêne la décrépitude de la glace morte.

Mais au-delà de ces deux grands types et compte tenu des chevauchements possibles entre ces deux types génétiques (phénomène de fonte possible à la base du glacier) des classifications plus élaborées ont été proposées (G.S. Boulton, 1976 ; A. Dreimanis, 1969 et 1984 ; G. Seret, 1985).

a.3 — Tills d'écoulement (flow tills)

Ils ont été définis pour désigner des accumulations de dépôts à la surface des glaciers formant de véritables couvertures en position instable et susceptibles de glisser en masse lors de la fonte du glacier support. Ce type a été bien décrit sur des glaciers actuels du Spitzberg et d'Islande et les faciès correspondants identifiés sur des dépôts anciens. Ils reposent souvent sur du till de fond et sont en général plus meubles que celui-ci.

a.4 — **Tills subaquatiques (waterlain tills)**

Ils ont été abondamment décrits comme des faciès aux caractéristiques glaciaires (hétérométrie, morphométrie) associés à des sédiments d'eau calme de type marin ou lacustre (abondance de fractions fines en laminites, phénomènes de fluage et de turbidité) (fig. VII.16). On interprète ces formations comme issues d'un vecteur glaciaire débouchant dans une aire lacustre ou marine et dans ce contexte, plusieurs zones peuvent être génératrices de tills subaquatiques (A. Dreimanis, 1979) (fig. VII.17).

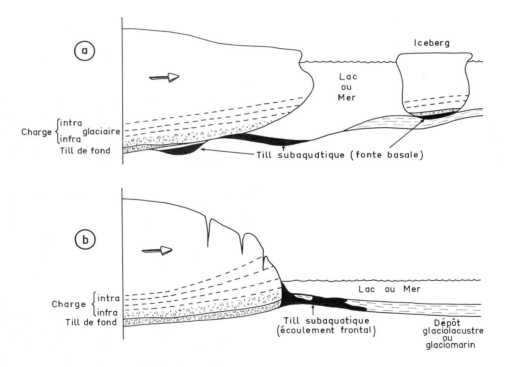

Fig. VII.16 — *Modèle théorique de la formation des moraines subaquatiques (waterlain tills)* (d'après A. Dreimanis, 1979).
a : lac ou mer profonde, décollement de la glace, dépôt par fonte basale *(basal meltout till)*.
b : lac ou mer peu profonde, dépôt par écoulement frontal *(flow till)*.

- La zone basale du front glaciaire souvent riche en débris détritiques peut libérer ceux-ci par pression et fonte basale au contact du fond lacustre ou marin, et en particulier dans les dépressions du substrat.
- La zone frontale au contact de l'eau subit une fonte accélérée et les débris détritiques intraglaciaires libérés s'accumulent sous forme d'une moraine frontale immergée. L'environnement aqueux provoquera des phénomènes de fluages turbiditiques

et une mise en suspension des matières fines qui peuvent se déposer plus au large sous forme de sédiments lacustres ou marins typiques.

- Les débris intraglaciaires peuvent aussi être entraînés par des radeaux de glace (iceberg) qui, s'ils s'échouent, peuvent libérer leur charge.

  Les moraines subaquatiques sont fréquemment interstratifiées dans des sédiments glacio-lacustres (varves) ou glacio-marins.

Fig. VII.17 — *Tills subaquatiques*. Dépôt aux caractéristiques glaciaires riche en matrice fine, silto-argileuse de type glacio-lacustre (Combe d'Ain-Jura).

Il est fréquent de trouver dans les sédiments lacustres proglaciaires (varves ou laminites silteuses) des blocs isolés écrasant et déformant les couches, interprétés comme des blocs lâchés individuellement en petite quantité par les icebergs au cours de leur fonte (drop-stones). Un tel dépôt ne pourra être interprété comme un till mais comme un dépôt lacustre ou marin proglaciaire.

a.5 — Association de faciès en marges glaciaires

L'une des particularités des dépôts glaciaires, surtout des dépôts de marges glaciaires, est qu'ils présentent des variations latérales de faciès abondantes issues de la *dynamique très évolutive* des modes d'approvisionnement et de dépôt. La figure

VII.18 (G.S. Boulton et N. Eyles, 1979) donne un exemple d'associations de faciès de bordure glaciaire en position latérale ou latéro-frontale dans les glaciers d'Islande. La marge glaciaire construit lors de sa progression une moraine latérale ou latéro-frontale à partir du matériel détritique issu de la fonte périphérique par décharge

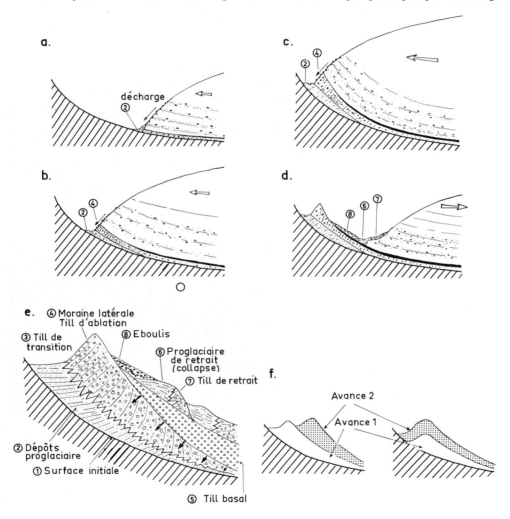

Fig. VII.18 — *Série complexe de moraines latérales ou latéro-frontales lors d'une phase d'avancée puis de retrait glaciaire.* Le matériel détritique est accumulé par décharges successives (d'après Boulton et Eyles, 1979).
a, b, c : avancée du glacier et édification du complexe principal ; **d :** retrait et édification du complexe accessoire ; **e :** coupe schématique de l'ensemble et légende des faciès ; **f :** cas possibles de contact ou de superposition de deux complexes.

et agradation progressive. Le faciès est de type till d'ablation, plus ou moins strati-
·fié, avec un pendage net en direction de la périphérie. Plus vers l'extérieur, les tills
d'ablation passent à des faciès plus fins, mieux triés, mis en place dans des chenaux margino-glaciaires périphériques. Au cours de sa progression la masse glaciaire
chevauche progressivement ses dépôts antérieurs qui peuvent présenter des structures de déformation de type glacio-tectonique (moraines de poussée avec failles inverses). Ce premier dépôt correspondant à une phase d'avancée est surmonté vers le
centre de la masse glaciaire par des tills de fond de type till basal.

Lors du retrait, le glacier abandonne sa moraine qui forme relief et met en place
des séries successives de tills de retrait caractérisées par des structures effondrées
de glace morte (collapse structures) passant latéralement à des dépôts de chenaux
proglaciaires bien triés, et eux-mêmes déformés par les effondrements (fig. VII.19).
La pente raide interne de la moraine initiale se couvre fréquemment d'éboulis et
de produits de glissements de gravité. Plusieurs complexes peuvent ainsi se mettre
en place en fonction de la rythmicité des stades de retrait et de réavancée du glacier. Ils pourront, soit se succéder de l'extérieur vers l'intérieur de la vallée si le
·glacier est en retraits répétés progressifs, ou se chevaucher si une réavancée tardive
déborde un complexe initial.

Fig. VII.19 — *Structures d'effondrement dans un chenal proglaciaire.*
La masse grossière de la partie gauche
a été aspirée dans les dépôts plus fins
et stratifiés de la partie droite à la
suite de la fonte d'un culot de glace
morte incorporé au dépôt (Bru de
Corne — Jura).

La complexité et la variété de faciès des tills de marge glaciaire peut dépendre
du régime thermique du glacier. En effet, la charge en débris d'un glacier, du fait
des mécanismes de fonte et de regel qui caractérisent son écoulement et le dépôt
ou l'incorporation des matériaux à sa base, n'est pas la même dans un glacier froid
et un glacier tempéré (M. Deynoux, 1980) :
— D'après de nombreuses observations sur des *glaciers tempérés* actuels, les débris
    qu'ils transportent sont concentrés à leur base et sur une épaisseur réduite de
    l'ordre de 50 cm. Cette disposition est liée à la facilité qu'ont les matériaux détri-
    tiques à descendre sur la semelle du glacier par les nombreux regards (crevasses,
    fentes longitudinales, abondance des eaux supra et infraglaciaires) et grâce à la
    plasticité de la glace. Lors de son retrait, un glacier tempéré laissera donc der-
    rière lui un till de fond relativement continu, surmonté parfois à l'emplacement

des masses transitoires de glace morte par un mince niveau de till d'ablation. L'ensemble de ces tills « vrais » sera recouvert de manière plus ou moins continue par un manteau de sédiments remaniés issu des eaux de fonte. Chaque avancée d'un glacier tempéré est caractérisée par le couple tills de fond — sédiments remaniés. Si cette association est présente plusieurs fois sur un même lieu, chaque couple sédimentaire pourra être interprété comme une avancée glaciaire (fig. VII.20).

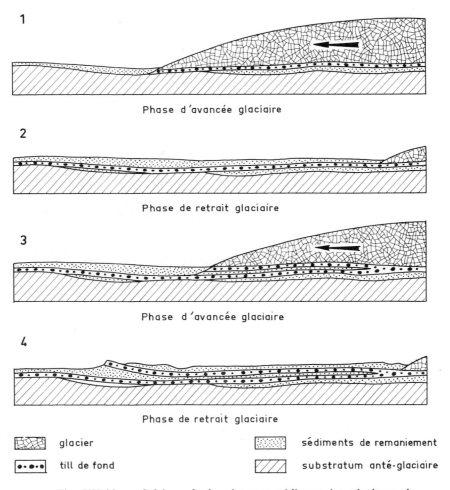

Fig. VII.20 — *Schéma de la séquence sédimentaire résultant de deux phases d'avancée et d'une phase de retrait d'un glacier tempéré.* Le transport des matériaux se faisant essentiellement à la base du glacier, chaque niveau de till représente une avancée glaciaire (d'après Boulton, in M. Deynoux, 1980).

— Au contraire, les *glaciers froids* ont une charge basale beaucoup plus importante
et des bandes de débris sont disséminées dans la masse glaciaire à des niveaux
superposés dans les zones de compression périphérique. Ainsi, une seule phase
de retrait d'un glacier froid abandonnera une succession de sédiments beaucoup
plus complexe par le jeu des mécanismes qui font se superposer les tills d'écoulement, les tills de fonte et les dépôts de remaniement, sur les tills de fond toujours présents à la base du complexe (fig. VII.21).

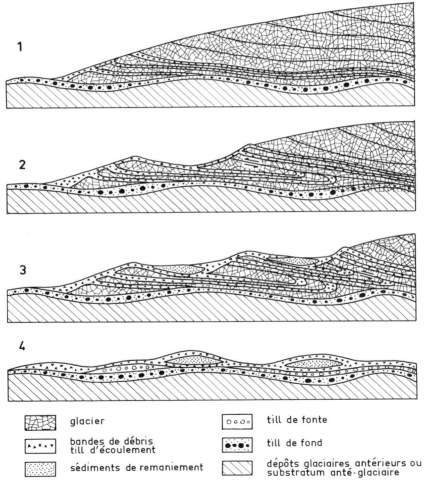

Fig. VII.21 — *Schéma de la séquence sédimentaire laissée par un
glacier froid en phase de retrait.* Le transport des matériaux se faisant
à des niveaux variés dans le glacier, on aboutit à la superposition de
plusieurs tills issus d'une seule et même phase glaciaire (d'après Boulton, in M. Deynoux, 1980).

b) Les dépôts glaciaires de remaniement

Dans ces dépôts, les caractéristiques sédimentologiques strictement glaciaires (hétérométrie — angulosité des fragments) s'atténuent, mais de nombreux indices sont encore révélateurs de la proximité de la glace. Deux grands types peuvent être distingués selon l'influence plus ou moins directe de la glace donc d'après leur position par rapport au glacier (R.F. Flint, 1971).

b.1 — Les dépôts proximaux (ice-contact drift)

Ils se mettent en place sur, sous ou contre le glacier mais après un *très court remaniement* par les eaux de fonte. Cette grande proximité provoque une extrême variété de faciès mais aussi une extension limitée, ce qui leur confère une structure souvent lenticulaire.

Le contact fréquent avec la glace provoque à la fonte de celle-ci de nombreuses structures d'effondrement et de glissement (collapse-structure) qui perturbent les lits. Parmi les principaux types de dépôts proximaux on reconnaît (fig. VII.22) :

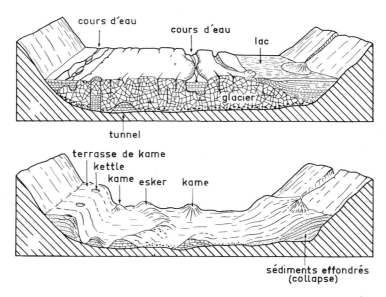

Fig. VII.22 — *Origine et nomenclature des différentes structures héritées de la fonte d'un glacier (dépôts proximaux)* (d'après Flint, 1971).

— *Les eskers :* ce sont des rides allongées sinueuses, pouvant atteindre plusieurs km de long, 50 m de large et 20 m de haut, constituées de matériel stratifié horizontalement ou obliquement (fig. VII.23). Il semble que ces dépôts soient le résultat d'une sédimentation sous-glaciaire dans des chenaux-tunnels parcourus par les eaux de fonte.

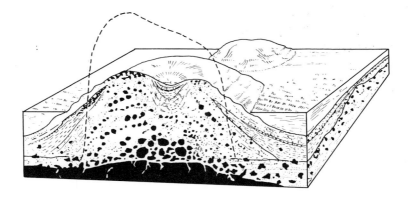

Fig. VII.23 — *Bloc-diagramme et coupe d'un esker dans son contexte morphosédimentaire.* La ligne en tiret marque le profil originel de l'esker. Un culot de fonte *(kettle)* est visible dans la zone sommitale. Des dépôts secondaires de remaniement (varves et graviers) sont venus s'appuyer sur l'esker (d'après T. Nilsson, 1983).

— *Les kames :* la différence avec les formes précédentes n'est pas clairement établie, mais on réserve le terme de kame à des buttes plus limitées au centre de l'ancienne vallée glaciaire ou à des terrasses appuyées sur le versant (kame-terrasse). Les kames sont également constituées de matériel trié et grossièrement stratifié, mais l'abondance des structures effondrées (fig. VII.24) laisse penser qu'il s'agit de dépôts supraglaciaires mis en place par les eaux de fonte courant sur ou contre le glacier (juxtaglaciaire). C'est dans les kames que les manifestations superficielles de ces effondrements par fonte tardive de culot de glace morte (kettle) sont les plus abondants (fig. VII.25).

Fig. VII.24 — *Série de failles normales dues à un effondrement à la suite de la fonte de glace morte incorporée à un dépôt de terrasse de kame (Jura vaudois).*

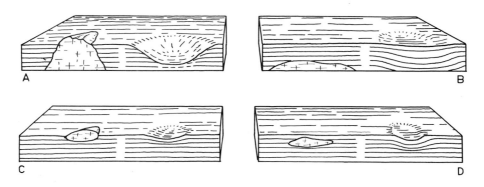

Fig. VII.25 — *Différents types de culots de glace morte et de dépressions fermées correspondantes : kettles* (d'après Flint, 1971).

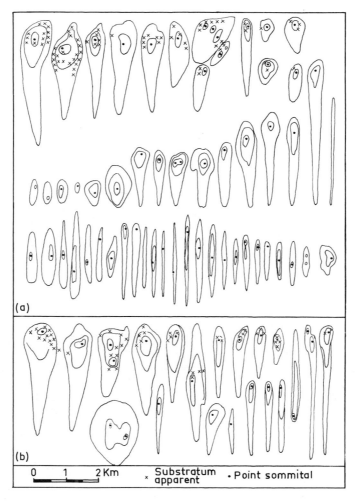

Fig. VII.26 — *Divers types de drumlins dans le centre de la Finlande.* Le sens d'écoulement de la glace allant du haut vers le bas (d'après G. Gluckert, 1973).

· — *Les drumlins :* ce sont des collines allongées dans le sens de l'écoulement glaciaire, dissymétriques, plus larges en général à l'amont qu'à l'aval (fig. VII.26). Leur longueur peut atteindre 2 à 3 km, leur largeur 1 km et leur hauteur 20 à 30 m. Ils se groupent en champs où l'on peut en dénombrer parfois plusieurs centaines. A la différence des eskers et des kames qui semblent liés aux marges glaciaires en voie de décrépitude et d'ablation active, les drumlins semblent souvent associés aux glaciers de type calotte-inlandsis ou aux lobes de glaciers de piémont. Ils sont plus rectilignes que les eskers et généralement moins longs. Ils sont souvent moulés sur un noyau rocheux préexistant non construit par le glacier, qui, lorsqu'il est visible, affleure dans la zone large de l'amont, tandis que la zone construite s'effiloche vers l'aval. Il semble que les drumlins soient plus des formes d'érosion, du moins vers l'amont, de reliefs préexistant au recouvrement glaciaire, tandis que la zone plus en aval s'édifie par remplissage sous-glaciaire du vide laissé par la glace décollée du substrat.

— *Rides morainiques :* au front proximal du glacier certaines accumulations présentent un tri granulométrique et un classement propre à une mise en place presque exclusivement de type fluviatile (fig. VII.27). Elles peuvent être interprétées comme dépôts proximaux mais aussi comme till d'ablation et elles marquent la transition vers les dépôts glaciaires de remaniement en position proglaciaire (fig. VII.28)

Fig. VII.27 — *Niveaux stratifiés en lentilles irrégulières dans une ride morainique de type moraine frontale.* Quelques discontinuités sédimentaires séparées par des failles inverses dans la partie gauche traduisent des phénomènes de poussée glaci-tectonique (Finlande).

b.2 — Les dépôts de remaniement proglaciaire

A l'aval du front glaciaire, les eaux de fonte s'évacuent par des chenaux proglaciaires souvent très divagants et irréguliers, anastomosés ou en tresses (braided-channel). Ils engendrent une sédimentation fluvio-glaciaire dans des vallées non obstruées (moraines plus anciennes ou langues glaciaires latérales) ou glacio-lacustre dans le cas contraire, très fréquente, ou glacio-marine dans les cas de proximité du domaine marin (fig. VII.28).

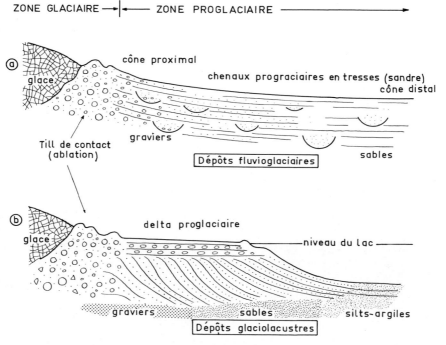

Fig. VII.28 — *Coupes schématiques de deux principaux types de modelés proglaciaires* (d'après R.G. West, 1967).
a : fluvio-glaciaire *(sandre — outwash plain)* ; *b :* glacio-lacustre.

Le contact glace active et domaine proglaciaire est rarement net et au cours des phases de décrépitude ou de retrait glaciaire, il s'établit souvent une zone où la glace fond sur place et gagne progressivement vers l'amont par manque d'alimentation. Ce contact est marqué par un taux de sédimentation important caractérisé par un remaniement conséquent des produits libérés au niveau du front de fonte. Ces énormes accumulations proglaciaires sont souvent déformées secondairement lors de la fonte définitive de la glace morte sur laquelle elles se mettent en place (fig. VII.29).

Les sédiments fluvio-glaciaires sont triés et ordonnés, grossiers immédiatement à l'aval du front morainique et progressivement plus fins à l'aval. Les structures

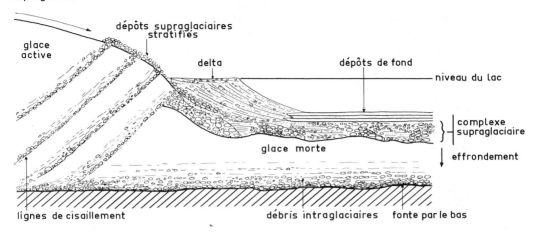

Fig. VII.29 — *Modèle dynamique de sédimentation au contact de la glace active et de la glace morte en contexte glacio-lacustre* (d'après J. Shaw et J. Archer, 1979).

sédimentaires sont dominées par les chenaux à lits entrecroisés traduisant l'irrégularité de la dynamique sédimentaire et les migrations fréquentes des cours. Des blocs démesurés véhiculés dans les radeaux de glace perturbent la stratification parfois jusqu'à plusieurs centaines de km du front glaciaire.

Les sédiments glacio-lacustres (fig. VII.28 et VII.29) sont souvent caractérisés par des deltas grossiers festonnés qui s'accumulent dans les zones où les chenaux proglaciaires débouchent dans le domaine lacustre. Leur structure est typique par la dualité des couches de progradation inclinées (foreset-beds) et couches sommitales horizontales (topset-beds) marquant le niveau du lac (fig. IX.9). A l'aval, les sédiments fins sont entraînés par les courants lacustres et se déposent lentement après une phase de suspension. Les alternances saisonnières se traduisent par une rythmicité sédimentaire de laminites silteuse et argileuse (bottomset-beds). Lorsque cette rythmicité est annuelle on parle de varves. Des blocs démesurés (drop-stones) peuvent là aussi perturber la régularité sédimentaire, après avoir flotté en surface dans des icebergs et avoir été lachés au cours de la fonte.

Les sédiments glacio-marins sont édifiés par le largage de matériaux véhiculés à la base des banquises et essaimés en mer lors de la fonte des icebergs. Ainsi s'interstratifient dans les dépôts marins des paquets de tills sous forme de traînées discordantes plus ou moins continues.

VII. 4 · Rôle des dépôts glaciaires dans la morphogenèse des paysages

Les formations glaciaires sont limitées aux zones autrefois couvertes de glaciers et dans les couloirs proglaciaires, mais dans ces zones leur présence *domine et s'impose* sur toutes les autres formations superficielles. La présence ancienne de glaciers marque profondément les paysages, d'une part par les formes d'érosion, et d'autre part par la morphologie des accumulations sédimentaires (fig. VII.30).

Fig. VII.30 — *Vallée glaciaire à l'aval du glacier du Miage (Val Veni, Italie — versant sud est du Massif du Mont Blanc).* On distingue nettement les deux moraines latérales du « Petit Age Glaciaire », encadrant les dépôts de retrait dans l'axe de la vallée.

Ces formes et ces dépôts d'anciens fronts glaciaires ont été abondamment décrits et font partie des classiques de la géomorphologie climatique. Les fronts de langue glaciaire, typiques par leur bourrelet terminal morainique en croissant (fig. VII.31), sont appelés *vallum morainique.* La moraine forme un vaste amphithéâtre (fig. VII.32) à l'intérieur duquel les dépôts de retrait (kames *s.l.*, delta proglaciaire, moraine d'ablation) vont s'emboîter, issus de la fonte sur place des glaces mortes résiduelles et des eaux de fonte. Cette cuvette terminale possède un soubassement imperméable de moraine de fond et il s'y établit un lac lorsqu'une incision suffisamment profonde n'est pas rapidement creusée par les chenaux proglaciaires dans le vallum morainique. Vers l'amont et de part et d'autre de la vallée, la moraine terminale passe progressivement à une moraine latérale plus ou moins importante

Fig. VII.31 — *Bourrelet morainique en croissant marquant un stade de stationnement du glacier au cours de son retrait.* On peut voir sur la droite un autre bourrelet édifié au cours d'un stade de stationnement légèrement antérieur (moraine de Cogna - Jura).

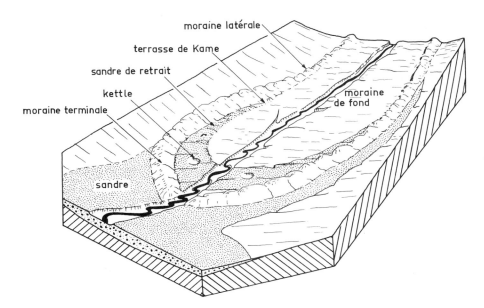

Fig. VII.32 — *Schéma géomorphologique simplifié d'un front glaciaire de vallée.* Des dépôts proglaciaires (sandre) de retrait peuvent s'édifier à l'intérieur de la moraine terminale (d'après Flint, 1971).

selon la morphologie du versant. Vers l'aval, la plaine où se sont accumulés les dépôts proglaciaires (sandre, du mot islandais sandur - outwash plain) est très rapidement entaillée, et le chenal majeur qui véhicule les eaux de fonte s'y encaisse très nettement, probablement dès le début du retrait. Deux causes peuvent expliquer cette incision immédiate : l'abondance des eaux de fonte du glacier en décrue dont le pouvoir d'érosion est accru, et l'abaissement, par recul et décrépitude du glacier, de la zone d'émergence des eaux de fonte.

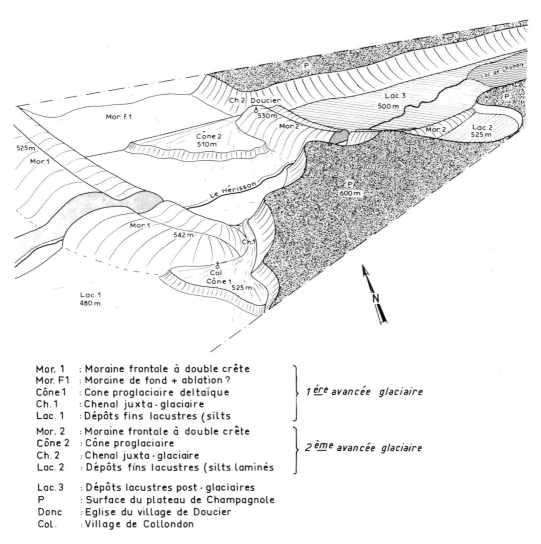

Mor. 1   : Moraine frontale à double crête
Mor. F1   : Moraine de fond + ablation ?
Cône 1   : Cone proglaciaire deltaïque   } 1ère avancée glaciaire
Ch. 1   : Chenal juxta - glaciaire
Lac. 1   : Dépôts fins lacustres (silts

Mor. 2   : Moraine frontale à double crête
Cône 2   : Cône proglaciaire   } 2ème avancée glaciaire
Ch. 2   : Chenal juxta - glaciaire
Lac. 2   : Dépôts fins lacustres (silts laminés

Lac. 3   : Dépôts lacustres post - glaciaires
P   : Surface du plateau de Champagnole
Donc   : Eglise du village de Doucier
Col.   : Village de Collondon

Fig. VII.33 — *Double vallum morainique, chenaux juxtaglaciaires et cônes proglaciaires deltaïques latéraux dans la Combe d'Ain, Jura* (M. Campy, 1982).

Plusieurs stades successifs de stationnement du glacier au cours du retrait provoquent des vallums successifs concentriques (fig. VII.33). L'altitude de la moraine frontale est souvent maximum dans sa partie centrale et latéralement, les zones plus déprimées témoignent du passage de chenaux de fonte juxtaglaciaires qui ont étalé marginalement des cônes proglaciaires de type deltaïque (glacio-lacustre) ou fluvioglaciaire (cônes 1 et 2, fig. VII.33). La morphologie classique des moraines terminales est bien nette lorsque la langue glaciaire était bien chenalisée dans un substrat de vallée initialement entaillée. En bordure de calotte glaciaire sur substrat sans vallée clairement incisée, les moraines terminales sont beaucoup moins typiques.

Le détail d'un front glaciaire est complexe et varié, mais un schéma général peut en être proposé (fig. VII.34). Les buttes morainiques sont parfois doubles, séparées par un chenal d'évacuation intermédiaire qui drainait les eaux du stade de retrait. La moraine la plus externe passe progressivement au cône proglaciaire (sandur - outwash plain) formé de matériel lavé mis en place par des chenaux divaguants. Les structures sédimentaires sont de type entrecroisé et on passe de bas en haut à des faciès de plus en plus grossiers dont l'évolution granulométrique est liée à la progression du glacier et à sa proximité immédiate en fin de séquence (fig. VII.35). Ce cône proglaciaire s'entaille lors du recul du glacier et si, au cours de ce recul, une phase de stabilisation intervient, un deuxième cône s'emboîte dans le précédent (fig. VII.36).

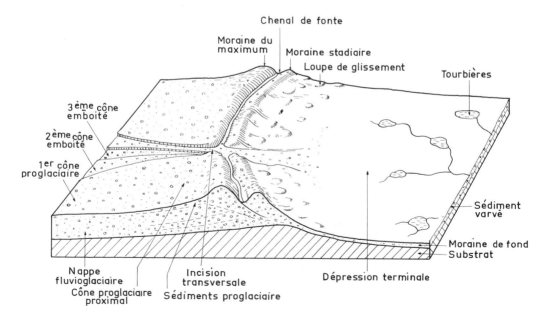

Fig. VII.34 — *Vallum morainique, et série glaciaire frontale et proglaciaire* (d'après German in R.W. Fairbridge, 1968).

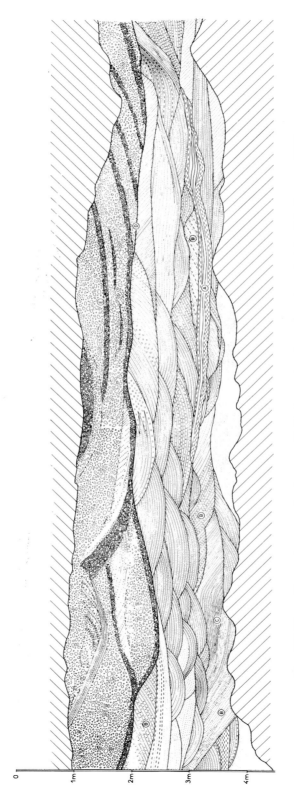

Fig. VII.35 — *Coupe transversale dans un dépôt de sandre de progression glaciaire* (M. Campy, 1982).

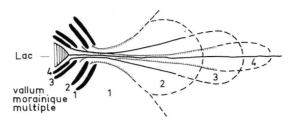

Fig. VII.36 — *Vallum morainique multiple et cônes proglaciaires emboîtés correspondants* (d'après P. Wold-stedt, 1961).

La morphologie abandonnée après le retrait d'une calotte glaciaire sans langue exprimée est moins classique et la variété des cas, liée surtout à la géomorphologie du substrat, ne permet guère la généralisation. On peut cependant remarquer (fig. VII.37) que les moraines terminales ont une morphologie plus molle et les rides morainiques sont moins nettement exprimées. Les champs de drumlins et les eskers sont abondants, surtout dans la zone périphérique où dominent les formes de dépôt. Plus à l'amont où l'érosion a prévalu, les cannelures et roches moutonnées sont abondantes et les lacs se sont installés dans les dépressions surcreusées.

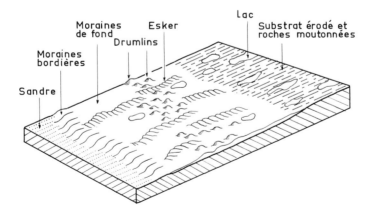

Fig. VII.37 — *Bloc-diagramme schématique montrant les formes principales d'érosion et de sédimentation après le retrait d'un inlandsis* (d'après A. Holmes, 1965).

VII. 5 · Stratigraphie des sédiments glaciaires quaternaires

VII. 5. 1 · La spécificité des sédiments glaciaires

Si l'on se réfère à la définition la plus simple de la stratigraphie — « la stratigraphie étudie l'agencement dans l'espace et le temps, des terrains et des événements qu'ils représentent » — les sédiments glaciaires engendrent une démarche stratigraphique très particulière, différente de la démarche appliquée aux autres formations, pour les principales raisons suivantes :

— La période (ère ?) quaternaire est traditionnellement partagée en phases glaciaires entrecoupées de phases interglaciaires. Cette vision simpliste suppose que l'on a retrouvé quelque part dans le monde des sédiments glaciaires (tills) empilés les uns sur les autres et séparés par des manifestations ou sédiments interglaciaires (paléosols, tourbes, lignites...). Or il n'en est rien.

— Chaque période dite « glaciaire » n'a pas vu les glaciers s'étaler largement autour des pôles et sur les versants des montagnes aussi longtemps qu'a duré chacune d'elles, pour ensuite se contracter, à l'image de l'extension glaciaire actuelle, au cours de chaque période dite « interglaciaire ». Cette notion de période « glaciaire » est donc abusive, ou du moins elle est devenue abusive depuis le moment (début du XXᵉ siècle) où ce concept de répétitivité paléoclimatique a été émis.

— Le phénomène glaciaire est la plupart du temps *destructeur* et sa manifestation s'effectuant toujours dans *les mêmes zones* (inlandsis nord-américain et nord-asiatique, calottes ou glaciaire de vallée sur les hautes et moyennes montagnes de plus basses latitudes), chaque extension glaciaire successive oblitère en totalité ou en partie les manifestations sédimentogènes de l'extension glaciaire précédente.

— La glace a un environnement peu favorable à la vie — c'est le moins qu'on puisse dire — et, de ce fait, l'information paléontologique, fondement de la biostratigraphie, ne peut être utilisée dans les sédiments glacigènes qui sont toujours *azoïques*. Les rares témoignages biologiques (troncs d'arbres, F. Roethlisberger et W. Schneebeli, 1979, ou ossements de Mammouth, M. Weidmann, 1970) sont le plus souvent recouverts par les moraines, donc ne datent pas l'extension proprement dite.

Un cadre stratigraphique de l'ère quaternaire basé sur les épisodes glaciaires est pourtant régulièrement utilisé et exposé dans les ouvrages de stratigraphie et dans les publications actuelles. Essayons de résumer la démarche historique qui l'a établi avant de discuter de sa signification réelle.

VII. 5. 2 · La mise en place du cadre stratigraphique

La théorie glaciaire s'est imposée peu à peu au cours du XIXᵉ siècle, supplantant dans l'esprit des naturalistes et géologues l'explication diluvienne. Les figures marquantes de cette évolution sont J.-P. Perraudin (1767-1848), guide et chasseur de chamois dans le val de Bagnes en Valais suisse, qui communiqua sa foi à l'ingénieur cantonal Venetz venu examiner en 1818 les risques de débâcles que provoquait la croissance d'un glacier régénéré à partir du glacier de Gietroz (M. Burri, 1978). Venetz développa alors sa thèse sur l'énorme extension des glaciers dans les régions péri-alpines. Un autre Suisse, J. de Charpentier adopte cette thèse en 1834, mais c'est Agassiz, convaincu à son tour à partir de 1936, qui se fera le grand propagateur de l'idée, grâce à sa vaste audience scientifique et son autorité. C'est lui qui propose la notion d'époque glaciaire pour le Quaternaire.

Mais jusqu'au début du XXᵉ siècle, l'hypothèse glaciaire est demeurée dans un cadre *monoglacialiste* : la catastrophe diluvienne était devenue une crue glaciaire extraordinaire. Diverses recherches ponctuelles, en particulier dans le bassin genevois, avaient pourtant laissé entrevoir plusieurs épisodes d'extension glaciaire entrecoupés de phases plus tempérées avec dépôt de tourbe, mais c'est le monumental ouvrage de A. Penck et E. Bruckner : Die Alpen im Eiszeitalter, publié de 1901 à 1909, qui définit un *cadre pluriglacialiste* pour l'ère quaternaire.

Ces auteurs démontrèrent l'existence de quatre glaciations successives à la périphérie du massif alpin. Leur base analytique se fondait sur la morphologie des vallum morainiques, le nombre des nappes fluvio-glaciaires et l'intensité des altérations pédogénétiques. Quatre périodes glaciaires étaient ainsi définies et nommées à partir des rivières bavaroises, affluents du Danube, où chacune d'elles avait été particulièrement bien mise en évidence. De la plus ancienne à la plus récente : Günz, Mindel, Riss, Würm, séparées par des périodes interglaciaires dites Günz-Mindel, Mindel-Riss, Riss-Würm, la période actuelle correspondant à la dernière de ces périodes (post-Würm).

Parallèlement une chronologie pluriglacialiste s'établissait à partir de la stratigraphie des formations glaciaires de la plaine d'Europe centrale, issues des extensions successives de la calotte glaciaire nord-européenne. D'autres noms d'origine locale furent donnés : glaciations de l'Elster, de la Saale, de la Warthe et de la Weichsel séparées par les interglaciaires de Cromer, Holstein et Eem. De nombreuses discussions et controverses portent encore sur la concordance entre les phases climatiques alpines et nord-européennes, mais en ce qui concerne la stratigraphie basée sur les formations glaciaires, le cadre pluriglacialiste est donné. Il a servi et sert encore de base à l'essentiel des travaux stratigraphiques sur le Quaternaire.

VII. 5. 3 · Valeur et signification du cadre stratigraphique pluriglacialiste

Au cours des vingt dernières années, trois données fondamentales sont venues bouleverser cette vision stratigraphique confortable et pratique :

— *Le message océanique :* les sondages effectués dans les couches superficielles du fond des océans et l'analyse du rapport 018/016 des tests de foraminifères (travaux de C. Emiliani, 1955 à 1967, N.J. Shackleton et N.D. Opdyke, 1973-1976, voir un bon exposé de la méthode et des résultats in J. Chaline, 1985) ont montré que les cycles climatiques étaient beaucoup plus nombreux que les dépôts continentaux discontinus et lacunaires le laissaient entrevoir depuis les travaux de Penck et Bruckner. On peut considérer que l'état d'englacement de la Terre a oscillé une vingtaine de fois en deux millions d'années, entre un état à faible volume de glace (comme actuellement) et un état à fort volume de glace (comme c'était le cas il y a 18 ou

20 000 ans). Ce cadre général a été et est encore beaucoup discuté, mais il permet de faire prendre conscience de la beaucoup plus grande complexité des évolutions climatiques quaternaires que ne le laissait supposer le cadre stratigraphique étroit basé sur les dépôts continentaux.

— *La part du phénomène « glaciaire » dans le cycle climatique :* les mêmes sondages océaniques, mais aussi les études palynologiques dans les séquences lacustres et tourbeuses, les études paléontologiques fines, surtout celles basées sur la dynamique des populations de rongeurs, ont montré que dans chaque cycle climatique (« glaciaire-interglaciaire »), le phénomène glaciaire *s.s.*, c'est-à-dire l'extension des glaciers, n'occupait qu'un laps de temps très court, estimé à 10 % de l'ensemble (H. Faure, 1980). Bien que ces courtes périodes soient très actives sur le plan de la sédimentation, les dépôts accumulés ne sont l'expression que d'une petite partie du temps écoulé.

— *La non-contemporanéité des extensions glaciaires :* les études récentes développées en particulier dans le groupe I.G.C.P. (International Geological Correlation Programm) 73/1/24 (Quaternary glaciations in the Northern hemisphere), ont montré que le développement des glaciers n'avait pas eu lieu partout au même moment. Les grandes calottes glaciaires nord-européenne et nord-américaine ne réagissent pas de la même manière aux fluctuations climatiques que les glaciers de montagne. Et même à l'intérieur de ces derniers, les effets climatiques locaux peuvent influencer plus ou moins activement l'expression glaciaire.

VII. 5. 4 · Conclusion : modestie des concepts actuels sur la stratigraphie glaciaire

Les stratigraphes des formations glaciaires quaternaires se rendent actuellement compte que les propositions du cadre stratigraphique « global » de Penck et Bruckner ne peuvent plus être appliquées de manière satisfaisante. Les termes de Mindélien, Rissien, Würmien ne recouvrent pas une entité stratigraphique précise et définie comme l'Oxfordien par exemple, marqué par :
- une lithostratigraphie : un stratotype, des variations de faciès ;
- une biostratigraphie : un contenu fossilifère clair, situé dans l'évolution générale des faunes et des flores ;
- une chronostratigraphie : un calage chronologique reconnu.

Malgré les travaux actuels effectués dans le cadre de l'Union Internationale pour l'Étude du Quaternaire (INQUA) au sein des commissions spécialisées de stratigraphie et les tentatives de proposition d'un stratotype pour la glaciation würmienne (J. Chaline et H. Jerz, 1983), l'accord est loin d'être réalisé.

Les propositions actuelles sont de plusieurs ordres :
— Maintien de la terminologie ancienne par défaut d'un meilleur schéma et pour éviter des confusions et une trop grande rupture avec les habitudes (F. Bourdier, 1980), mais sans maintenir cette terminologie dans son acception stricte d'une glaciation par période. On substituerait au terme de Mindélien celui de complexe mindélien pouvant comprendre plusieurs phases climatiques, l'acception globale chronologique étant maintenue.
— Adoption stricte ou légèrement adaptée de la stratigraphie définie dans les

fonds océaniques, calée sur l'échelle paléomagnétique. Cette option est tentante mais l'approche stratigraphique des formations glaciaires est le plus souvent basée sur des formations continentales, donc difficilement corrélables avec la courbe isotopique océanique. Entre une phase froide océanique et une moraine bavaroise, la corrélation sera difficile, donc l'objet essentiel de la stratigraphie ne sera atteint qu'exceptionnellement.

— Limitation prudente des appellations stratigraphiques à un espace géographique limité (versant montagneux, chaîne de montagne, bordure d'ancienne calotte glaciaire) avec attribution de noms locaux (moraine de Rives) sans référence à un cadre stratigraphique global abusivement généralisé. Les notations cartographiques pourraient alors suivre le modèle adopté pour les formations fluviatiles, c'est-à-dire, des stades morainiques les plus récents aux plus anciens : Gz, Gy, Gx... Signalons à ce sujet que plusieurs moraines même superposées peuvent appartenir à une même phase glaciaire et qu'il est important d'avoir une bonne connaissance des faciès morainiques.

— Distinction de moraines ou de complexes morainiques d'après leur position géographique, ex. : complexe des moraines internes (par rapport au centre d'approvisionnement en glace), complexe des moraines externes, ce qui ne préjuge pas de la position stratigraphique et surtout chronostratigraphique.

Ce rapide exposé des problèmes soulevés par l'aspect stratigraphique des formations glaciaires montre les difficultés qu'elles posent en ce domaine. Les méthodes stratigraphiques utilisées pour des couches marines anciennes, diagénisées, déposées lentement dans des milieux calmes, sont difficilement applicables ici. Il s'agit d'ailleurs peut-être d'un faux problème : on veut pratiquer les mêmes méthodes basées sur les mêmes concepts sur tous les types de sédiments et définir un code général. La reconnaissance d'une différence de nature devrait entraîner l'adoption de concepts stratigraphiques différents.

Références bibliographiques

Andrews J.T. (1975) — Glacial systems. An approach to glaciers and their environments. Duxbury press, North Scituate Mass. 191 p.

Allen J.R.L. (1970) — Physical processes of sedimentation. An introduction. 248 p. London. G Allen and Unwin.

Boulton G.S. (1970) — On the deposition of subglacial and melt-out tills at the margins of certain Svalbara glaciers. *J. Glac.*, v. 9, p. 231-245.

Boulton G.S. (1976) — A genetic classification of till, a criteria for distinguishing tills of different origin. *in* « Till, its genesis and diagenesis », Univ. Adama Mickiewicza, Poznan, Ser. geografia n° 12, p. 65-80.

Boulton G.S. and Eyles N. (1979) — Sedimentation by valley glaciers. A model and genetic classification. *In* Moraines and Varves, Ch. Schluchter, Ed. A.A. Balkema, Rotterdam.

Boulton G.S. et Paul M.A. (1976) — The influence of genetic processes on some geotechnical properties of glacial tills. *J. Eng. Geol.*, vol. 9, p. 159-194.

Bourdier F. (1980) — La nomenclature glaciaire de Penck, son contexte historique et sa validité. *In* Problèmes de stratigraphie quaternaire en France et dans les pays limitrophes. Suppl. au *Bull. A.F.E.Q.*, n° 1, sous la direction de J. Chaline.

Burri M. (1978) — Val de Bagnes. *In* Guidebook of Field Trip INQUA Commission, Moraines and Varves, Zürich 1978 (Ch. Schluchter Edit.).

Campy M. (1981) — Le Quaternaire franc-comtois. Essai chronologique et paléoclimatique. *Thèse Université de Besançon*.

Campy M. (1983) — Lithological units of glaciolacustrine border during the last glaciation in the Jura Range (France). *Acta Geologica Hispanica*, t. 18, n° 3-4, p. 160-190. INQUA commission report, D. Serrat Ed.

Chaline J. (sous la direction de) (1980) — Problèmes de stratigraphie quaternaire en France et dans les pays limitrophes. Suppl. au *Bull. A.F.E.Q.*, n° 1.

Chaline J. (1985) — Histoire de l'homme et des climats au Quaternaire. 366 p. Éd. Doin.

Deynoux M. (1980) — Les formations glaciaires du Précambrien terminal et de la fin de l'Ordovicien en Afrique de l'Ouest. *Travaux des Laboratoires des Sciences de la Terre*, Saint-Jérôme, Marseille, 554 p.

Dreimanis A. (1969) — Selection of genetically significant parameters for investigation of tills. *Geografia*, Poznan, n° 8, p. 15-29.

Dreimanis A. (1979) — The problem of waterlain tills. *In* Moraines and Varves, Ch. Schluchter Ed, A.A. Balkema, Rotterdam.

Dreimanis A. (1984) — Till work group. Circular n° 25. INQUA Commission on Genesis and lithology of Quaternary deposits.

Fairbridge R.W. (ed) The Encyclopedia of geomorphology. Reinhold Book Corp., New York.

Flint R.F. (1971) — Glacial and quaternary geology, J. Wiley & Sons.

Faure M. (1980) — Base de réflexion pour la stratigraphie du Quaternaire. Suppl. au *Bull. A.F.E.Q.*, n° 1.

German R. *et al.* (1972) — Quartare sediment im Alpenvorland. Guidebook Deuqua Field Trip im Oberschwaben.

Gluckert G. (1973) — Two large drumlin fields in central Finland. *Fennia* 120, 37 p.

Holmes A. (1965) — Principles of physical geology. 1288 p. London and Edinburgh. Nelson.

Kukla G. (1977) — Pleistocene land-sea correlations in Europe. *Earth Sciences Reviews*, 13, p. 307-374.

Lliboutry L. (1965) — Traité de glaciologie, t. II, Éd. Masson.

Nilsson T. (1983) — The Pleistocene. D. Reidel Publishing Company.

Penck A. et Bruckner E. (1909) — Die Alpen im Eiszeitalter. Tauchnetz (Leipzig).

Roethlisberger F. et Schnebli W. (1979) — Genesis of lateral moraines complexes, demonstrated by fossils soils and trunks. Indicator of postglacial climatic fluctuations. *In* Moraines and Varves, Ch. Schluchter Edit. A.A. Balkema, Rotterdam.

Reineck H.E. et Singh I.B. (1975) — Depositional sedimentary environments. Springer Verlag.

Schlüchter Ch. (1978) — Guidebook, Symposium Moraines and Varves, Zürich. Commission INQUA « Genesis and Quaternary deposits ».

Schlüchter Ch. (edit.) (1979) — Moraines and Varves. A.A. Balkema.

Seret G. (1985) — Classification des sédiments morainiques. *Bull. A.F.E.Q.,* 1, p. 41-43.

Shackleton N.J. et Opdyke N.D. (1973) — Oxygen isotope and paleomagnetic stratigraphy of Equatorial Pacific Cores V28-232 : oxygen isotopes temperatures and ice volumes on a 10^5 year — 10^6 year scale. *Quaternary research,* 3, p. 39-55.

Shackleton N.J. et Opdyke N.D. (1976) — Oxygen isotope and paleomagnetic stratigraphy of Pacific core V28-239, late Pliocene to latest Pleistocene. *Geol. Amer. Mem.,* 145, p. 440-464.

Shaw J. et Archer J. (1979) — Deglaciation and glaciolacustrine sedimentation conditions. Ohanagan valley, British Columbia, Canada. *In* Moraines and Varves, Ch. Schluchter Edit., A.A. Balkema, Rotterdam.

Sugden D.E. et John B.S. (1976) — Glaciers and Landscape. Edward Arnold.

Tricart J. et Cailleux A. (1962) — Le modelé glaciaire et nival. *Traité de Géomorphologie,* t. III, SEDES, Paris.

Veertman J. (1964) — The theory of glacier sliding. *Journal of Glaciology,* v. 5, p. 287-303.

West R.G. (1967) — The quaternary of the British isles. *in* K. Rankama Ed. The Quaternary 2. Interscience Publ. New York.

Woldstedt P. (1961) — Quartar. Handbuch der stratigraphischen Geologie, 2, Stuttgart.

Weidmann M. (1970) — Le mammouth de Praz-Rodet (Le Brassus, Vaud). Note préliminaire. *Bull. des Labo de géologie, minéralogie, géophysique de l'Université de Lausanne,* n° 179, p. 1-15.

Chapitre VIII

Les formations fluviatiles

Les formations fluviatiles résultent du transport et de la sédimentation par les *eaux courantes* de substances organiques et minérales érodées sur les bassins versants : elles sont donc très répandues sur les continents, au pied des montagnes, à la surface des plateaux ou dans des vallées, et parfois aussi au fond des océans sur des aires autrefois émergées. Elles sont constituées d'alluvions.

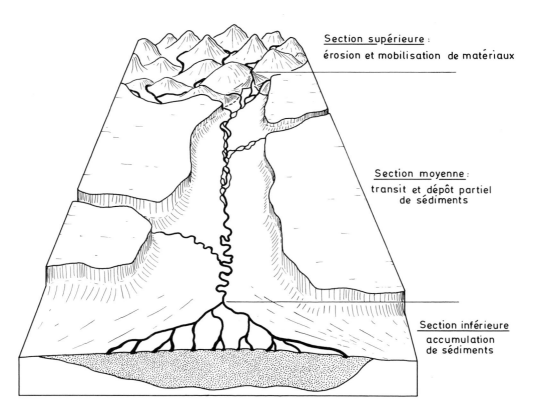

Fig. VIII.1 — *Différentes sections d'un cours d'eau*

Les alluvions ont de tout temps été associées aux activités humaines en raison de leur situation près des points d'eau au fond des vallées, dans des sites abrités aux sols légers et fertiles ; actuellement ces sites sont souvent l'objet d'une exploitation intense : agriculture, extraction de sables et graviers... Les formations alluviales sont bien connues et ont souvent servi de base aux reconstitutions paléoclimatiques et paléogéographiques, et à la stratigraphie continentale.

Les facteurs contrôlant la genèse des dépôts fluviatiles sont multiples (tectonique, morphologique, climatique, lithologique, anthropique) et interfèrent de façon complexe. L'activité d'un cours d'eau varie de sa source à son embouchure. Il passe par les stades *jeune, mature* et *âgé* (S.A. Schumm, 1977) qui amènent à distinguer trois sections de l'amont vers l'aval (fig. VIII.1) :

— une *section supérieure*, en montagne, où de multiples ruisseaux à forte pente, ayant une action essentiellement érosive, se réunissent progressivement.

— une *section moyenne*, située en piémont ou en plaine, où le cours d'eau présente un petit nombre de chenaux, voire un seul chenal, à pente modérée ou faible (quelques % à centièmes de %) par lesquels les matériaux mobilisés en amont transitent. Une partie de la charge transportée est déposée dans cette zone où les sédiments fluviatiles ont véritablement les caractères de formations superficielles : leur épaisseur varie de quelques mètres à 10 ou 20 mètres.

— une *section inférieure* à très faible pente dans des bassins continentaux ou des plaines côtières souvent subsidents, où le cours d'eau se divise en de multiples chenaux divaguants et où la sédimentation à caractère deltaïque est active. Dans ces zones subsidentes comme la Sologne au Miocène ou la Bresse au Plio-quaternaire, les alluvions se sont accumulées sur de fortes épaisseurs, perdant ainsi leurs caractères de formations superficielles. Ce sont donc les dépôts de la section moyenne que nous décrirons plus particulièrement.

VIII. 1 · Caractères généraux des dépôts fluviatiles

VIII. 1. 1 · Action des eaux courantes

L'eau des cours d'eau s'écoule à une vitesse moyenne de quelques dm/s et peut atteindre plusieurs m/s. Elle présente généralement un écoulement *turbulent* (irrégulièrement variable d'un point à un autre) : contrairement à la glace l'écoulement n'est laminaire (à vitesse régulièrement croissante ou décroissante entre deux points) qu'en de rares cas.

L'eau mobilise la matière sous forme *soluble* (sels divers, substances organiques...) ou sous forme de *particules de taille variable* (argiles, limons, sables, graviers, galets, blocs : voir figure II.4). L'action d'érosion, transport ou sédimentation par l'eau dépend de sa vitesse et de la taille des particules disponibles, comme représenté sur le diagramme classique de F. Hjulström (1939) (fig. VIII.2).

Elle transporte une masse de matériaux constituant sa *charge* estimée en kg ou tonnes par unité de temps (charge quotidienne ou annuelle) ou de volume (charge

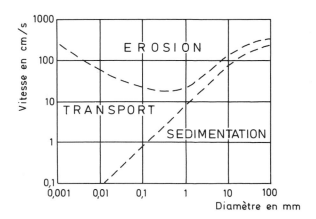

Fig. VIII.2 — *Domaines d'érosion, transport et sédimentation par l'eau en fonction de la taille des particules* — en abscisse — *et de la vitesse du courant* — en ordonnée (d'après F. Hjulström, 1939).

spécifique : par m³ d'eau). A une vitesse donnée, les particules les plus fines sont transportées en *suspension*, les plus grossières par *traction* au fond du lit et les éléments de taille intermédiaire progressent par *saltation* (bonds successifs).

La *compétence* est la taille de la plus grande particule pouvant être déplacée par le cours d'eau en un lieu et à un instant donnés. Parfois, le transport est effectué par flottage avec l'aide de bois (souches d'arbres) ou de glace, moins denses que l'eau, enchâssant des blocs rocheux dont la taille « démesurée » est sans rapport avec la compétence du courant.

Lorsque la vitesse du courant décroît, une partie des particules transportées est déposée au fond du lit donnant naissance à un sédiment fluviatile à *granoclassement vertical* généralement *positif* (particules grossières à la base, particules fines au sommet de la couche).

Dans les régions tempérées à froides et humides d'Europe occidentale, rares sont les cas où l'eau devenue stagnante est soumise à une évaporation suffisante pour entraîner la précipitation des sels solubles, comme c'est le cas dans les contrées plus arides. La sédimentation fluviatile produit donc des roches essentiellement *détritiques terrigènes* sur lesquelles on a coutume de pratiquer en premier lieu, lorsqu'elles sont meubles, l'analyse granulométrique.

Les très nombreux travaux effectués sur la composition granulométrique des alluvions ont révélé l'extrême variété des sédiments qui reflète la complexité de la dynamique fluviatile : l'analyse d'un seul échantillon ne peut en aucun cas permettre d'identifier le milieu fluviatile. L'analyse granulométrique ne présente d'intérêt que si elle est pratiquée sur un grand nombre d'échantillons d'une même formation, dont elle permet de caractériser le degré d'homogénéité ou d'hétérogénéité, ou *domaine granulométrique* (fig. VIII.3), ou bien si elle est associée à celle des structures sédimentaires dans une *analyse séquentielle*.

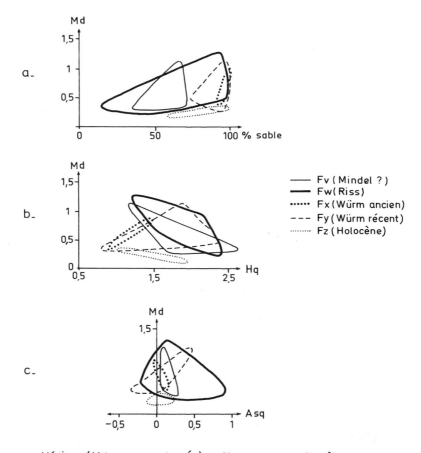

a . Diagramme Médiane (Md en mm, ordonnée) _ % sable (abscisse).
b . Diagramme Médiane (ordonnée) _ Classement (indice Hq de Pomérol, abscisse).
c . Diagramme Médiane (ordonnée) _ Asymétrie (indice Asq de Krumbein, abscisse).

Fig. VIII.3 — *Domaines granulométriques des sables fluviatiles d'âge pléistocène moyen à holocène de la Creuse* (d'après J.J. Macaire, 1981 : 24 échantillons analysés).

On remarque la forte dispersion des échantillons de la formation Fw et, au contraire, l'homogénéité des formations Fx et Fz.

VIII. 1. 2 · Principales structures sédimentaires d'origine fluviatile

Les structures sédimentaires sont particulièrement bien visibles et variées dans les dépôts fluviatiles. La plupart d'entre elles apparaissent en liaison avec la *forme du fond du lit* des cours d'eau qui dépend de la vitesse de l'eau et de la taille des grains transportés (fig. VIII.4).

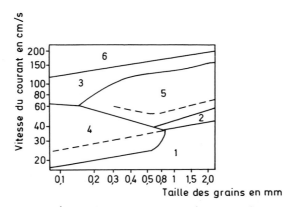

1. Pas de déplacement des particules (forme du lit quelconque).
2-3. Lits plans.
4. Petites rides.
5. Grandes rides (dunes).
6. Forme du lit en phase avec le mouvement de l'eau.

Fig. VIII.4 — *Formes du lit des cours d'eau en fonction de la taille des grains déplacés* — en abscisse — *et de la vitesse du courant* — en ordonnée (d'après G.V. Middleton et J.B. Southard, 1978, modifié).

a) Litage horizontal

Dans une eau ralentie ou au repos, incapable de déplacer des particules, les sédiments fins (argiles, limons) se déposent par *décantation* en fines lamines et acquièrent un litage horizontal. Le fond du lit, de forme quelconque au départ, est progressivement régularisé par le dépôt : il devient plan (fig. VIII.5). Des lits plans s'observent également pour de faibles vitesses de courant (0,5 m/s) et des sables grossiers, ou de fortes vitesses (0,8 à 1,2 m/s) pour tous les sables, surtout si leurs grains sont très émoussés (fig. VIII.4).

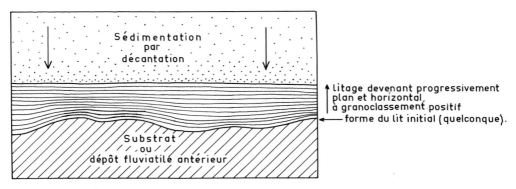

Fig. VIII.5 — *Acquisition du litage horizontal par décantation.*

b) Litage oblique

Le déplacement des grains au fond du lit provoque la formation de *rides* (ripple-marks) (fig. VIII.6). Une ride est une ondulation présentant une crête rectiligne ou sinueuse, continue ou non, séparant deux faces généralement dissymétriques en milieu fluviatile à courants unidirectionnels (fig. VIII.7). L'une des faces est à faible pente orientée vers l'amont (face d'érosion), l'autre face (face de dépôt) est à pente plus forte (20 à 30°) vers l'aval. Les crêtes des rides sont régulièrement espacées (train de rides).

Fig. VIII.6 — *Rides de courant sur le fond d'un chenal fluviatile asséché après une crue* (courant de la gauche vers la droite).

Les particules reprises par le courant sur la face d'érosion où elles forment une ou plusieurs *lamines dorsales* (stoss side laminae) sans cesse remobilisées, glissent au-delà de la crête sur la face de dépôt produisant des *lamines frontales obliques* (foreset laminae).

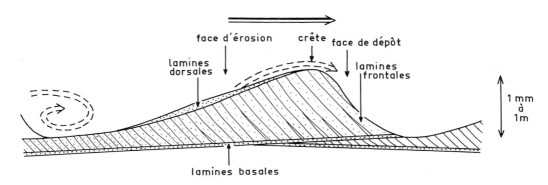

Fig. VIII.7 — *Morphologie et structure interne d'une ride de courant* (d'après H.E. Reineck et I.B. Singh, 1980, modifié).

   L'ensemble repose sur une ou plusieurs *lamines basales* (bottomset laminae). L'accumulation progresse vers l'aval et bien souvent seul le litage oblique, constituant l'essentiel de la couche, est visible.

   Selon la vitesse du courant, on distingue (H.E. Reineck et I.B. Singh, 1980) (fig. VIII.4) :

   — des *petites rides* dont l'espacement entre crêtes varie de quelques cm à 60 cm et la hauteur de 0,3 à 6 cm. Elles résultent de l'action de courants de 20 à 60 cm/s sur du sable plutôt fin.

   — des *grandes rides* à crêtes espacées de 60 cm à 30 mètres et de 6 cm à 1,5 m de hauteur. Elles sont produites par des courants rapides (0,5 à 1,2 m/s) sur du sable plutôt grossier. Les accumulations de grandes rides sont parfois nommées *dunes* (sous-aquatiques).

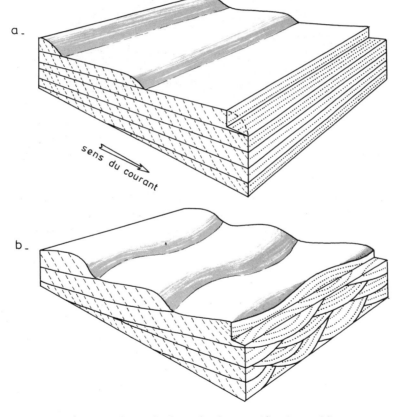

Fig. VIII.8 — *Genèse de la stratification oblique planaire* (**a**) *et de la stratification oblique incurvée* (**b**) *par migration de rides successives à crêtes respectivement rectilignes et sinueuses* (d'après H.E. Reineck et I.B. Singh, 1980, modifié).

Les structures internes des petites et grandes rides sont identiques, à l'échelle près. De petites rides peuvent apparaître à la surface des grandes.

La progression d'une ride entraîne la formation d'une couche sédimentaire à litage oblique (faisceau), d'épaisseur millimétrique à métrique. Le passage d'une seconde ride au-dessus de la précédente provoque le dépôt d'une nouvelle couche, à litage oblique identique ou différent en orientation et valeur angulaire.

Selon que les rides présentent des crêtes rectilignes ou sinueuses, la surface d'érosion entre deux faisceaux est plane ou incurvée (fig. VIII.8). Ainsi se forment la *stratification oblique planaire* et la *stratification oblique incurvée* (connues sous le terme impropre de « stratifications entrecroisées ») (fig. VIII.9).

Fig. VIII.9 — *Stratification oblique planaire dans les dépôts fluviatiles anciens de barre de chenal de la Vienne (Touraine).*

c) Litage de rides ascendantes

Comme on le voit sur la figure VIII.7, la progression latérale d'une ride est accompagnée par l'érosion de sa partie supérieure (lamines dorsales notamment) et la disparition de sa forme au sein de la stratification.

Dans le cas des rides ascendantes, les eaux sont *très chargées en sédiment*, si bien que la forme du fond du lit évolue plus vite *verticalement* que latéralement. Ainsi se déposent des lamines ondulées épousant la surface des rides sous-jacentes dont la forme est conservée. Lorsque les crêtes des rides sont superposées, les lamines sont dites *en phase*, lorsqu'elles présentent un décalage (vers l'aval) elles sont *en dérive* (J.R.L. Allen, 1973) (fig. VIII.10 et VIII.11).

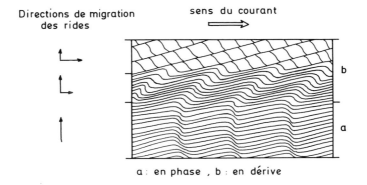

Fig. VIII.10 — *Litage de rides ascendantes* (d'après J.R.L. Allen, 1973, modifié).

Fig. VIII.11 — *Litage de rides ascendantes en dérive, souligné par des bandes d'accumulation argileuse pédologique, dans un sable fluviatile ancien du Cher (Touraine).*

d) Structures de déformation pénécontemporaine

La structure initiale des lamines ou des strates argilo-limoneuses, riches en eau, peut être déformée peu de temps après leur mise en place, par divers processus.

Les *structures de charge* apparaissent au contact d'une couche sableuse reposant sur une couche argileuse (fig. VIII.12). Elles sont caractérisées par des protubéran-

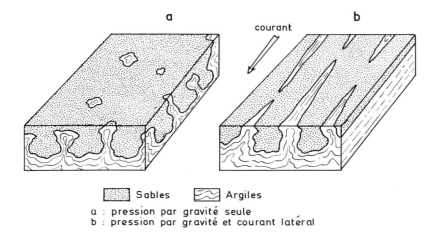

Fig. VIII.12 — *Structures de charge* (d'après J.M. Anketell et *al.*, 1970, modifié).

ces de forme irrégulière au mur du niveau sableux, qui pénètrent dans la couche sous-jacente, instable et déformée par la charge. Certaines protubérances peuvent même se détacher et être incorporées dans le matériau argileux. Ces structures sont associées à une accélération brutale du courant.

Le *litage à circonvolutions* est reconnaissable au plissement assez régulier qui affecte les lamines de sable fin ou de limon au sein d'une couche comprise entre deux strates plus grossières non déformées (fig. VIII.13). Les circonvolutions naissent par liquéfaction différencielle du sédiment (E. Williams, 1960), soit par expulsion d'eau lors d'une émersion (en fin de crue par exemple), soit par agitation au moment du dépôt de la couche sus-jacente ou de l'accélération du courant.

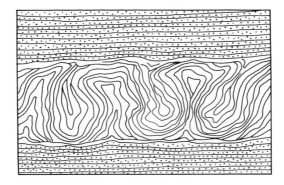

Fig. VIII.13 — *Litage à circonvolutions.*

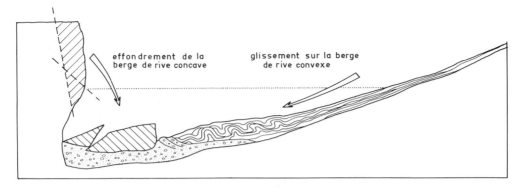

effondrement de la
berge de rive concave

glissement sur la berge
de rive convexe

Fig. VIII.14 — *Genèse de structures d'affaissement à partir des
berges d'un méandre.*

Les *structures d'affaissement* résultent du déplacement de couches sédimentaires
sous l'effet de la gravité, soit le long de lits à forte pente, soit par effondrement
de berges sapées par le courant (fig. VIII.14). Elles présentent diverses formes. Il
peut s'agir de paquets de sédiment cohérent (argileux ou limoneux), de forme et
de taille variées, incorporés après déplacement dans un autre matériau plus meuble
(sables, graviers) perturbé. Le glissement après décollement d'une masse sur une pente
amène des plis très irréguliers et des fractures par contraction du litage (fig. VIII.15).

Fig. VIII.15 — *Alluvions fluviatiles anciennes de l'Indre près de
Tours : dépôts de chenaux et de barre
de méandre.* Remarquer dans la partie
moyenne les lits plissés irrégulièrement
par décollement et par glissement sur
la pente de rive convexe.

VIII. 1. 3 · Composition pétrographique des dépôts fluviatiles

La composition pétrographique et minéralogique des alluvions d'un cours d'eau dépend de celle des roches et altérites qui affleurent sur son bassin versant.

En un point donné, les alluvions comprennent des éléments d'*origine rapprochée*, issus des versants et ruisseaux latéraux, et des éléments d'*origine éloignée*, véhiculés depuis les régions situées plus loin en amont. La part relative de ces deux stocks varie avec la valeur des pentes, la perméabilité des roches, le couvert végétal et le contexte climatique de chaque secteur du bassin versant, et l'hydrodynamique fluviale. Le premier stock est généralement le plus abondant car nombre de composants, déstabilisés par l'altération ou à nombreux clivages, s'amenuisent rapidement de l'amont vers l'aval.

Ainsi, en Touraine, les dépôts de la Loire, du Cher et de la Vienne renferment du quartz, de la glauconite, des silex, cherts et meulières provenant des roches sédimentaires crétacées et cénozoïques locales, et des pyroxènes, amphiboles, feldspaths plagioclases, basaltes, gneiss, amphibolites et granites venant du Massif Central.

Certains de ces composants sont *spécifiques* et signalent les régions d'où ils proviennent. Ils permettent de suivre les directions des cours d'eau anciens non repérables morphologiquement (sur les plateaux par exemple) et d'en connaître les changements. La figure VIII.16 indique les modifications intervenues depuis le Miocène dans les principaux écoulements fluviatiles en France septentrionale et dans les pays limitrophes : les glaucophane, grenat, épidote, hornblende, et chloritoïde d'origine alpine marquent la trace du Rhin et de son affluent l'Aar (F. Geissert et al., 1976), l'hornblende vosgienne souligne le changement récent (Würm) du cours de la Moselle, et l'augite du Massif Central montre l'ancien cours de la Loire vers la Manche (J. Tourenq, 1972) et son détournement vers l'Atlantique au Plio-quaternaire (J.J. Macaire, 1981).

D'autre part, pour chaque cours d'eau, la nature pétrographique des apports alluviaux a varié *avec le temps* depuis le Pliocène, au fur et à mesure du creusement des vallées.

Dans les régions de moyenne montagne cristalline et dans les plaines aux pentes modérées situées en aval, les sédiments fluviatiles, d'abord pauvres minéralogiquement car alimentés par des couvertures d'altérites fortement différenciées sous les climats encore agressifs du Mio-Pliocène, ont été de plus en plus riches en minéraux fragiles (plagioclases, grenats, amphiboles...) épargnés par les altérations plus discrètes du Quaternaire et arrachés au substratum cristallin toujours plus affecté par l'érosion (fig. VIII.17) : ceci est particulièrement net dans les alluvions des cours d'eau drainant le Massif Central français vers les bassins parisien et aquitain (J.J. Macaire, 1985).

Une telle évolution n'apparaît pas en aval des hautes montagnes où des couvertures épaisses d'altérites n'ont jamais pu se développer au Plio-Quaternaire en raison d'une érosion trop active : dans ce cas on observe plutôt un appauvrissement pétrographique des alluvions récentes par rapport aux plus anciennes, par reprise de ces dernières après leur altération en position de terrasse, comme dans le piémont pyrénéen (M. Icole, 1974).

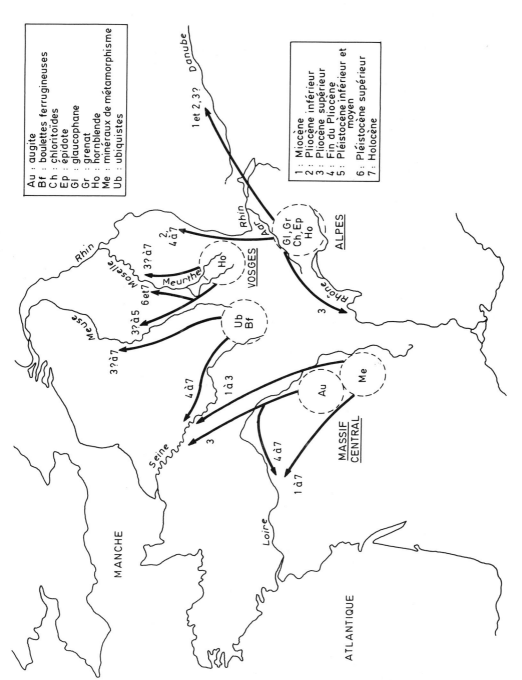

Fig. VIII.16 — *Paléogéographie des écoulements fluviatiles néogènes et quaternaires d'après la distribution des minéraux lourds, en France septentrionale et dans les pays limitrophes (d'après J. Bonvalot et al., 1984 ; K. Brunnacker, 1976 ; F. Geissert et al., 1976 ; J.J. Macaire, 1983).*

a) Pliocène

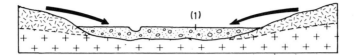

b) Quaternaire ancien

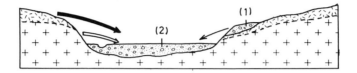

c) Quaternaire récent

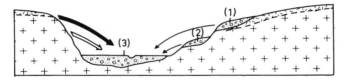

Altérites (arènes, gores,..)   Alluvions fluviatiles

Substratum cristallin

Fig. VIII.17 — *Évolution diachronique de l'alimentation des alluvions fluviatiles dans les moyennes montagnes cristallines.*

a — Quaternaire :
- vallée peu incisée
- altérites mio-pliocènes épaisses
- alluvions *(1)* alimentées essentiellement par les altérites, pauvres minéralogiquement.

b — Quaternaire ancien :
- vallée moyennement incisée
- altérites peu épaisses
- alluvions *(2)* alimentées par les altérites, le substrat et les alluvions anciennes *(1)*.

c — Quaternaire récent :
- vallée fortement incisée
- altérites très peu épaisses
- alluvions *(3)* riches minéralogiquement, alimentées surtout par le substrat, accessoirement par les altérites et les alluvions anciennes *(1)* et *(2)*.

VIII. 2 · Divers types d'environnements et de séquences fluviatiles

VIII. 2. 1 · Divers types de cours d'eau

Les rivières comprennent un ou plusieurs *chenaux* où l'eau circule et des *barres* constituées par l'accumulation de sédiments qui entravent l'écoulement (d'où leur nom).

On distingue (L.B. Léopold et al., 1964) :

— Les *cours d'eau à chenal unique*. Ce chenal est rarement *rectiligne* (straight channel), le plus souvent sinueux et *à méandres* (meandering channel), parfois fortement marqués, comme la Seine entre Paris et Rouen ou le Sebou au Maroc (fig. VIII.18 et fig. VIII.29). Un indice (rapport de la longueur en suivant l'axe du chenal sur la distance parcourue en ligne droite entre deux points d'un cours d'eau) permet d'estimer la sinuosité : le chenal est droit pour les valeurs inférieures à 1,5 et à méandres pour les valeurs supérieures.

Fig. VIII.18 — *Cours d'eau à méandres (le Sebou, Maroc).*

Dans les deux cas, les barres sont situées en bordure des chenaux et rattachées aux berges des rivières *(barres latérales)*.

Le type à méandre apparaît dans les cours inférieurs à faibles pentes longitudinales où les eaux ont une vitesse réduite et une charge sédimentaire fine (sables, limons, argiles) importante. Le chenal migre latéralement plus ou moins vite (fig. VIII.19).

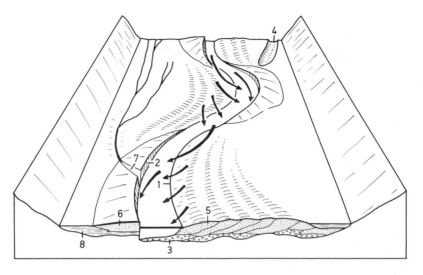

Fig. VIII.19 — *Morphologie et dépôts d'un cours d'eau à méandres* (d'après J.R.L. Allen, 1970, modifié).
1 — Berge de rive convexe ; 2 — Berge de rive concave ;
3 — Dépôts de fond de chenal ; 4 — Chenal abandonné ;
5 — Dépôts de barre de méandre ; 6 — Dépôts de levée naturelle ;
7 — Gouttière transversale ; 8 — Dépôts de bassin d'inondation.
Flèches : direction du courant lors des crues.

— Les *cours d'eau à chenaux anastomosés* (braided channel) (fig. VIII.20). De multiples chenaux se divisent et se rejoignent en contournant des barres qui forment des îles allongées parallèlement *(barres longitudinales)*, perpendiculairement *(barres transversales)* ou obliquement *(barres diagonales)* par rapport à la direction du courant (fig. VIII.21), comme la Durance, ou la Loire en Touraine et en Anjou.

On trouve ce type dans les sections supérieures ou moyenne des rivières, à pente assez prononcée, où les eaux sont temporairement abondantes, rapides et fortement chargées en sédiments plutôt grossiers (galets, graviers, sables) : cônes alluviaux, rivières proglaciaires, de plaines tempérées ou de régions semi-arides. Le tracé des chenaux change rapidement.

Un même cours d'eau peut évoluer d'un type en un autre avec le temps ou d'amont en aval. Des formes intermédiaires entre celles décrites existent.

La sédimentation fluviatile s'effectue au moment des *crues*, dans les divers sites représentés sur les figures VIII.19 et VIII.21, lorsqu'ils sont submergés. Chaque site est caractérisé par une séquence type représentant une crue simple avec accroissement puis décroissance progressive du débit liquide.

Les séquences décrites ci-après sont souvent compliquées du fait de pulsations mineures au cours d'une même crue, produisant la répétition ou l'érosion de certains termes.

Fig. VIII.20 — *Cours d'eau à chenaux anastomosés (la Loire près de Tours).* On distingue deux types de barres de chenal : une île boisée stable submergée lors des grandes crues et de multiples bancs sableux mobiles émergés seulement en période de basses eaux.

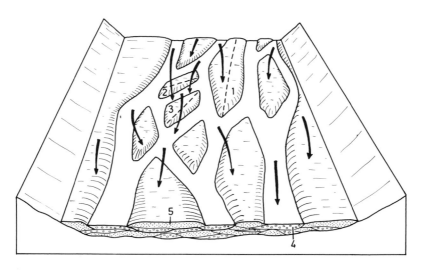

Fig. VIII.21 — *Morphologie et dépôts d'un cours d'eau à chenaux anastomosés* (inspiré de D.J. Cant et R.G. Walker, 1978). **1** — Barre longitudinale ; **2** — Barre transversale ; **3** — Barre diagonale ; **4** — Dépôts de fond de chenal ; **5** — Dépôts de barre de chenal. Flèches : direction du courant lors des crues.

VIII. 2. 2 · Principales séquences fluviatiles

a) Séquences de cours d'eau à méandres

Une rivière *migre latéralement* (divagation) plus ou moins vite, en sapant sa rive concave et en construisant une barre sur sa rive convexe (fig. VIII.19). Elle dépose des sédiments de fond de chenal, de barres de méandres, de levées naturelles, de bassins et plaines d'inondation, dont la granulométrie et les structures sédimentaires sont très variées (H.E. Reineck et I.B. Singh, 1980). Nombre de ces dépôts, *durablement émergés*, portent les traces de cette émersion au toit des séquences : fentes de dessication, indices d'éolisation, sols...

a.1 — Fond de chenal
Les dépôts y sont peu épais (1 à 2 m), *discontinus* et composés d'*éléments grossiers* (galets, graviers, sables) traînés sur le fond et déposés lors du ralentissement temporaire de la vitesse du courant. Dans le cours inférieur des rivières où les particules grossières manquent, les dépôts de chenaux sont sablo-limono-argileux et signalés par la présence de restes organiques, des galets d'argile ou paquets de sables provenant de l'affaissement des berges (fig. VIII.14).

Les *chenaux abandonnés*, par recoupement des méandres, sont comblés de sédiments limono-argileux finement laminés, de couleur souvent *noirâtre* en raison de leur richesse en matières organiques. Ce sont des zones marécageuses à caractère palustre voire lacustre où la tourbe peut s'accumuler en climat tempéré ou froid et humide. Si le climat est plus aride, des carbonates peuvent précipiter.

a.2 — Barres de méandres (point bar)
Sur les berges de rive convexe, s'accumulent les dépôts de barres de méandres : ce sont les sédiments les plus abondants et les plus *caractéristiques de ce type de cours d'eau*.

Les dépôts couvrent une surface à pente douce vers la rivière. Cette surface s'accroît progressivement en repoussant le chenal vers la rive opposée, érodée par le courant. Dans les grands cours d'eau, les barres de méandres montrent en surface une succession de rides et dépressions, parallèles au chenal, marquant les étapes de la progression (H.N. Fisk, 1944).

Les sédiments peuvent atteindre 10 à 20 m d'épaisseur. Ils sont à *dominante sableuse* mais présentent une *évolution verticale* (fig. VIII.22a). A la base reposent les sédiments grossiers à large stratification oblique incurvée de l'ancien chenal. Ils sont recouverts des dépôts sableux de la barre, à même structure, traduisant un fort courant lors de la progression et du maximum de la crue. Au-dessus se trouvent des sédiments sableux à stratification oblique à petite échelle, interstratifiés avec des lamines de rides ascendantes et horizontales marquant la réduction de la vitesse de l'eau au début de la décrue et la forte charge solide.

La fin de la crue est accompagnée par le dépôt de couches sablo-limoneuses ou argileuses subhorizontales. Des structures de glissement sur la pente vers le chenal sont souvent présentes.

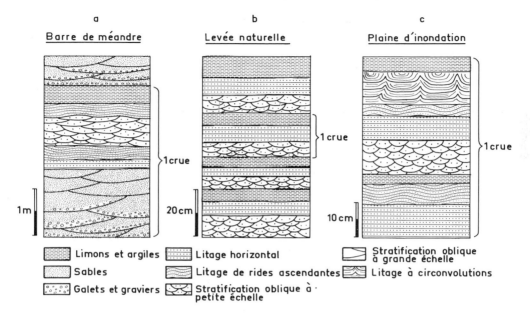

Fig. VIII.22 — *Séquences sédimentaires types de rivières à méan-dres* (d'après divers auteurs in H.E. Reineck et I.B. Singh, 1980, modifié).

a.3 — Levées naturelles

Les levées naturelles sont construites par accumulation de sédiments en bordure du chenal par *répétition* des phases de progression et de retrait des *crues moyennes*, notamment sur les rives concaves des rivières à méandres. Leur altitude dépasse de quelques décimètres ou mètres celle des bassins d'inondation auxquels elles se raccordent par une faible pente, tandis que de l'autre côté, les levées plongent brutalement dans le chenal qui les entaille. Leur largeur est métrique à décamétrique.

Les levées sont constituées de *sédiments fins* : sables à stratification oblique à petite échelle à la base, surmontés de lits sablo-limoneux et argileux à litage horizontal, forment le cycle type (fig. VIII.22b) (S. Kumar et I.B. Singh, 1978). Les débris de plantes, les fentes de dessication ou autres traces d'émersion temporaire y sont fréquents.

Les levées sont recoupées de *gouttières transversales* joignant le chenal principal au bassin d'inondation : ces gouttières sont emplies de matériaux un peu plus grossiers que ceux des levées.

a.4 — Bassins et plaines d'inondation

Les *zones basses* du lit majeur des rivières, situées *au-delà des levées* par rapport au chenal, ne sont envahies par les eaux qu'en période de *forte crue*.

Dans le cas des cours d'eau à chenal peu mobile, ce sont des bassins d'inondation très étendus où les sédiments *exclusivement fins* (limons, argiles) s'accumulent lentement sur quelques mètres d'épaisseur. Dans ces zones inondables, des marais s'installent : les dépôts sont gris ou bariolés (hydromorphies), riches en matières organiques, parfois en tourbe, en concrétions ferrugineuses et renferment des traces de remaniement superficiel (racines, éolisation).

Lorsque les levées naturelles sont peu développées, les gouttières transversales nombreuses, ou lorsque le chenal du cours d'eau divague rapidement, le bassin d'inondation est envahi à chaque crue et fluctuant : on le nomme alors plutôt plaine d'inondation.

On y observe une sédimentation sous une faible tranche d'eau à vitesse modérée à faible, très comparable à celle des levées naturelles (fig. VIII.22c) : sables fins à litage horizontal, lamines de rides ascendantes et stratification oblique à petite échelle surmontée de niveaux silteux et argileux à litage horizontal et circonvolutions engendrées par le départ d'eau en fin de crue (E.D.Mc Kee et al., 1967).

b) Séquences de cours d'eau à chenaux anastomosés

Une rivière à chenaux anastomosés *envahit l'ensemble de son lit majeur lors des crues*, en submergeant les barres de chenal (fig. VIII.21). A chaque crue, la position des barres et des chenaux *évolue*, si bien que la morphologie du cours d'eau change très vite, inhibant l'individualisation de lieux de sédimentation particuliers comme les levées, bassins d'inondation, chenaux abandonnés.

Cette dynamique explique que les dépôts de ces cours d'eau soient *relativement homogènes* par leur granulométrie (graveleux ou sableux) et leurs structures : ils naissent essentiellement au fond des chenaux ou au sein des barres de chenal. Les niveaux argilo-limoneux y sont peu nombreux et rarement conservés dans les séries (J.D. Collinson in H.G. Reading, 1986).

Une *barre de chenal* possède une pente forte vers l'amont et faible vers l'aval où elle progresse en recouvrant les dépôts de fond de chenal (fig. VIII.23). Une barre peut être épaisse de 10 à 15 m dans les grands cours d'eau. Les sédiments y sont de moins en moins grossiers de l'amont vers l'aval et du bas vers le haut au sein de chaque séquence. Elle comprend plusieurs séquences sédimentaires superposées résultant d'autant de crues.

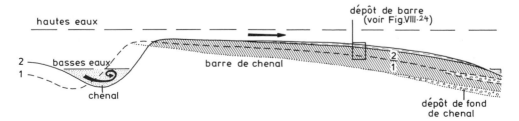

Fig. VIII.23 — *Profil longitudinal et évolution d'une barre de chenal.* **1** et **2** : profils et unités sédimentaires correspondant à 2 crues successives.

Une séquence type renferme la succession suivante (fig. VIII.24) : à la base, des niveaux sablo-graveleux surmontés de couches sableuses, à large stratification oblique. Au-dessus, le sable fin, à stratification oblique à petite échelle et lamines de rides ascendantes traduit la régression de la crue. Les niveaux limono-argileux du sommet, en lamines horizontales ou parfois à circonvolutions sont peu épais voire absents dans les séries, car érodés à la base de la séquence suivante. Sur les barres rarement submergées, des traces d'émersion se développent.

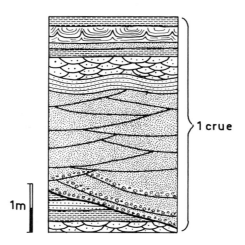

Fig. VIII.24 — *Séquence sédimentaire type de barre de chenal* (d'après D.J. Doeglas, 1962, modifié).
Légende voir Fig. VIII.22.

c) Séquences de cônes alluviaux

Un cône alluvial (ou cône de déjection) est une *accumulation en forme d'éventail* (alluvial fan) produite par un cours d'eau dont la charge baisse brutalement *au débouché d'une vallée étroite* où il est canalisé, dans une large plaine où il s'étale. Les cônes alluviaux se forment donc dans des régions de *piémont*, au pied des reliefs, dans des zones à tectonique souvent active sous divers climats (périglaciaire, tempéré humide, semi-aride...).

Un cône alluvial peut avoir quelques centaines de mètres ou kilomètres de rayon et une pente de 4 à 5° en moyenne, plus forte lorsque le climat est aride, les sédiments grossiers et le bassin versant peu étendu (R.B. Hooke, 1967). Il comprend trois parties de l'amont vers l'aval (fig. VIII.25) :
- une *zone supérieure* où se trouve l'*apex*, point d'émergence du cours d'eau ;
- une *zone moyenne*, de transition ;
- une *zone inférieure* limitée en aval par le *front*, où les cônes deviennent coalescents.

Dans la zone supérieure le cours d'eau entaille le cône. L'incision, de moins en

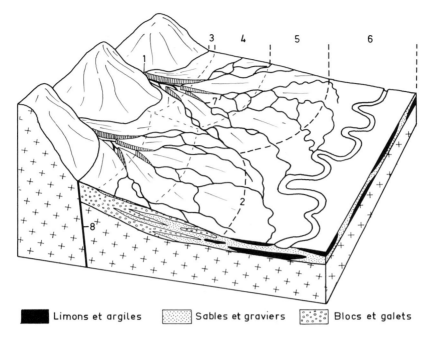

| ■ Limons et argiles | ░ Sables et graviers | ⦿ Blocs et galets |

Fig. VIII.25 — *Morphologie et dépôts de cônes alluviaux* (inspiré de J.D. Collinson, 1972).

1 — Apex
2 — Front
3 — Zone supérieure ⎫
4 — Zone moyenne   ⎬ cône
5 — Zone inférieure ⎭
6 — Plaine alluviale
7 — Point d'intersection
8 — Faille

moins profonde, disparaît dans la zone moyenne au *point d'intersection* en aval duquel les écoulements s'étalent en surface.

Les dépôts peuvent atteindre quelques dizaines ou centaines de mètres d'épaisseur. Ils sont dans l'ensemble grossiers, mal classés, frais pétrographiquement et les éléments sont peu émoussés. On observe une rapide décroissance granulométrique de l'amont vers l'aval (fig. VIII.25). Des concentrations de minéraux lourds contenant des métaux recherchés (or, étain...) existent parfois dans les dépôts grossiers de la zone supérieure (G. Hérail, 1984).

W.B. Bull (1977) distingue deux types principaux de dépôts :

— *dépôts d'écoulement fluviatile*. Ils sont constitués de galets imbriqués avec ou sans matrice sableuse, mis en place dans des chenaux étroits. A proximité ou en aval du point d'intersection, lorsque l'eau déborde des chenaux, elle s'étale en nappe superficielle peu profonde déposant des couches de sables et des graviers bien classés à litage horizontal ou oblique (sheet flood deposits). Des lits argilo-limoneux peuvent exister. Apparaissent aussi des *dépôts criblés* (sieve deposits) bien classés mais à mauvaise imbrication et sans matrice éliminée avec l'eau par infiltration dans les dépôts sous-jacents au début des crues. Ces dépôts traduisent des écoulements en chenaux anastomosés dans la zone supérieure, et méandriformes dans la zone inférieure du cône.

— *dépôts d'écoulement boueux*. Ils proviennent de l'écoulement visqueux d'un mélange d'eau, d'argile et de limon, formé lors d'une crue brutale après un orage ou la fonte de neige, lorsque la pétrographie du bassin versant est favorable. Les sédiments qui en résultent sont hétérométriques, peu ou pas stratifiés et sans structure. On reconnaît des *épandages de boue* (mud flow deposits) et des *épandages boueux à blocs* (debris flow deposits) où des éléments anguleux et de toutes tailles sont disposés sans ordre.

Ces deux types de dépôts se trouvent généralement interstratifiés en unités d'épaisseur décimétrique à métrique. Les premiers dominent dans les régions humides aux cours d'eau pérennes, les seconds dans les régions arides.

VIII. 3 · Distribution des formations fluviatiles dans l'espace et dans le temps

De tout temps, les alluvions se sont accumulées dans les régions déprimées où convergeaient les cours d'eau. Dans les dépressions d'origine tectonique situées au voisinage des reliefs montagneux, les formations fluviatiles ont acquis une puissance de plusieurs centaines ou milliers de mètres, comme au Permo-Trias en contrebas de la chaîne hercynienne ou au Mio-Pliocène en bordure des Alpes : beaucoup de ces accumulations très épaisses ont été réalisées au sein de vastes deltas intracontinentaux ou littoraux ayant fonctionné longtemps de façon quasi continue.

Au Plio-Quaternaire, excepté dans les zones fortement subsidentes, les épandages alluviaux ont un caractère plus *pelliculaire*. La conjugaison du creusement des vallées et d'une sédimentation fluviatile épisodique expliquent la distribution particulière des alluvions en *glacis et terrasses*, et leurs caractères de formations superficielles.

VIII. 3. 1 · Le creusement des vallées, conséquence de l'épirogenèse et de l'orogenèse

A la fin du Pliocène, les cours d'eau divaguant à la surface du sol amorcent le façonnement de leurs vallées en raison d'un *soulèvement épirogénique* d'ensemble de l'écorce terrestre, qui se poursuivra au cours du Quaternaire. Ce soulèvement, amplifié dans les aires anticlinales et amorti dans les zones synclinales est en moyenne actuellement de 1,5 mm/an dans les Alpes et de 0,5 mm/an dans le bassin de Paris (J. Fourniguet, 1977 et 1980). Dans les zones d'affaissement majeur, lié à de grands accidents tectoniques comme la plaine du Pô ou le fossé alsacien, les fleuves coulent sur des alluvions s'épaississant toujours sans creuser de vallée. De plus, dans de nombreuses régions, des *accidents localisés* ont induit la position des vallées (fig. VIII.26).

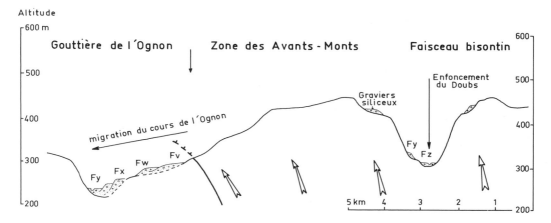

Fig. VIII.26 — *Position des vallées du Doubs et de l'Ognon, et de leurs dépôts respectifs, par rapport aux principales unités structurales dans le Jura* (d'après M. Campy in M. Léger coord., 1984).

Ces mouvements épirogéniques ou orogéniques de l'écorce terrestre liés à l'exhaussement de la chaîne alpine en Europe occidentale, ont induit de profonds changements dans la direction des écoulements fluviaux à l'aube du Quaternaire. Ainsi, le cours de la Loire qui se dirigeait vers le centre du bassin de Paris et la Manche au Pliocène, s'est infléchi vers l'Anjou et l'océan Atlantique au début du Quaternaire (fig. VIII.16) (J.-J. Macaire, 1983). L'Aar, rivière suisse qui s'écoulait vers le Danube par le Rhin à la fin du Miocène et au Pliocène inférieur (K. Brunnacker, 1976), s'est déversé temporairement d'abord vers le fossé alsacien au Pliocène inférieur (F. Geissert et al., 1976), puis vers la Bresse et la Méditerranée au Pliocène supérieur (J. Bonvalot et al., 1984) avant de se diriger définitivement avec le Rhin vers la mer du Nord à la fin du Pliocène.

VIII. 3. 2 · Induction de la sédimentation fluviatile

L'enfoncement des cours d'eau pouvant atteindre 200 ou 300 m dans les roches du substratum témoigne d'une activité principalement *érosive* au Plio-Quaternaire. Dans ce contexte, les phases de sédimentation alluviale sont *brèves*. Elles peuvent être déclenchées par plusieurs facteurs.

a) Facteurs tectogénétiques

Le ralentissement ou l'arrêt du soulèvement épirogénique, ou l'affaissement d'une région peuvent favoriser l'accumulation sédimentaire, au détriment de l'érosion. Des effondrements modifient la pente des cours d'eau ; ils créent parfois des barrages naturels dans les vallées (saut du Doubs par exemple) (fig. IX.7) piégeant les sédiments à leur amont. Ces processus se manifestent dans les régions à *néotectonique active*, en montagne, en bordure des fossés tectoniques (terrasses tectoniques du Rhin en Alsace) ou à la périphérie de la Méditerranée.

b) Facteurs climatiques

La sédimentation fluviatile apparaît dès lors qu'un cours d'eau abandonne les matériaux qu'il transportait, par diminution de son débit liquide et de la vitesse du courant, ce qui se produit à la fin de chaque crue. Les *fluctuations des paramètres hydrauliques*, ayant un caractère parfois catastrophique, ont été particulièrement nombreuses durant les phases glaciaires froides et humides du Quaternaire (débâcles printanières) : c'est pourquoi la plupart des formations alluviales sont rapportées aux périodes froides. Dans le détail, la place de la phase de sédimentation dans le cycle climatique interglaciaire-glaciaire varie selon les cours d'eau et la section considérée en leur sein. Les travaux de divers auteurs, confrontés lors d'un colloque tenu à Paris en 1983, font apparaître les tendances suivantes, pendant le Pléistocène moyen et supérieur (M. Léger coord., 1984) :

— Les cours d'eau comme le Danube, le Rhône, la Durance, la Garonne, la Moselle, situés en aval de *hautes montagnes* (Alpes, Pyrénées) ou de *moyenne montagne* (Vosges) *fortement englacées* pendant certaines périodes du Quaternaire, ont déposé des alluvions grossières abondantes *lors de l'avance* et du *stationnement en position maximum des glaciers*. Le creusement est apparu dès le début du réchauffement interglaciaire en amont, tandis que la sédimentation, plus fine, se poursuivait en aval.

— Les rivières (Allier, Vienne, Isle) issues de *moyennes montagnes* à forte pluviométrie et *faible englacement*, comme le Massif Central, ont déposé des alluvions fines pendant la *première partie du refroidissement* glaciaire puis des sédiments grossiers, la sédimentation cessant avec des dépôts fins peu épais, *au moment du froid maximum*. L'érosion verticale est surtout active au début du réchauffement ultérieur.

— Les cours d'eau des *plaines* françaises ou belges, peu influencés par des reliefs en amont (Seine, Indre, Haine) présentent une sédimentation d'abord grossière *liée au maximum du froid* glaciaire, suivie de dépôts fins, sablo-limoneux, avec parfois des influences éoliennes, ou des tufs calcaires au début du réchauffement interglaciaire. La phase d'érosion maximale coïncide, soit avec le réchauffement, soit avec le début du refroidissement.

c) Facteurs eustatiques

A proximité de la mer, l'érosion et la sédimentation fluviales sont influencées par les *fluctuations du niveau marin*, celles liées notamment à la construction et à la fonte des calottes glaciaires *(glacio-eustatisme)* (fig. VIII.27).

L'abaissement du niveau de l'eau et le recul du rivage pendant les périodes froides amènent les fleuves à creuser : ainsi, on peut suivre sous la Manche actuelle l'ancienne vallée de la Tamise rejoignant celle du Rhin qui se jetait dans la mer du Nord entre l'Écosse et la Norvège, pendant la dernière glaciation. La remontée du niveau des mers favorise l'accumulation des sédiments dans les cours tout à fait inférieurs des fleuves (deltas et estuaires) pendant les périodes interglaciaires.

a - Profil longitudinal

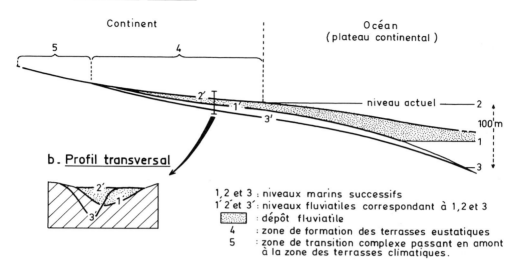

Fig. VIII.27 — *Influence de l'eustatisme sur la sédimentation fluviatile.*

d) Facteurs anthropiques

Depuis le Néolithique (7 000 ans BP) *l'homme*, par ses interventions, a modifié les processus naturels d'érosion et de sédimentation en défrichant, en créant des barrages, en chenalisant certains cours d'eau, ou en exploitant des matériaux dans le lit des rivières.

Les processus que l'on observe maintenant ne sont donc pas exactement le reflet de ce qui s'est déroulé lors des phases climatiques comparables anté-néolithiques.

VIII. 3. 3 - Répartition des formations fluviatiles dans les vallées

A chaque fois que les conditions de la sédimentation fluviatile sont réunies, une formation de type cône, rivière à méandres, à chenaux anastomosés ou de type intermédiaire se met en place.

L'alternance des phases d'érosion et de sédimentation, dans le cas général d'un bilan favorable à l'érosion, détermine la genèse de terrasses fluviatiles : une *terrasse* est un fragment résiduel d'une ancienne surface terminale d'alluvionnement, plus ou moins retouchée par l'érosion et mise en relief par l'incision ultérieure.

Au total, l'enfoncement croissant des cours d'eau entraîne l'*échelonnement* de plusieurs terrasses, d'autant plus anciennes que leur altitude relative mesurée au-dessus du lit actuel est élevée (fig. VIII.28). Ainsi se forment notamment les terrasses *climatiques*, les plus fréquentes.

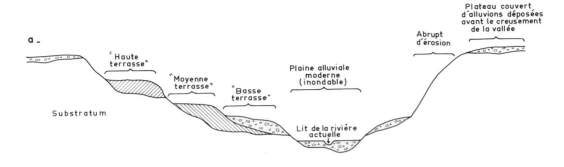

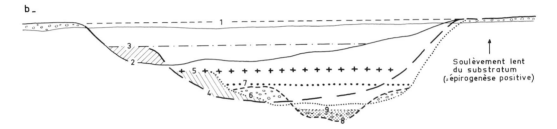

Fig. VIII.28 — *Les terrasses climatiques : distribution et genèse.*

a — Morphologie d'une vallée vue en coupe transversale :
• les « haute et moyenne » terrasses sont étagées,
• les « moyenne et basse » terrasses sont emboîtées.

b — Genèse des terrasses climatiques

1 — Niveau du plateau couvert d'alluvions, au Pliocène, avant le creusement de la vallée.

2 — Surface façonnée à la fin d'une première phase d'érosion apparue pendant une période à climat tempéré et humide (interglaciaire).

Le creusement est déclanché par un soulèvement du sous-sol : les eaux de rivière transportant peu de matériaux ont une énergie suffisante pour arracher les particules et les transporter vers l'aval.

3 — Niveau atteint après une première phase de remblaiement alluvial développée pendant une période à climat froid et humide (glaciaire). Les débâcles de printemps dues à la fonte des neiges et des glaces produisent de forts débits. La rivière en crue occupe toute la largeur de la vallée et transporte une grande quantité de matériaux arrachés aux versants peu couverts de végétation. Ces matériaux sont abandonnés en fond de vallée au moment de la décrue en été. Ainsi année après année, le remblaiement alluvial est-il construit.

4 — Surface modelée après une seconde phase d'érosion interglaciaire : une grande partie des alluvions déposées pendant la période glaciaire antérieure est évacuée vers l'aval, puis le substratum luimême est entamé. La surface 3, là où elle est préservée, alors placée en position plus élevée que la rivière, devient une terrasse.

5 — 7 — 9 — Niveaux atteints lors de remblaiements ultérieurs.

6 — 8 — Surfaces façonnées lors des phases d'érosion ultérieures.

Lorsque les phases d'érosion et de sédimentation sont bien distinctes, de véritables terrasses à profil transversal subhorizontal apparaissent : terrasses *étagées* si l'incision est profonde entre deux épisodes de dépôt, terrasses *emboîtées* dans le cas
contraire.

Si les épisodes érosion-sédimentation sont moins tranchés, se forment des *glacis
polygéniques*, à surface en pente vers l'axe de la vallée, sous lesquels les formations
sont emboîtées (rives convexes des cours d'eau à méandres, fig. VIII.29).

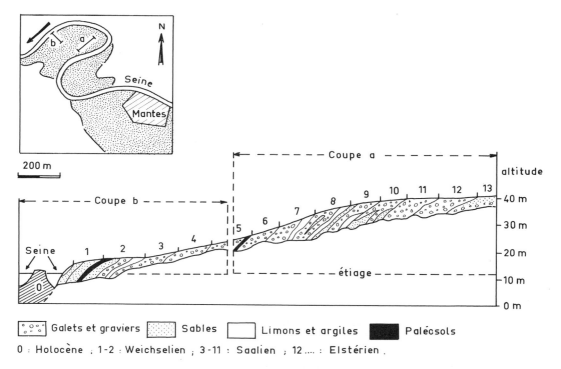

Fig. VIII.29 — *Les nappes alluviales de la Seine en aval de Man-
tes* (d'après F. Lécolle, in M. Léger, 1984, modifié) : glacis polygénique à formations fluviatiles emboitées.

Dans une même région, les formations fluviatiles peuvent être différemment réparties d'une vallée à l'autre ou de l'amont vers l'aval dans la même vallée. Par exemple, dans le sud du bassin de Paris, la position relative des alluvions du Pléistocène
moyen (Fv et Fw), du Pléistocène supérieur (Fx et Fy) et de l'Holocène (Fz) de la
Loire, du Cher, de l'Indre, de la Vienne et de la Creuse, varie selon leur situation
par rapport aux déformations tectoniques (anticlinaux, synclinaux, failles...), selon
la lithologie du substratum, leur régime hydrologique, etc. (fig. VIII.30). Les formations ont une épaisseur très variable dépassant rarement 10 m. Les dépôts du Pléistocène moyen résultent plutôt de rivières à méandres tandis que ceux du Pléis-

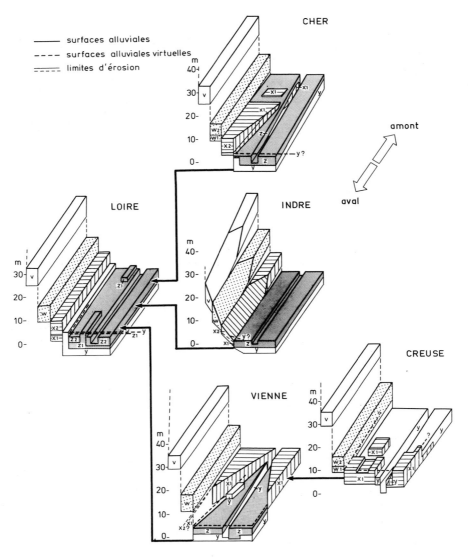

Fig. VIII.30 — *Représentation schématique de la distribution des formations fluviatiles d'âge pléistocène moyen à holocène de la Loire et de ses affluents de rive gauche, au sein des vallées dans le sud-ouest du Bassin de Paris* (d'après J.J. Macaire, 1981).
Fv : Mindel (?) ; *Fw* : Riss ; *Fx* : Würm ancien ; *Fy* : Würm récent ; *Fz* : Holocène.

tocène supérieur proviennent généralement de cours d'eau à chenaux anastomosés. La surface de contact alluvions-substrat, façonnée pendant les périodes d'érosion et retouchée au cours de la migration des chenaux lors des périodes d'alluvionnement, est très irrégulière (fig. VIII.31).

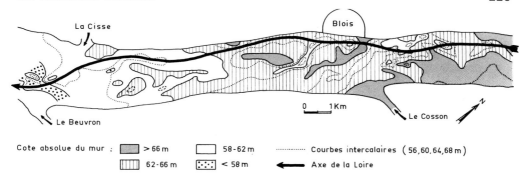

Fig. VIII.31 — *Forme du mur des formations fluviatiles* (Fz-Fy) *dans le val moderne de la Loire aux environs de Blois* (d'après P. Maillard, inédit).
On remarque l'irrégularité de la surface de contact alluvions — substrat. La cote moyenne de la plaine alluviale actuelle varie de 69 m en amont à 64 m en aval.

En contrebas des plateaux, les vallées de la Seine en Ile-de-France et de la Loire en Touraine renferment 3 terrasses ; la Kennet, affluent de la Tamise, le Danube bavarois et ses tributaires alpins : 4, la Vienne et la Somme : 5, le Rhin en Allemagne : 6, le Rhône, la Garonne et l'Adour : 7, l'Isle, affluent de la Dordogne : 8, et la Durance : 9.

VIII. 4 · Stratigraphie des sédiments fluviatiles

VIII. 4. 1 · Mode d'approche

Excepté pour les plus récentes, la plupart des alluvions observées sont des *bribes dispersées de formations* représentant des épisodes de sédimentation brefs et discontinus. Ce sont donc de très *médiocres matériaux pour le stratigraphe.*

Plusieurs types d'arguments permettent de classer chronologiquement et de dater les formations fluviatiles.

a) Nombre et altitude relative des terrasses

Cette « stratigraphie » sur des *bases morphologiques* est commode sur une aire peu étendue. Elle fut très employée mais paraît inutilisable pour des corrélations sur de grandes distances en raison du télescopage ou du dédoublement des surfaces alluviales liées à la variabilité régionale des facteurs géodynamiques.

b) Nature lithologique des dépôts et des sols formés à leurs dépens

Il faut distinguer, au sein des alluvions, les caractères qui procèdent des conditions hydrodynamiques de leur mise en place *initiale*, de ceux acquis *postérieurement* au cours de phases pédogénétiques multiples et cumulées, lorsque les dépôts n'ont pas été enfouis, ou avant leur enfouissement.

Les caractères sédimentologiques initiaux permettent de reconstituer l'aspect du cours d'eau à un moment donné, de comprendre l'organisation et d'établir des corrélations entre dépôts de faciès souvent très différents. On peut ainsi reconstituer des « ensembles » : unités lithostratigraphiques éclatées dans l'espace.

Les caractères paléopédologiques, d'autant plus marqués et complexes que les alluvions sont anciennes, traduisent l'âge relatif des dépôts. Ils doivent être utilisés prudemment, mais apportent des renseignements précieux lorsque les caractères initiaux sont peu différents entre deux dépôts (voir § IV.3.2.b).

Ces observations conduisent à l'identification de formations et à une *lithostratigraphie* ou à une *pédostratigraphie* qui ont l'intérêt de révéler des phases alluviales qui n'apparaissent pas dans la morphologie.

c) Documents paléontologiques

Excepté dans les sédiments fins et calcaires des bras morts de rivières ou des plaines d'inondation, le milieu fluviatile est *peu favorable* au piégeage et à la conservation des restes d'organismes. Les courants dispersent, mélangent et endommagent les dents, ossements et coquilles ; la taille grossière des sédiments inhibe les concentrations palynologiques. La plupart des fossiles recueillis ont été arrachés par l'érosion à des formations géologiques plus anciennes, et sont donc peu parlant.

Les restes d'*industries lithiques* sont les plus utiles. Elles sont abondantes dans les alluvions, surtout au Paléolithique inférieur, car nos ancêtres campaient sur les berges des rivières et produisaient des outils en roches dures d'assez grande taille (chopping tools, bifaces...), dispersés autour de leur lieu d'abandon, et résistant bien au brassage fluvial. Leur situation à la base, au sein ou en surface des dépôts, doit être bien établie. Mais la plupart des gisements renferment des industries remaniées et mélangées dans tout le corps sédimentaire.

d) Datations radiométriques

Elles sont rares et dispersées, et les mesures de paléomagnétisme aléatoires en raison de la nature lithologique et de la non-continuité des sédiments alluviaux.

VIII. 4. 2 · Principaux résultats

D'une manière générale, *les formations alluviales sont plus nombreuses que les terrasses*. La plupart des formations sont à relier à des cycles climatiques. Du fait de l'analogie des arguments généralement disponibles (nombre et position des terrasses, nature des sédiments et des paléosols) et malgré les critiques fondées que cela engendre, on a coutume de rapporter les formations alluviales aux glaciations définies par A. Penk et E. Bruckner (1901-1905), B. Eberl (1930) et I. Schaefer (1953) d'après les dépôts fluvio-glaciaires du bassin du Danube dans les Alpes.

Les principaux résultats ont été exposés lors d'un colloque consacré aux « Problèmes de stratigraphie quaternaire en France et dans les pays limitrophes » (J. Chaline coord., 1980).

Il n'existe pas de terrasses attribuées au *Biber*, mais des *cailloutis de plateau*. Les alluvions les plus élevées, situées parfois en position de terrasses, révèlent souvent deux cycles climatiques, rapportés de façon hypothétique, l'un au *Donau* et l'autre au *Günz*.

Parmi les alluvions moyennes on définit généralement un cycle au *Mindel* (deux au plus), au cours duquel apparaissent les premières traces d'industries, de facture abbevillienne, et deux cycles au *Riss* (quatre au maximum). Les alluvions rissiennes renferment souvent de fortes concentrations en industrie acheuléenne, et la dernière terrasse qu'elles constituent est la mieux représentée dans la plupart des vallées d'Europe occidentale.

Pour le *Würm* on repère presque partout deux cycles : l'un correspond à une basse terrasse dont les alluvions renferment des artefacts du Paléolithique moyen (moustériens) dispersés. L'autre est représenté par des dépôts le plus souvent enfouis sous les alluvions holocènes et actuelles qui contiennent des pièces éparses du Paléolithique supérieur.

Les formations alluviales traduisent donc, au plus, *dix cycles climatiques depuis le Pliocène.*

Références bibliographiques

Allen J.R.L. (1965) — A review of the origin and characteristics of recent alluvial sediments. *Sedimentology*, 5, 89-191.

Allen J.R.L. (1968) — Current ripples — Their relation to pattern of water and sediment motion. *North — Holland Publ. Comp.,* Amsterdam, 433 p.

Allen J.R.L. (1970) — A quantitative model of grain size and sedimentary structures in lateral deposits. *Geol. Journ.,* 7, 129-146.

Allen J.R.L. (1973) — A classification of climbing — ripple cross — lamination. *Journ. Geol. Soc. London,* 129, 537-541.

Anketell J.-M., Cegla J., Dzulynski S. (1970) — On the deformational structures in systems with reversed density gradients. Roczn, *pol. Tow. geol.,* 41, 3-30.

Bonvalot J., Courel L. et Senac P. (1984) — Étude sédimentologique du remplissage plio-pléistocène de la Bresse. *Géologie de la France,* 3, 197-220.

Brossé R. (1982) — Les processus sédimentaires dans le fleuve Loire. Thèse Doct. État, Angers, 350 p.

Brunnacker K. (1976) — Les alluvions fluviatiles dans le Bassin du Rhin, région française. La préhistoire française, I-1, 125-126.

Bull W.B. (1977) — The alluvial fan environment. *Progr. Phys. Geog.,* 1, 2, p. 222-270.

Cant D.J. et Walker R.G. (1978) — Fluvial processus and facies sequences in the sandy braided South Saskatchewan River, Canada. *Sedimentology,* 25, 625-648.

Chaline J. (sous la direction de) (1980) — Problèmes de stratigraphie quaternaire en France et dans les pays limitrophes. *Suppl. Bull. A.F.E.Q.,* n° 1, 372 p.

Collinson J.D. (1972) — The Rode conglomerate of Inner Scoresby Sund and the Carboniferous (?) and Permian rocks west of the Schuchert Flod. *Meddr. om Gronland,* Bd. 192, n° 6, 1-48.

Collinson J.D. (1978) — Alluvial sediments. in Reading H.G. (éd.) : Sedimentary environments and facies, 15-60, Blackwell, Oxford.

Collinson J.D. et Thompson D.B. (1982) — Sedimentary structures. Allen et Unwin Pub., London, 194 p.

Doeglas D.J. (1962) — The structure of sedimentary deposits of braided rivers. *Sedimentology,* 10, 83-100.

Eberl B. (1930) — Die Eiszeitenfolge in nördlichen Alpenvorland. Augsburg.

Fisk H.N. (1944) — Geological investigation of the alluvial valley of the lower Mississippi River. Mississippi River Commission, Vicksburg, Miss. 78 p.

Fourniguet J. (1977) — Mise en évidence de mouvements actuels, verticaux, dans le S-E de la France, par comparaison de nivellements successifs. *C.R. som. Soc. Géol. Fr.,* 5, 266-268.

Fourniguet J. (1980) — Mouvements verticaux actuels en Bassin de Paris, révélés par les comparaisons de nivellements. *Bull. Soc. Géol. Fr.,* 7, XXII, 685-693.

Gall J.C. (1976) — Environnements sédimentaires anciens et milieux de vie. Doin éd., Paris, 228 p.

Geissert F., Menillet F., Farjanel G. (1976) — Les alluvions rhénanes plio-quaternaires dans le département du Bas-Rhin. *Sc. Géol. Bull.,* Strasbourg, 29, 2, 121-170.

Hérail G. (1984) — Les cônes de déjection : formes et sédiments. *Bull. Centre Rech. Explor. Prod. Elf Aquit.,* 8, 1; 135-150.

Hjulström F. (1939) — Transportation of detritus by mowing water. In Trask P.D. ed., Recent marine sediments. *Am. Assoc. Petrol. Geol.,* p. 5-31.

Hooke R. le B. (1967) — Processus on arid region alluvial fans. *Journ. Geol.,* 75, p. 438-460.

Icole M. (1974) — Géochimie des altérations dans les nappes d'alluvions du piémont occidental nord-pyrénéen. *Sci. Géol. Strasbourg,* n° 40, 201 p.

Kumar S. et Singh I.B. (1978) — Sedimentological study of Gomti River sediments, Uttar Prodesh, India. Example of a river in alluvial plain. *Senckenbergiana marit.,* 10, 145-211.

Léger M. (coord.) (1984) — Signification dynamique et climatique des formations et terrasses fluviatiles quaternaires. *Bull. Ass. Fr. Et. Quat.,* 17-18-19, p. 2-193.

Leopold L.B., Wolman M.G. et Miller J.P. (1964) — Fluvial process in geomorphology. Freeman, London, 522 p.

Macaire J.-J. (1981) — Contribution à l'étude géologique et paléopédologique du Quaternaire dans le Sud-Ouest du Bassin de Paris (Touraine et ses abords), Thèse Doct. État, Sciences, Tours, t. 1, 304 p. ; t. 2, 146 p.

Macaire J.-J. (1983) — Évolution du réseau hydrographique dans le Sud-Ouest du Bassin de Paris pendant le Pliocène et le Quaternaire. *Bull. Ass. Fr. Et. Quat.,* 4, p. 183-195.

Macaire J.-J. (1985) — Relations entre les altérites formées sur les roches endogènes du Massif central français et les épandages détritiques périphériques, au Cénozoïque récent. *Géologie de la France,* 2, 201-212.

McKee E.D., Crosby E.J., Berryhill H.L. (1967) — Flood deposits, Bijou Creek, Colorado, June 1965. *J. Sediment Petrol.,* 37, 829-851.

Middleton G.V. et Southard J.B. (1978) — Mechanics of sediment movement. *Soc. Paleontol. Mineral. Short Course,* 3, 246 p.

Penk A. et Bruckner E. (1901-1905) — Die Alpen im Eiszeitalter. Leipzig, 1-3.

Reineck H.E. et Singh I.B. (1980) — Depositional sedimentary environments. Springer Verlag, Berlin, 549 p.

Schaefer I. (1953) — Die Donaueiszeitlichen Ablagerunger an Lech und Wertach. *Geol. Bavarica,* 19, p. 13-64.

Schumm S.A. (1977) — The fluvial system. J. Wiley et Sons, N.Y., 338 p.

Tourenq J. (1972) — L'augite, indicateur stratigraphique et paléogéographique des épandages détritiques en provenance du Massif central au Cénozoïque. *C. R. Ac. Sc., Paris,* t. 275, 9-12.

Williams E. (1960) — Intra-stratal flow and convolute folding. *Geol. Mag.,* 97, 208-214.

Chapitre IX

Les formations lacustres et palustres

Il peut paraître surprenant *a priori* de ranger les dépôts lacustres parmi les formations superficielles. Les séries lacustres peuvent en effet atteindre des puissances considérables, de l'ordre du millier de mètres dans les grands fossés d'effondrement tertiaires (fossés bressan, alsacien ou Limagne par exemple), mais il est également fréquent de rencontrer en position superficielle des remplissages de type lacustre ou palustre, comblant totalement ou partiellement de petites dépressions d'origines diverses (volcanique, glaciaire, tectonique).

Le milieu *lacustre* est caractérisé par une étendue d'eau généralement douce, au repos, occupant une dépression continentale. Lorsque le plan d'eau est très peu profond et que la végétation peut s'y développer, le milieu, marécageux, est dit *palustre*.

L'étude de ces formations est relativement peu abordée en France par les géologues ; mais elle constitue l'une des branches les plus dynamiques de pays où le passé glaciaire a provoqué la genèse de nombreuses dépressions fermées, rapidement occupées par des lacs, plus ou moins comblés par les apports détritiques des bassins versants ou par les accumulations organiques de type tourbe. C'est le cas de la Pologne et des pays scandinaves, où s'est développée une science propre, la limnologie, dont le but est d'étudier les lacs en tant qu'écosystème, et son corollaire, la paléolimnologie qui s'intéresse à l'histoire géologique des lacs. Avant d'aborder les dépôts lacustres proprement dits, examinons les différents types de lacs, cette approche initiale conditionnant directement la genèse des dépôts.

IX. 1 · Les différents types de lacs

L'existence d'un lac dépend de deux conditions essentielles : d'une part la présence d'une contre-pente dans l'écoulement général des eaux superficielles et d'autre part l'imperméabilité du substrat. Les processus d'érosion à la surface des continents ont tendance à déterminer une pente plus ou moins rapide, mais assez régulière depuis l'amont des bassins versants jusqu'à la destinée normale des eaux continentales que constitue le domaine marin. Il faut donc un processus particulier capable de créer une contre-pente opposée à cette pente générale, susceptible de retenir temporairement les eaux superficielles. L'examen de ces processus particuliers nous amène à aborder le premier critère de classification des lacs : le critère génétique.

IX. 1. 1 · Critère génétique

G.E. Hutchinson (1957) distingue 11 types génétiques de lacs qu'il subdivise en 76 sous-types. C'est dire la variété des cas que nous limiterons ici aux principaux.

a) Lac d'origine tectonique

Formé par l'affaissement lent sans cassure majeure du substrat ; c'est le cas de la mer Caspienne ou de la mer d'Aral, ou par effondrement linéaire en fossé : c'est le cas des lacs du rift africain ou du lac Baïkal. Ce fut également le cas des fossés tertiaires d'Alsace, de Bresse et de Limagne précités.

b) Lac d'origine volcanique

Le phénomène volcanique provoque des remaniements morphologiques responsables de bassins fermés, propres à retenir un lac : c'est le cas des coulées volcaniques barrant les vallées adjacentes, ou les anciens cratères et caldeiras qui confèrent aux lacs qui les occupent une allure circulaire caractéristique. Ce sont les maars de l'Eifel ou du Massif central français.

c) Lac d'origine glaciaire

Le phénomène glaciaire est sans doute responsable de la majorité des lacs du domaine continental actuel. Au moment du développement glaciaire déjà, les langues glaciaires provoquent souvent des barrages suffisants pour retenir des masses d'eau dans les vallées secondaires. Mais surtout, après le retrait glaciaire, la modification morphologique du substrat érodé en bassins de surcreusement dans certaines zones, ou chargé de moraines frontales dans d'autres zones, se prête particulièrement bien à la retenue des lacs (fig. IX.1). Les grands lacs du domaine circum alpin suisse (lacs Léman, de Zürich, de Brienz, de Neuchâtel) ou italien (lacs de Côme, de Garde) sont des lacs de surcreusement glaciaire et leur profondeur initiale se situe souvent plus bas que le niveau de la mer. Dans le cas des régions autrefois occupées par une calotte glaciaire, l'irrégularité morphologique des moraines de fond, accentuée par les bourrelets moraniques épars, est responsable des paysages actuels de Mazurie, Finlande ou du Canada, où l'espace occupé par les lacs est parfois plus étendu que les zones émergées.

Fig. IX.1 — *Lac d'origine glaciaire.* A l'arrière plan une moraine frontale a barré la vallée en auge, d'origine glaciaire. Au premier plan, un cône deltaïque comble progressivement le lac. Lac de Chambly, Jura (cliché M. Magny).

d) Lac d'éboulement

Les éboulements importants dans les vallées encaissées peuvent causer des obturations responsables de retenues lacustres. Lors des retraits glaciaires en particulier, le phénomène de détente subi par les parois est propice à ce type d'éboulement. De nombreux exemples sont connus dans les Alpes.

e) Autres lacs

D'autres causes peuvent être responsables de lacs, mais de façon beaucoup plus accessoire. Citons les lacs installés dans des zones où le substrat (gypse, sel, calcaire) s'est localement dissous, créant une dépression, les lacs liés à l'évolution des cours d'eau (méandre abandonné, aval de cascade...), les lacs d'origine éolienne dont le barrage est créé par des accumulations limoneuses poussées par les vents, les lacs de bordure marine isolés de la mer par des dépôts de courant, etc.

IX. 1. 2 · Critère trophique

La nature des dépôts lacustres est directement tributaire de l'état physico-chimique et biologique du lac. Cet état est sous la dépendance d'une série de facteurs liés à la propre morphologie du lac (profondeur, pente des rives), à la température des eaux, à la lumière ambiante, mais aussi aux apports du bassin versant par les affluents et le ruissellement (carbonates, nitrates, diverses matières en solution ou en suspension, matières organiques).

Un lac suralimenté en matière organique exogène issue du bassin versant et insuffisamment oxygéné pour la dégrader est de *type dystrophique.*

La capacité d'un lac à produire, à partir des éléments nutritifs, sa propre matière organique, permet de définir plusieurs types :
- le *type oligotrophique* a une faible productivité en matière organique. Ses eaux sont en général claires et son taux d'oxygénation élevé.
- le *type eutrophique* a une forte productivité en matière organique. Ses eaux ont une faible transparence et le taux d'oxygénation est faible.
- le *type mésotrophique* a des caractéristiques situées entre les deux extrêmes précédents.

On peut constater une évolution progressive des caractères trophiques d'un lac, le type oligotrophique correspondant le plus souvent à un stade lacustre « jeune », le type eutrophique à un stade évolué.

Les dépôts lacustres de types dystrophique et eutrophique sont riches en matière organique non décomposée (tourbe). Au contraire, les dépôts de lac oligotrophique sont dominés par les sédiments minéraux, détritiques ou de précipitation.

IX. 1. 3 · Critère thermique

La valeur et l'évolution de la température au cours de l'année entre l'*épilimnion* (zone superficielle des eaux du lac) et *l'hypolimnion* (zone profonde) constituent également un critère de classification. L'importance des brassages et des échanges entre ces deux strates d'eau, en fonction des variations périodiques de température, donc de densité, permet de distinguer :

- *Le type amictique* : pas de mélange saisonnier des eaux. Ces lacs sont froids ou chauds en permanence.
- *Le type dimictique* : présente deux brassages des eaux par an. La densité de l'eau est maximum aux environs de 4°C. Au cours du refroidissement de l'épilimnion en automne et lors de son réchauffement au printemps, l'eau passant par sa densité maximum s'enfonce et fait remonter en surface celle de l'hypolimnion. En hiver et en été, un équilibre s'établit.

IX. 2 · Le milieu lacustre : un écosystème complexe et fluctuant

Les dépôts lacustres dépendent étroitement du type de lac et de l'environnement immédiat dont il est tributaire. Un lac peut être en effet considéré comme un écosystème lié à des paramètres externes et internes évoluant en fonction du climat, des saisons ou même parfois des jours.

IX. 2. 1 · Les paramètres influents

a) Paramètres externes

Ils sont liés à la dimension et à la nature du bassin versant dont le lac dépend :
— *climat* : l'environnement climatique lié à l'altitude ou la latitude influence le métabolisme du lac et les dépôts qui s'y accumulent. Un bassin versant dénudé associé à un régime de pluies discontinues favorise les apports détritiques minéraux alors qu'un bassin versant boisé, associé à un régime de pluie régulier privilégie les apports solubles et organiques.
— *géomorphologie* : les lacs de montagne encaissés dans des vallées aux fortes pentes reçoivent des apports latéraux abondants par éboulement en masse et coulées boueuses. Ces apports ont été abondants dans les anciennes vallées glaciaires immédiatement après le retrait des glaces. Au contraire, les lacs peu profonds qui occupent les dépressions des moraines de fond du domaine glaciaire (Dombes, Finlande, Pologne), dominées de quelques mètres par des croupes molles, ont un taux de remplissage très faible dominé par la matière organique.
— *hydrologie :* la présence et l'importance des affluents déterminent la nature des apports. A chaque débouché d'affluent actif dans le lac, s'édifie un delta de type progradant ayant tendance à combler progressivement le lac par accrétion latérale. Le détritisme sera moins influent dans les lacs sans affluent individualisé, alimentés en eaux seulement par le ruissellement ou la nappe phréatique.
— *géologie* : la nature lithologique du bassin versant influence la vie du lac et les dépôts. Les bassins versants dominés par les calcaires provoquent le développement de boues micritiques (craies lacustres) apportées par les affluents karstiques. En contexte argileux ou granitique, les dépôts détritiques fins ou grossiers apportés par le ruissellement superficiel dominent dans les remplissages.

Selon les cas, ces différents paramètres externes sont plus ou moins influents sur la nature des remplissages lacustres. Ils sont de toute manière profondément interdépendants et ils agissent de façon déterminante sur les paramètres internes propres au lac.

b) Paramètres internes

Ils sont liés au lac lui-même :
— dimension et morphologie du lac : profondeur, morphologie du substrat...
— caractéristiques physiques et chimiques de l'eau :
- couleur et transparence liées à la présence de substances organiques dissoutes, d'organismes ou de suspensions minérales,
- température et ses variations saisonnières dont dépend la distribution des différentes couches thermiques au sein de la masse d'eau,
- courants et effets de vague dus aux apports des affluents, aux variations thermiques et aux vents dominants,
- pH, conductivité, oxygène dissous et teneurs en sels minéraux déterminent les conditions de précipitation des apports et le développement des communautés vivantes floristiques (zone littorale et zone pélagique à phytoplancton) et faunistiques.

IX. 2. 2 - L'écosystème lacustre et l'origine du remplissage

On peut très schématiquement représenter les composantes principales qui participent au remplissage d'un lac (fig. IX.2). L'essentiel des apports allochtones issus du bassin versant transite par le ou les affluents et s'accumule sous forme de deltas qui progressent par accrétion latérale vers le centre du bassin. Les éléments les plus grossiers participent au delta, tandis que les fractions les plus fines se sédimentent plus lentement après une phase de suspension alimentant les dépôts de fond horizontaux. Du flanc immergé du delta (beine) des masses turbiditiques peuvent glisser périodiquement et surtout après les crues pour alimenter les dépôts de fond.

Avec les produits détritiques, les affluents apportent au lac des matières en solution prélevées au bassin versant (bicarbonates, chlorures, sulfates) et la brusque variation des conditions physico-chimiques (pH, oxygénation, température) et biologiques (photosynthèse planctonique) provoque leur précipitation.

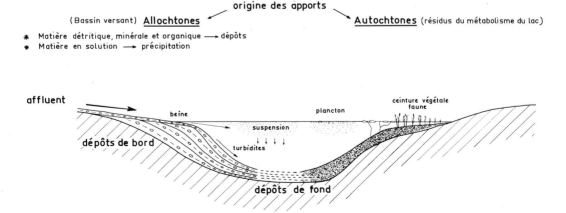

Fig. IX.2 — *Les composantes principales des dépôts lacustres.*

Les produits organiques peuvent également être d'origine allochtone, mais ils dérivent le plus souvent des résidus métaboliques floristiques (ceinture végétale et phytoplancton) ou faunistiques du lac.

IX. 3 · Les sédiments lacustres

Bien que les composantes principales des sédiments lacustres (détritiques, biochimiques, organiques) soient souvent associées au sein d'un même remplissage, nous les aborderons successivement pour la clarté de l'exposé.

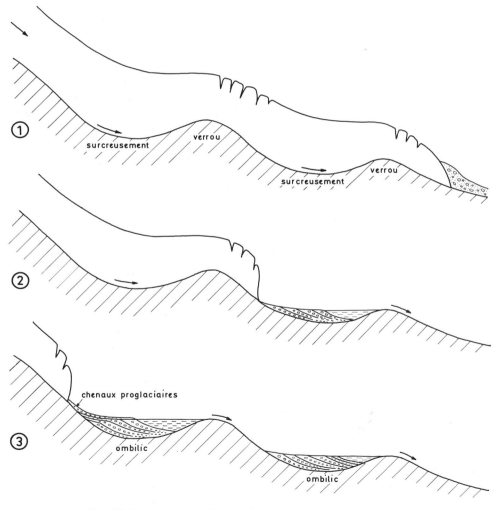

Fig. IX.3 — *Les remplissages lacustres de vallée au cours du retrait glaciaire.*

IX. 3. 1 - Sédiments à dominante détritique

Ils dominent dans les remplissages lacustres approvisionnés par un ou plusieurs affluents bien individualisés et dont les matériaux transportés sont piégés lors de la chute brusque de compétence au débouché dans le lac. Examinons quelques exemples typiques.

a) Les remplissages de lac de retrait glaciaire

Les langues glaciaires qui ont occupé les vallées des principales chaînes de montagne au cours des maximums froids du Quaternaire, ont modelé le substratum par érosion différentielle, déterminant une suite de bassins de surcreusement séparés par des verrous. Au cours du retrait, ces bassins sont occupés par des lacs comblés progressivement de matériaux détritiques véhiculés par les chenaux proglaciaires, sous forme d'un cône deltaïque grossier de progradation à l'amont du lac (fig. IX.3 et IX.4). Selon l'importance des apports et la dimension du lac, celui-ci peut se combler totalement au cours du retrait glaciaire ou non. C'est le cas de la majorité des lacs péri-alpins (lacs Léman, de Zürich sur le versant nord et nord-ouest, lacs Majeur, de Côme, de Garde sur le versant sud), vosgiens (lacs de Longemer, Retournemer, lac Blanc) ou jurassiens (lacs de Chalain, Clairvaux, Saint-Point, Joux...). Ces lacs présentent tous en amont un bassin plat ou légèrement en pente, plus ou moins développé, qui constitue un bon réservoir aquifère.

Fig. IX.4 — *Cône deltaïque grossier d'origine glacio-lacustre.* On distingue les couches inclinées du complexe basal mis en place par progradation *(topset beds)* surmontées par les couches sommitales horizontales *(foreset beds)*. Combe d'Ain, Jura.

Les moraines frontales successives ont souvent, comme les verrous, joué le rôle de barrages derrière lesquels les lacs se sont formés après le retrait définitif du glacier. L'étude des dépôts superficiels dans les reculées jurassiennes en donne un bon exemple (fig. IX.5 et IX.6). On peut constater la présence de trois bassins lacustres liés chacun à un barrage morainique frontal. Ils possèdent tous, avec quelques variantes, un remplissage typiquement détritique. Les deux bassins de l'aval sont encore occupés par les lacs de Chambly et du Val, alors que le bassin de l'amont, plus proche des apports détritiques, possède un cône grossier plus important et est complètement comblé. Le remplissage de chacun de ces bassins n'est pas uniquement lié au retrait glaciaire. Bien après celui-ci, au cours du tardiglaciaire et du postgla-

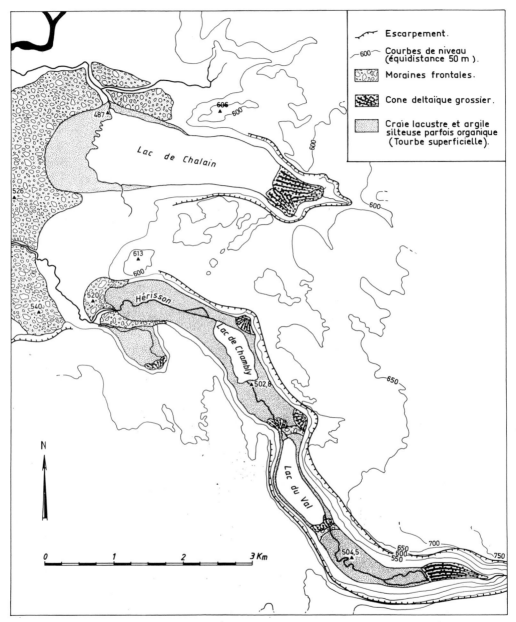

Fig. IX.5 — *Cartographie des dépôts lacustres et glacio-lacustres dans les réculées du Hérisson et de Chalain* (Jura).

ciaire, un alluvionnement fin-argilo-silteux et organique a poursuivi leur comblement, mais à une vitesse beaucoup plus réduite. Dans les vallées encaissées, des apports latéraux sous forme d'éboulis et de cônes de déjection ont alimenté le remplissage lacustre au cours de son remblaiement (fig. IX.6).

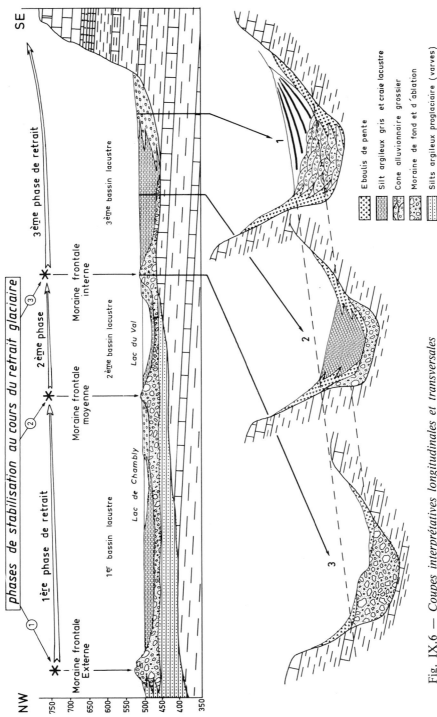

Fig. IX.6 — Coupes interprétatives longitudinales et transversales
des dépôts glaciaires, glacio-lacustres et lacustres de la reculée du
Hérisson (Jura).

Légende voir figure précédente.

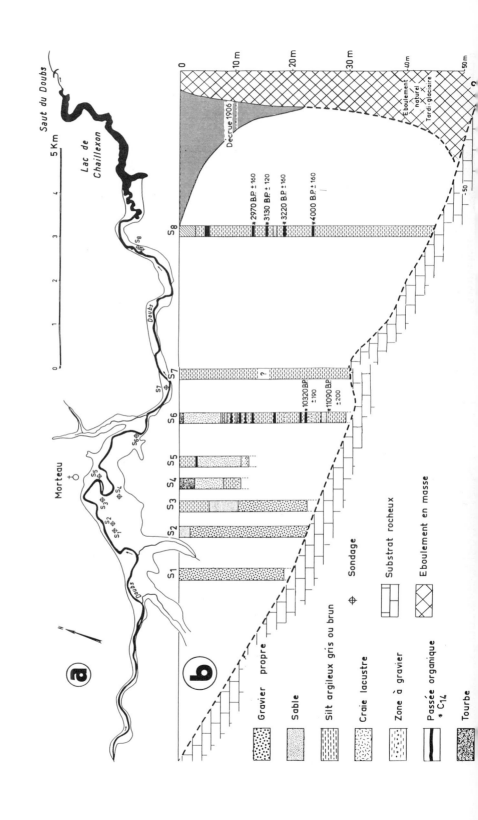

Saut du Doubs

Lac de Chaillexon

Morteau

Doubs

Doubs

5 Km

0   1   2   3   4

N

a

b

S1 S2 S3 S4 S5 S6 S7 S8

0
10 m
20 m
30 m
40 m
50 m

- 50

Décrue 1906

Eboulement naturel
Tardi-glaciaire

2970 B.P. ± 160
3130 B.P. ± 120
3220 B.P. ± 160
4000 B.P. ± 160

?

1320 B.P. ± 190
11090 B.P. ± 200

Gravier propre

Sable

Silt argileux gris ou brun

Craie lacustre

Zone à gravier

Passée organique
* C14

Tourbe

⊕ Sondage

Substrat rocheux

Eboulement en masse

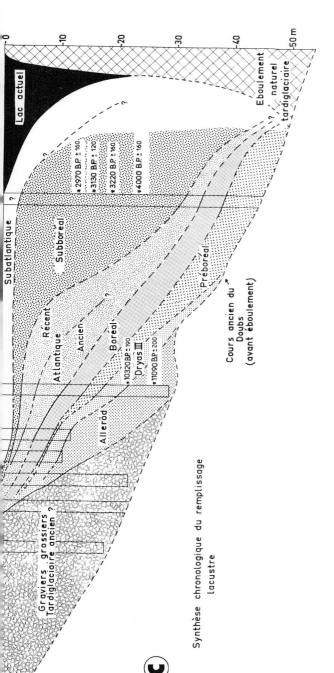

Fig. IX.7 — *Le remplissage du lac d'effondrement de Chaillexon (Doubs)* (M. Campy et H. Richard, 1985).
a : contours de l'ancien lac et de son comblement, par rapport au lac actuel résiduel à l'aval (en noir). Localisation des sondages.
b : lithologie des sondages et localisation des datations C14.
c : synthèse chronologique.

b) Les remplissages de lac d'effondrement

L'évolution morphologique des grandes vallées de montagne est jalonnée de phases d'effondrement des parois rocheuses qui obstruent l'écoulement fluviatile normal en créant un lac. Ces phases d'effondrement correspondent à des périodes de modification climatique (augmentation de la cryoclastie) ou des processus de détente des parois liés à des phénomènes tectoniques ou de déglaciation. Un lac de barrage naturel noie alors l'ancienne vallée fluviatile et les éléments détritiques transportés par la rivière s'y piègent. Le cas du remplissage du lac de Chaillexon (Doubs) servira d'exemple à ce type (fig. IX.7).

Un éboulement rocheux immédiatement postglaciaire a barré le cours du Doubs et un lac d'une quinzaine de kilomètres de long s'est installé dans la vallée à l'amont du barrage. Ce lac s'est comblé progressivement. Une dizaine de sondages ont pu être étudiés et ont servi à caler une reconnaissance géophysique.

On constate la présence de deux types de remplissages lithologiquement et spatialement bien distincts :

— Un *remplissage grossier* de graviers contenant une nappe aquifère importante et occupant la partie en amont du remplissage, à l'ouest du sondage S3. Cette formation, complètement noyée dans l'eau, n'a jamais été vue à l'affleurement, mais sa nature reconnue par sondage nous permet de l'assimiler à un dépôt proglaciaire de type deltaïque, avec talus de progradation s'avançant progressivement dans l'ancien lac. La présence de gros blocs (de type drop-stones) confirme cette interprétation.

Ce type de remplissage stoppe brusquement au niveau du sondage S3 où la lithologie grossière n'est seulement présente qu'à partir de 12 m de profondeur, la partie supérieure étant constituée de sables et de silt argileux gris.

— Un *remplissage détritique fin* (silt argileux) présentant des intercalations de craie lacustre et de niveaux organiques. C'est sur ces matériaux qu'ont été effectuées les analyses palynologiques et localement des mesures radiochronologiques.

Ce type de remplissage occupe toute l'ancienne vallée à partir du sondage S4 et au niveau des sondages S5, S6, S7 et S8.

La synthèse chronologique et dynamique du remplissage lacustre est donnée par la figure IX.7.c. Seuls, les éléments fins du remplissage ont pu être situés avec précision dans la chronologie du tardi- et du post-glaciaire grâce à leur contenu palynologique et quelques datations absolues sur les niveaux organiques. On peut constater que les séquences sédimentaires fines les plus anciennes débutent avec l'Alleröd. La séquence grossière située à l'amont peut donc être rapportée au tardi-glaciaire ancien pré-Alleröd, mais il est impossible de situer avec précision le début de la sédimentation lacustre, donc la date de l'éboulement ayant donné naissance au lac (aux environs de - 20 000 B.P.).

La sédimentation fine tardi- et post-glaciaire (de l'Alleröd au Boréal compris) se fait sous forme de niveaux régulièrement inclinés de l'amont à l'aval, avec une pente moyenne de 10 m pour 4 km environ et une sédimentation de plus en plus fine vers l'aval, tout en restant dans une granularité de type sable fin — silt. Ce type de sédimentation présentant des limites isochrones régulièrement inclinées vers l'aval, est surtout présent dans la zone large du paléolac, avant son rétrécissement (sondage S7). A l'aval de ce rétrécissement et jusqu'au lac actuel, la sédimentation se fait au cours de l'Holocène récent (Atlantique et surtout Subboréal) sous forme de faisceaux dilatés à l'amont et s'amincissant à l'aval. Cette particularité est bien visible au niveau du sondage S8 où la sédimentation atteint une trentaine de mètres pour la seule période subboréale.

c) Les varves

D'après « Glossary of Geology » (Gary, McAfee and Woff, 1972), le terme varve est défini comme « couche sédimentaire ou laminite ou séquence laminée déposée en eau calme pendant *une année* ». Les varves sont habituellement considérées comme des dépôts de lac proglaciaire et chaque varve est constituée d'un doublet de couches : à la base une couche claire, formée de matériaux grossiers (sable ou silt) considérée comme la couche déposée en été lors de la fonte active du glacier, surmontée par une couche plus sombre moins épaisse (fig. IX.8), formée de matériaux plus fins (silt ou argile) parfois organique et considérée comme la couche déposée en hiver (M. Sturm, 1979). C'est le Suédois De Geer qui, en 1912, grâce au décompte minutieux des varves dans les anciens lacs proglaciaires situés entre le maximum glaciaire würmien et les sédiments varvés actuels, estima l'âge du dernier maximum aux environs de 10 000 ans.

Fig. IX.8 — *Séquence à laminites (varves)*. L'alternance de couches sombres et claires n'est pas liée ici à la présence ou l'absence de matière organique mais à une différence de granulométrie. Combe d'Ain-Jura.

La littérature géologique française continue, même dans les ouvrages récents, à appeler « varve » toutes les structures sédimentaires de type *laminite*, c'est-à-dire constituées de lits minces, réguliers dont la rythmicité annuelle n'est pas démontrée. Il est vrai que les derniers colloques spécialisés (Colloquium on Varves, in Moraines and Varves, 1979, Éd. Ch. Schlüchter) ont montré que cette appellation s'appliquait de plus en plus à des formations édifiées dans des conditions qui n'étaient pas toujours de type lac proglaciaire, mais dans des environnements (lacustres ou marins) beaucoup plus diversifiés.

La définition du terme « varve » doit donc être reconsidérée dans la mesure où ces dépôts ne se forment pas exclusivement en milieu glacio-lacustre à partir de cours d'eau issus de fonte glaciaire et que le doublet couche claire — couche sombre ne traduit par forcément un cycle saisonnier de type annuel. Certaines « varves » ont été démontrées comme l'expression d'une seule crue ponctuelle et dans certains lacs oligotrophiques non liés au glacier, des « varves » continuent à se déposer.

c.1 — Place des varves dans le complexe sédimentaire glacio-lacustre

La majorité des faciès varvés est en étroite liaison avec les faciès glacio-lacustres, soit en position immédiatement périglaciaire, soit dans la zone intraglaciaire. Les conditions de leur genèse et leur place dans une dynamique sédimentaire proglaciaire sont schématisées dans la fig. IX.9. Les faciès varvés correspondent à des dépôts de fond (bottomset beds) qui constituent la fraction fine de la charge véhiculée par des chenaux issus des eaux de fonte et d'un front de glacier. Les fractions grossières se sédimentent en bordure du lac et édifient un delta avec talus de progradation (foreset beds) en couches inclinées et couches sommitales horizontales (topset beds). Disséminés dans les faciès varvés, les blocs démesurés sont fréquents. Ils témoingnent de décharges grossières à partir de radeaux de glace (iceberg) directement issus du front du glacier.

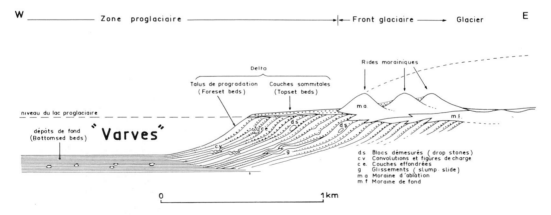

Fig. IX.9 — *Place des faciès varvés dans la dynamique sédimentaire proglaciaire* (M. Campy, 1982).

c.2 — Types de varves élémentaires

Les varves sont souvent décrites comme des doublets alternant de couches claires et de couches sombres. Les couches claires sont considérées comme « clastiques », c'est-à-dire formées de fractions grossières uniquement minérales (sables fins et silts), tandis que les couches sombres présentent une granularité plus fine (argiles et silts fins) et sont considérées comme riches en matière organique. Cette vision schématique est rarement réalisée. Tout d'abord les varves « vraies » (c'est-à-dire annuelles) sont séparées entre elles par une discontinuité sédimentaire majeure, qui traduit *un arrêt* dans la sédimentation. Le milieu proglaciaire est caractérisé par un *apport discontinu* de matériaux : en hiver, le gel stoppe la fonte, le lac est gelé au moins superficiellement. Le stock sédimentaire de la fonte d'été précédente se décante et se consolide. Le stock sédimentaire de la fonte suivante ne se mélange pas à la couche sous-jacente en partie compactée. Ainsi apparaît une discontinuité entre chaque varve annuelle. C'est au niveau de cette lacune sédimentaire que se délaminent facilement ces formations.

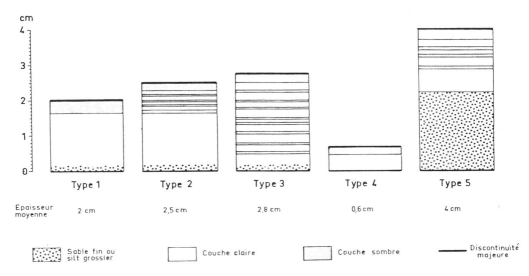

Fig. IX.10 — *Différents types de laminites élémentaires (varves)* (Campy, 1982).

De plus, les varves présentent une hétérogénéité de structure beaucoup plus grande que les définitions descriptives ne le montrent habituellement. Dans le lac proglaciaire würmien de la Combe d'Ain (Jura), cinq types élémentaires séparés par des discontinuités majeures ont été distingués (M. Campy, 1982) (fig.IX.10) :

— *Type 1* : d'épaisseur moyenne 2 cm, ce type présente un niveau grossier basal surmonté d'une épaisse couche claire, elle-même coiffée par une couche sombre de 3 à 4 mm de puissance.
— *Type 2* : un peu plus épais que le précédent, ce type montre une série de couches sombres millimétriques concentrées dans la partie supérieure de la couche claire.
— *Type 3* : légèrement plus épais que le précédent, ce type présente de nombreuses couches sombres millimétriques à peu près également réparties dans la couche claire.
— *Type 4* : c'est la réplique en beaucoup moins épais du type 1, mais outre sa minceur (5 à 7 mm), il s'en distingue par l'absence de niveau grossier basal et les ensembles à « varves » de type 4 ne présentent pas de discontinuités majeures (zone de délamination) comme les autres types.

— *Type 5* : il possède une épaisseur moyenne nettement plus grande, provoquée par un développement important du niveau grossier basal.

Cette variété montre la grande complexité de ce type sédimentaire considéré pourtant comme classique. La complexité typologique est à mettre en rapport avec la grande variété des complexes proglaciaires, variété liée à plusieurs phénomènes :
- type de glacier et importance des eaux de fonte,
- proximité du front glaciaire par rapport au lac où s'édifient les varves,
- importance relative des crues et des étiages,
- glacier en position de progression ou en position de retrait.

c.3 — Granulométrie des varves

L'isolement de chaque niveau intravarvé (niveau grossier basal, couche claire, couche sombre) et son analyse granulométrique individuelle permettent de donner une idée de la texture (fig. IX.11) :

— Les couches basales présentent un relatif bon tri granulométrique sur les fractions sablo-silteuses (des sables moyens aux silts grossiers).

— Les couches claires présentent un beaucoup plus mauvais tri granulométrique sur des fractions allant des sables moyens aux argiles, l'amplitude de la courbe s'étalant beaucoup plus au niveau des fractions fines que des fractions grossières.

— Les couches sombres présentent un bon tri granulométrique sur les fractions silto-argileuses (des silts moyens aux argiles).

On peut constater :
— que la fraction argileuse est toujours inférieure à 10 %, ce qui exclut pour ces formations l'appellation « d'argiles varvées » couramment employée ;

— que l'aspect, et en particulier la couleur (claire ou sombre) des couches, est lié essentiellement à la texture : une texture fine, bien classée, s'exprime dans des tons sombres alors qu'une texture plus grossière mal triée s'exprime dans des tons plus clairs.

L'étude de l'évolution verticale de la moyenne graphique et de l'écart-type dans deux unités élémentaires de type 2 permet d'interpréter ces unités comme des varves vraies, c'est-à-dire annuelles. La fig. IX.12 rend compte de cette évolution. Sur 21 échantillons étudiés, minutieusement isolés verticalement, on peut constater le caractère cyclique de la texture. Chacun des deux cycles étudiés débute par une couche « basale » de sable fin bien trié. C'est à ce niveau que se situe la discontinuité majeure permettant la délamination physique. Les analyses granulométriques de la couche claire traduisent un sédiment essentiellement silteux mal trié, tandis que l'alternance des couches claires et sombres du sommet se traduit par une évolution en dent de scie entre des échantillons fins bien classés dans les silts fins (couche sombre) et des échantillons moins bien classés dans les silts moyens et grossiers. Le caractère cyclique peut être interprété comme la résultante du cycle annuel : apport grossier basal lors de la fonte de printemps qui se poursuit par un mélange mal classé de particules grossières et de particules fines à sédimentation plus lente. La partie sommitale représente l'alternance de phases limitées de crues et d'étiages caractérisant la période estivale. La dernière couche sombre du sommet peut marquer l'étiage de fin d'été, tandis qu'un arrêt de sédimentation hivernal permet le tassement et

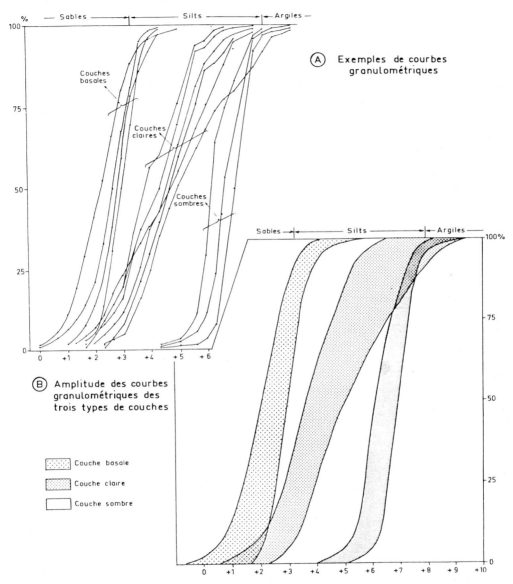

Fig. IX.11 — *Courbes granulométriques représentatives des principales couches d'une varve.*

le début de diagenèse des dépôts auxquels les sédiments du cycle suivant ne se mêle-ront pas. Ainsi s'établira la discontinuité majeure qui permet la délamination des varves. De fréquentes figures de glissement (slump) s'observent dans les séries var-vées (fig. IX.13).

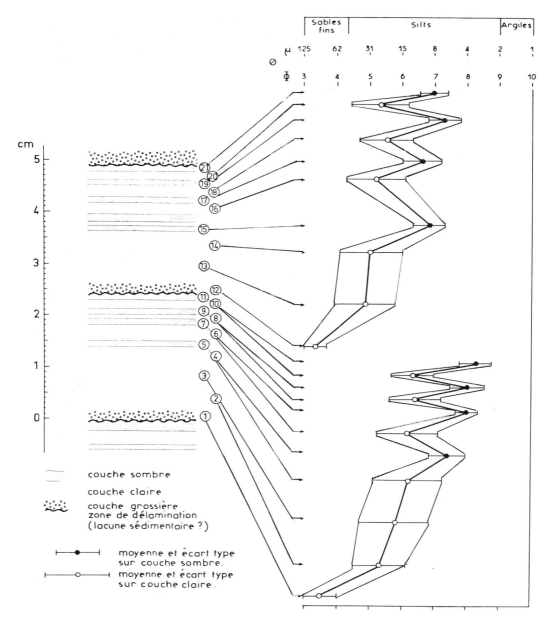

Fig. IX.12 — *Évolution verticale de la moyenne graphique et de l'écart-type dans deux laminites élémentaires (varves).*

Fig. IX.13 — *Glissement dans les séries varvées.* Ces figures sédimentaires, fréquentes dans les zones proches de l'approvisionnement détritique (varves proximales) sont des structures pénécontemporaines du dépôt. La partie supérieure du cliché montre un retour à une sédimentation horizontale, épousant la morphologie créée par le glissement. Les Forges — Combe d'Ain — Jura.

IX. 3. 2 · Sédiments à dominante biochimique

Les matières en solution apportées dans les lacs par les affluents se trouvent confrontées à des conditions physico-chimiques différentes qui peuvent entraîner leur précipitation. Selon la nature du bassin versant, ces matières sont variées. Les sédiments les plus fréquents de ce type sont les précipitations de carbonates de calcium abondants dans les lacs sur substrat calcaire (lacs et anciens lacs péri-alpins et jurassiens). Dans les lacs non encore totalement comblés, ces sédiments forment des banquettes périphériques (beine lacustre) de craie lacustre de couleur blanche (fig. IX.14 et IX.15), qui s'avancent plus ou moins vers le centre du lac, recouvertes d'une faible épaisseur d'eau (fig. IX.5 et IX.6).

Ce type de sédiment a été étudié dans le lac de Neuchâtel (C. Portner, 1951).

Les lacs sur substrat calcaire ou marno-calcaire (formations marines ou glaciaires) sont alimentés par les eaux superficielles du bassin versant, soit directement par ruissellement, ou après un trajet souterrain dans les réseaux karstiques. Les travaux de P. Corbel (1959), P. Birot (1961), D. Aubert (1967), M. Pochon (1974) — voir chapitre VI — ont montré l'importance quantitative de la dissolution, aussi bien superficielle (à l'interface sol-calcaire) que profonde, que les eaux de percolation provoquent sur les calcaires. En l'absence de lac à l'aval de résurgences, ces produits dissous précipitent parfois sous forme de travertins. Lorsque ces eaux chargées en

Fig. IX.14 — *Beine de craie lacustre émergeant en période d'étiage au bord du lac de Chalain* — Jura (cliché H. Magny).

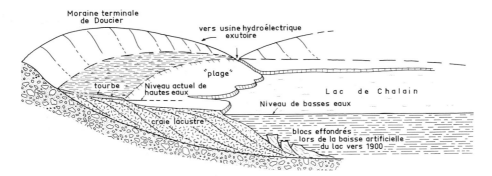

Fig. IX.15 — *Position de la banquette de craie lacustre sur la marge distale du lac de Chalain (Jura) :* voir fig. IX.5.

bicarbonates $(CO_3H)_2$ Ca parviennent à un bassin lacustre, les facteurs physico-chimiques de leur solubilité (température - CO_2 dissous) s'atténuent et l'activité métabolique des organismes végétaux (phytoplancton - ceinture végétale) provoque leur précipitation. Ce phénomène semble s'effectuer surtout sur les bordures lacustres, à faible profondeur : ainsi s'édifient ces banquettes qui ceinturent irrégulièrement les lacs péri-alpins.

C'est au cours de l'assèchement par comblement du lac en craies lacustres que les formations tourbeuses peuvent se développer, d'abord sur la périphérie puis peu à peu vers le centre en fonction de la progression du remplissage (fig. IX.16).

IX. 3. 3 · Sédiments à dominante organique

Au sens large, on a l'habitude d'appeler tourbe toute formation riche en matière organique d'origine végétale et de couleur foncée : brune, grise ou noire. Il y a en fait une grande variété de tourbes liée au mode de formation, à l'âge, aux types de végétaux d'origine et à leur état de décomposition. Les paysages de tourbières sont très typiques des régions nordiques (Finlande, Suède, Norvège, Karélie, Nord Canada) et confèrent à ces pays un caractère de pauvreté, de désolation, mais de beauté sauvage : sols noirs, imbibés d'une eau glauque, végétation clairsemée sur les collines dominantes. Les tourbières se raréfient dans les latitudes moyennes où elles n'existent que de manière sporadique dans les montagnes de l'Europe moyenne (Alpes, Vosges, Jura, Massif central et Bretagne). Des tentatives toujours malheureuses et décevantes de drainage y ont été entreprises et les tourbes ont été exploitées localement pendant les périodes de pénurie comme combustible, litière pour le bétail, amendement organique.

a) Tourbe et turbification

Selon l'âge, donc la profondeur et l'état de décomposition, la tourbe apparaît gazonneuse ou mousseuse près de la surface, fibreuse puis homogène en profondeur et les débris végétaux visibles et identifiables de moins en moins abondants.

Du point de vue de la composition, certaines tourbes sont riches en matières miné-

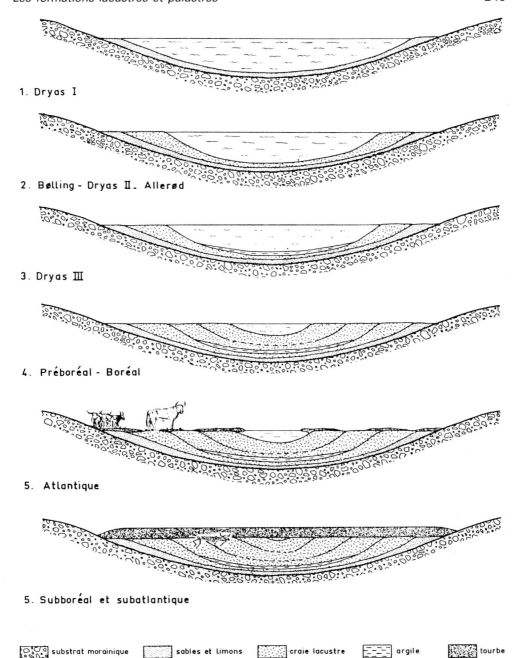

1. Dryas I

2. Bølling - Dryas II _ Allerød

3. Dryas III

4. Préboréal - Boréal

5. Atlantique

5. Subboréal et subatlantique

substrat morainique   sables et limons   craie lacustre   argile   tourbe

Fig. IX.16 — *Place de la craie lacustre dans la chronologie d'un remplissage* (M. Campy et H. Richard, 1985).

rales, argiles, précipitations carbonatées (tourbes de bas marais) alors que d'autres en sont dépourvues.

Du point de vue pondéral, la tourbe fraîche contient de 80 à 95 % d'eau, de 4 à 15 % de matière organique et 1 à 2 % de matière minérale. La matière organique comprend les constituants des plantes accumulées : cellulose, goudrons, acides humiques, lignine, hemicellulose.

On voit donc que l'appellation générale « tourbe » constitue en fait un terme commode qui rassemble beaucoup de types de matériaux riches en matière organique. La seule limite à cette appellation courante concerne l'épaisseur de la formation et son pourcentage en matière organique. En dessous de 20 % de matière organique, on parle de formation para-tourbeuse et lorsque l'épaisseur est inférieure à 40 cm, on parle de sol tourbeux.

La formation de tourbe nécessite deux bilans excédentaires : celui de la matière organique dont la production doit l'emporter sur la décomposition et celui de l'eau, le sol, malgré l'évapotranspiration, devant rester engorgé. L'eau est en fait le facteur essentiel ; elle permet la vie des plantes turfigènes. Sa stagnation rend le milieu asphyxiant, d'où un effet sélectif sur les micro-organismes de la rhizosphère et le ralentissement marqué des processus biochimiques de décomposition. Enfin, elle atténue les variations thermiques et abaisse sans doute fortement les moyennes des saisons chaudes (fig. IX.17).

Le macroclimat est donc le facteur essentiel de la turbification ; quand les précipitations l'emportent sur l'évapotranspiration, les tourbières apparaissent dès que la température permet l'établissement d'une végétation dense : ce sont des tourbières

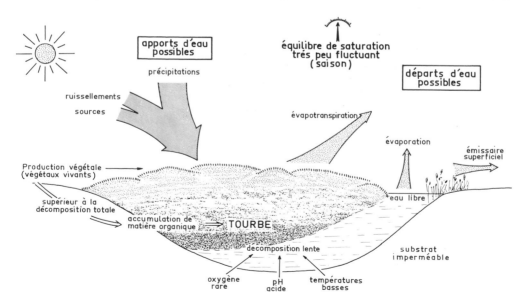

Fig. IX.17 — *Processus schématiques de la turbification* (d'après C. Miouze, 1985).

ombrogènes, généralement très acides (oligotrophes). Un faible déficit de pluviosité est localement compensé s'il existe des vallées marécageuses rassemblant les eaux : il se forme alors des tourbières *topogènes*. Selon la nature de leurs eaux, ces tourbières topogènes sont calcaires (eutrophes, pH > 6,5) ou, plus rarement, mésotrophes (pH de 6,5 à 5,5), voire oligotrophes (pH de 5,5 à 4), quand les eaux sont pauvres en calcium (M. Bournerias, 1978).

b) Les différents types de tourbières

Il existe une très grande variété de tourbières et leur classification est complexe. Les critères principaux portent sur :

— *la forme générale :*
  - tourbière *bombée* dite tourbière de haut marais (tourbière vraie),
  - tourbière *plate* dite tourbière de bas marais.

Les premières sont construites par des plantes particulières, les sphaignes, qui ont un fort pouvoir hygrophile, alors que les secondes sont issues de la décomposition d'une végétation plus variée.

— *la relation avec la géomorphologie du substrat et le mode d'alimentation en eau* (fig. IX.18) :
  - tourbière *ombrogène* (*cf.* bombée) alimentée seulement par les eaux de précipitation,
  - tourbière *soligène* qui se développe en général sur une pente, et dont l'eau d'alimentation est issue d'apports variés : ruissellement superficiel, source, précipitations,

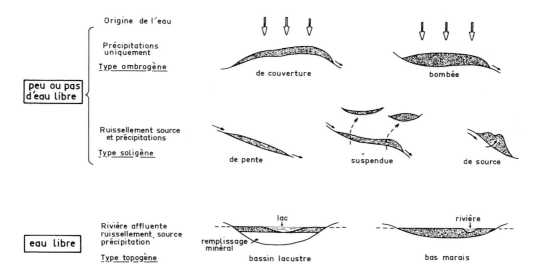

Fig. IX.18 — *Quelques types de tourbières en rapport avec la morphologie du substrat et l'origine de l'eau.*

- tourbière *topogène* de dépression lacustre ou fluviale, baignant dans une nappe d'eau alimentée par des apports superficiels (bas marais).

— *la valeur du pH en relation avec des apports minéraux allochtones* :
   - tourbière *oligotrophe* à pH acide, à faible apport allochtone : *cf.* tourbière bombée, haut marais, ombrogène, dominée par les sphaignes,
   - tourbière *eutrophe* plus alcaline, souvent entretenue par des eaux plus calcaires : *cf.* tourbière plate, de bas marais, topogène, dominée par les carex.

c) Évolution des tourbières

Écosystèmes vivants, rares sont les tourbières actuellement actives qui ne sont pas passées par des stades successifs. La dynamique évolutive la plus courante d'une tourbière peut se décomposer en plusieurs phases (fig. IX.19) :

— *Phase lacustre* : les dépressions isolées sont d'abord occupées par des petits lacs constituant des espaces d'eau libre où s'accumulent les matériaux détritiques (sables, silts, argiles) ou biochimiques (craies lacustres) apportés par les affluents et le ruissellement périphérique. Il se forme autour du lac une banquette sédimentaire (beine) rapidement colonisée par des végétaux hygrophiles : scirpes, carex.

— *Phase du bas marais* (tourbière topogène) : la sédimentation organique devient dominante par la colonisation d'une ceinture végétale de plantes de marécages dont la décomposition est incomplète. La surface d'eau libre se réduit progressivement. Il s'agit d'une tourbière plate, eutrophe, de pH alcalin ou voisin de la neutralité. Les apports périphériques d'eau minéralisent le milieu.

— *Phase de haut marais* : avec le comblement progressif du marais une tourbière ombrogène va s'édifier par le développement des sphaignes dont la croissance en surface va sans cesse surélever le niveau de la tourbe par accumulation des tissus végétaux partiellement décomposés : c'est la tourbière haute, oligotrophe, qui débute, pouvant dans un stade initial, lorsque l'acidité n'est pas très accusée, permettre le développement d'arbres, pins ou bouleaux à la périphérie. Le rôle des sphaignes est capital. Leurs membranes riches en lignine provoquent l'abaissement progressif du pH et la structure particulière de leurs tissus permet la rétention énergique de l'eau.

Lorsque le pH atteint des valeurs très basses, les arbres dépérissent et une coupole de tourbe s'établit, pouvant croître de 5 à 6 m plus haut que la nappe d'eau périphérique qui s'écoule latéralement sans influencer la tourbière dépendante seulement des eaux de précipitation. A mesure que la tourbière s'élève, l'eau d'imbibition a de plus en plus de mal à se maintenir au sommet, ce qui va progressivement ralentir, puis bloquer sa croissance. Les espèces arbustives peuvent alors coloniser la coupole de tourbe : d'abord les bruyères (callune) puis les pins à crochet et enfin l'épicéa. Fréquemment, l'exploitation de la tourbe a provoqué un drainage précoce qui freine le développement normal des sphaignes et entraîne la mort prématurée de la tourbière.

Les évolutions possibles les plus fréquentes sont résumées dans la figure IX.20.

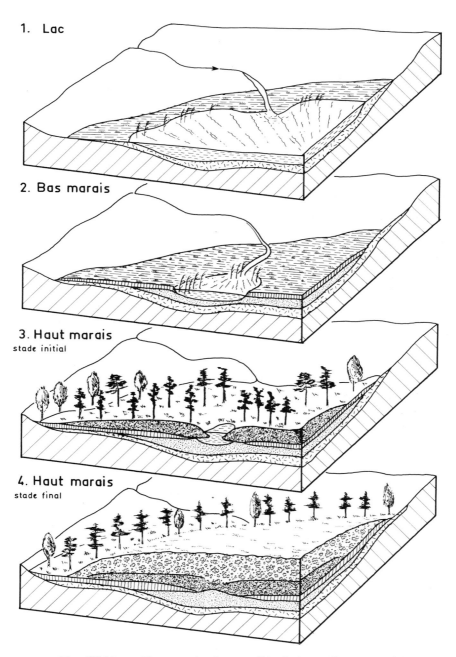

1. Lac

2. Bas marais

3. Haut marais
stade initial

4. Haut marais
stade final

Fig. IX.19 — *Phases classiques d'évolution d'une tourbière* (d'après H. Kirvinen, 1948 in J. Terasmae, 1977).

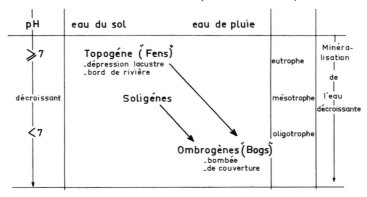

Fig. IX.20 — *Rapports et évolutions possibles entre les types de tourbières* (d'après A. Reffay, 1972).

d) Place de la tourbe dans les dépôts lacustres et chronologie de la turbification

Les sondages effectués dans les tourbières de la chaîne jurassienne, selon un transect altitudinal (fig. IX.21) ont permis de constater ce qui suit :

— *La tourbe est toujours associée à d'autres dépôts lacustres :* cette association confirme le fait que les tourbières ont toujours débuté par un stade lacustre. Trois grands types de formations ont été reconnus :

• *détritiques*, plus ou moins grossières (graviers, sables, silts, argiles). Certaines séquences argileuses ou silto-argileuses sont riches en matière organique diffuse ou bien localisée (niveaux à feuilles et brindilles).

• *chimiques ou biochimiques* (craie lacustre). Ces formations sont plus ou moins pures et les composantes additionnelles les plus fréquentes sont l'argile et la matière organique diffuse.

• *organiques* dont la plus fréquente est bien entendu la tourbe, mais qui peuvent être aussi représentées par des lits végétaux mal décomposés, gyttja...

D'une manière presque générale, et surtout dans les sondages recoupant une séquence chronologique longue, on trouve assez régulièrement la succession détritique — biochimique — organique de bas en haut (fig. IX.22). Le stade biochimique (craie lacustre) peut être absent dans certaines tourbières comme à Andelot, Villeneuve-d'Amont, Amburnex, Creux du Crou et ceci, quelle que soit l'altitude. Dans d'autres sondages peu profonds effectués directement sur les beines de craie lacustre, la formation détritique basale n'a pas été atteinte (Clairvaux, lac de Joux). On peut également traverser des interstratifications de craies lacustres et d'argiles dans certaines zones moyennes de sondages (Petit-Maclus, Étival). Mais généralement, la succession évoquée est respectée.

— *Le début de la turbification est très récent* : on prétend souvent que les tourbes sont des « reliques glaciaires », ce qui fait suggérer que la turbification a commencé dès le retrait des glaces. Les datations effectuées (C14, palynologie) montrent qu'il n'en est rien.

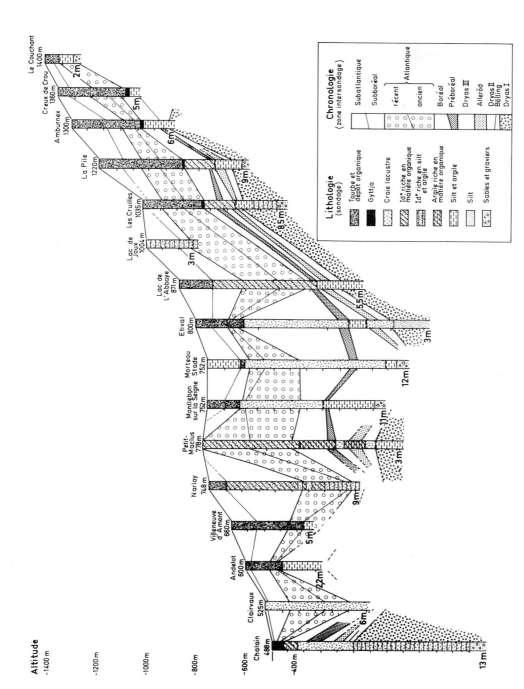

Fig. IX.21 — Place de la tourbe parmi les autres types de dépôts lacustres et chronologie de la turbification sur un transect altitudinal dans la chaîne jurassienne (M. Campy et H. Richard, 1987).

Fig. IX.22 — *Séquence classique de superposition dans un remplissage lacustre.* A la base sables et graviers, dans la partie moyenne craie lacustre, au sommet tourbe. Lac de Pluvis (Ain).

Tout d'abord, on peut constater qu'aucune tourbe n'a été reconnue contemporaine de la glaciation. A l'extérieur du domaine recouvert par la glace, les conditions climatiques dites périglaciaires ne permettaient pas la turbification. A ce titre donc, on ne peut considérer que la tourbe est une relique de la période glaciaire puisqu'elle n'existait pas lors de la dernière glaciation dite « würmienne ».

On peut ensuite constater que la turbification n'a pas immédiatement suivi le retrait des glaces. Les dépressions fermées abandonnées par les glaciers se sont remplies d'eau et de multiples lacs se sont formés. C'est une sédimentation détritique (graviers, sables, limons, argiles) ou biochimique (craies lacustres plus ou moins organiques) qui a caractérisé la période dite *tardiglaciaire* :
- phase froide du Dryas ancien jusqu'à − 13 500 ans (B.P.)
- phase plus tempérée du Bölling jusqu'à − 12 500 ans (B.P.)
- phase froide du Dryas moyen jusqu'à − 11 800 ans (B.P.)
- phase tempérée de l'Alleröd jusqu'à − 10 800 ans (B.P.)
- phase froide du Dryas récent jusqu'à − 10 000 ans (B.P.)

C'est seulement au cours du réchauffement définitif appelé globalement *période post-glaciaire ou holocène* qui commence vers - 10 000 ans, que la turbification va se développer. Les premières phases de cette période (Préboréal jusqu'à − 8 700 ans et Boréal jusqu'à − 7 000 ans) sont encore pauvres en tourbe, caractérisées par un climat assez sec où régnaient des conditions anticycloniques assez permanentes. Il ne semble donc pas, sauf exception (Bonlieu) que la tourbe se soit largement développée pendant cette période. Par contre, la turbification paraît se généraliser (Chalain, Andelot, Étival, Les Cruilles, La Pile, Amburnex, Creux de Crou) à la période suivante dite *atlantique* où les pluies deviennent abondantes, avec une moyenne thermique légèrement plus élevée que l'actuelle.

Ceci est particulièrement net dans les tourbières d'altitude ; le développement de la tourbe suit immédiatement le dépôt du Gyttja et semble, de ce fait, coïncider avec le début de l'Atlantique. Mais en basse altitude, le contact fréquent entre craie lacustre et tourbe se situe à n'importe quelle période de l'Holocène : début de l'Atlantique à Chalain, Andelot, Étival, à la limite Atlantique ancien-moyen à Villeneuve-d'Amont, au début du Subboréal à Montlebon, Morteau ou à la limite Subboréal-Subatlantique à Narlay et à l'Abbaye.

On ne constate d'ailleurs pas d'une manière générale de rapports clairs entre le type sédimentaire et sa période de dépôt. Ceci peut signifier qu'à une phase climatique donnée ne correspond pas systématiquement un type de dépôt dominant. Il semble donc que *le facteur climat ne soit pas le seul agent responsable du dépôt*, mais que d'autres critères entrent en jeu dans la sédimentation : type de cuvette, nature et dimensions du bassin versant, altitude de l'exutoire, taille et nature des affluents.

Références blibliographiques

Bournerias M. (1978) — Les Tourbières. *Encyclopedia universalis*, vol. 16.

Campy M. (1982) — Le Quaternaire franc-comtois. Essai chronologique et paléoclimatique. *Thèse d'État*, 575 p., Besançon.

Campy M., Heim J., Richard H. (1985) — Dynamique du comblement et contexte climatique du remplissage tardi et postglaciaire du lac de Chaillexon (Doubs, France). *Ecologia Mediterranea*, tome XI, fasc. 1, p. 135-146.

Campy M., Richard H. (1987) — Dynamique et typologie des remplissages lacustres tardi et postglaciaires de la chaîne jurassienne. Travaux français en Paléolimnologie. Mémoire 1, C.E.R.L.A.T. p. 165-180.

Collet L.W. (1925) — Les lacs. Librairie O. Doin, Paris.

Gary, Mc Afee, Wolf (1972) — Glossory of geology. American Geological Institute, Washington D.C., 823 p.

Guilcher A. (1979) — Précis d'hydrologie marine et continentale. Éd. Masson, 2e édition.

Hutchinson G.E. (1957) — A treatise on limnology. Ed. Wiley and Chapman.

Miouze C. (1985) — Étude hydrologique et hydrogéologique du site expérimental de la Barthe. *Mémoire de D.E.A.* Sciences de l'eau, Université Paris VI.

Portner C. (1951) — La formation du sédiment calcaire du lac de Neuchâtel. *Thèse, Université de Neuchâtel.*

Radforth N.W. et Brawner C.O. edit. (1977) — Muskeg and the Northern environment in Canada. University of Toronto Press.

Reffay A. (1972) — Les montagnes de l'Irlande septentrionale. Imprimerie Allier, Grenoble. 614 p.

Sturm M. (1979) — Varve and glaciolacustrine sedimentation. Introductory remarks and origin and composition of clastic varves. *In* Moraines and Varves — Origin, Genesis, Classification. Ed. Ch. Schluchter, A.A. Balkema, Rotterdam.

Terasmae J. (1977) — Postglacial history of canadian Muskeg. *In* Muskeg and the Northern environment in Canada, University of Toronto Press, p. 9-30.

B — Transit par le milieu aérien

Les formations éoliennes et les formations volcaniques continentales, bien que d'origines et de dynamiques initiales totalement distinctes, effectuent la seconde partie de leur voyage ensemble, dans l'atmosphère, avant de se déposer à la surface du sol. C'est pourquoi leur répartition et leur mode d'insertion aux autres formations superficielles présentent certains points communs qui justifient de les regrouper. Lors de leur mise en place finale, l'interaction avec le milieu aqueux (cours d'eau, lac...) est fortuite.

Les formations superficielles éoliennes (chapitre X) sont très largement répandues en Europe occidentale : la plupart sont apparues dans les environnements sub-désertiques froids des périodes glaciaires. Actuellement, la dynamique éolienne est active sur le littoral marin et dans les zones localement dénudées ; elle comprend aussi les apports de poussières depuis les régions désertiques (Sahara). Les modalités de genèse et l'aspect des lœss et des diverses accumulations sableuses sont décrits.

Les formations volcaniques qui peuvent être rattachées aux formations superficielles (chapitre XI), se trouvent à l'écart des volcans. Ce sont les coulées de laves et les coulées pyroclastiques peu épaisses qui empruntent les couloirs topographiques (vallons, vallées), les retombées de projections pyroclastiques, les sédiments qui les remanient ou auxquels elles se mêlent (dépôts volcanosédimentaires), ainsi que les coulées de boues déclenchées par le volcanisme (lahars).

Chapitre X

Les formations éoliennes

Les sédiments éoliens constituent une grande part des formations superficielles en Europe occidentale. Ils résultent de l'accumulation de particules transportées par le *vent* sur des distances variables depuis des aires de déflation où ces mêmes particules ont été mobilisées au détriment de roches meubles non protégées par la couverture végétale.

Ainsi naissent les dunes sableuses sur les rivages ventés de l'océan Atlantique et de la mer du Nord, ou les accumulations locales qui se forment au pied des versants de vallées à proximité des grèves abandonnées par les rivières après les crues. Actuellement, ces formations sont sporadiques et de faible ampleur car les conditions de leur genèse sont rarement réunies en Europe.

Les formations éoliennes sont surtout l'apanage des *milieux désertiques*. Dans ces régions à faible pluviométrie (inférieure à 250 mm/an), la végétation est quasi absente et l'action du vent efficace. Ces déserts peuvent être *chauds* ou *froids*.

Les déserts chauds se trouvent dans les zones tropicales d'où les masses d'air (chaud) s'éloignent en créant des vents divergents (alizés, cherghi, sirocco...). Ces vents dessèchent, érodent, transportent et déposent des particules. Ils façonnent les paysages et engendrent parfois d'épaisses accumulations de sable (« mers de sables » ou ergs).

Les pays d'Europe occidentale ne sont pas à l'abri de la dynamique actuelle des déserts, puisqu'ils sont saupoudrés périodiquement de *poussières rougeâtres* transportées dans l'atmosphère à haute altitude depuis le Sahara : ces poussières participent de façon non négligeable à la genèse des formations superficielles.

Au cours des temps géologiques, l'Europe elle-même a connu des climats désertiques : si on tend actuellement à reconnaître dans les « Très vieux grès rouges » du Précambrien (R.C. Selley, 1965) et les « Vieux grès rouges » du Dévonien, des milieux fluviatiles ou côtiers, il semble que les « Vieux grès rouges » du Permo-Trias traduisent l'existence de déserts chauds (K.W. Glennie, 1972).

Mais le grand développement des formations superficielles à caractères éoliens en Europe accompagne les phases les plus froides et sèches du Quaternaire : ces formations sont donc l'expression de déserts froids.

Pendant les *phases glaciaires quaternaires*, comme maintenant dans les zones arctiques, le froid, la sécheresse et le vent ont entraîné la raréfaction temporaire, voire la disparition de la végétation au voisinage des aires englacées (zones périglaciaires).

La dynamique éolienne s'est généralisée en Europe, conduisant à l'édification de vastes couvertures de *sables éoliens* et surtout de *lœss*, soit bien individualisées, soit incorporées de façon plus ou moins distincte aux altérites, aux formations glaciaires, alluviales, colluviales, lacustres ou marines. Les déserts africains, mieux arrosés alors que maintenant, portaient un couvert végétal plus abondant, réduisant l'emprise du vent (G. Coudé-Gaussen, 1984).

Les formations superficielles éoliennes d'Europe traduisent donc essentiellement des environnements froids. Leur mise en place et leur évolution ont été influencées par une certaine humidité sous forme de pluie ou de neige, et par la végétation même raréfiée.

C'est pourquoi il sera parfois nécessaire, pour décrire les processus *purement* éoliens, de faire référence à des observations effectuées dans les déserts chauds actuels.

X. 1 · La dynamique éolienne

X. 1. 1 · Action du vent à la surface du sol

Le vent résulte du déplacement de masses d'air à des températures et donc à des densités différentes. Il est caractérisé par sa direction et sa vitesse. Ces deux paramètres sont très variables dans le temps et dans l'espace : le fluide air a un *régime turbulent* en raison de sa très faible viscosité.

En un lieu donné on caractérise les vents en représentant leur vitesse et leur fréquence dans les différentes directions sur une *rose des vents* : on peut ainsi faire apparaître des directions dominantes, parfois opposées (fig. X.1). La vitesse du vent dépasse souvent 100 km/h et peut atteindre près de 400 km/h, en particulier dans les déserts froids arctiques (blizzard).

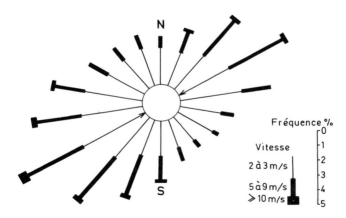

Fig. X.1 — *Rose des vents à Tours*, période 1965-1971 (d'après A. Schulé, inédit).

R.A. Bagnold (1973) a montré expérimentalement que la vitesse du vent, très faible à nulle au niveau du sol, s'accroît très rapidement lorsqu'on s'élève de quelques mm ou cm. Si la vitesse ascensionnelle du vent est supérieure à la vitesse de chute dans l'air des grains disponibles en surface (fig. X.2), il les soulève sélectivement, les transporte plus ou moins loin avant de les déposer à l'occasion d'un ralentissement temporaire de vitesse. Les chocs mutuels des grains entre eux amorcent leur mise en mouvement.

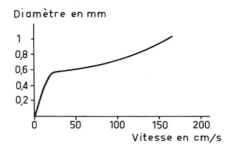

Fig. X.2 — *Vitesse de chute des grains dans l'air —* en abscisse — *en fonction de leur taille —* en ordonnée (d'après Z. Kukal, 1970, in H.E. Reineck et I.B. Singh, 1980, modifié).

Comme l'eau, le vent transporte les particules par *traction, saltation* et en *suspension*.

a) Déflation et traction

Les éléments les plus grossiers (blocs, galets) ne sont pas déplacés par le vent. Ils subissent un bombardement par les particules plus fines qui les érodent *(corrasion)*, les polissent en détachant des esquilles immédiatement mobilisées. Les galets usés sur une face peuvent être déséquilibrés, se renverser et offrir une nouvelle face à la corrasion : ce sont les galets à deux ou plusieurs facettes lisses *(windkanter ou ventifacts)* caractéristiques des zones de déflation (fig. X.3). Le vannage des particules fines, en laissant sur place des éléments grossiers, engendre des *pavages de déflation*.

Fig. X.3 — *Galets éolisés des formations superficielles périglaciaires de la Brenne, dans le sud du Bassin de Paris.*

Les graviers et les sables grossiers (supérieurs à 1 mm), de trop faible inertie pour rester en place et acquérir des facettes, sont usés sur toute leur surface : ils présentent de multiples traces de chocs et s'arrondissent. Ils se déplacent sur de courtes distances en glissant ou en roulant sur le sol. Ce déplacement est facilité lorsque la surface est verglacée.

b) Saltation

Les grains de sable fin et moyen (50 μm - 1mm) sont soulevés périodiquement du sol par le vent et se déplacent par saltation (fig. X.4). Ils s'élèvent en général d'une dizaine de cm, rarement de plus de 1 m (Bagnold). Ils parcourent des distances pouvant atteindre plusieurs km ou dizaines de km depuis les aires de déflation.

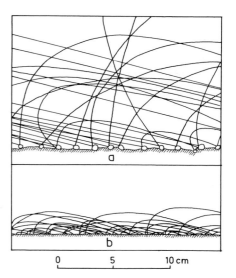

Fig. X.4 — *Saltation en milieu aérien sur surface caillouteuse* (a) *et sur surface sableuse* (b) (d'après R.A. Bagnold, 1973).

Les *innombrables chocs mutuels* amènent la pulvérisation des minéraux à clivage (feldspaths, calcite...) et les quartz, largement dominant en raison de leur dureté, acquièrent une forme et un état de surface caractéristiques (émoussés mats et ronds mats de A. Cailleux et J. Tricart, 1959), à multiples traces de chocs en V ou en croissant, bien visibles en microscopie électronique à balayage.

Cette dynamique avec brassage et vannage incessants du même matériau explique le bon classement granulométrique des sables éoliens dont la médiane est en moyenne de 0,1 à 0,4 mm.

Le vent est capable de façonner des *rides* sur les surfaces sableuses. Ces rides ont une structure identique à celles formées par les courants d'eau (voir § VIII.1.2.b). Leur taille varie dans de larges proportions. I.G. Wilson (1972) distingue :

- des *rides de 4ᵉ ordre* (rides d'impact) et de *3ᵉ ordre* (rides aérodynamiques), de petites dimensions : hauteur 0,05 à 5 cm et longueur d'onde 0,5 à 250 cm (fig. X.5) ;
- des *rides de 2ᵉ ordre* (dunes) et de *1ᵉʳ ordre* (dunes complexes ou draas), de grandes dimensions : hauteur 0,1 à 450 m et longueur d'onde 3 à 5 500 m.

Fig. X.5 — *Petites rides sur la face dorsale d'une dune éolienne.*

L'une ou l'autre de ces rides apparaît spontanément selon la forme de la surface sableuse et la dynamique du vent, avec des grains sableux de toutes tailles, entre 0,1 et 1 mm. Les grains plus grossiers (1 à 2 mm) ne participent qu'aux petites rides. Il semble y avoir une relation entre la longueur des petites rides et la trajectoire suivie par les grains au cours de la saltation (fig. X.6).

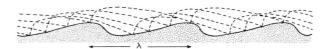

Fig. X.6 — *Relation entre la longueur d'onde* (lambda) *des petites rides et la trajectoire des grains de sable en saltation* (d'après R.A. Bagnold, 1973).

La genèse des rides est souvent entravée par la présence de graviers ou galets, d'une végétation embryonnaire ou l'humidité. Dans ce dernier cas, le sable poussé par le vent adhère sur le support humide. Des *rides d'adhérence*, à face d'érosion plus pentue que la face de dépôt dont la surface est granuleuse, se forment (K.W. Glennie, 1970).

c) Transport en suspension

Les particules limoneuses et argileuses, d'une taille inférieure à 50 μm constituent des matériaux plus *cohérents* que les sables, bien que meubles, car les forces moléculaires ou électrostatiques mises en œuvre à leurs surfaces de contact tendent à les maintenir assemblés. Les molécules d'eau s'y fixent aussi préférentiellement.

Malgré leur petite taille, la mobilisation de ces particules par le vent n'est donc pas toujours aisée. Les grains quartzeux sont plus vulnérables au vent que les particules argileuses. Dans un matériau hétérogène soumis à l'éolisation, l'impact des grains de sable facilite le départ des particules plus fines.

Une fois mobilisés, les grains limono-argileux demeurent en suspension dans l'air, même lorsque les vents sont faibles, en raison de leur petite vitesse de chute (fig. X.2) et de leur forme souvent hétérodimensionnelle (phyllosilicates en paillettes). Ces grains peuvent parcourir de longues distances (plusieurs dizaines ou centaines de km) avant de se déposer, *au-delà des sables*, à la périphérie des aires de déflation.

Certaines de ces poussières transportées dans l'atmosphère à plusieurs centaines ou milliers de mètres d'altitude, franchissent les océans et les continents : elles interviennent dans la genèse des formations superficielles de régions où la dynamique éolienne paraît quasi inexistante.

X. 1. 2 · Les tempêtes de poussières et les pluies de boues colorées

Depuis l'Antiquité, les chroniques relatent des chutes de poussières rouges, sèches, ou associées aux pluies sous forme de boues colorées *(« pluies de sang »)* en divers points du globe.

Celle survenue en Afrique du Nord et en Europe méridionale et centrale du 9 au 11 mars 1901, relatée par G. Hellmann et W. Meinardius (1901), fut observée de la Méditerranée à la Baltique sur une largeur de plusieurs centaines de km. La quantité de matière tombée au sol variait de quelques g/m² au sud à 1 g/m² au nord, soit, selon les estimations, une masse totale de 1 800 000 t déposée en 3 jours sur le continent.

Il s'agit de *poussières* prises en charge dans les zones de déflation désertiques planes, puis transportées en suspension dans l'atmosphère *(aérosols)*, en même temps que des particules d'origine cosmique et volcanique, généralement moins nombreuses. Les *vents chauds* soufflant depuis les zones de hautes pressions subtropicales et tropicales, exportent sur de longues distances ces poussières qui se déposent dans des régions plus humides, sous l'effet de la gravité ou des précipitations.

A. Bücher et G. Lucas (1984) ont étudié en détail la chute de juillet 1983 sur l'Europe occidentale (fig. X.7). La poussière prélevée en Bigorre était de couleur brun jaune à brun rouge, comprenait 70 % de grains de 2 à 30 μm et était constituée de quartz (50 %), d'argiles (25 %, surtout de la kaolinite), de carbonates (15 %) et de feldspaths (< 5 %). La matière organique était présente (< 10 %) comme les spores, pollens et diatomées dont certaines d'origine africaine. Les données météorologiques ont permis à ces auteurs de suivre le cheminement des poussières depuis le Sahara occidental et la Mauritanie jusqu'à l'Europe du Nord.

D'une manière plus générale, le Sahara paraît fournir près de la moitié des poussières du globe, contribuant ainsi à la sédimentation dans les océans (Atlantique, Méditerranée surtout) et sur les continents (Amérique, Europe, Moyen-Orient). Cependant, la masse de matière exportée décroît rapidement lorsqu'on s'éloigne de la zone de production (fig. X.7).

A. Goudie (1978) a calculé que le *taux d'accrétion* actuel sur l'Europe serait de l'ordre de *70 mm/1 000 ans*, ce que confirmeraient, en le tempérant, les calculs de A. Bücher et G. Lucas (1984) : 4 m pour 1 million d'années.

Il semble que la quantité de poussière transportée depuis les zones désertiques ait varié au cours du Quaternaire : les périodes interglaciaires, comme celle que nous vivons, arides en zones subtropicales, iraient de pair avec une exportation plus forte et plus lointaine que les périodes glaciaires, plus humides, donc moins favorables à la mobilisation des particules s'accumulant surtout sur les marges désertiques (G. Coudé-Gaussen, 1984).

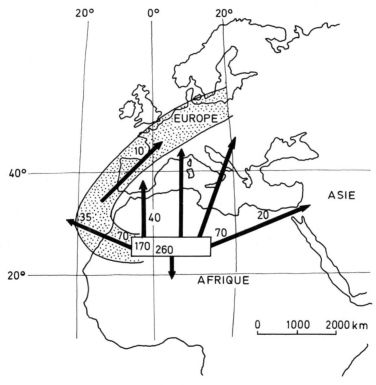

Fig. X.7 — *Dispersion des poussières sahariennes par les vents* (d'après E. Ganor et Y. Mamane, 1982, et A. Bücher et G. Lucas, 1984, modifié).

S'ils ne constituent pas à eux seuls un dépôt individualisé, ces apports éoliens lointains peuvent participer néanmoins, activement, à la genèse des formations superficielles. Leur rôle a été particulièrement souligné dans les *sols* et la formation de certains *encroûtements* (calcrètes, silcrètes, etc., voir § III.4 et III.5). Ils sont également sensibles dans la *sédimentation lacustre* : ainsi explique-t-on la présence d'argiles fibreuses dans les dépôts holocènes des lacs de montagne en Corse (A. Gauthier).

X. 2 · Divers types et constitution des dépôts éoliens

La mobilisation des particules meubles par le vent se résout en la séparation de deux stocks distincts, les *sables* d'une part et les *limons et argiles* d'autre part, constituant après leurs dépôts deux types de sédiments, les sables éoliens et les lœss, dont les modalités d'accumulation et d'évolution sont différentes mais qui peuvent représenter *deux faciès de la même formation.*

Sables éoliens et lœss sont des sédiments généralement *bien classés* granulométriquement. Ils occupent des aires séparées, mais ils sont quelquefois mélangés dans des zones de transition plus ou moins étendues et dans les régions où l'activité éolienne est modérée.

X. 2. 1 · Les accumulations sableuses

On distingue trois types principaux d'accumulations sableuses :
- les *amas localisés*, provoqués par un obstacle fixe : buisson, falaise...
- les *dunes*, accumulations de grande ampleur, qui se forment en terrain plat dénué d'obstacles,
- les *couvertures sableuses*, peu épaisses, régulières, mais de grande extension.

a) Amas causé par un obstacle

L'interposition d'un 'obstacle sur le trajet du vent en modifie localement la direction et l'intensité.

Dans le cas d'une falaise, d'une berge de rivière ou d'un relief présentant un *front continu* au vent, celui-ci est dévié vers le haut. Le sable s'accumule devant l'obstacle à son pied. Lorsque l'amas atteint une certaine hauteur et que l'angle critique de stabilité des grains sur la pente (30 à 35°) est atteint, le sable glisse, acquérant un litage oblique incliné contre le vent (fig. X.8.b).

Le même relief orienté inversement par rapport au vent produit une accumulation sableuse dans la zone abritée (sous le vent). Dans ce cas, les lamines sont inclinées dans le sens du vent (fig. X.8.a et X.9).

Par épaississement, les dépôts peuvent oblitérer le relief sous-jacent et évoluer en dunes (*dunes ascendantes* ou *descendantes* de R.V. Cooke et A. Warren, 1973).

Un obstacle de plus faible envergure (tronc, buisson, rocher...) est contourné par le vent, non seulement par le dessus, mais aussi latéralement. Une faible partie de la charge se dépose devant l'obstacle, mais l'essentiel de l'accumulation se produit avec un décalage (sand drift), sur ses côtés en aval, sous forme de *deux langues* à lamines obliques dans le sens du vent (fig. X.10.a et d). Ultérieurement ces

direction du vent

mouvement des grains sableux

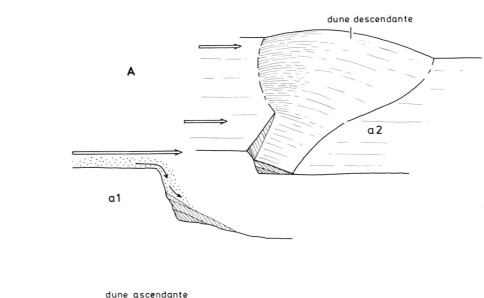

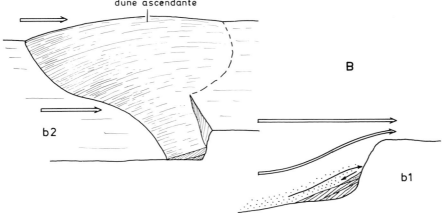

Fig. X.8 — *Amas de sable provoqués par un escarpement topo-graphique (falaise, berge de rivière...).*
A : accumulation « sous le vent » ; **B** : accumulation « au vent ».
Vues en coupes : *a1* et *b1*, vues en trois dimensions : *a2* et *b2*.

deux langues finissent par s'unir en un *amas sableux* (fig. X.10.b et c), situé derrière l'obstacle (nebkha), mimant son ombre portée (sand shadow) (R.A. Bagnold, 1973).

Fig. X.9 — *Accumulation de sable sous le vent, dans un vallon (Guercif, Maroc).*

De tels dépôts sont fréquents sur les côtes, dans les vallées, les fonds de carrières ou dans tous les sites localement dénudés et ventés, même lorsque le climat ne présente pas un caractère général d'aridité très marqué, comme c'est le cas en Europe occidentale.

b) Dunes

b.1 — Genèse et évolution

Les dunes sont des collines mobiles, de dimension décamétrique à kilométrique, dont la hauteur peut atteindre plusieurs centaines de mètres (dune du Pyla : 115 m), de forme et de constitution plus ou moins complexes.

La *forme élémentaire* est celle d'une grande ride dissymétrique, comprenant une pente douce orientée au vent et une pente raide (30-35°) située sous le vent, séparées par une crête, à l'image des rides fluviatiles (fig. VIII.7).

Sur la face d'érosion (pente douce) se déposent des lamines à litage plan faiblement incliné (quelques degrés), résultant de la progression des grains par traction et de petites rides par saltation, rides au sein desquelles le litage oblique n'est pas visible (R.E. Hunter, 1977) : ce sont les « *dépôts d'accrétion* » de R.A. Bagnold (1973).

Lorsque les grains parviennent à la crête, ils peuvent soit chuter séparément au fur et à mesure de leur arrivée, soit s'accumuler temporairement avant de glisser en masse périodiquement sur la face de dépôt (pente forte) : dans les deux cas appa-

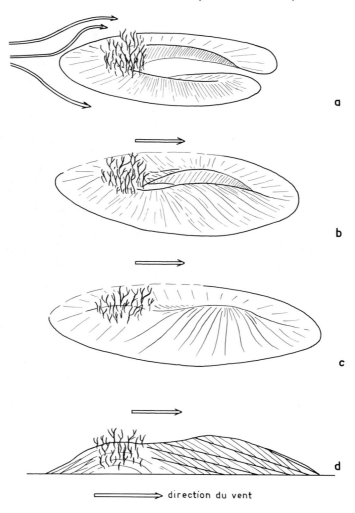

direction du vent

Fig. X.10 — *Genèse d'un amas de sable produit par un obstacle isolé - buisson* inspiré de R.A. Bagnold, 1973 et H.E. Reineck et I.B. Singh, 1980. **a, b** et **c :** étapes successives ; **d :** coupe longitudinale dans **c**.

raît un litage oblique. Ce sont les « *dépôts d'enrochement* » ou « *d'avalanche* » de R.A. Bagnold. Ainsi, le dépôt progresse vers l'avant, de quelques dizaines de m par an en moyenne.

Une *dune éolienne* est constituée par le passage successif en un point de *plusieurs grandes rides*. Des faisceaux à litage oblique, épais de plusieurs dm à 1 ou 2 m se superposent (fig. X.11) : cette disposition détermine des limites de 3e et 2e ordres dans les dépôts (M.E. Brookfield, 1977) (fig. X.12).

Fig. X.11 — *Faisceaux de lamines à litage oblique dans des grès dunaires.*

Selon la taille des grains, leur degré d'humidité, la direction du vent, l'inclinaison des lamines peut varier d'un faisceau à l'autre ou longitudinalement dans le même faisceau, de quelques degrés jusqu'à 35°. Au cours de la progression, les lamines planes « d'accrétion » sont reprises : elles sont donc rarement visibles au sein des corps sédimentaires. La stratification oblique, planaire ou incurvée (fig. VIII.8) est donc presque exclusive dans les sédiments dunaires. Les autres types de litage (de rides ascendantes, à circonvolutions, etc.) sont exceptionnels.

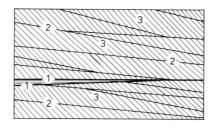

Fig. X.12 — *Hiérarchie des discontinuités lithologiques dans les dépôts dunaires* (d'après M.E. Brookfield, 1977).
1. Limite de 1er ordre, subhorizontale, associée aux dépôts interdunes ;
2. Limite de 2e ordre, entre deux faisceaux ;
3. Limite de 3e ordre, de litage oblique.

Les dunes sont séparées par des *zones interdunes* d'extension variable selon les types de dunes. Ces zones sont soumises à la déflation et, en raison de leur topographie déprimée, l'eau peut y jouer un rôle important (G. Kocurek, 1981) : on y trouve des dépôts peu épais, sableux à argileux, à stratification subhorizontale, fentes de dessication, traces de bioturbation, etc. En surface des rides d'adhérence peuvent se former, des chenaux d'écoulement se créer et la présence de végétation sporadique induire des amas sableux.

Dans les régions où la dynamique éolienne est intense, des « *dunes complexes* », de grande ampleur, sont édifiées. Ces édifices proviennent de la superposition de dunes séparées par les minces dépôts des zones interdunes, qui correspondent aux limites de 1er ordre de Brookfield. En Europe occidentale les champs de dunes pléistocènes ou holocènes sont d'extension réduite et les limites de 1er ordre sont rares dans les séquences de dépôts éoliens.

b.2 — Divers types de dunes

Il existe différents types de dunes selon leur morphologie et leur disposition par rapport aux vents dominants (fig. X.13), dont E.D. Mc Kee (1966) a fait une description détaillée.

Les *dunes transversales* (ou *aklé*) ont une crête presque rectiligne et sont allongées perpendiculairement par rapport à la direction du vent. Elles présentent la structure type des dunes avec une stratification oblique planaire à inclinaison forte et assez régulière (30-35°). Elles sont en réalité rarement vraiment rectilignes et montrent souvent une forme intermédiaire (« *barkhanoïde* ») avec le type barkhane.

Les *barkhanes* sont des dunes en forme de croissant, isolées ou en colonies, dont les bras, migrant plus rapidement que le corps central, sont pointés dans le sens du vent. L'ouverture des bras, variable, est en moyenne de 150°. La stratification oblique planaire domine et, compte tenu de la forme arquée de l'accumulation, la direction de l'inclinaison des lamines dans les bras est proche de la perpendiculaire au vent (fig. X.14). Ces barkhanes se développent plutôt dans les secteurs où les vents sont de vitesse moyenne et où la couverture sableuse est réduite : les espaces interdunaires sont bien marqués.

Les *dunes paraboliques* sont de forme arquée, mais à l'inverse des barkhanes, leur face convexe est orientée sous le vent. Les dépôts sont caractérisés par un litage oblique (limite de 3e ordre) de forme concave vers le haut et par de faibles valeurs des angles d'inclinaison des lamines (10-20°). Des restes végétaux sont interstratifiés entre les couches sableuses : ils indiquent que ces dunes naissent dans les zones présentant un certain couvert végétal, ce qui explique le ralentissement de la progression des bras par rapport au corps central. La partie située en amont de la dune peut être surcreusée lorsque le vent est violent *(caoudeyre)*.

Les *dunes longitudinales (seif dunes)* sont rectilignes, allongées parallèlement à la direction du vent dominant et séparées par de longs espaces appelés « *gassis* » dans le Sahara. Elles sont constituées par des faisceaux de lamines obliques inclinées perpendiculairement par rapport à la direction moyenne du vent, et alternativement de part et d'autre de l'axe de la dune (fig. X.15). L'origine de ces dunes est discutée : selon les auteurs, leur genèse est l'expression de vents convergents souf-

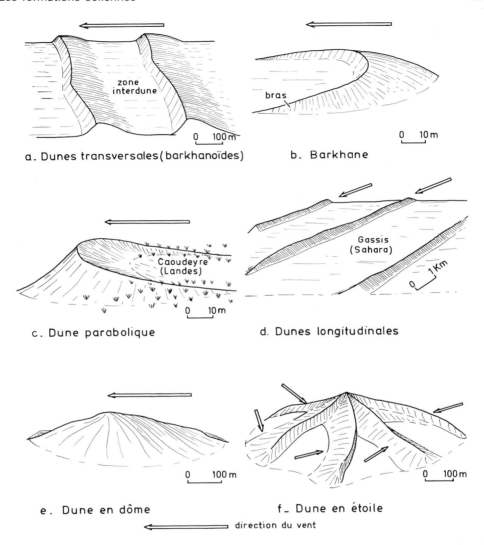

Fig. X.13 — *Principaux types de dunes éoliennes* (inspiré de J.D. Collinson in H. G. Reading, 1986, et P. Bellair et C. Pomerol, 1982). Les échelles sont approximatives.

flant des deux côtés par rapport à l'axe de la dune (E.D. Mc Kee, 1966), d'un vent unidirectionnel violent (K.W. Glennie, 1970), de vents tourbillonnants (R.L. Folk, 1971). Il semble dans tous les cas qu'un vent puissant soit nécessaire à leur édification.

Les *dunes en dômes* ont une forme circulaire et aplatie ne montrant pas de dissymétrie morphologique nette, bien que dues à un vent unidirectionnel, violent.

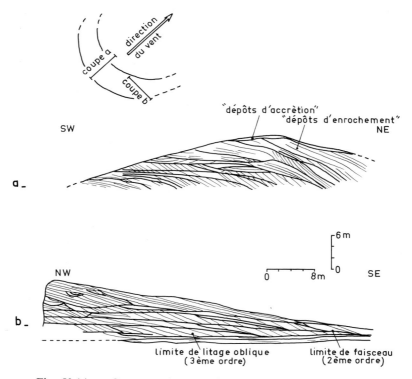

Fig. X.14 — *Structure interne d'une dune barkanoïde* (d'après E.D. Mc Kee, 1966, modifié).

Les *dunes en étoiles* sont constituées d'au moins trois rides rectilignes convergeant en un point élevé. Chaque ride est active et évolue séparément lorsque la direction du vent est favorable. De telles dunes sont édifiées dans les secteurs à vents changeants.

Ces divers types de dunes ont été identifiés dans les zones désertiques où leurs caractères sont le mieux exprimés. De nombreuses formes intermédiaires complexes existent par évolution d'un type en un autre.

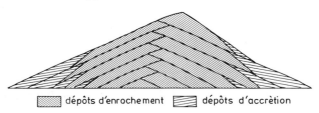

Fig. X.15 — *Structure interne schématique d'une dune longitudinale vue en coupe transversale* (d'après R.A. Bagnold, 1973, modifié). La direction moyenne du vent est perpendiculaire au schéma.

Les formes et structures sont plus difficiles à reconnaître dans les accumulations sableuses éoliennes d'Europe occidentale. Dans ces régions en effet, beaucoup de dunes ont été édifiées pendant le Tardi-glaciaire et l'Holocène, sous un climat venté mais où l'humidité et la végétation jouaient un rôle non négligeable. La forme des dunes n'est donc pas souvent d'un type bien caractéristique. Les dunes paraboliques comme celles de la région de Rottenburg en Allemagne du Nord (fig. X.16) ou celles associées aux dépressions d'érosion nommées « caoudeyres » dans les Landes, sont assez fréquentes.

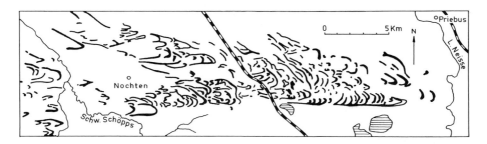

Fig. X.16 — *Champ de dunes paraboliques au nord-ouest de Rottenburg — Allemagne* (d'après A.G. Högbom in J. Aubouin *et al.*, 1968).

De plus, l'homme est intervenu activement depuis plusieurs siècles en les fixant par la plantation de végétaux à longues racines *(oyats)* ou à port aérien très couvrant *(genêts, pins maritimes)*, afin de protéger les cultures et les habitations voisines de leur progression.

c) Couvertures sableuses

Diverses régions d'Europe moyenne (aux Pays-Bas et en Belgique en particulier) portent une couverture de sables éoliens épaisse de quelques dm à quelques m, ne montrant ni accumulation dunaire ni structure sédimentaire bien individualisées. Ces dépôts portent parfois le nom de « sables soufflés », mais ils sont surtout connus sous le terme de *sables de couverture*. Ils passent latéralement et progressivement à des lœss dont ils sont contemporains et dont la dynamique de mise en place est comparable. Ils se sont formés pendant les phases froides et sèches du Pléistocène.

L'absence d'accumulation en dune s'explique par l'existence d'un couvert végétal steppique dense et d'une humidité intermittente (sous forme de pluies ou de neige) qui ont entravé l'action du vent, autorisant seulement la formation de *grandes ondulations* : le dépôt du sable se répartit sur toute la surface balayée par le vent.

Ces accumulations peuvent être comparées aux *gozes* des marges de déserts chauds décrites par R.A. Bagnold (1973), à la différence que le froid a induit en Europe des caractères particuliers du type de ceux décrits ci-après dans les loess.

X. 2. 2 · Les lœss

a) Définition et genèse

Le terme lœss est originaire d'Alsace où il était attribué à une formation superficielle d'aspect terreux et douce au toucher (« lose » : meuble, friable).

On appelle maintenant *lœss* un sédiment d'*origine éolienne*, de couleur jaune à brun jaune, friable mais cohérent, où les particules de la taille des limons (2-50 μm) représentent 60 à 80 % et sont associées à un peu d'argile et de sable fin : c'est un matériau bien classé granulométriquement. Les grains sont anguleux, le plus souvent quartzeux, parfois calcitiques et assez riches en minéraux divers (magnétite, zircon...). Le lœss *typique* ne montre pas de litage et comporte un réseau de canalicules lui conférant une bonne porosité.

Cette définition reprend pour l'essentiel les termes de la Commission des lœss de l'Union internationale pour l'étude du Quaternaire (I.N.Q.U.A.). Dans cette acception, les divers « limons » d'origine principalement éolienne sont des lœss.

Le lœss résulte du piégeage de particules fines transportées en suspension dans l'air par une *végétation herbacée dense*. Cette végétation repousse au-dessus du sédiment au fur et à mesure de son accumulation : elle anhihile tout litage et ses racines engendrent les canalicules.

On rencontre le lœss à la périphérie des zones désertiques comme en Tunisie, en Israël ou en Chine (G. Coudé-Gaussen, 1984), mais il est aussi très largement répandu en Europe (fig. X.17) où il traduit les *conditions subdésertiques périglaciaires* survenues à plusieurs reprises au plus fort des glaciations quaternaires.

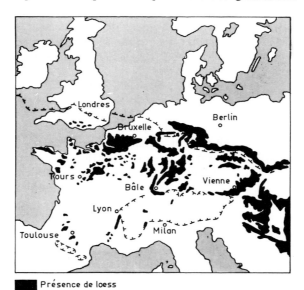

Fig. X.17 — *Distribution des lœss en Europe occidentale* (d'après R.F. Flint, 1971, Glacial and Quaternary Geology, J. Wiley and Sons, modifié).

L'humidité ne fut jamais totalement absente de ce contexte périglaciaire, permettant la croissance de la végétation minimale nécessaire à la fixation des particules en transit. L'eau, liquide ou sous forme de neige et de glace, a souvent modifié les conditions de dépôt et d'évolution ultérieure du lœss. Lorsque la pluviosité et la température ont amené un développement important de la végétation, la sédimentation éolienne a cessé et la pédogenèse a affecté le lœss déposé antérieurement.

La conséquence de l'instabilité paléoclimatique pendant le Quaternaire est l'existence de lœss aux *faciès variés*, associés aux sables de couverture et organisés verticalement en séquences traduisant les cycles climatiques périglaciaires.

b) Divers types de lœss

Le lœss typique, défini ci-dessus, est le plus fréquent. Diverses variétés de lœss témoignent de conditions dynamiques particulières. On distingue les types suivants (J.-P. Lautridou, 1985) :

— *Lœss sableux*. C'est un faciès de passage aux sables éoliens de couverture. Il est caractérisé par une courbe granulométrique bimodale : un mode est compris entre 20 et 60 μm, l'autre entre 0,2 et 0,5 mm (fig. X.18).

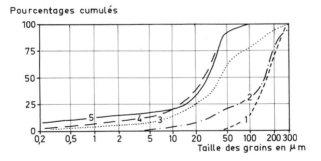

Fig. X.18 — *Courbes de fréquence cumulée de quelques sédiments éoliens* (d'après divers auteurs in J.-P. Lautridou, 1985).
1 — Sable de couverture
2 — Sable lœssique
3 — Lœss sableux
4 — Lœss calcaire
5 — Lœss non calcaire.

— *Lœss argileux*. Il comprend plus de 25 % d'argile et se trouve dans les zones où l'alimentation en particules fines (< 2 μm) prévaut.

— *Lœss à structure feuilletée et à granules*. Ce lœss, d'aspect homogène, se débite en feuillets horizontaux de 1 mm à 3 cm d'épaisseur pouvant renfermer ou non des granules lisses et arrondis de 1 à 3 mm de diamètre. Les feuillets seraient liés à la migration lente d'un front de congélation et à la formation de couches de glace progressant par *cryosmose*. Après la fonte de la glace, la structure feuilletée se conserve (J. Aguirre-Puente et M.A. Azouni, 1973). Les granules pourraient provenir de la déformation des feuillets.

— *Lœss lité*. Il présente un litage net, à échelle millimétrique ou centimétrique, comprenant des niveaux plus ou moins sableux ou argileux. On connaît également des sables éoliens (de couverture) présentant ce type de litage. On attribue à ces dépôts une origine *nivéo-éolienne* (M.J. Graindor, 1948) : la sédimentation se serait effectuée sur une couche de neige dont l'eau de fonte a étalé et trié les grains périodiquement. Après assèchement, une partie du matériel peut être reprise par le vent. Lœss et sable lités se trouvent sur les versants à pente faible à moyenne.

— *Lœss à doublets* (fig. X.19). C'est un lœss non calcaire constitué par l'alternance régulière de lits bruns plus argileux et jaunes à gris plus sableux, de quelques mm ou cm d'épaisseur. Les lits bruns sont plus riches en fer que les gris. L'ensemble s'inscrit dans une séquence verticale au sein de laquelle les lits (en particulier les bruns) sont de plus en plus nets et épais du bas vers le haut.

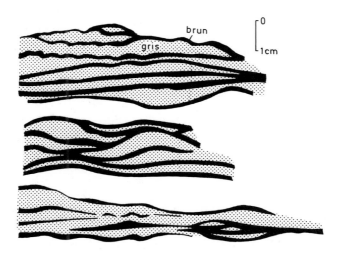

Fig. X.19 — *Représentation schématique d'un lœss à doublets normand* (d'après J.-P. Lautridou, 1985).

De nombreuses hypothèses ont été émises pour expliquer la genèse du lœss à doublets. Elles sont analysées par J.-P. Lautridou (1985). M.J. Graindor (1948) les assimile à des lœss lités d'origine nivéo-éolienne. J.-P. Lautridou pense que le lœss à doublets dérive d'un lœss initialement homogène, décarbonaté, ayant subi *plusieurs pédogenèses discrètes* avec entraînement de l'argile et du fer depuis les lits gris et accumulation dans les lits bruns situés immédiatement dessous : genèse comparable à celle des bandes argilo-ferriques dans les sables (voir § IV.1.4.c). Il s'y ajoute une certaine hydromorphie et des bioturbations. L'extension du lœss à doublets dans des zones topographiques subhorizontales dénuées de ruissellement important renforce cette hypothèse.

— *Sol sur lœss* (fig. X.20). C'est un lœss argileux, décarbonaté, parfois rubéfié, anciennement nommé « lehm », formé par *altération* et *pédogenèse* au détriment du lœss sous-jacent lors des phases tempérées et humides interglaciaires ou interstadiaires. Selon le type de pédogenèse, la teneur en argile, la couleur, la structure du sol varient. Les faciès décrits jadis par J. Ladrière (1890) dans le Nord de la France sous les noms de « limon fendillé », « limon doux à points noirs », « limon panaché », « terre à brique », sont de tels sols dérivés de lœss.

Fig. X.20 — *Pédocomplexe à sol interglaciaire* (couche argileuse plus sombre), *séparant le « lœss ancien supérieur »* (dessous) *du « lœss récent inférieur »* (dessus), *à Achenheim (Alsace).*

— *Limon éolien.* C'est un sédiment d'*origine mixte*, souvent complexe, où interfèrent altération, pédogenèse, apport éolien, ruissellement, solifluxion, etc. On le rencontre généralement à la périphérie des aires lœssiques où la dynamique éolienne périglaciaire était réduite.

C'est le cas par exemple des limons de Beauce dans l'Orléanais où la couverture limoneuse dépasse rarement un mètre d'épaisseur et résulte du mélange de l'argile résiduelle de décarbonatation du calcaire lacustre aquitanien, du remaniement de placages de sables burdigaliens voisins par ruissellement, et de l'apport de particules fines par le vent (J.-J. Macaire, 1971) (fig. X.21). Beaucoup de « limons des plateaux » sont de tels limons éoliens.

Ces divers faciès de lœss sont superposés ou juxtaposés, comme dans le nord-ouest de la France où ils forment une mosaïque (M. Jamagne et al., 1981).

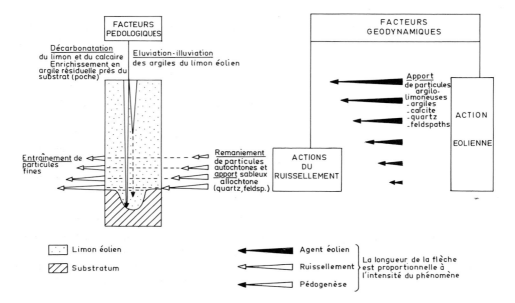

Fig. X.21 — *Facteurs génétiques d'un limon éolien en Beauce*
(d'après J.-J. Macaire, 1971).

c) La séquence lœssique de base

La fluctuation du climat, depuis une phase fraîche ou tempérée humide favorable à la pédogenèse jusqu'à une phase très froide et sèche permettant le dépôt de lœss, engendre généralement une séquence lœssique que l'on peut résumer en trois termes de bas en haut :

— *Un sol.* Ce sol, formé aux dépens du lœss sous-jacent, est l'indice d'un climat interglaciaire ou interstadiaire. Il peut être complexe *(pédocomplexe)* et renfermer successivement plusieurs horizons séparés par des niveaux d'érosion traduisant des nuances climatiques : un ravinement indique un réchauffement, un horizon Bt argileux de sol brun lessivé apparaît sous climat tempéré humide, un horizon A noir humique se forme sous climat chaud et sec.

Ce sol peut aussi procéder seulement d'un climat temporairement plus humide en milieu froid (gley plus ou moins soliflué).

— Un *cailloutis* ou parfois un niveau de *lœss lité*, à fragments ou granulations issus du remaniement d'horizons de sols sous-jacents, souvent humiques *(lehmbrockelsand).* Ces matériaux témoignent d'un climat humide permettant le ruissellement. L'apparition du froid est marquée par la gélifluxion ou des fentes de gel.

— *Le corps lœssique principal.* Il correspond au climat très froid et sec du maximum glaciaire. Il peut renfermer des niveaux d'érosion, de cryoturbation ou de pédogenèse discrète, liés à des périodes temporairement moins sèches ou froides. A la base du sol sus-jacent on relève parfois l'accumulation de carbonates sous forme de fins filaments blanchâtres emplissant les canalicules du lœss *(pseudomycélium)* ou des concrétions plus ou moins grossières et dures (nodules ou « *poupées* »).

Cette séquence, épaisse de quelques mètres, correspond à un cycle climatique. Elle peut se répéter plusieurs fois, avec des variantes, au cours de la même phase glaciaire : les sols les plus évolués au sein de la série marquent les périodes interglaciaires.

Lorsque les phases climatiques se succèdent à un rythme rapide, les faciès sont difficiles à décrypter : c'est le cas en particulier dans le Weichsélien ancien en Europe du Nord-Ouest.

Dans le détail, la lithologie des lœss est variable d'une région à l'autre et dépend des conditions de l'environnement local.

d) Hypothèses concernant la genèse de la fraction limoneuse

La grande majorité des dépôts éoliens d'Europe sont lœssiques : les sables de couverture sont fréquents mais toujours d'extension limitée. Plusieurs hypothèses ont été avancées pour expliquer la genèse de la grande masse de fraction détritique 2-50 microns nécessaire à l'alimentation des dépôts lœssiques pendant les périodes froides :

— Le *remaniement des tills glaciaires* au sein des dépôts fluviatiles proglaciaires (outwash). Comme on l'a vu dans le § VII.2, une des caractéristiques de la dynamique glaciaire est la production d'une phase fine abondante, la « farine glaciaire ». Le tri par l'eau et l'épandage à la surface des cônes fluvio-glaciaires de cette phase, lui permet de pourvoir largement à l'alimentation des lœss.

— La *pulvérisation des minéraux par cryoclastie*. On sait que le gel agit sur les roches humides et fissurées en les fragmentant. Des expériences de gélifraction expérimentale effectuées par B. Etlicher et J.-P. Lautridou (1986) sur des arènes granitiques du Massif central, montrent que le gel agit non seulement sur les grains polyminéraux au niveau des joints de grains ou de fissures préexistantes et au sein des monominéraux dans les clivages, mais qu'il peut aussi fortement affecter le quartz non clivable, produisant une abondante phase limoneuse-quartzeuse.

— L'*amenuisement pédologique* de la taille des minéraux (quartz compris) dans les horizons superficiels (A) des sols lessivés dégradés ou podzoliques, par dissolution partielle des grains. Une telle dynamique s'est généralisée par exemple dans les dépôts sableux alluviaux du sud du Bassin de Paris lors des périodes froides et humides du Weichsélien, précédant les épisodes d'éolisation (J.-J. Macaire, 1986).

Outre ces processus qui s'accordent avec les climats froids ayant présidé à la sédimentation lœssique, il faut ajouter que l'abondance de la fraction 2-50 μm peut aussi découler de la dynamique éolienne elle-même. Les *éclats* détachés par l'entrechoquement des grains de sable brassés par le vent ont le plus souvent la taille et la forme des particules limoneuses. Le vannage suffit au tri et à la reconcentration ultérieure des éléments fins. Cette genèse associée à la fragmentation par haloclastie et thermoclastie est aussi applicable aux déserts chauds.

La conjonction de ces divers phénomènes explique l'exceptionnelle abondance de la fraction limoneuse dans les formations superficielles lœssiques ou dérivées des lœss en Europe.

X. 3 · Facteurs responsables de la distribution des formations éoliennes

Au Quaternaire, la répartition des formations éoliennes en Europe occidentale a été commandée par plusieurs facteurs : le *climat*, la *situation des sources d'alimentation* et le *relief*. La combinaison de ces facteurs a conduit à l'individualisation de « provinces » lithologiquement distinctes, dont les caractères et l'extension, bien qu'assez permanents, ont pu varier dans le détail d'un cycle climatique à l'autre.

X. 3. 1 · Le climat

Pendant les glaciations les climats froids et secs à vents fréquents étaient localisés *à proximité des zones englacées*, soit au sud de l'Inlandis qui couvrait le Nord de l'Europe, soit à la périphérie des glaciers alpins, ce qui correspond approximativement à une bande comprise entre 45 et 55° de latitude nord (zone périglaciaire) où se trouve l'essentiel de la couverture de lœss et de sables éoliens (fig. X.17).

En dehors de ces régions, les climats moins rigoureux permettaient l'existence d'un couvert végétal plus abondant, incompatible avec la dynamique éolienne. A l'intérieur de la zone périglaciaire existe un gradient climatique :

- d'*ouest en est* : les climats orientaux, moins soumis aux influences humides de l'océan ont été plus souvent et plus durablement favorables à la sédimentation éolienne, y compris pendant certaines phases interglaciaires.
- du *nord au sud* : le couvert végétal croissant vers le sud a diminué l'emprise des processus éoliens.

C'est pourquoi les couvertures éoliennes sont *quasi continues* et peuvent atteindre 50 m de puissance en Europe de l'Est, alors qu'elles sont *discontinues* et ne dépassent pas 25 m d'épaisseur maximum, avec une moyenne de quelques m, en Europe occidentale.

La direction, la fréquence et la force des vents pendant les glaciations, la dernière notamment, peuvent être reconnues d'après l'évolution spaciale de la granularité des sédiments éoliens et la situation relative des zones d'accumulation et de déflation, et grâce aux minéraux traceurs.

En Europe du Nord-Ouest, on relève un *gradient granulométrique* net, avec passage des sables de couverture, qui s'étendent sur les Pays-Bas, l'Allemagne moyenne, le Nord de la Belgique et le Sud-Est de l'Angleterre à des lœss dans le Bassin de Paris par l'intermédiaire de lœss sableux dans le Sud de la Belgique (fig. X.22).

Cette polarité traduit des vents forts soufflant du nord (nord-est à nord-ouest) depuis les aires de hautes pressions polaires, dispersant les particules sur plusieurs dizaines voire centaines de km (fig. X.23).

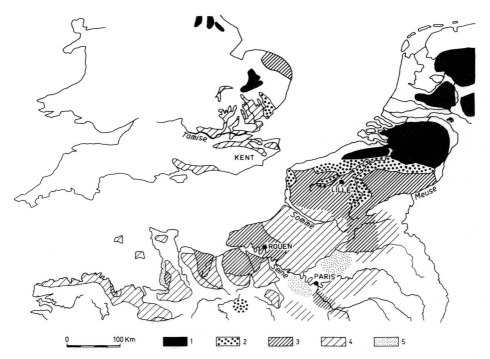

Fig. X.22 — *Distribution des formations éoliennes du Pléistocène récent en Europe du Nord-Ouest* (d'après divers auteurs in J.-P. Lautridou, 1985).
1 — Sables de couverture ; **2** — Zone sablo-limoneuse de transition ; **3** — Lœss de plus de 4 m d'épaisseur ; **4** — Lœss de moins de 4 m d'épaisseur ; **5** — Sables éoliens de la baie du Mont-Saint-Michel et du centre du Bassin de Paris.

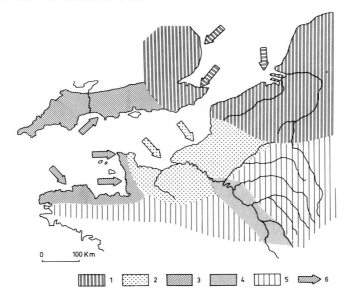

Fig. X.23 — *Origine des apports éoliens pendant le Weichsélien dans le Nord-Ouest de l'Europe* (d'après J.-P. Lautridou, 1985).
Apport : **1** — nordique ; **2** — normand (Manche Centrale et Orientale) ; **3** — breton (Manche Occidentale) ; **4** — Seine ; **5** — régional ; **6** — Direction des vents nourrissiers.

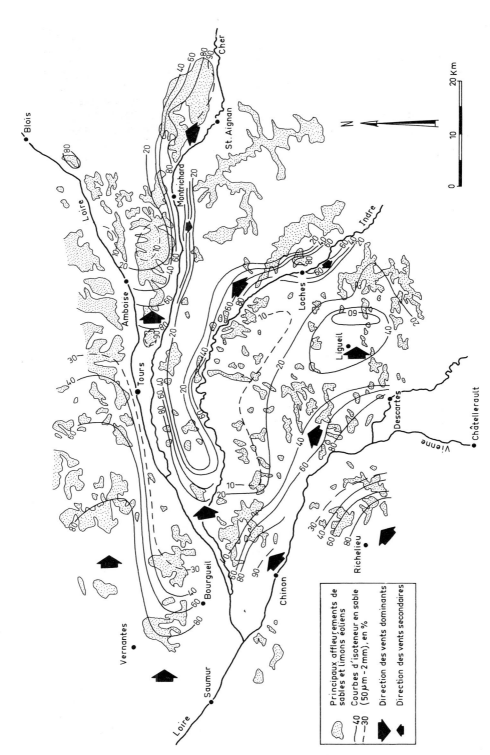

Fig. X.24 — *Distribution de la couverture éolienne et de sa teneur en sable, en Touraine* (d'après J.-J. Macaire, 1981).

Plus au sud (Normandie, Bretagne, Sud et Est du Bassin de Paris, Aquitaine) comme dans les régions plus orientales (Alsace, Pays de Bade), les vents dominants soufflaient de l'ouest (nord-ouest à sud-ouest) depuis les aires océaniques. La direction sud-ouest est particulièrement nette dans les sables des Landes qui passent vers le N.-E. à des sables lœssiques, des lœss sableux et des lœss en Saintonge (A. Cailleux, 1953) et dans la couverture éolienne de Touraine (fig. X.24). Dans cette région le déplacement des particules ne dépasse pas quelques km ou dizaines de km, ce qui indique des vents de sud-ouest moins forts que plus au nord, pouvant souffler temporairement de la direction opposée (N.-E.). Il résulte de cette dynamique en Touraine un tri moins sélectif des grains, les faciès intermédiaires sablo-limoneux étant bien répandus comme on peut le voir sur la figure X.25.

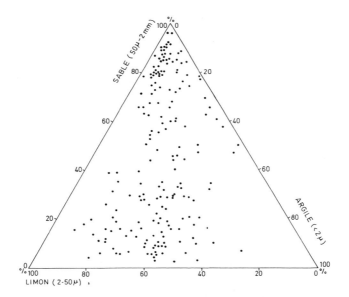

Fig. X.25 — *Dispersion granulométrique des sédiments éoliens de Touraine* (d'après J.J. Macaire, 1981).

Les *accumulations dunaires* tardi- et post-glaciaires des régions littorales témoignent presque toujours de vents d'ouest dominants sur la majeure partie de la façade ouest de l'Europe, ce qui traduit une modification de la direction des vents en Allemagne, Pays-Bas et Belgique à la fin de la dernière glaciation.

X. 3. 2 · La situation des sources d'alimentation

Dans l'aire climatique décrite ci-dessus, les principales sources de sédiments éoliens ont été les suivantes :

— Les *épandages alluviaux fluvio-glaciaires*. Ils sont riches en phase fine limoneuse issue du remaniement de la « farine » des tills, offerte à la mobilisation éolienne sur les vastes grèves exondées chaque année après les crues. La plupart des lœss situés en Allemagne moyenne, au sud du front d'extension de l'Inlandsis, comme les lœss d'Autriche, de Bavière ou ceux plus rares de la vallée du Rhône, du Piémont italien et de la vallée de la Garonne à la périphérie des glaciers alpins et pyrénéens, ont cette origine.

— Les *alluvions des fleuves et rivières de plaines*. Mieux classées et plus riches en sables que les précédentes, les alluvions fluviatiles ont alimenté des dépôts éoliens hétérogènes, variant progressivement du sable éolien au lœss en s'éloignant de la source (fig. X.24). Au voisinage de tous les grands cours d'eau (Rhin, Seine, Loire) s'étend plus ou moins loin une couverture éolienne marquée par le cortège minéralogique des alluvions originelles.

Les zircons et rutiles associés à l'épidote des lœss saaliens de Belgique viendraient du delta de la Meuse (E. Juvigné, 1978), alors que ces minéraux et la tourmaline dans le lœss de même âge en Normandie signent un apport depuis les alluvions de la Seine (fig. X.26) (J.-P. Lautridou, 1985). En Alsace, les lœss contiennent glaucophane, épidote, chloritoïdes et minéraux de volcanisme véhiculés par le

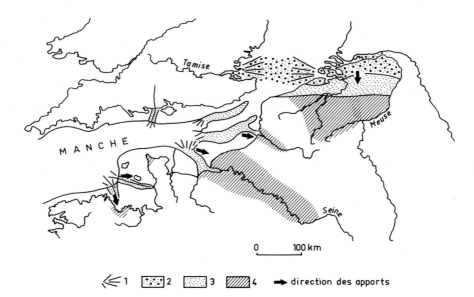

Fig. X.26 — *Alimentation des dépôts éoliens anciens* (Pléistocène moyen) *en Europe du Nord-Ouest* (d'après J.-P. Lautridou, 1985). **1** — Deltas ; **2** — Cônes Meuse-Tamise ; **3** — Sables de couverture ; **4** — Lœss.

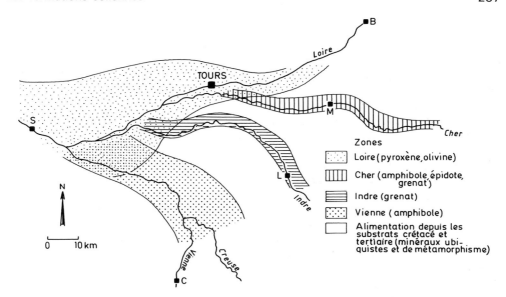

Fig. X.27 — *Alimentation de la couverture éolienne du Pléisto-cène récent depuis les alluvions fluviatiles, en Touraine* (d'après J.-J. Macaire, 1981).

Rhin. En Touraine, on observe un lien étroit entre la composition minéralogique de la couverture éolienne récente et les minéraux spécifiques des alluvions des cours d'eau voisins (fig. X.27). Il faut signaler par ailleurs que dans la plupart des val-lées, les dépôts fluviatiles eux-mêmes sont recouverts des sables et lœss qu'ils ont nourris.

— Les *sédiments marins*. Les plateaux continentaux ont été partiellement exon-dés à plusieurs reprises lors de l'abaissement du niveau des mers pendant les glacia-tions, en particulier au plus fort de la glaciation weichsélienne. C'est pourquoi les sédiments détritiques apportés par les cours d'eau (Rhin, Meuse, Tamise, Seine), déposés et remaniés en Manche et en mer du Nord, ont nourri l'essentiel des sables de couverture des Pays-Bas et de Belgique et le lœss weichsélien du Nord de la France, de Normandie et du Nord de la Bretagne (fig. X.23).

Ainsi en Normandie le cortège épidote, amphibole, grenat et les minéraux argi-leux — smectite et vermiculite — d'origine marine marquent un renouvellement des apports dans les lœss weichséliens par rapport à la plupart des lœss du Saalien, d'origine fluviatile (J.-P. Lautridou). De même, E. Juvigné (1978) trouve sous la mer du Nord actuelle, dans les dépôts d'outwash de l'inlandsis scandinave, la source des minéraux (hornblende, grenat) présents dans les lœss weichséliens de Belgique.

— Les *affleurements sableux de tous âges et origines*. On connaît de multiples exemples de sédiments sableux, souvent marins, soumis à la déflation. C'est le cas par exemple dans le Bassin de Paris des sables albiens ou cénomaniens, et des sables stampiens de Fontainebleau.

X. 3. 3 · La topographie

La plupart des sédiments éoliens se trouvent dans les *régions d'altitude peu élevée* (quelques centaines de m maximum), à surface plane ou peu ondulée : plaines et plateaux d'Allemagne moyenne, de Hollande, de Belgique, du Nord de la France..., mais aussi sur les versants et au fond des vallées. Ils sont rares ou absents dans les montagnes.

Les *pentes* jouent un rôle important dans la répartition ou le piégeage des sables et lœss. Dans le Sud du Bassin de Paris, les versants exposés au nord et à l'est, sous le vent, portent les plus grandes épaisseurs de sédiments. De part et d'autre de l'Alsace, les versants occidentaux (Vosges) et orientaux (Forêt Noire et Pays de Bade) limitant le graben, ont piégé de puissantes séries de lœss issus de la plaine alsacienne. En Belgique, les sables lœssiques ont exploité les dépressions de la Lys et de l'Escaut pour s'insinuer vers le sud dans le domaine strictement lœssique (fig. X.22). Près des zones montagneuses, la direction des vents et la situation des accumulations sont imposées par les couloirs topographiques.

F. Appelmans (1956) a bien montré comment, aux Pays-Bas et en Belgique, l'altitude influe sur la granularité des dépôts éoliens. Les particules les plus grossières (sables) sont limitées aux plaines des Flandres et du Brabant, tandis que les plus fines (limons) sont montées à l'assaut des pentes ardennaises. Les lœss argileux occupent les situations les plus élevées (fig. X.28). Les résultats sont sensiblement identiques, que les versants soient exposés au N.-W. ou au S.-E.

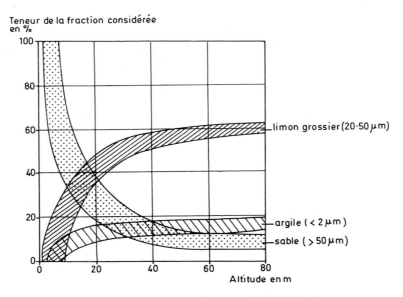

Fig. X.28 — *Relations entre la granularité de la couverture éolienne et l'altitude aux Pays-Bas et en Belgique* (d'après F. Appelmans, 1956).

X. 4 · Stratigraphie des sédiments éoliens

X. 4. 1 · Mode d'approche

On peut appliquer aux lœss les principes de la stratigraphie classique. Ces dépôts sont en effet *superposés* au sein de séries parfois épaisses de plusieurs mètres ou dizaines de mètres, dans lesquelles la séquence de base décrite dans le § X.2.2.c se répète de nombreuses fois, avec des variantes. Les faciès de lœss sont bien connus, même si leur interprétation n'est pas toujours assurée : les *corrélations latérales* sont possibles. Ces matériaux, fréquemment carbonatés, sont favorables à la conservation des *fossiles* : pollens, dents de micromammifères, ossements, coquilles de mollusques y sont présents. A certains niveaux, les *industries préhistoriques* sont abondantes.

En raison de leur finesse granulométrique, les lœss se prêtent bien à la *magnétostratigraphie* : l'altération pédologique est cependant parfois un handicap. Dans les séries, le temps est enregistré non seulement sous forme de sédiments (lœss et ses dérivés) mais aussi de *paléosols* qui donnent de bonnes indications sur les paléoclimats et l'environnement local.

L'étude des lœss effectuée depuis plus d'un siècle en Europe occidentale a permis de reconnaître, au sein des séries, des paléosols de faciès variés. Certains, évolués, signent des interglaciaires, donc le début ou la fin d'un cycle glaciaire. D'autres, moins différenciés, se développent à l'intérieur du cycle glaciaire et soulignent un interstade. D'autres enfin, marquent seulement un arrêt temporaire de sédimentation sans fluctuation climatique majeure.

Les lœss se prêtent donc bien aux litho-, bio-, magnéto-, et pédostratigraphies et permettent d'aboutir à la chronostratigraphie que les mesures radiométriques précisent. Mais comme tous les dépôts continentaux, les lœss renferment de multiples lacunes d'érosion parfois difficiles à estimer et dont il faut tenir compte dans l'appréciation du temps. Il n'en reste pas moins que les lœss sont parmi les formations superficielles les plus *favorables à la stratigraphie fine*.

Les sables éoliens ou dunaires, moins cohérents que les lœss, sont plus facilement qu'eux démantelés par l'érosion après chaque phase de dépôt. Ils donnent plus rarement des séries épaisses et se soumettent moins bien que les lœss à la bio- et à la magnétostratigraphie. Ils sont aussi d'extension plus réduite : les corrélations latérales sont donc plus aléatoires.

X. 4. 2 · Principaux résultats

Les principaux traits de la stratigraphie des lœss ont été exposés au cours d'un colloque consacré aux « Problèmes de stratigraphie quaternaire en France et dans les Pays limitrophes » à Dijon (J. Chaline, 1980).

Le nombre de cycles reconnus est moins élevé en Europe occidentale qu'en Europe de l'Est (9 en Tchécoslovaquie, d'après G. Kukla, 1977). Les plus anciens lœss connus en Europe de l'Ouest sont ceux de Saint-Vallier dans la vallée du Rhône : *deux unités* à niveaux durcis par des encroûtements calcaires ont livré de nombreux ossements de mammifères du *début du Quaternaire* (« Villafranchien moyen »). Au voisinage des glaciers, les lœss sont associés aux moraines des trois dernières glaciations : Elstérien, Saalien et Weichsélien en Europe du Nord (Allemagne) et Mindel, Riss, et Würm dans les régions alpines.

En Alsace, les lœss de *quatre cycles*, reposant sur les alluvions rhénanes, ont été identifiés dans le célèbre site d'Achenheim (P. Wernert, 1957), avec de bas en haut : lœss ancien inférieur, lœss ancien moyen, lœss ancien supérieur et lœss récent. Dans le bassin de Paris, F. Bordes (1954) a distingué les *lœss anciens* I et II (à industries acheuléenne) et les *lœss récents* I (à Moustérien), II et III (à Moustérien final, Périgordien et Protosolutréen). Dans les deux cas, un paléosol évolué, correspondant au dernier interglaciaire, sépare les lœss anciens (attribués au Riss) des lœss récents (würmiens).

Les travaux effectués plus récemment en Belgique, dans le Nord de la France et en Normandie par J. Sommé et al. (1978), ont montré l'existence de formations éoliennes dès le « *Cromérien* » (début du Pléistocène moyen) et peut-être au *Ménapien* (fin du Pléistocène inférieur) : ce sont des sables et des lœss à paléosols argileux rouges intercalés, bien repérés surtout en Normandie dans les coupes de Bosc-Hue et de Mesnil-Esnard. Puis se développent dans le Pléistocène moyen *trois cycles* lœssiques scandés par trois sols de valeur interglaciaire nets en Normandie, à Saint-Pierre-lès-Elbeuf. Ces lœss anciens sont également bien représentés dans le centre du bassin de Paris (Aisne) et en Belgique (Hainaut).

Les dépôts éoliens du *Pléistocène supérieur* sont les mieux connus car bien conservés dans la plupart des régions où ils se sont épandus. Ils correspondent au dernier cycle interglaciaire-glaciaire (Éemien-Weichsélien) et comprennent de bas en haut (fig. X.29) :
- un *sol interglaciaire* équivalent au sol de Rocourt,
- un *complexe pédogénisé* à horizons humifères et cryoturbés ou un lœss brun feuilleté du début du glaciaire (Weichsélien inférieur),

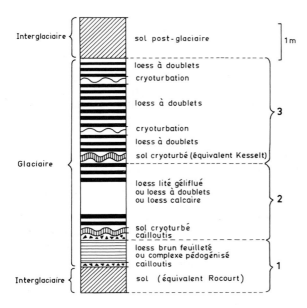

Fig. X.29 — *Exemple de série lœssique du Pléistocène supérieur en Normandie* (interprété d'après J.-P. Lautridou, 1985).
1, 2 et 3 : séquences lœssiques de base.

- un *dépôt lœssique* (ou sableux) du *Pléniglaciaire moyen*, supportant un sol ou niveau cryoturbé équivalent au sol de Kesselt (28 000 à 22 000 B.P.),
- un *dépôt lœssique* (ou sableux) du *Pléniglaciaire supérieur* portant le sol holocène.

Ces deux lœss récents se trouvent aussi en Aquitaine (J.-C. Revel, 1982). Le second et dernier dépôt constitue l'essentiel des « sables et lœss de couverture » très étendus en Europe occidentale.

Les dunes sableuses sont principalement situées sur le littoral de l'Atlantique et de la mer du Nord. Eu égard à la fragilité de leurs formes, elles sont nécessairement récentes : *tardi- et post-glaciaires* (Holocène).

Références bibliographiques

Aguire-Puente J. et Azoumi M.A. (1973) — Modèle théorique du passage de la glace à travers un capillaire et étude expérimentale sur membrane. *Rapport interne Labo aeroth. Meudon*, n° 499.

Aubouin J., Brousse R. et Lehman J.P. (1968) — Précis de Géologie, t. 3 : Tectonique, morphologie, le globe terrestre. Dunod éd., 549 p.

Bagnold R.A. (1973) — The physics of blown sand and desert dunes. J. Wiley and Sons, New York, 265 p.

Bellair P. et Pomerol C. (1982) — Éléments de Géologie. Armand Colin, Paris, 495 p.

Bordes F. (1954) — Les limons quaternaires du Bassin de la Seine. *Arch. de l'Inst. de Paléont. Paris*, Mém. 26, 472 p.

Brookfield M.E. (1977) — The origin of bounding surfaces in ancient aeolian sandstones. *Sedimentology*, 24, p. 303-332.

Bücher A. et Lucas G. (1984) — Sédimentation éolienne intercontinentale, poussières sahariennes et géologie. *Bull. Centres Rech. Explor.*, Prod. Elf Aquitaine, n° 8, 1, pp. 151-165, Pau.

Cailleux A. (1953) — Les lœss et limons éoliens de France. *Bull. Serv. de la Carte Géol. de la France*, n° 240, TL I, p. 1-24.

Cailleux A. et Tricart J. (1959) — Initiation à l'étude des sables et galets. C.D.U., 3 tomes.

Chaline J. (sous la dir. de) (1980) — Problèmes de stratigraphie quaternaire en France et dans les pays limitrophes. *Suppl. Bull. A.F.E.Q.* N,S. n° 1, 372 p.

Collinson J.D. in Reading H.G. éd. (1986) — Sedimentary environments and facies — chap. 5 : Deserts. Blackwell Sc. Pub., Oxford, 615 p.

Cooke R.V. et Warren A. (1973) — Geomorphology in Deserts. Batsford, London, 374 p.

Coudé-Gaussen G. (1984) — Le cycle des poussières éoliennes désertiques actuelles et la sédimentation des lœss péridésertiques quaternaires. *Bull. Centres Rech. Explor. Prod. Elf Aquit.*, n° 8, 1, pp 167-182, Pau.

Etlicher B. et Lautridou J.P. (1986) — Premiers résultats de gélifraction expérimentale d'arènes granitiques. *Bull. Ass. Fr. Et. Quater.*, 3-4, 215-222.

Flint R.F. (1971) — Glacial and quaternary geology. J. Wiley and Sons, Inc. New York, 892 p.

Folk R.L. (1971) — Longitudinal dunes of the northwestern edge of the Simpson desert, Northern Territory, Australia. 1 — Geomorphology and grain-size relationships. *Sedimentology*, 16, p. 5-54.

Glennie K.W. (1970) — Desert sedimentary environments. Developments in Sedimentology, vol. 14, 222 p., Elsevier, Amsterdam.

Glennie K.W. (1972) — Permian Rotliegendes of northwest Europe interpreted in light of modern desert sedimentation studies. *Am. Ass. Petrol. Geol. Bull.*, 56, p. 1048-1071.

Goudie A. (1978) — Dust storms and their geomorphological implications. *J. Arid Environments*, 1, 4, p. 291-310.

Graindor M.J. (1948) — Les limons quaternaires aux environs de Caen. *Ann. Agr.*, 6, p. 2-28.

Gullentops F. (1954) — Contribution à la chronologie du Pléistocène et des formes du relief en Belgique. *Mém. Inst. Géol. de Louvain*, 18, p. 125-252.

Hellmann G. et Meinardius W. (1901) — Der Grosse Staubfall vom 9-12 März 1901 in Nord Africa, Süd und Mittel-Europa. *Abh. K. Presuss Meteor. Inst.*, 2, 1, 93.

Hunter R.E. (1977) — Basic types of stratification in small eolian dunes. *Sedimentology*, 24, p. 361-388.

Jamagne M., Lautridou J.-P. et Sommé J. (1981) — Préliminaire à une synthèse sur les variations sédimentologiques des lœss de la France du Nord-Ouest dans leur cadre stratigraphique et paléogéographique. *Bull. Soc. Géol. France*, XXIII, 2, p. 143-147.

Juvigné E. (1978) — Les minéraux denses transparents des loess en Belgique. *Z. Geomorphol. N.F.* 22, 1, p. 68-88.

Kocurek G. (1981) — Significance of interdune deposits and bounding surfaces in aeolian dune sands. *Sedimentology*, 28, p. 753-780.

Kukla G. (1977) — Pleistocene Land-Sea Correlations. I. Europe — Earth Science Reviews, 13, p. 307-374.

Ladrière J. (1890) — Étude stratigraphique du terrain quaternaire du Nord de la France. *Ann. Soc. Géol. du Nord*, t. 18, p. 93-149 et p. 205-276.

Lautridou J.P. (1969) — Rapport de la commission de terminologie des limons. *Mém. Soc. Géol. Fr.*, 5, p. 132-137.

Lautridou J.-P. (1985) — Le cycle périglaciaire pléistocène en Europe du Nord-Ouest et plus particulièrement en Normandie. Thèse Doct. État, Caen, 2 tomes, 908 p.

Macaire J.-J. (1971) — Étude sédimentologique des formations superficielles sur le tracé de l'autoroute A 10 entre Artenay et Meung-sur-Loire (Loiret). Thèse 3e cycle, Orléans, 2 tomes, 94 p., 43 fig.

Macaire J.-J. (1981) — Contribution à l'étude géologique et paléopédologique du Quaternaire dans le Sud-Ouest du Bassin de Paris (Touraine et ses abords). Thèse Doct. État, Sciences, Tours, t. 1, 304 p. ; t. 2, 146 p.

Macaire J.-J. (1986) — Sequence of polycyclic soils formed on plio-quaternary alluvial deposits in South-Western Paris basin (France) : paleoecological significance. *Catena*, 13, 29-46.

Mc Kee E.D. (1966) — Structures of dunes at White Sands National Monument, New Mexico (and a comparison with structures of dunes from other selected areas). *Sedimentology*, 7, p. 1-69.

Reineck H.E. et Singh I.B. (1980) — Depositional sedimentary environments. Springer Verlag., Berlin, 549 p.

Revel J.-C. (1982) — Formation des sols sur marnes. Étude d'une chronoséquence et d'une toposéquence complexe dans le Terrefort toulousain. Thèse Doct. État, Toulouse, 250 p.

Selley R.C. (1965) — Diagnostic characters of fluviatile sediments of the Torridonian Formation (Pre Cambrian) of Northwest Scotland. *J. Sediment. Petrol.* 35, p. 366-380.

Sommé J., Paepe R. et Lautridou J.-P. (1980) — Principes, méthodes et système de la stratigraphie du Quaternaire dans le Nord-Ouest de la France et de la Belgique. *Suppl. Bull. Ass. Fr. Quat.*, N.S. n° 1, p. 148-162.

Wernert P. (1957) — Stratigraphie paléontologique et préhistorique des sédiments quaternaires d'Alsace. Achenheim. *Mém. ser. Carte Géol. Als. Lorr.*, n° 14.

Wilson I.G. (1972) — Aeolian bedforms — their development and origins. *Sedimentology*, 19, 173-210.

Chapitre XI

Les formations volcaniques

Lorsque les magmas issus du manteau supérieur ou de la lithosphère parviennent à la surface de l'écorce terrestre, ils engendrent le volcanisme. Les produits émis *(laves* et *pyroclastites)* s'accumulent selon des modalités diverses.

Sur les continents beaucoup d'accumulations, localement de grande ampleur, bouleversent totalement le relief préexistant en donnant naissance à des appareils *(volcans)* dont la forme dépend essentiellement des caractéristiques de la dynamique volcanique.

D'autres accumulations, d'épaisseur réduite, moulent la surface topographique sans l'oblitérer totalement. Dans ce cas, la dispersion première du magma est bien sûr régie par les lois du magmatisme superficiel, mais la distribution *finale* est partiellement guidée par les formes du relief, voire par les paramètres climatiques (vent, neige...).

Par ailleurs, les produits volcaniques sont parfois mêlés sous des formes et en proportions diverses à des sédiments (dépôts *volcano-sédimentaires*), et le volcanisme lui-même peut engendrer des phénomènes superficiels dits « paravolcaniques », du type coulées de boues *(lahars)*.

Donc, si la nature des roches volcaniques reflète toujours le magmatisme, leur position à la surface de l'écorce terrestre peut être ordonnée en partie selon les règles de la géodynamique superficielle, celles notamment de la sédimentation en milieu aérien. De telles formations volcaniques peuvent être assimilées à des formations superficielles.

XI. 1 · Dynamique volcanique et formations superficielles

Tous les types de volcanisme ne permettent pas l'acquisition par les roches volcaniques des caractères spécifiques des formations superficielles.

Sans entrer dans le détail du volcanisme, il est cependant nécessaire de rappeler brièvement les causes et modalités de la dispersion des magmas dans l'atmosphère pour comprendre leur répartition à la surface du sol, les émissions sous-aquatiques étant hors de notre propos.

XI. 1. 1 · Facteurs de la dynamique volcanique

La dynamique volcanique résulte non seulement de la nature chimique, de la température et de la teneur en gaz des magmas, mais aussi de leur rencontre éventuelle avec des nappes d'eau superficielles *(phréatomagmatisme)*.

Les magmas basiques (basaltiques) entrent en fusion vers 1 100° C et deviennent brutalement *fluides* au-dessus de cette température, tandis que les magmas acides (rhyolithiques) passent progressivement de l'état solide à l'état liquide par un état

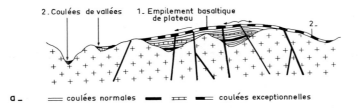

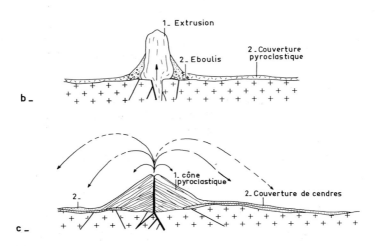

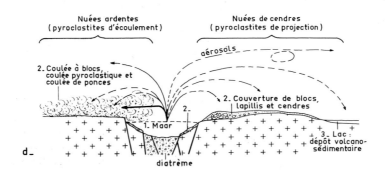

Fig. XI.1 — *Appareils et formations superficielles volcaniques.*
a — Volcanisme lavique fluide, **b** — Volcanisme lavique visqueux, **c** — Volcanisme pyroclastique faiblement explosif, **d** — Volcanisme pyroclastique fortement explosif. *1* — Appareil volcanique *(s.s)*, *2* — Formation volcanique en situation de formation superficielle, *3* — Formation volcano-sédimentaire.

visqueux entre 800 et 1 000° C. Les magmas contiennent des gaz juvéniles (vapeur d'eau surtout, CO_2, etc.), généralement en faible proportion (quelques %). Ces gaz ont pour effet de les rendre plus fluides en abaissant leur point de fusion.

La teneur en eau (vapeur) du magma détermine le caractère plus ou moins *explosif* des éruptions. Les magmas basiques, avec en moyenne 0,5 % d'eau, sont moins sujets à de fortes explosions que les magmas acides qui peuvent en contenir plus de 3 % (J. Lameyre, 1975).

Le caractère particulièrement explosif des magmas rhyolitiques, trachytiques et phonolitiques, provient de leur viscosité qui entrave l'échappement du gaz et provoque leur accumulation dans des poches. Mais lorsque les magmas basiques rencontrent des nappes d'eau superficielles, l'augmentation de leur viscosité par refroidissement rapide et la vaporisation de l'eau les rendent aussi explosifs.

XI. 1. 2 · Types de volcanisme et dispersion des laves

La dynamique d'expulsion des produits solides, liquides et gazeux détermine les divers types de volcanisme, la forme des volcans, et par là même, la possibilité pour les roches volcaniques d'être assimilées ou non à des formations superficielles.

On peut caractériser quatre types distincts de volcanisme (A. de Goër de Herve) :

a) Le volcanisme lavique fluide (= effusif)

Il correspond essentiellement à l'*épanchement de laves fluides*, surtout *basaltiques*, plus ou moins riches en gaz facilement expulsés en de nombreuses explosions de faible amplitude. Les laves s'étalent en *coulées* autour des points d'émission (fissures), épousant la topographie et s'engageant dans les vallées.

Une, deux ou trois coulées superposées participent à un complexe de formations superficielles. Lorsque la lave est abondante et le volcanisme durable, de multiples coulées s'empilent : les points bas du relief sont comblés, et un plateau basaltique bombé au droit des fissures émissives et parfois très étendu se constitue (fig. XI.1.a).

Dans le Massif central français, par exemple, les coulées superposées atteignent 150 m d'épaisseur dans le Velay oriental, elles couvrent 750 km² dans le Devès et ennoient une paléotopographie miocène dans l'Aubrac (A. Autran et J.M. Peterlongo, 1979).

Les coulées balsatiques peuvent être rattachées aux formations superficielles lorsqu'elles sont peu épaisses et peu nombreuses, soit parce que les émissions furent peu volumineuses et le volcanisme bref, soit au contraire en raison d'un flux particulièrement abondant lors d'une éruption qui a conduit exceptionnellement la coulée bien au-delà des limites atteintes par les précédentes.

Les coulées acides (rhyolitiques) sont plus visqueuses et épaisses (40 à 50 m) que les coulées basaltiques et demeurent toujours près des édifices.

b) Le volcanisme lavique visqueux (= extrusif)

Ce volcanisme est caractérisé par l'émission de laves très visqueuses (trachytes, phonolites) incapables de s'écouler et s'accumulant sous forme d'un *dôme* ou d'une *protusion* (aiguille) de quelques centaines de m de hauteur et de diamètre en moyenne, autour de la fracture (sucs du Velay, Puy-de-Dôme...).

Ce volcanisme produit essentiellement un édifice volumineux très localisé : on ne connaît pas, par exemple, de produits attribuables au Puy-de-Dôme à plus d'un kilomètre et demi de son sommet (A. de Goër de Herve, 1984). Les formations superficielles associées à ce type de volcanisme sont des pyroclastites plus ou moins abondantes, dispersées autour du dôme, émises au moment de sa croissance, et des *éboulis* alimentés par le dôme lui-même au cours de sa mise en place (brèches d'écroulement initiales) et par son érosion ultérieure (fig. XI.1.b).

c) Le volcanisme pyroclastique faiblement explosif

Lorsque la quantité de gaz est importante dans le magma, celui-ci est projeté et divisé par des *explosions périodiques*. Il retombe à la périphérie du point d'émission en éléments de taille variable : blocs ou bombes (> 64 mm), lapillis (2-64 mm) et cendres (< 2 mm), constituant les *pyroclastites* (ou tephras).

La dispersion des produits pyroclastiques varie selon l'intensité des explosions. Généralement les projections ont une amplitude et un rythme réguliers, ce qui favorise la genèse d'un *cône de scories* au sommet duquel se trouve le cratère. Le cône peut être de forme symétrique, ou dissymétrique lorsque le jet de clastites est incliné ou dévié par les vents dominants.

Les couches de tephra présentent un litage oblique divergeant par rapport à l'axe du cône, avec une inclinaison de 30° en moyenne, comparable à l'angle de stabilité des grains sur la face de dépôt des dunes éoliennes et sur les talus d'éboulis.

Seules quelques projections d'intensité plus forte que la moyenne expulsent à la périphérie du cône les éléments les plus fins qui constituent, sur le substrat, une *couverture peu épaisse* de type formation superficielle, dans un rayon de quelques centaines de m, voire quelques km (fig. XI.1.c).

d) Le volcanisme pyroclastique fortement explosif

Il résulte de la libération d'une grande quantité de gaz accompagnée d'un faible volume de matières solide et liquide, et se traduit par de *rares mais très puissantes explosions*.

Il existe schématiquement, deux types de volcanisme fortement explosif :

d.1 — Explosions à nuées ardentes

Ce type est lié à l'accumulation du gaz dans des poches bloquées sous des bouchons de lave visqueuse (extrusions). L'explosion, d'une violence considérable (énergie comparable à celle d'une bombe atomique), provoque une nuée ardente, mélange très destructif de solide, liquide et gaz à haute température, s'*écoulant* au niveau du sol comme une vague déferlante *(« déferlante basale »)*, à une vitesse pouvant atteindre plus de 500 km/h, descendant ou gravissant les pentes indistinctement. Ainsi naissent les *ignimbrites*.

Lorsque la production de matière est assez faible (moins de 1/100 de km³) la viscosité est assez élevée : il se forme des *coulées à blocs* demeurant près du lieu d'explosion (température 400 à 500° C).

Quand la matière est plus abondante (1/100 à 1 km³), apparaît une *coulée pyroclastique*, moins visqueuse, donc plus mobile et à température plus élevée que la coulée à blocs. Dans les deux cas, les produits dispersés sont solides et liquides (S. Aramaki et M. Yamasaki, 1963 *in* J. Aubouin et al., 1975).

Les *coulées de ponce* correspondent à des émissions très abondantes (1 à 1 000 km³) et très chaudes (1 000 à 1 200° C) d'un mélange de produits solides, liquides et gazeux, faiblement visqueux, pouvant couvrir des aires considérables.

Coulées à blocs et coulées pyroclastiques couvrent les pentes et s'accumulent surtout dans les vallons et vallées qu'elles comblent diversement tandis que les nappes de ponce, très puissantes (plusieurs centaines de m) oblitèrent totalement le relief et engendrent une surface régulièrement plane.

d.2 — Explosions à nuées de cendres

Ce type de volcanisme correspond à l'émission d'une grande quantité de gaz, souvent issue de la rencontre de la lave avec une nappe d'eau superficielle (phréatomagmatisme).

L'explosion provoque une dépression circulaire (cratère) de 100 à 1 000 m de diamètre et de quelques dizaines de mètres de profondeur en moyenne, creusée à même le substrat (fig. XI.1.d). L'eau de la nappe occupe ensuite le cratère et forme un lac *(maar)*. Les maars sont entourés d'une couronne de matériaux clastiques *de projection* (tuff ring) généralement peu abondants, épousant la topographie, et comprenant des éléments volcaniques et des fragments arrachés au substrat (fig. XI.2).

Fig. XI.2 — *Matériaux pyroclastiques du cratère d'explosion de Michliffen (Moyen Atlas, Maroc).* Les blocs de calcaire liasique sont emballés dans les cendres et lapillis formant une couronne autour du cratère.

Les blocs les plus gros (plusieurs m de diamètre) retombent près de l'évent, tandis que les éléments fins sont projetés à plusieurs km ou dizaines de km en *nuées de cendres* qui recouvrent le substrat de couches minces bien classées et stratifiées.

Les plus grandes explosions comme celles du Krakatoa en 1883, ou du Mont Saint-Helens en 1980 émettent des *aérosols* qui effectuent plusieurs fois le tour de la terre au gré de la dynamique éolienne, en compagnie des poussières d'origine désertique (voir § X.1.2).

Ces cendres et aérosols se mêlent, après leur chute, aux sols et sédiments superficiels.

XI. 2 · Principaux caractères des formations superficielles volcaniques

La brève description des divers types de volcanisme a montré qu'à l'écart des grands édifices (volcans) peuvent s'accumuler des roches issues de coulées ou de retombées clastiques, peu épaisses, distribuées selon la topographie et interférant souvent avec des sols, altérites ou dépôts sédimentaires variés en cours de genèse. Ces formations volcaniques peuvent donc être assimilées à des formations superficielles. Nous distinguerons :
- les coulées basaltiques situées dans les vallées,
- les couvertures pyroclastiques,
- les dépôts volcano-sédimentaires superficiels,
- les coulées de boue volcaniques.

XI. 2. 1 · Les coulées basaltiques de vallées

Les coulées de laves basaltiques, fluides, peuvent progresser à une vitesse de plusieurs dizaines de km/h (40 km/h maximum) et atteindre une distance de 20 km depuis leur lieu d'effusion en France (100 km dans la vallée de l'Oum er Rbia dans le Moyen Atlas marocain).

Elles s'écoulent vers les points bas du relief en suivant les dépressions topographiques (vallons, vallées), comme les coulées qui se sont épanchées depuis la chaîne des Puys vers les vallées de la Sioule et de l'Allier. Elles épousent les irrégularités du relief qu'elles répercutent en les estompant.

a) Constitution des coulées

Au cours de l'épanchement, les gaz s'échappent progressivement, si bien que le basalte, riche en *vacuoles en amont*, est généralement plus *compact en aval* tandis que la coulée devenant plus visqueuse s'épaissit.

Parallèlement la lave refroidit de façon centripète : à la surface, sur les bordures et à la base de la coulée (semelle), elle présente une croûte d'aspect *scoriacé* bien connue dans les « cheyres » d'Auvergne (type aa d'Hawaï) (fig. XI.3). Toutefois, un basalte fluide et dépourvu de gaz possède une croûte superficielle lisse, d'aspect *cordé* (type hawaïen pa-hoe-hoe).

L'écoulement plus durable dans l'axe et au cœur des coulées peut y créer soit un bombement soit une dépression. Au sein des laves vacuolaires (zone proximale surtout), les vésicules gazeuses sont moins nombreuses et de plus grande taille à la base qu'au sommet de la coulée.

Le *débit prismatique* apparaît dans les sections de coulées où la lave est compacte et plus épaisse (zone distale). On repère théoriquement trois niveaux d'après la nature des prismes (fig. XI.3 et XI.4) :
- un niveau inférieur contenant de grands prismes (plusieurs dm de diamètre), à section souvent hexagonale et axe subvertical, perpendiculaires à la surface du substrat : c'est la zone des « orgues » ;
- un niveau moyen formant « *l'entablement* » où les prismes sont de plus petite taille, tordus et assemblés en gerbes (« fasciculés ») ;

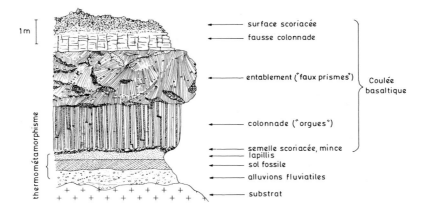

Fig. XI.3 — *Constitution théorique d'une coulée basaltique de vallée et exemple de relation avec le substrat* (d'après A. de Goër de Herve, 1985, modifié).

- un niveau supérieur peu épais sous la surface scoriacée, de fausses colonnades larges et scindées en plaques grossières.

La présence et l'importance relative des divers niveaux varient considérablement d'une coulée à l'autre. Le niveau moyen en particulier n'existe que dans les coulées épaisses dont le cœur est resté liquide longtemps.

Fig. XI.4 — *Coulée basaltique prismée* (« orgues ») *reposant sur un gore thermométamorphisé issu de l'altération d'un gneiss* (Paulha-guet, Haute-Loire).

b) Sols infrabasaltiques et thermométamorphisme

Une coulée basaltique repose sur un *paléosol* et/ou une *paléoaltérite* formés au détriment du substrat ou d'une autre formation superficielle (alluvion, colluvion...). Il s'intercale parfois un mince niveau de lapillis (fig. XI.3 et XI.5). Elle participe donc à un complexe.

Les sols fossiles présentent un grand intérêt paléoenvironnemental puisqu'ils ont été figés instantanément par l'irruption de la lave. On peut y trouver des fragments de bois calciné, résidus du couvert végétal. La rareté du bois sous les coulées de la Chaîne des Puys en Auvergne confirme que la plupart des éruptions se sont produites pendant la dernière phase glaciaire, alors que le couvert forestier était absent (G. Camus 1975, et A. de Goër de Herve, 1984).

Mais bien souvent, la coulée a perturbé les horizons de surface des sols au cours de sa progression, en en incorporant des éléments à la lave scoriacée. Un sol peut aussi se différencier à partir d'une coulée et être scellé par la coulée suivante : il témoigne d'un arrêt prolongé entre deux phases éruptives.

Les roches ou sols supports d'une coulée subissent le *thermométamorphisme* sur quelques dm, voire 1 à 2 m d'épaisseur : transformations sous l'effet de l'échauffement produit par la lave en fusion.

Les modifications affectent surtout les roches à grains fins (argiles en particulier) : la matière organique disparaît en grande partie des sols, les minéraux argileux perdent leur eau et se transforment partiellement en minéraux de haute tempé-

Fig. XI.5 — *Contact d'une coulée basaltique du Puy de Charmont sur le substrat cristallin à Aydat (Puy-de-Dôme).* On observe de bas en haut : arène dioritique, paléosol sur arène, lapillis noirs limités à leur partie supérieure par un lit de cendres claires, semelle basaltique scoriacée, basalte compact (d'après J. Dejou, 1982).

rature (tridymite, mullite...). Les silts et argiles prennent une coloration rouge ou violacée par oxydation du fer et la consistance de la terre cuite (brique). Ils acquièrent souvent un débit prismatique.

Le thermométamorphisme est un handicap majeur pour l'étude des sols et altérites fossiles.

c) Conséquences morphologiques et intérêt chronologique

Une coulée de vallée est un événement majeur : elle constitue toujours un *repère* dans la stratigraphie des formations superficielles et l'évolution du relief.

Un épanchement récent occupe le talweg actuel : il est ultérieurement entaillé par le cours d'eau ou recouvert par les alluvions modernes. En tout état de cause, il agit sur les écoulements, *modifie la dynamique fluviatile* en créant des seuils, des barrages, des lacs de retenue comme par exemple les lacs de Randannes et d'Aydat créés par les coulées de la Vache et de Lassolas dans le Sud de la Chaîne des Puys (fig. XI.6).

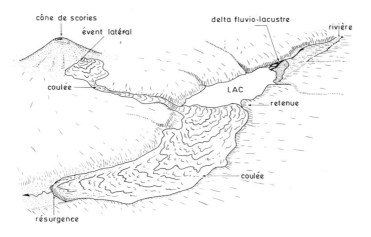

Fig. XI.6 — *Aspect d'une vallée fluviatile envahie par une coulée basaltique* (d'après A. de Goër de Herve, 1985).

Une coulée plus ancienne est en position de *terrasse*, au même titre qu'une formation fluviatile qu'elle peut supporter ou recouvrir (fig. XI.7). En raison de la grande résistance à l'érosion du basalte, une vieille coulée de vallée peut être portée en position culminante par inversion de relief et coiffer un plateau d'interfluve *(mesa basaltique)*.

Le basalte et son contexte stratigraphique présentent l'intérêt d'être très favorables aux mesures radiochronologiques et paléomagnétiques.

Les *âges absolus* peuvent être déterminés à partir de la lave par les méthodes Potassium-Argon, Uranium 238-Thorium 230 et la thermoluminescence (TL) des quartz inclus ou des plagioclases. La datation par la méthode du Carbone 14 des sols fossiles situés sous les coulées a été abandonnée en raison des forts risques de

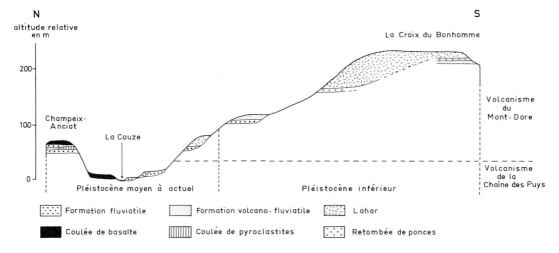

Fig. XI.7 — *Répartition schématique des formations fluviatiles et volcaniques dans la basse vallée de la Couze Chambon près de Champeix — Massif-Central* (d'après J.-F. Pastre, 1982, modifié).

contamination et du taux rapide de renouvellement de la matière organique (C.O. Tamm et H.G. Ostmung, 1960). Mais elle reste fiable lorsqu'on l'applique aux bois calcinés (A. de Goër de Herve, 1984). La TL est aussi utilisable dans les paléosols affectés par le thermométamorphisme.

Le basalte est un matériau de choix pour la détermination de la *polarité magnétique* puisque son aimantation, surtout thermorémanente (ATR) est 3 000 à 5 000 fois supérieure à celle des roches sédimentaires (abondance de magnétite). Il faut noter, de plus, que le thermométamorphisme modifie l'aimantation des sols et sédiments sous-jacents au basalte en leur conférant la même polarité magnétique.

XI. 2. 2 · Les couvertures pyroclastiques

Les *nuées de cendres* donnent un matériau assez bien classé granulométriquement et stratifié. On observe un *granoclassement horizontal* : blocs près du cratère, lapillis plus à l'écart et cendres au-delà. Ces dernières peuvent retomber en formant des couches de plusieurs mètres d'épaisseur à quelques dizaines de km du cratère, comme ce fut le cas à Pompéi en 79. Les pyroclastites présentent aussi un *granoclassement vertical* et *positif* dans chaque séquence dont la succession marque le rythme des explosions. Les particules tombent au sol en suivant les lois de la sédimentation aérienne et on peut y observer des figures sédimentaires du même type que celles caractérisant les dépôts éoliens. De plus, les cendres sont très facilement reprises par le vent après leur dépôt (vents de cendres) et dispersées dans diverses formations superficielles bien au-delà de l'aire concernée par le volcanisme et indépendamment des éruptions.

Les projections demeurent généralement *meubles* car elles s'accumulent à basse température après avoir refroidi dans l'atmosphère. Elles couvrent toute la surface du sol, pénétrant dans les interstices et s'accumulant préférentiellement sur les pentes exposées à la nuée. Entre les phases éruptives, la surface des pyroclastites est colonisée par la végétation. Ces dépôts volcaniques subissent les effets de l'altération superficielle et de la pédogenèse, d'autant plus facilement qu'ils sont très

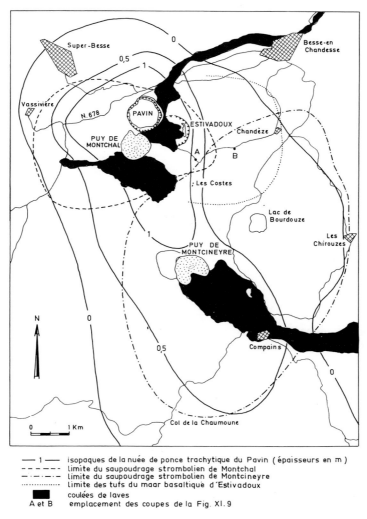

Fig. XI.8 — *Extension et relation mutuelle des couvertures pyroclastiques holocènes au sud des Monts-Dore* (d'après J.-L. Bourdier, 1980).

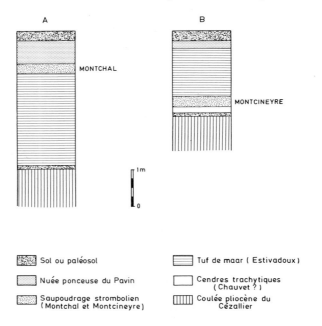

Fig. XI.9 — *Stratigraphie des complexes pyroclastiques holocènes de la région de Besse-en-Chandesse* (d'après J.-L. Bourdier, 1980). Situation des coupes A et B : voir Fig. XI.8.

poreux : les minéraux argileux secondaires de transformation et de néoformation apparaissent rapidement. Les couvertures pyroclastiques sont donc bien souvent des complexes où s'intercalent des matériaux issus de volcans différents et des paléosols (fig. XI.8 et XI.9).

Les *coulées à blocs* et les *coulées pyroclastiques*, émises et immobilisées à température élevée, engendrent des matériaux *cohérents* (tufs et brèches ignimbritiques), dans lesquels les particules clastiques se soudent entre elles au cours du refroidissement. Ces roches sont vitreuses (riches en ponce) et *non stratifiées*. Mal classées à l'échelle d'un affleurement, elles présentent un certain tri au niveau régional. Bien que capables de se mouvoir sur toutes les surfaces, ces nuées s'accumulent surtout dans les vallées (zones moyenne et distale des coulées).

La nature et la dispersion des produits pyroclastiques varient avec les caractéristiques dynamiques propres à chaque éruption. Le *Laacher See* dans l'Eifel près de Koblenz est un bon exemple de volcan à dynamique explosive ayant induit il y a 11 000 ans environ un maar, des couvertures de cendres et des coulées pyroclastiques.

Ce volcan phonolitique fut l'objet de plusieurs explosions au cours desquelles un volume total de 16 km^3 de tephras furent rejetés (P.V.D. Bogaard et H.U. Schmincke, 1985). Les *retombées de cendres* (nuées issues de phréatomagmatisme) représentent 96 % du total des tephras. Elles forment des éventails ouverts vers l'est surtout (fig. XI.10.a), mais aussi le sud et le sud-ouest, au sein desquels

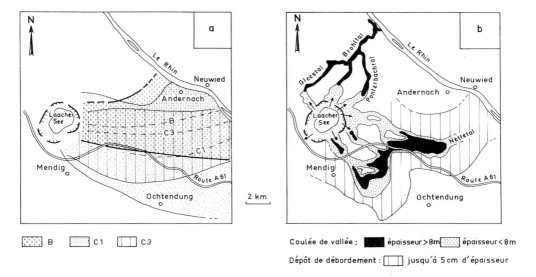

Fig. XI.10 — *Répartition des formations pyroclastiques de l'unité moyenne du Laacher See — Eifel, Allemagne* (d'après A. Freundt et H.U. Schmincke, 1986, modifié).
a — Nuées de cendres B, C1 et C3 (les contours correspondent aux isopaques 50 cm pour B et 25 cm pour C1 et C3, et les tiretés aux axes des éventails).
b — Coulée pyroclastique T1 (Brohltal, Gleestal, Nettetal et Ponterbachtal : vallées).

trois unités (inférieure, moyenne et supérieure) ont été individualisées. Des retombées de cendres à sphène, apatite, zircon, hornblende et surtout augite ont été notées dans les sols et à l'intérieur de diverses formations superficielles récentes jusqu'à une distance de plusieurs centaines de km. L'aire de dispersion est étirée vers le nord-est (Allemagne du Nord) et le sud-ouest (Suisse) mais elle s'étend aussi, moins largement, vers l'ouest et le sud-ouest sur la Belgique et le Nord-Est de la France (E. Juvigné, 1977 et 1980).

Les *coulées de pyroclastites* sont peu abondantes (4 % du volume des tephras) et d'une épaisseur variant entre quelques m et dizaines de m selon les sites : deux ont été repérées dans l'unité de tephra moyenne (T1 et T2) et une dans l'unité supérieure (T3). Chacune est constituée de plusieurs coulées unitaires minces. La coulée T1 est la plus importante (A. Freundt et H.U. Schmincke, 1986).

Les pyroclastites contiennent des fragments de ponce, des blocs de roches métamorphiques, de grès dévoniens et de basaltes quaternaires arrachés au substrat lors des explosions, ainsi que des fragments de bois calciné (T1 surtout). L'évolution particulière de la taille des clastes selon la distance de l'évent (fig. XI.11) est régie par les propriétés *rhéologiques* de chaque coulée : écoulement turbulent près de la source (1-2 km), laminaire plus loin (2-6 km) et visqueux à l'extrémité (6-10 km).

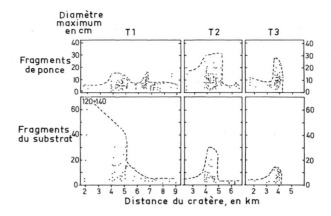

Fig. XI.11 — *Variation longitudinale de la taille des fragments dans les coulées pyroclastiques T1, T2 et T3 du Laacher See* (d'après A. Freundt et H.U. Schmincke, 1986, modifié).

Les coulées se sont engagées dans des vallées profondes et étroites vers le nord, auxquelles elles sont limitées, et dans des vallons moins incisés vers le sud-est, qu'elles ont débordés pour recouvrir d'une faible épaisseur de ponce les reliefs bordiers (fig. XI.10.b). La topographie a contrôlé l'épaisseur et la structure interne des coulées. Dans la vallée de la Nette, près de Neuwied, à 10 km du cratère, les restes d'une forêt de la phase d'Alleröd ont été découverts sous 4 m de ponces et de cendres (M. Street, 1986).

L'épaisseur totale des tephras, qui peut atteindre 100 m en bordure du maar, est de l'ordre de quelques m ou dizaines de m à la périphérie, du fait de l'éparpillement des nuées.

XI. 2. 3 · Les formations superficielles volcano-sédimentaires

Toutes les formations superficielles sont susceptibles de recueillir les retombées de nuées de cendres. Les exemples sont très nombreux de sols, altérites, dépôts éoliens (lœss), lacustres (tourbes), fluviatiles ou autres contenant des éléments pyroclastiques.

Les proportions relatives de composants d'origine volcanique et sédimentaire sont extrêmement variables, en particulier selon l'éloignement des zones éruptives. Les cendres peuvent former des *lits bien individualisés*, ou au contraire être *dispersées* dans le matériau sédimentaire. Les formations autochtones (sols, altérites) ou allochtones de faible énergie (lacustres), sont les plus favorables à la conservation et à la reconnaissance des retombées pyroclastiques.

Dans les dépôts de moyenne énergie (éoliens, fluviatiles), les éléments volcaniques peuvent résulter d'un transport depuis des roches soumises à l'érosion en amont, selon le processus habituel (fig. XI.12). Il faut bien distinguer ces minéraux de ceux issus des chutes de cendres. Les premiers ont un intérêt *paléogéographique* (minéraux traceurs permettant de suivre la direction des écoulements fluviatiles ou des vents, voir fig. VIII.16 et X.27), tandis que les seconds ont un intérêt *chronologique* : les zircons émis lors de la formation de la « grande caldeira » du Mont Dore, retrouvés très dilués mais non usés dans les sables et argiles fluviatiles du Bourbonnais, ont permis de dater cette formation de 2,5 millions d'années environ (J. Tourenq et M. Turland, 1982).

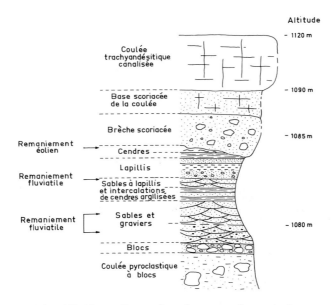

Fig. XI.12 — *Exemple de complexe volcano-sédimentaire à Inchastang — vallée du Brezons, Cantal* (d'après M. Fontaine-Vive, 1981).

Les cratères d'explosion, après leur creusement, sont occupés par l'eau des nappes qui a provoqué le phréatomagmatisme. Ces lacs ou maars, tels ceux du Bouchet, d'Issarlès ou de l'Eifel sont souvent le siège d'une sédimentation qui peut conduire à un comblement volcano-sédimentaire intracratérique. Il se produit un dépôt lent de particules fines, parfois chimique, en milieu confiné lorsque le bassin versant est peu étendu, plus rapide et plus riche en détritiques lorsque des petits affluents y débouchent, avec formation de deltas sous-lacustres comme c'est le cas pour le maar de Saint-Hippolyte près de Riom (fig. XI.13). Les dépôts, lacustres ou palustres, ont souvent un caractère particulier du fait de venues hydrothermales, de la richesse en matières organiques et en organismes (diatomées, pollens, feuilles...), et d'intercalations de pyroclastites émises par les volcans du voisinage (E. Bonifay, 1982).

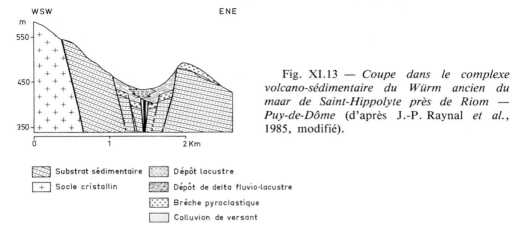

Fig. XI.13 — *Coupe dans le complexe volcano-sédimentaire du Würm ancien du maar de Saint-Hippolyte près de Riom — Puy-de-Dôme* (d'après J.-P. Raynal *et al.*, 1985, modifié).

XI. 2. 4 · Les dépôts de lahars

Les lahars sont des *coulées de boues volcaniques* sur les pentes d'un volcan, provoquées par de fortes pluies ou la fonte brutale de la neige ou de la glace par

Fig. XI.14 — *Aspect d'un dépôt de lahar issu des Monts-Dore :* des blocs et galets de laves diverses et un fragment de calcaire blanc oligocène sont emballés et disposés sans ordre dans une matrice boueuse de cendres — Le Perrier près d'Issoire, Puy-de-Dôme (Cliché A. de Goër de Herve).

irruption d'une nuée à haute température. Leur déclenchement est donc lié à une éruption (ce qui les différencie des coulées de boues classiques), mais leur dynamique ressortit à celle des formations de versants (voir § V.2.2.b) avec intervention ici des facteurs eau et gravité. Les lahars du Mont Saint-Helens, et ceux plus récents du Nevado del Ruiz en Colombie qui ont englouti la ville d'Armero le 13-11-1985, sont célèbres. Au Nevado del Ruiz, le flot d'eau, de boue et de blocs (certains atteignent plusieurs dizaines de m³) s'est écoulé à grande vitesse (30 km/h en moyenne) et s'est déposé dans les vallées rayonnant autour du massif volcanique (J.-C. Thouret et al., 1986).

Des épandages superposés de boue, ou boueux à blocs, comprenant des éléments anguleux non classés et disposés sans ordre (fig. XI.14), parfois mêlés à des fragments de bois, s'intercalent dans les formations fluviatiles. Dans leur partie distale, ces épandages peuvent participer à l'édification de cônes alluviaux (C. Laugenie, 1982).

Références bibliographiques

Aubouin J., Brousse R., Lehman J.-P. (1975) — Précis de Géologie — 1 - Pétrologie. Dunod éd., 718 p.

Autran A. et Peterlongo J.-M. (1979) — Massif central. *Rev. Sci. Nat. d'Auvergne*, vol. 45, 123 p.

Bogaard P.V.D. and Schmincke H.U. (1985) — Laacher See Tephra : a widespread isochronous late Quaternary tephra layer in Central and Northern Europe. *Geol. Soc. Am. Bull.*, 96, 1554-1571.

Bonifay E. (1982) — Les maars du Velay et leurs remplissages volcano-sédimentaires. Colloque « Géologie profonde de la France », Paris, doc. 39.

Bourdier J.-L. (1980) — Contribution à l'étude de deux secteurs d'intérêt géothermique dans le Mont-Dore : le groupe holocène du Pavin et le massif du Sancy. Thèse 3ᵉ cycle, Clermont-Ferrand.

Camus G. (1975) — La Chaîne des Puys — Étude structurale et volcanologique. Thèse Doct. État, Clermont-Ferrand II, 321 p. *Ann. Sc. Univ. Clermont*, n° 56.

Dejou J. (1982) — Présence à Aydat d'un paléosol développé sur arène dioritique et fossilisé par la coulée basaltique du Puy de Charmont (Puy-de-Dôme). *Rev. Sc. Nat. d'Auvergne*, vol. 48, 3-10.

Fontaine-Vive M. (1981) — Volcanologie et pétrologie de la haute vallée du Brézoins et des planèzes adjacentes (Cantal). Thèse 3ᵉ cycle, Grenoble.

Freundt A. and Schmincke H.U. (1986) — Emplacement of small — volume pyroclastic flows at Laacher See (East-Eifel, Germany). *Bull. Volcanology*, Springer Verlag, 48, 39-59.

Goër de Herve A. de (1984) — L'âge des éruptions de la Chaîne des Puys : vingt-cinq ans de mesures radiochronométriques. *Rev. Sc. Nat. d'Auvergne*, vol. 50, 167-177.

Goër de Herve A. de (1985) — Le volcanisme lexique. Dossier C.R.D.P., Clermont-Ferrand, 70 p.

Juvigné E. (1977) — La zone de dispersion des poussières émises par une des dernières éruptions du volcan du Laacher See (Eifel). *Z. Geomorph.*, 21, 323-342.

Juvigné E. (1980) — Vulkanische Schwermineral in rezenten Böden Mitteleuropas. *Geol. Rundschau*, 69, 982-996.

Lameyre J. (1975) — Roches et minéraux — T2 : Les formations. Doin éd., 352 p.

Laugenie C. (1982) — La région des lacs, Chili méridional. Recherche sur l'évolution géomorphologique d'un piémont glaciaire quaternaire andin. Thèse, Bordeaux III, 822 p.

Pastre J.-F. (1982) — Contribution à l'étude des formations volcaniques et alluviales de la basse Couze Chambon (Massif central français). *Bull. Ass. Fr. Et. Quat.*, n° 9, 13-27.

Raynal J.-P., Paquereau M.-M., Daugas J.-P., Miallier D., Fain J. et Sanzelle S. (1985) — Contribution à la datation du volcanisme quaternaire du Massif central français par thermoluminescence des inclusions de quartz et comparaison avec d'autres approches : implications chronostratigraphiques et paléoenvironnementales. *Bull. Ass. Fr. Et. Quat.*, 24, 183-207.

Street M. (1986) — Un Pompéi de l'âge glaciaire. *La Recherche*, n° 176, 534-535.
Tamm C.O. et Ostmung H.G. (1960) — Radiocarbon dating of soil humus. *Nature*, 185, n° 4714, 700-707.
Thouret J.-C., Janda D.-R., Carvache M.-L., Pierson T., Cendrero A., Fuster J.-M., Carracedo J.-C. et Cepeda H. (1986) — Analyse préliminaire de l'éruption du 13-11-1985 au Nevado El Ruiz (Colombie). 11ᵉ Réun. Sc. de la Terre, 25-27 mars 1986, Clermont-Ferrand, p. 172.
Tourenq J. et Turland M. (1982) — Datations et corrélations de formations détritiques azoïques par les minéraux lourds des volcans du Massif central. *C.R. Ac. Sc. Paris*, t. 294, 391-394.

Quatrième partie

UN CAS PARTICULIER :
LE LITTORAL MARIN

Bien qu'en marge de nos préoccupations en raison de la dynamique particulière qui s'y développe, on ne peut consacrer un ouvrage aux formations superficielles sans mentionner celles couvrant les littoraux.

En effet, certains dépôts marins, peu épais, à faciès et distribution étroitement dépendants des formes du relief côtier, sont de même essence que les formations superficielles continentales auxquelles ils sont associés. Limitant notre propos, nous décrivons succinctement dans le chapitre XII, les conditions de genèse et les principales caractéristiques de quelques dépôts littoraux. Une étude plus détaillée et complète de ces formations et de ce milieu complexe nécessiterait un large développement sortant de notre objectif.

Chapitre XII

Les formations superficielles des littoraux marins

Le contour actuel des continents a été acquis progressivement. Il est différent de ce qu'il était au Secondaire ou au Tertiaire, mais il a subi aussi récemment, au Quaternaire, d'importantes variations, que ce soit sur le littoral européen de l'océan Atlantique ou de la Méditerranée.

La plupart des formations marines émergées présentent, par nature, tous les caractères définissant le substrat géologique : elles sont généralement épaisses, concordantes, de faciès homogène sur de grandes distances, et sans relation avec le relief continental. Les règles de la stratigraphie classique peuvent leur être appliquées et, dans les régions tectonisées, elles ont subi ensemble d'importantes déformations. Ces traits s'appliquent particulièrement aux formations paléozoïques, mésozoïques ou de la première partie du Cénozoïque (Paléogène), qui représentent divers aspects de l'environnement marin.

Au Néogène, dans bien des régions, les transgressions sont moins profondes, les dépôts moins épais et plus nettement influencés par la nature et le relief du continent tout proche : c'est le cas par exemple des faluns miocènes et pliocènes de Touraine et d'Anjou. Au Quaternaire, les fluctuations du niveau marin ont touché des aires encore moins vastes qu'au Néogène, et le caractère littoral des dépôts conservés sur les continents s'est accentué.

Selon les secteurs, ces dépôts récents sont *immergés* ou *émergés*. Les premiers, qui se trouvent en domaine strictement marin, sont hors de notre propos. Les seconds, affleurant en bordure des continents, répondent parfaitement, dans certains cas, à la définition des formations superficielles : ils peuvent être peu épais, liés géométriquement et lithologiquement au relief du littoral, situés en position de terrasse et participer par intercalation dans des dépôts strictement continentaux (éoliens, fluviatiles...), à des complexes.

Notre but n'est pas de traiter ici en détail des formations littorales. Elles sont multiples et naissent dans des sites variés (marais, lagunes, plages...) où interfèrent processus continentaux et marins : quelques pages ne suffiraient pas au sujet qui demanderait un ouvrage à lui seul. Par ailleurs, le caractère « superficiel » des dépôts du littoral n'est pas obligatoire. Beaucoup de sédiments s'accumulent sur de grandes épaisseurs dans des deltas, des dépressions lagunaires ou le long des côtes.

Nous nous limiterons donc à préciser les facteurs dynamiques amenant les formations littorales en position superficielle, à faire ressortir l'originalité de ces dépôts et à en souligner les caractères stratigraphiques.

XII. 1 · Fluctuations des lignes de rivage et formations superficielles littorales

Une formation littorale est une formation superficielle si :
- elle résulte d'une *phase sédimentaire brève* ayant engendré un dépôt peu épais, en équilibre momentané avec la forme du rivage ;
- elle est associée à une *phase transgressive maxima* après laquelle l'abaissement du niveau marin par rapport au continent a été suffisant pour que le dépôt ne soit plus remanié ultérieurement par l'eau de mer.

Les conditions de genèse et de conservation en position superficielle des dépôts littoraux dépendent donc de l'amplitude, de la polarité et de la vitesse des variations du niveau marin.

XII. 1. 1 · Périodicité des transgressions et régressions

Les variations des lignes de rivage sont cycliques et une périodicité apparaît à des échelles de temps différentes (C. Pomerol, 1984). On distingue :
- deux cycles de *1er ordre* d'une durée de 200 à 400 millions d'années (du Précambrien à la base du Trias et du Trias à l'actuel) ;
- treize cycles de *2e ordre* (durée : de 10 à 80 millions d'années) ;
- des cycles de *3e ordre* (1 à 10 M.A.) connus pendant le Jurassique et le Cénozoïque ;
- des cycles de *4e ordre* d'une durée de 10 000 ans à 1 million d'années, correspondant à celle des épisodes glaciaires ;
- des cycles de *5e ordre*, de 1 à 10 000 ans.

Compte tenu de l'espérance de conservation d'une formation superficielle soumise à l'érosion continentale, seuls les cycles de 5e et 4e ordre, compris dans le dernier cycle de troisième ordre développé depuis le Miocène, nous concernent.

XII. 1. 2 · Causes et conséquences des variations des lignes de rivage

La fluctuation des lignes de rivage peut résulter soit de modifications du niveau marin par rapport au continent (eustatisme) soit de mouvements verticaux du continent par rapport au niveau des océans (orogenèse).

a) L'eustatisme

Ces variations du niveau marin affectent l'ensemble du globe terrestre. Elles proviennent de modifications du volume du *contenant* (les bassins océaniques) ou du *contenu* (l'eau de mer). C. Pomerol (1984) en a fait une analyse synthétique.

Les variations du volume des bassins océaniques sont dues au développement des dorsales et aux laves et sédiments mis en place au fond des océans. Elles ont un effet globalement transgressif, mais très lent : de l'ordre de quelques mètres depuis le Miocène.

Les variations du volume de l'eau de mer sont beaucoup plus spectaculaires et estompent le phénomène précédent, notamment pour la fourchette de temps qui nous concerne. Elles ont des causes essentiellement climatiques *(climato-eustatisme)* selon deux processus conjugués :

— Le *glacio-eustatisme :* le stockage dans les calottes glaciaires et les glaciers de montagne d'une partie de l'eau prélevée aux océans par l'évaporation a provoqué un abaissement du niveau des mers. La *régression moyenne* est estimée à plusieurs dizaines de mètres depuis l'apparition de la première calotte antarctique au Miocène (cycle de 3e ordre). Cette régression moyenne s'est en réalité effectuée par *saccades* (fig. XII.1) : chaque glaciation est marquée par une forte régression (de l'ordre de — 120 m par rapport au niveau actuel pour la plus récente), tandis que le niveau marin remontait à un niveau voisin de l'actuel, ou légèrement supérieur, pendant les périodes interglaciaires (cycles de 4e ordre). La vitesse des régressions est estimée à 10 fois celle des transgressions en raison de l'inertie de fonte de la glace des inlandsis. Actuellement on observe une transgression de 2,5 mm/an.

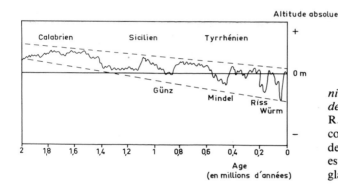

Fig. XII.1 — *Variation du niveau marin au cours des deux derniers millions d'années* (d'après R.W. Fairbridge, 1971). Cette courbe, dont l'étalonnage en altitudes absolues est délicat et discuté, est une illustration de l'effet du glacio-eustatisme.

— Le *thermo-eustatisme* : l'eau des océans se dilate ou se contracte avec les fluctuations thermiques. Un accroissement de 1° C de la température entraîne une montée du niveau de l'eau de 1 m, et inversement (D.T. Donovan et F.J.W. Jones, 1979). Ces variations s'ajoutent aux effets du glacio-eustatisme.

Le climato-eustatisme agissant seul laisse donc théoriquement en bordure d'un continent stable, depuis le Miocène, les dépôts littoraux peu épais du maximum fugace des transgressions interglaciaires, non repris lors des transgressions ultérieures. C'est donc un facteur favorable à la genèse de formations superficielles littorales, disposées en terrasses étagées.

b) L'orogenèse

La formation des reliefs montagneux provoque la mise hors d'eau en bordure des continents, ou au contraire l'immersion, des dépôts littoraux par des mouvements verticaux de l'écorce terrestre par rapport au niveau des océans. Ces mouvements interviennent à l'échelle régionale ou locale.

b.1 — L'épirogenèse

Il s'agit de lents mouvements verticaux des continents, positifs (soulèvement) ou négatifs (affaissement), résultant du réajustement des diverses couches de la lithosphère et de l'asthénosphère, de densité et de plasticité différentes, après une modification de leur équilibre isostatique par déplacement de masses.

Ainsi, les perturbations engendrées par l'*exhaussement de la chaîne alpine* (2 000 m environ) à la fin du Miocène et au Plio-Quaternaire se sont manifestées par un soulèvement du bassin de Paris et un affaissement de la plaine du Pô. Dans le premier cas, les dépôts marins pliocènes, peu épais, ont été élevés de 100 m environ et placés en situation de formation superficielle (Normandie, Bretagne, Anjou), tandis que dans le second, par subsidence, les dépôts quaternaires marins se sont accumulés sur plusieurs milliers de m d'épaisseur constituant le substratum profond de l'Émilie et de la Vénétie.

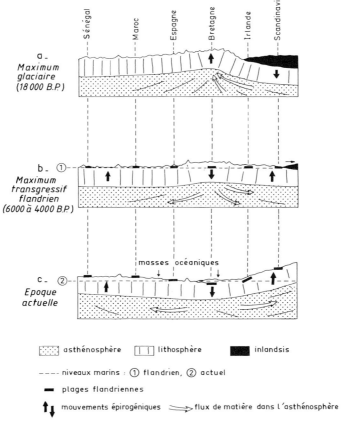

Fig. XII.2 — *Représentation schématique du rôle de l'isostasie dans la position des dépôts de plage flandriens* (6 000 à 4 000 B.P.), *sur le littoral de l'Ouest européen et africain* (inspiré de G. Mary, 1982).

De même, la présence d'une importante *calotte glaciaire* sur l'hémisphère nord a provoqué de profondes modifications dans les équilibres isostatiques. Le réajustement et les mouvements épirogéniques qui ont suivi la déglaciation pourraient expliquer la situation, émergée ou immergée, des dépôts de plage holocènes sur le littoral européen et africain de l'Atlantique (G. Mary, 1982).

Le poids de l'inlandsis (épaisseur de la glace de 2 000 à 3 000 m) a entraîné un affaissement du bouclier scandinave au cours de la dernière glaciation, maximale il y a 18 000 ans environ. La matière visco-élastique de l'asthénosphère, comprimée, a flué vers la bordure de la calotte glaciaire, produisant un léger bombement sensible à la surface de l'écorce terrestre au niveau de l'Europe moyenne (fig. XII.2a).

La fonte de l'inlandsis et l'accroissement de la masse d'eau océanique au début de l'Holocène ont été accompagnés d'un relèvement progressif, mais très rapide à l'échelle géologique (jusqu'à 0,5 m/an il y a 10 000 ans), de la Scandinavie. La transgression glacio-eustatique corrélative a atteint son maximum entre 6 000 et 4 000 ans B.P. (Flandrien) et a produit sur tout le rivage de l'Atlantique une plage ancienne (fig. XII.2b).

Le réajustement isostatique qui s'est poursuivi depuis, jusqu'à l'époque actuelle, selon le schéma de J.A. Clark et al. (1978), a été marqué par (fig. XII.2c) :

— La poursuite du *soulèvement de la Scandinavie* (actuellement : 1 m par siècle). La surrection décroît du centre vers la périphérie de la péninsule : des plages flandriennes sont à 100 m d'altitude en Norvège et à quelques mètres seulement en Irlande du Nord.

— L'*affaissement* de la zone anciennement bombée *en Europe moyenne*, par reflux de la matière visco-élastique de l'asthénosphère. Les plages flandriennes du Sud de l'Irlande et de la Bretagne ont ainsi été immergées.

— L'*apparition* entre 0 et 2 m d'altitude des dépôts flandriens initialement sous l'eau, en Espagne, au Maroc et au Sénégal où la lithosphère s'est faiblement exhaussée.

b.2 — Les déformations locales

Les plis, failles et flexures actifs, objets de la néotectonique, accentuent ou contrarient localement les mouvements épirogéniques d'ensemble. C'est le cas particulièrement sur les littoraux montagneux méditerranéens (Provence, Italie méridionale, Grèce) où des plages de même âge sont immergées ou portées à des altitudes très variables, en quelques km de distance (fig. XII.3).

En conséquence, les mouvements orogéniques favorisent ou inhibent la mise en position superficielle des dépôts littoraux :

— en cas de *subsidence,* les sédiments sont rapidement immergés, s'apaississent et sont incorporés au domaine marin : ils ne nous concernent pas.

— si l'*exhaussement* prévaut, surtout lorsqu'il est rapide, les dépôts littoraux sont vite soustraits à leur milieu d'origine. Ils constituent des placages peu épais en bordure des continents, associés à la morphologie fossile du rivage où ils se sont formés (pieds de falaises mortes, anciennes dunes...) : ils constituent de véritables formations superficielles.

Le jeu combiné et complexe, parfois univoque, parfois antagoniste, de l'eustatisme et de l'orogénèse permet donc, dans certains cas, aux formations littorales de

Fig. XII.3 — *Terrasse marine de Milazzo (Sicile)*. Sur les gneiss et les dépôts mio-pliocènes reposent des galets et des sables coquilliers d'une ancienne plage (Pléistocène moyen) portée à 30 m d'altitude. Le tout est coiffé de cendres volcaniques. Le phare se trouve sur un ancien îlot.

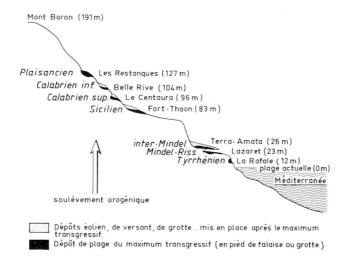

Fig. XII.4 — *Étagement des dépôts littoraux sur les pentes du Mont-Boron à Nice* (d'après J.-C. Miskovsky, 1970, modifié). Les âges indiqués sont ceux des dépôts de plage.

devenir des formations superficielles. Celles-ci s'étagent sur les côtes en *terrasses* ou *palliers* dont l'altitude est d'autant plus élevée que le dépôt est ancien (fig. XII.4). Sur le rivage de l'Atlantique, relativement stable, le nombre de plages fossiles est assez faible. Il est beaucoup plus élevé sur le pourtour déformé de la Méditerranée.

XII. 2 · Principaux traits des formations littorales

Les formations littorales sont multiples et variées. Nous nous limiterons à une description sommaire des plus fréquentes.

XII. 2. 1 · La dynamique littorale

La dynamique littorale est caractérisée par l'interférence des *agents marins* et *continentaux*. Les processus superficiels varient selon la zone considérée sur le littoral.

On distingue classiquement (voir par exemple J.-C. Gall, 1976) :
- la zone *infralittorale*, immergée en permanence,
- la zone *intertidale*, alternativement émergée et immergée par le jeu des marées,
- la zone *supralittorale* située au-dessus de la ligne de marée haute, donc toujours continentale. L'eau de mer peut toutefois y parvenir par voie souterraine (nappes) ou atmosphérique (embruns), ou lors d'une tempête exceptionnelle ou des fortes marées de vive-eau aux équinoxes.

L'*influence marine* est marquée par les mouvements (courants, vagues, flux et reflux des marées...) et par la nature physico-chimique (température, oxygénation, salinité...) de l'eau de mer à l'interface continent-océan. L'impact des mouvements est sensible dans les zones infralittorale et intertidale, tandis que l'effet physico-chimique se ressent jusque dans la zone supralittorale.

Les *agents continentaux* s'exercent en domaine supralittoral et sur la zone intertidale lorsqu'elle est temporairement émergée. Ce sont ceux évoqués dans les chapitres précédents : climat (température, précipitation, vent), glace, eau courante d'énergie diverse, gravité. Ils se manifestent selon les processus de l'altération superficielle, de la pédogenèse et de la sédimentation glaciaire, fluviatile, lacustre, éolienne, de versant, etc.

Cependant, certains des processus continentaux décrits, sont influencés ou modifiés par la proximité du milieu marin :

— En domaine supralittoral, la présence de sels dans l'environnement superficiel oriente différemment la dégradation des roches (haloclastie, altération chimique en milieu basique et réducteur...), la pédogenèse (formation de sols salsodiques) et la sédimentation en milieu aqueux (floculation des particules argileuses, précipitation d'évaporites...). La dynamique éolienne est favorisée, même dans les régions tempérées, par l'existence de vents forts soufflant depuis l'océan, mobilisant les particules sableuses de l'estran à marée basse et construisant des dunes sur la côte.

— En domaine intertidal, les sédiments mis en place par les cours d'eau, le vent, la gravité à partir de falaises sapées à la base par les vagues, sont repris, brassés et dispersés par l'eau de mer. Ils sont triés et usés sur les plages par le mouvement de l'eau, entraînés et déposés sous forme de flèches, cordons, barres littorales, par les courants côtiers. Des phénomènes de dessication et cristallisation de sels alternent avec l'humectation et la dissolution.

Dans ces deux domaines, la vie végétale et animale diffère de celle des milieux continentaux en raison de la salinité, du pH et du Eh particuliers. Les *facteurs biologiques* jouent un rôle important dans la sédimentation.

XII. 2. 2 · Exemples de formations littorales

Les milieux de la sédimentation littorale sont très diversifiés. Ce sont les *estuaires*, les *deltas*, les *lagunes*, les *lacs* et *marais côtiers* et les *plages*. Chacun de ces milieux a sa propre dynamique et peut évoluer rapidement en un autre milieu (par exemple un delta en lagune, puis lac, marais...). La nature des dépôts est fortement influencée par le relief et la composition des roches du substrat local, ainsi que par les types de communication avec la mer franche.

Mis à part les dépôts de plage, hétérogènes, la plupart des sédiments littoraux sont plutôt fins granulométriquement (argileux, silteux, ou sableux), riches en matière organique et parfois en sels. Nous ne décrirons pas ces formations en marge du milieu continental, objet essentiel de nos préoccupations, nous limitant à évoquer ceux que l'on rencontre le plus fréquemment conservés sur les rivages européens : les formations détritiques de plage et les constructions organogènes des rivages méditerranéens.

a) Formations détritiques de plage

Les dépôts de plage sont généralement inclus dans une séquence de dépôts littoraux qui marque le maximum d'une transgression et la régression ultérieure. On observe deux termes, de bas en haut (fig. XII.5) :

— Le *dépôt de plage* (milieu intertidal) : ce sont des blocs, galets, graviers ou sables bien classés et usés par le brassage des vagues (forme ovoïde régulière), buttant sur une *falaise morte* d'où proviennent la plupart des matériaux formant le dépôt. D'autres constituants ont pu être amenés par les courants côtiers.

Sur une même plage, les éléments sont ordonnés granulométriquement en cordons parallèles au rivage : les plus grossiers et denses sont aux points hauts, et les plus fins au bas de la plage. Les blocs sont disposés de façon anarchique. Les galets ont leur grand axe parallèle au rivage et sont imbriqués avec une faible inclinaison (inférieure à 15°) vers la mer. Les sables présentent une stratification oblique.

Certains dépôts de plages fossiles des côtes méditerranéennes sont consolidés, comme ceux qui se forment actuellement sur les plages des régions à climat semi-tropical (saisons contrastées, température moyenne de l'eau élevée) : c'est le « beach rock ». Il est formé de dalles épaisses de quelques dm, inclinées vers la mer. L'induration des sables ou galets résulte de la précipitation en été de carbonates ou de sels amenés par les eaux courantes et les embruns (P. Sanlaville, 1977). Ces dépôts de plage renferment souvent des coquilles de mollusques (fig. XII.6) traduisant des eaux chaudes ou froides.

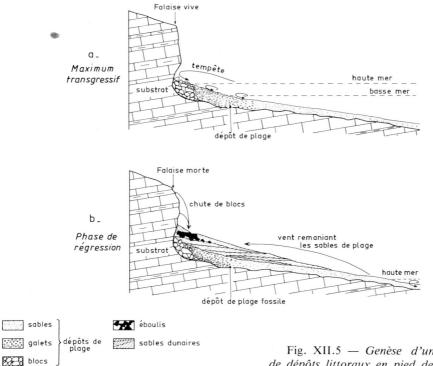

sables ⎫
galets ⎬ dépôts de plage
blocs ⎭

éboulis
sables dunaires

Fig. XII.5 — *Genèse d'une séquence de dépôts littoraux en pied de falaise.*

Fig. XII.6 — *Dépôt de plage tyrrhénien à strombes (Gallipoli, Italie).*

— Des *dépôts à caractère continental* (milieu supralittoral) mis en place lors de la régression et postérieurement, jusqu'à l'époque actuelle. Il peut s'agir :

• De sables éoliens ou de silts repris sur l'estran laissé à découvert et accumulés plus haut, sur les cordons de galets, sous forme de dunes ou de lœss. Les sables peuvent être consolidés (grès) et renfermer des fragments de coquilles marines ou continentales.

• De formations de versant (éboulis, coulées boueuses, colluvions...) alimentées par les abrupts ou falaises façonnés par la mer lors de la transgression antérieure (fig. XII.7). Les dépôts traduisent souvent le climat froid (cryoturbation, gélifraction...) à l'origine de la phase régressive.

• De limons, sables ou cailloutis fluviatiles grisâtres ou brun-rougeâtres, contenant des éléments et coquilles de mollusques continentaux, mais occasionnellement aussi des composants remaniés de niveaux plus anciens. Ils ont été déposés par des cours d'eau entaillant les côtes rocheuses et débouchant sur les plages.

• De sols fossiles intercalés à divers niveaux dans la série.

• De remplissages d'abris ou grottes recouvrant les dépôts laissés par la mer qui les avait inondés.

Dans le détail, les séquences sont diverses et étroitement liées à la morphologie de la côte, comme celles relevées sur les pentes du Mont-Boron à Nice (fig. XII.4).

Fig. XII.7 — *Éboulis de falaise sur conglomérat de plage (Nauplie, Grèce).*

b) Constructions organogènes des littoraux méditerranéens

Sur le littoral de la Méditerranée où les marées sont peu importantes et dans les zones abritées où l'eau est chaude et peu agitée, la côte subit un façonnement particulier dans lequel dominent les processus biochimiques. On observe la création d'un replat (trottoir) taillé dans l'abrupt rocheux (fig. XII.8).

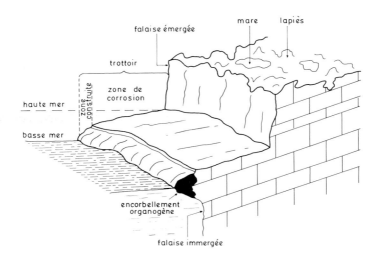

Fig. XII.8 — *Construction d'un encorbellement organogène et d'un trottoir sur littoral calcaire en eau calme et chaude* (d'après P. Sanlaville, 1977).

Le *trottoir* est horizontal ou légèrement incliné vers la mer, et a quelques mètres de largeur (lorsqu'il est plus large, on le nomme « *platier* »). Il est situé au niveau, ou un peu au-dessus, de la haute mer moyenne. Il se forme dans la roche en place par corrosion biochimique (dissolution) due à l'eau de mer et au tapis d'algues (*Lithophyllum tortuosum* sur roche calcaire) et de mollusques divers qui le recouvrent. Le trottoir pénètre souvent dans la falaise émergée en formant une encoche (fig. XII.9).

Sa bordure externe est construite en *encorbellement* de quelques dm de largeur et d'épaisseur par des Vermets *(bioherme)* qui vivent en association avec diverses algues de couleur brun à rouge, là où l'eau est continuellement agitée (P. Sanlaville, 1977).

Des trottoirs à encorbellements organogènes sont connus en divers points de la Méditerranée, mais la conservation dans les niveaux anciens n'est pas toujours assurée du fait de leur fragilité. Dès que l'énergie des vagues est suffisante pour remanier une phase détritique, celle-ci joue le rôle d'abrasif et détruit le bioherme.

Fig. XII.9 — *Aspect du littoral à Milazzo (Sicile).* Au-dessus du niveau de l'eau, la falaise porte une encoche au pied de laquelle se trouve un ancien trottoir à lithotamniées (flandrien), lapiazé, dont le bioherme est détruit. Le trottoir actuel, légèrement submergé, est bordé d'un encorbellement biogénique peu développé.

XII. 3 · Stratigraphie des formations littorales

Bien que très délicate, la stratigraphie des dépôts littoraux est d'un intérêt majeur puisqu'elle permet de confronter l'évolution des milieux continentaux et marins.

XII. 3. 1 · Mode d'approche ·

Au sein des complexes de formations littorales, le principe de superposition stratigraphique peut être utilisé et des *cycles transgression-régression* reconnus. Mais les corrélations d'une coupe à l'autre sont difficiles.

Les faciès des dépôts de zone intertidale sont liés à des caractères locaux (dynamique, lithologie du substrat, morphologie de la côte...) : ils varient considérablement d'un site à l'autre. Les fossiles marins sont fréquents dans les dépôts de plage, associés à des restes d'organismes continentaux. Mais pour la tranche d'âge qui concerne les formations superficielles, les indications qu'ils fournissent sont surtout d'ordre écologique (température de l'eau, salinité...). Les plages ont de tout temps été fréquentées par les hommes : l'archéologie préhistorique apporte parfois de bons arguments chronostratigraphiques. D'une manière générale, les dépôts de plage sont particulièrement difficiles à dater.

Les dépôts de zone supralittorale, superposés aux dépôts de plage, peuvent être analysés et interprétés sur le plan stratigraphique selon les méthodes, raisonnements et termes évoqués pour chacun d'entre eux en domaine strictement continental. En l'absence d'une datation de la plage sous-jacente, ils permettent de proposer à son égard une limite d'âge supérieure.

La chronologie relative est possible, d'une coupe à l'autre, d'après la position altitudinale des plages fossiles, les plus anciennes étant obligatoirement les plus élevées dans un même secteur. Mais l'altitude absolue de plages d'un âge donné est fortement variable d'un secteur à l'autre du fait notamment des déformations orogéniques locales : elle ne peut en aucun cas servir de repère fiable.

XII. 3. 2 - Échelles stratigraphiques classiques

La terminologie stratigraphique employée en domaine littoral est habituellement *mixte* : continentale et marine. Les séquences sont presque toujours calées à la base par un dépôt de plage, ou parfois plus franchement marin lorsque la transgression fut plus profonde, que l'on peut situer en se référant à deux échelles stratigraphiques classiques (voir le détail dans J. Chaline, 1972 et 1985).

a) Échelle marine définie en Méditerranée

Après la régression pliocène, les plus anciens dépôts de plage sont du *Calabrien* : ils renferment des fossiles d'eau froide *(Cyprina islandica, Hyalinea baltica)* qui cèdent la place à une faune tempérée banale vers le sommet *(Émilien)*. Les pages calabriennes appartiennent au Pléistocène inférieur (1,8 à 2 M.A.) et sont situées entre 100 et 500 m d'altitude selon les régions.

Les dépôts du cycle suivant représentent le *Sicilien* (début du Pléistocène moyen) : comme le Calabrien, le Sicilien commence sous climat froid et se termine sous climat tempéré. Les plages siciliennes sont situées entre 30 et 100 m d'altitude.

Suivent les plages *tyrrhéniennes* fréquentes sur tout le pourtour de la Méditerranée entre 0 et 30 m ; certaines ont été repérées sous le niveau de la mer. Elles sont marquées par la présence d'espèces d'eaux chaudes *(Strombus bubonius, Mytilus senegalensis...)*. Sur les côtes de Méditerranée occidentale R. Paskoff et P. Sanlaville (1982) distinguent :
- un Tyrrhénien ancien (125 000 ans B.P.), mal développé ;
- un Eutyrrhénien (100 000 ans B.P.) bien représenté partout ;
- un Néotyrrhénien (90 000-80 000 ans B.P.) fréquent.

Le *Versilien* correspond aux dépôts littoraux transgressifs postérieurs à la dernière glaciation.

b) Échelle marine définie sur les côtes de l'Atlantique et de la mer du Nord

Une échelle couvrant le Plio-Quaternaire a été définie dans les pays d'Europe du Nord-Ouest (Angleterre, Hollande, Allemagne, Danemark), à partir de dépôts variés dont certains ne répondent pas à la définition des formations superficielles, car épais et enfouis, comme ceux rencontrés en sondages dans le bassin subsident des Pays-Bas. Cette échelle a une signification paléoclimatique fondée sur la palynologie (W.H. Zagwijn et J.W. Doppert, 1978). Les épisodes interglaciaires correspondent généralement à des phases de transgression marine. Ils se nomment, chronologiquement, depuis 2,5 millions d'années : *Tiglien, Waalien, Cromérien, Holsteinien, Éémien* et *Flandrien*.

En Bretagne, on dénombre six formations superficielles marines (J.-L. Monnier et M.-T. Morzadec-Kerfourn, 1982) :
- deux au Pléistocène inférieur (dont une probablement du Tiglien) : elles se trouvent entre 55 et 20 m d'altitude,
- deux au Pléistocène moyen : une datée du Cromérien (?) est située entre 5 et 15 m et l'autre, représentant l'Holsteinien (elle renferme des éclats clactoniens), se trouve à 2 m au-dessus du niveau de la mer,
- deux au Pléistocène supérieur : elles se trouvent au niveau des hautes eaux et renferment des industries de l'Acheuléen final. Elles marquent deux pulsations marines lors du dernier interglaciaire (Éémien), équivalentes des Tyrrhéniens méditerranéens.

Les trois dernières formations marines mentionnées sont connues en Bretagne sous le nom de « Normannien », aujourd'hui abandonné.

Les dépôts flandriens (transgression post-glaciaire) sont immergés comme nous l'avons expliqué précédemment. On connaît toutefois sur le continent, en bordure de la Manche, un dépôt daté de 2 000 ans B.P. *(Dunkerquien).*

Références bibliographiques

Chaline J. (1972) — Le Quaternaire — L'histoire humaine dans son environnement. Doin éd., 338 p.

Chaline J. (1985) — L'histoire de l'homme et des climats au Quaternaire. Doin éd., 366 p.

Clark J.A., Farrel W.E. et Peltier W.R. (1978) — Global changes in post-glacial sea level : a numerical calculation. *Quaternary research*, t. 9, p. 265-287.

Donovan D.T. et Jones F.J.W. (1979) — Causes of world-wide changes in sea level. *J. Géol. Soc.*, 136, 187-192.

Fairbridge F.W. (1971) — Quaternary shoreline problems at I.N.Q.U.A. *Quaternaria*, 15, 1-17.

Gall J.C. (1976) — Environnements sédimentaires anciens et milieux de vie. Doin éd., 228 p.

Mary G. (1982) — Rôle probable de l'isostasie dans les modalités de la transgression holocène sur la côte atlantique de l'Europe et de l'Afrique. *Bull. Ass. Fr. Et. Quat.*, 9, 39-45.

Miskovsky J.C. (1970) — Stratigraphie et paléoclimatologie du Quaternaire du midi méditerranéen. Thèse Doct. État, Paris, 747 p.

Monnier J.-L. et Morzadec-Kerfourn M.T. (1982) — Formations périglaciaires et formations marines. Stratigraphie des sols, biostratigraphie et industries du Pléistocène du littoral breton. *Bull. Ass. Fr. Et. Quat.*, n° 12, p. 185-194.

Paskoff R. et Sanlaville P. (1982) — Sur les dépôts tyrrhéniens et würmiens des littoraux de la Méditerranée occidentale. *C. R. Ac. Sc.,* t. 294, p. 737-740.

Pomerol C. (1984) — Les variations du niveau marin. *Géochronique* n° 9, p. 16-20.

Sanlaville P. (1977) — Étude géomorphologique de la région littorale du Liban. *Thèse Doct. Lettres*, Beyrouth 2 t., 859 p.

Zagwijn W.-H. et Doppert J.-W. (1978) — Upper Cenozoic of the Southern North Sea Basin : paleoclimatic and paleogeographic evolution. *Geol. en Mijnb.*, vol. 57, 4, p. 577-588.

Cinquième partie

LES FORMATIONS SUPERFICIELLES DANS LE CADRE DES ACTIVITÉS HUMAINES

Épiderme de la Terre, les formations superficielles sont en prise directe avec les activités humaines. L'Homme les utilise, les exploite et souvent modifie par ses travaux d'aménagement ou ses pratiques culturales le cours normal de leur évolution. Sans vouloir être exhaustif dans l'examen des rapports existant entre l'Homme et les formations superficielles, cinq aspects ont retenu notre attention.

Les formations superficielles constituent encore actuellement la première source de matériaux que l'Homme utilise pour les besoins d'aménagement et les grands travaux (chapitre XIII). Elles sont, en général, faciles à exploiter et présentent d'emblée des qualités géotechniques directement utilisables sans traitement préalable.

C'est des formations superficielles qui provient l'essentiel des eaux captées et exploitées (chapitre XIV). Elles jouent un rôle fondamental sur l'hydrologie de surface et l'hydrogéologie. Leur présence conditionne la retenue des eaux de précipitation et elles sont à ce titre d'une extrême importance dans le cycle de l'eau.

En position précaire à l'interface atmosphère-lithosphère, toute intervention artificielle sur les formations superficielles perturbe leur état d'équilibre et provoque leur déstabilisation. Quelques aspects des causes possibles de leur instabilité sont examinés (chapitre XV) ainsi que les remèdes à apporter.

Les roches utilisées comme pierre de construction se trouvent placées artificiellement en position superficielle et subissent les agressions météoriques (chapitre XVI). La nature et la cause des patines et des lésions sont étudiées en fonction des variétés pétrographiques, ainsi que les remèdes nécessaires à leur sauvegarde.

Enfin le rôle des formations superficielles dans la spécificité des terroirs est abordé (chapitre XVII). Elles impriment en effet leur marque dans les aptitudes agricoles de chaque région où elles conditionnent en grande partie les pratiques et les habitudes culturales.

Chapitre XIII

Les formations superficielles, source de matériaux

Depuis les origines, l'Homme a cherché à modifier l'environnement à des fins d'aménagement. Les Hommes du Paléolithique déjà, aménageaient leur zone d'habitat par l'installation de pavages de sols à l'aide de galets choisis ailleurs et transportés. Beaucoup plus tard et surtout au cours des périodes de la domination romaine, l'urbanisation et le développement des transports ont nécessité l'utilisation de matériaux d'extraction aisée nécessaires à la construction et au sous-bassement des voies de communication. Ces besoins se sont actuellement multipliés dans les pays modernes et l'essentiel de ces matériaux est issu des formations superficielles : alluvions, fluviatiles surtout, mais aussi glaciaires et paraglaciaires, cordons littoraux, dunes... Les contraintes diverses, écologiques, hydrologiques, et le fait que ces formations soient peu renouvelables et tendent à s'épuiser dans certaines régions, font que depuis quelques années s'est partiellement substituée une recherche en direction d'autres matériaux naturels (roches cohérentes concassées) ou même de matériaux dits artificiels (résidus de terrils et de hauts fourneaux, bétons de démolition, déchets de sables de fonderies...). Cependant, la plus grande partie de ces matériaux que l'on groupe sous le terme de *granulats* est encore issue des formations superficielles.

XIII. 1 · Matériaux du génie civil : les granulats

XIII. 1. 1. · Problèmes généraux

a) Besoins et quantités

Les besoins en granulats sont très grands dans les pays développés. Actuellement, en France, la demande annuelle se situe aux environs de 350 millions de tonnes (fig. XIII.1) qui sont destinés pour les deux tiers aux travaux publics (routes, travaux de génie civil, ballast, drainage...) et le tiers pour le bâtiment (essentiellement bétons et ciments). Il faut savoir que cette demande annuelle représente actuellement six tonnes par habitant (elle a été de sept tonnes en 1980) et nécessite l'ouverture aux fins d'exploitation de 3 500 hectares de gisement. Quelques ratios moyens illustrent l'importance de cette demande (fig. XIII.1).

Les besoins sont restés relativement faibles jusqu'à la fin de la dernière guerre (fig. XIII.2). Jusqu'à cette période, l'exploitation s'effectuait surtout par carrières limitées et très éparpillées sur le territoire. En France, chaque commune ou presque possédait sa propre carrière. A partir de 1950 surtout, le développement du réseau routier et l'essor du bâtiment ont nécessité l'ouverture de carrières de type industriel, le plus souvent dans les zones proches des centres urbains très demandeurs. On a ainsi assisté à la destruction de plaines alluviales importantes (vallée de la Seine, du Rhône et de ses affluents). Les besoins maximums ont correspondu à la

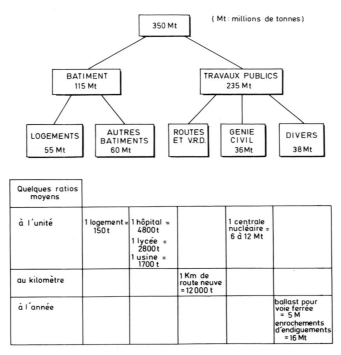

Fig. XIII.1 — *La consommation des granulats en France* (d'après U.N.P.G. *Collection Technique*, 1983).

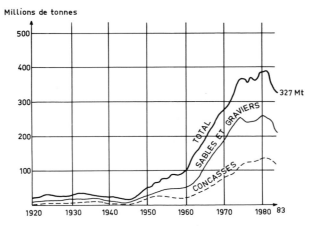

Fig. XIII.2 — *Production française de granulats de 1920 à 1982.*

— la courbe des divers, notamment laitiers de hauts fourneaux (concassés ou non) et granulats légers, n'a pas été tracée mais le total en tient compte.

— la courbe « concassés » est celle des roches naturelles : roches carbonatées, éruptives et métamorphiques.

fin des années 70 à près de 400 Mt/an, mais depuis 1980, ils accusent un léger recul de l'ordre de 5 à 6 Mt par an.

Dans le total des granulats extraits, les formations superficielles (alluvions au sens large) prédominent largement (71 % en 1970, 62 % en 1982), bien qu'elles soient progressivement remplacées par les roches massives concassées (calcaires et roches éruptives) considérées comme des matériaux de substitution. Les granulats « artificiels » ne représentent seulement que quelques pour cent du total.

Les types de granulats extraits varient selon les potentiels régionaux. Par exemple, en Alsace, 95 % de l'approvisionnement de la région se fait à partir des alluvions alors qu'en Bretagne 80 % de son marché proviennent des granulats concassés éruptifs. Les autres régions se situent entre ces deux extrêmes.

La comparaison des chiffres de consommation en granulat pour un pays comme la France (chiffres approximativement valables pour la Communauté Européenne) avec les autres matières premières (fer, bois, charbon, eau, pétrole) est édifiante (fig. XIII.3). Si l'on examine les pourcentages de matériaux extraits sur le territoire national, les distorsions sont encore plus apparentes (granulats 80 %, produits énergétiques 10 %, minerais métalliques 8 %, sels, potasse, fluorine, soufre 2 %) car les granulats exceptés, beaucoup de ces produits sont importés.

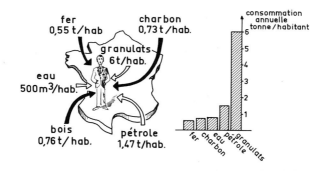

Fig. XIII.3 — *Quelques rappels chiffrés sur la consommation en matières premières en France.* Estimations 1983 (d'après U.N.P.G. *Collection Technique* n° 4, 1985).

b) Réglementation afférente à l'ouverture d'une carrière de granulat

Jusqu'en 1970, l'ouverture d'une carrière n'était subordonnée à aucune autre condition préalable que la disposition du sol, soit que l'exploitant ait conclu avec le propriétaire un contrat, soit qu'il en fut propriétaire lui-même. Une simple déclaration en mairie suffisait, pour l'information des services administratifs, et seule la réglementation de la sécurité lui était applicable sous le contrôle du Service des Mines.

Cette politique libérale a eu des conséquences diverses : destruction de plaines alluviales, perturbation des nappes phréatiques et des paysages, empiétement sur les terres agricoles... A partir des années 70, sous la pression de diverses communautés (écologistes — agriculteurs — riverains — sociétés de chasse et de pêche) et parallèlement à l'élaboration d'une planification de l'espace (plans d'occupation des sols — P.O.S. —, schémas directeurs d'aménagement et d'urbanisme — S.D.A.U. —, zone d'exploitation et de réaménagement coordonnés — Z.E.R.C.), les pouvoirs publics ont mis en place une législation et des structures contraignantes pour l'ouverture et l'extraction d'un gisement de granulat. Notons que cette législation est apparue en France bien après des mesures prises par nos voisins immédiats (Allemagne, Belgique, Suisse), si bien qu'une bonne partie des réserves alluviales proches des frontières (Rhin, Doubs, Moselle) ont été exportées.

Parmi les principales dispositions administratives juridiques citons :

— Loi du 2 janvier 1970 qui modifie le Code Minier et institue le principe d'une *autorisation préalable* à l'ouverture d'une carrière. C'est le Préfet qui délivre cette autorisation après consultation de tous les services et sociétés concernés (environnement, agriculture, service des eaux, chasseurs, pêcheurs...).

— Création de la *Taxe parafiscale* sur les granulats (décret du 5 mai 1975) prélevée à la production et devant permettre de financer des études et des recherches en vue :

• d'assurer la continuité des approvisionnements,
• de réduire les nuisances entraînées par les exploitations,
• de rechercher des matériaux de substitution,
• de réaliser des opérations de réaménagements de carrière.

Cette taxe fixée à 5 centimes par tonne en 1975, a été reconduite le 17-12-1985 jusqu'au 31-12-1988, mais son utilisation a été légèrement orientée vers la recherche de politiques locales d'extraction et d'exploitation.

— Loi du 10 juillet 1976 relative à la protection de la nature et décret n° 79-1108 du 20 décembre 1970 qui définit les procédures nécessaires à l'ouverture d'une carrière :

• soumission à *enquête publique*,
• constitution d'une *commission départementale des carrières*, consultée par le Préfet, préalablement à toute autorisation,
• nécessité d'une *étude d'impact* préalable.

Cette étude d'impact doit comporter :

• un descriptif de *l'état initial* du site prévu pour l'exploitation (paysage et occupation du sol, flore, faune, hydrogéologie, servitudes diverses),
• une étude des *effets de l'exploitation sur l'environnement* (impact visuel, eaux, poussières, nuisances sonores, sécurité, faune, flore),
• une proposition sur les *mesures à prendre* pour éviter ou contrôler les nuisances,
• un projet de *remise en état des lieux* après l'exploitation et une définition de sa reconversion (décharge contrôlée, zone de pêche et pisciculture, sports et loisirs, agriculture, réserve d'eau, reboisement, réserves naturelles...).

Ces moyens (taxe parafiscale) et cette réglementation concourent à une meilleure prise en compte des contraintes diverses qu'entraînent les exploitations de granulats et à une amélioration de la gestion de ces matériaux qui ne sont pas inépuisables. Parmi les mesures apportées, les inventaires des ressources en granulats constituent l'une des démarches préalables les plus importantes.

c) L'inventaire des ressources

Après la phase d'exploitation désordonnée qui précédait les années 70, les contraintes diverses pesant sur cette activité devenue industrielle ont fait prendre conscience aux pouvoirs publics et aux exploitants eux-mêmes de la nécessité de mettre en place une politique rationnelle de gestion des ressources en granulat.

Cette politique s'est développée peu à peu, parallèlement à l'arsenal juridique et administratif, à partir des années 70 ; mais l'évolution rapide du contexte économique l'oblige à rester souple pour lui permettre une meilleure adaptation évolutive. Il semble à l'heure actuelle que le meilleur cadre géographique de cette planification soit, pour le territoire français, le département. Mais la réalité des données concrètes peut modifier ce cadre géographique en le reportant par exemple sur le bassin hydrographique, le syndicat intercommunal ou même la région.

Les études pour l'élaboration des politiques locales sont de trois types principaux : besoins — ressources — contraintes.

c.1 — L'étude des besoins en fonction des indicateurs économiques

Bien que cette phase ne concerne pas directement l'aspect géologique des granulats, il est utile d'en rappeler les différents aspects. *Les besoins sont estimés* sur 10 ou 15 ans pour un zonage géographique défini : ouvrages et travaux publics prévus en fonction de l'évolution probable des variables économiques de type démographie, pôle de consommation...

L'analyse de la production actuelle et des flux fait l'objet d'une enquête portant sur la localisation et le contour géographique des gisements, la quantité et la nature des granulats produits (sables, graviers) et la durée de vie estimée de ces gisements.

Les déséquilibres probables sont mis en évidence en comparant les deux études précédentes : où et quand des problèmes d'approvisionnement apparaîtront et pour quelle catégorie de matériaux ?

Cette étude des besoins nécessite bien entendu une prise en compte des différentes contraintes technico-économiques :
- contrainte des utilisateurs : qualité des matériaux (angularité, granularité, résistance mécanique, propreté, proportion de fines...) en fonction des types d'utilisation ;
- contrainte des coûts de production liés à la valeur des terrains du gisement, aux caractères du matériau et de son traitement, au transport...
- contraintes de l'environnement : zone en urbanisation, incidence sur les nappes phréatiques...

c.2 — L'étude des ressources potentielles

Elle s'élabore, dans un cadre géographique défini, à plusieurs niveaux débouchant chacun sur des échelles d'estimation cartographiques de plus en plus grandes, donc de plus en plus précises.

— *Niveau général :* il consiste essentiellement à rassembler des connaissances dispersées (exploitation en cours, cartes géologiques, résultats de sondages) et à en extraire une synthèse cartographique à petite échelle (de l'ordre du 1/100 000) éliminant les zones sans intérêt et donnant une première approximation géographique, quantitative et qualitative des matériaux exploitables.

— *Niveau intermédiaire* (échelle au 1/25 000 ou 1/10 000). Il apporte une plus grande précision des données : comparaison entre gisements, potentiel approximatif autour d'une zone de consommation importante, concurrence du potentiel exploitable avec d'autres contraintes (P.O.S., zones protégées, agriculture, captage d'eau, zones industrielles...). Ce niveau peut requérir l'utilisation d'un certain nombre d'études spécifiques (prospections géophysiques, sondages, essais de laboratoire) et ses conclusions détermineront le choix de gisements potentiels qui seront étudiés plus en détail.

— *Niveau de connaissance détaillé* (échelle au 1/2 500 ou 1/1 000).

• *L'objectif visé* est la connaissance approfondie du gisement potentiel :
- étendue du périmètre exploitable,
- épaisseur des matériaux exploitables et des stériles (couche de terre arable qui constitue ce que les carriers appellent la découverte, lentilles argileuses ou organiques...),
- caractéristiques techniques des matériaux (granulométrie, degré d'altération, degré de pollution argileuse ou organique, minéralogie),
- niveau et variations de la nappe phréatique, et circulation de l'eau.

• *Les moyens utilisés* pour parvenir à cette connaissance font appel à tous les domaines de la *prospection et de l'analyse* :
- géophysique : mesures de résistivité (sondage électrique et traîné), mesures en sismique réfraction, mesures électromagnétiques,
- sondages mécaniques et prélèvements,
- essais en laboratoire.

• Les résultats débouchent sur une cartographie précise et des blocs-diagrammes clairs qui permettront, lorsque la décision d'exploiter aura été prise, de définir un *plan d'exploitation* prévisionnel adapté au gisement reconnu :
- type de matériel d'exploitation,
- emplacement de l'installation de la chaîne de traitement,
- prévision de dispositifs de débourbage et emplacement des bassins de décantation.

• Selon le type de gisement, et précédant l'exploitation, un *plan de réaménagement* permettra une meilleure prévision du stockage des stériles.

Vers le début des années 80, la planification de l'exploitation des granulats semblait s'engager vers une réduction du nombre des carrières et une concentration de l'extraction nécessaire aux besoins de vastes zones, en quelques points, à fort potentiel, des départements ou des bassins. Cette vue technocratique semblait supprimer un certain nombre de contraintes essentiellement d'ordre écologique, mais ses défauts (allongement des distances de livraison, uniformisation des matériaux disponibles, bouleversement important dans une aire limitée considérée comme sacrifiée) sont rapidement devenus évidents. La tendance actuelle s'oriente vers une recherche de matériaux locaux, proches des besoins. Cette nouvelle politique est rendue possible par une meilleure connaissance des qualités géotechniques des granulats qui permet, après des traitements et grâce à des techniques de mise en œuvre appropriées, d'utiliser de nouveaux matériaux autrefois réputés impropres au génie civil.

c.3 — L'étude des contraintes

La décision (et l'autorisation) d'ouvrir une carrière de granulat ne pourra se faire qu'en l'absence d'un certain nombre de contraintes liées à l'intérêt général (sites, monuments historiques, surfaces boisées, plan d'occupation des sols accepté, captage d'eau, voies de communication) ou après négociations lorsque celles-ci sont possibles (zones agricoles ou de loisir, zones urbanisées...).

d) Conditions d'exploitation

L'exploitation d'un gisement alluvionnaire comporte deux grandes étapes, du gisement reconnu au chargement sur camion pour livraison : l'extraction et le traitement.

d.1 — L'extraction

Rarement immédiate, elle est précédée de la *découverte* qui consiste à enlever les produits impropres (morts-terrains) masquant le gisement proprement dit : terre arable ou limons de recouvrement. Cette opération, qui est faite par des bulldozers ou des pelles hydrauliques, tient compte du plan de réaménagement pour le stockage de ces produits.

L'extraction proprement dite dépend de la présence d'eau et de la position de la nappe :

— Les gisements hors d'eau sont exploités par des pelles soit en fouille (par le haut) soit en butte (par le bas). Un front de carrière apparaît et son avancement dépend de la demande.

— Les gisements immergés sont exploités par dragues suceuses ou à grappins pour les profondeurs supérieures à 8 m, ou par des dragues à godets pour des profondeurs moindres.

Le chargement se fait sur dumpers ou camion de carrière dans le premier cas et peut se faire sur bateau dans le deuxième. Ce matériel brut est transporté jusqu'au poste de traitement.

d.2 — Le traitement

Son but est de transformer le gravier brut en produit industriel (sable propre classé, gravillons roulés calibrés, graviers concassés calibrés...). Le poste de traitement est en général composé d'installations métalliques ou bétonnées fixes proches des divers stocks de matériaux regroupant toutes les opérations nécessaires :
- Écrêtage (ou scalpage) des éléments trop grossiers (> 200 mm).
- Criblage ou concassage amenant l'ensemble du matériau à des diamètres inférieurs à 80 mm (crible scalpeur ou concasseur à mâchoires). Constitution d'un stock primaire qui permet de régulariser le débit d'alimentation de l'installation de traitement et de dissocier les cadences d'extraction des cadences de traitement.
- Les traitements suivants ont essentiellement pour but le lavage et la classification des différents produits : *débourbage* qui évacue les parties fines (inférieures à 4 mm), *criblage primaire* qui classe les gravillons (4 à 20 mm, 20 à 40 mm, 40 à 80 mm), *criblage secondaire* pour des gravillons de normes plus strictes, *traitement des sables* par lavage et fractionnement. S'il est nécessaire, certains éléments parmi les plus grossiers sont amenés à une chaîne de concassage qui leur donne le diamètre recherché.

Cette chaîne de traitement peut se modifier et s'adapter en vue d'une production s'appliquant aux modes d'utilisation (bétons hydrauliques, produits de viabilité, enrobés bitumineux ou non, couche de base de chaussée...).

XIII. 1. 2 · Première source de granulat : les alluvions fluviatiles

Rapidement perceptibles et faciles à exploiter, les alluvions fluviatiles ont constitué les principales sources en granulat dès l'origine. Leur exploitation industrielle a modifié les paysages et l'hydrogéologie de nombreuses vallées proches des grands centres de demande et en particulier des zones urbaines.

Ces sources en granulats présentent de nombreux avantages techniques :
- Elles sont en général meubles et leur extraction est, de ce fait, très aisée,
- Les matériaux mis en place par des courants de compétence forte ou moyenne sont en général propres et les fractions argileuses rares,
- Elles permettent une mise à disposition de matériaux allochtones à bonnes qualités géotechniques dans des régions qui en sont dépourvues,
- Les caractéristiques hydrodynamiques de dépôts ont permis l'élimination des matériaux impropres aux besoins (schistes tendres, calcaires marneux) et une concentration des matériaux résistants : quartz, quartzites, calcaires durs...

Par contre, un certain nombre de caractéristiques constituent des freins à l'exploitation de ces matériaux :
- Ils sont rarement épais et il est nécessaire de ce fait, d'exploiter sur de grandes surfaces. Occupés souvent par des terres agricoles de qualité, les coûts d'achat des terrains font monter les prix de revient.
- La découverte est souvent importante (sols et limons d'inondation et de levée naturelle), si bien qu'un quart ou parfois un tiers du volume total de matériaux est non commercialisable.
- La présence fréquente d'une nappe phréatique rend l'exploitation plus difficile et les distributions hydrogéologiques en sont perturbées. Ces zones étant par ailleurs des réservoirs d'eau très souvent captés pour les alimentations riveraines ou lointaines, des contraintes d'exploitation apparaissent fréquemment.

Il n'en demeure pas moins que les granulats d'alluvions présentent souvent des qualités supérieures aux granulats de roches massives et leur exploitation est fréquemment plus rentable économiquement.

a) Conditions de gisement

a.1 — Nature des nappes alluviales

Selon la pente de la rivière, le type lithologique du bassin d'alimentation, le régime des eaux, etc., les nappes alluviales présentent des caractéristiques propres. Les types ont été définis dans le chapitre VIII en fonction de leur granularité et de leur faciès. Examinons ici les principales variables qui influencent les types sédimentaires d'alluvions en vue d'une exploitation.

a.2 — Les variables influentes

— *Variables longitudinales*

• *Évolution de la granulométrie*

En principe, il y a une chute granulométrique de l'amont à l'aval d'une plaine alluviale. Cette chute est due à la dynamique sédimentaire elle-même sous la dépendance du profil du cours de la rivière. Elle s'accompagne également d'un meilleur classement granulométrique. A l'amont en effet, les processus hydrodynamiques de mise en place des matériaux sont compliqués par des effets de versant (glissements, éboulements, coulées boueuses) enrichissant les nappes alluviales en éléments mal classés.

De plus, le cours des rivières et fleuves est sans cesse réapprovisionné par des matériaux issus des substrats traversés ou des affluents. Ces apports latéraux modifient et rajeunissent les cortèges élaborés longitudinalement et leurs caractéristiques granulométriques sont fonction du type de substrat (degré de diaclasage et de fissuration de roches massives, débits parallélépipédiques ou en plaquettes, silex de la craie...).

• *Répartition des nappes alluviales en fonction de la morphologie de la vallée*

L'existence d'une nappe alluviale est conditionnée par des facteurs particuliers de dépôts. Les matériaux qui transitent le long d'un cours alluvial ne se déposent pas si la vallée est étroite, la pente forte, et s'accumulent au contraire dans les pièges, là où le bilan dépôt-érosion est positif.

Une illustration de cette répartition est donnée par les plaines alluviales du glacis vosgien, sur les plateaux de Haute-Saône en direction de la dépression bressanne (Saône et ses affluents, Ognon) (fig. XIII.4).

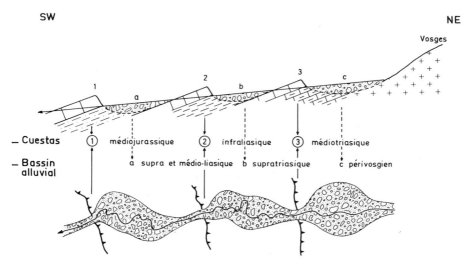

Fig. XIII.4 — *Morpho-lithologie et nappes alluviales du glacis vosgien haut-sâonois.*

Le substrat de cette région est constitué par l'alternance de couches dures formant des cuestas successives :
- cuesta médio-jurassique (Bajocien-Bathonien),
- cuesta infra-liasique (Rhétien-Sinémurien),

- cuesta médio-triasique (calcaire du Muschelkalk),

au niveau desquelles les plaines alluviales sont étroites, et de couches tendres :
- Lias marneux formant la dépression supra et médio-liasique,
- marnes du Keuper formant la dépression supra-triasique,
- grès tendres et marnes du Buntsandstein formant la dépression périvosgienne dans lesquelles des nappes alluviales larges et profondes se sont formées.

Chacune de ces nappes alluviales possède une géométrie propre de ses matériaux, les cortèges grossiers dominant à l'amont, au débouché des gorges traversant les assises dures.

• *Évolution du contenu de la nappe alluviale en fonction de la nature du substrat*

Les nappes alluviales sont alimentées partiellement par l'amont, mais également par les apports latéraux. Leur contenu évolue donc avec la nature des substrats que le cours traverse. La vallée de l'Yonne (M. Doridot et M. Lesauvage, 1977) peut servir d'exemple (fig. XIII.5).

D'amont en aval, les caractéristiques des substrats traversés sont les suivantes :
- Granites, microgranites et gneiss du Morvan,
- Trias et Lias essentiellement marneux, avec quelques bancs gréseux et calcaires,
- Jurassique supérieur et moyen dominé par des calcaires durs ou de dureté moyenne,
- Crétacé inférieur et moyen représenté surtout par des marnes parfois sableuses, interrompues de quelques bancs de calcaires tendres,
- Crétacé supérieur composé de craie de différents types, localement riches en rognons de silex.

L'évolution pétrographique des différentes classes granulométriques de la nappe alluviale rend compte du rôle des apports latéraux issus des assises précédemment décrites par rapport à l'héritage de l'amont. Six zones de prélèvement et d'analyse ont été définies :
- *Zone 1 :* la plaine alluviale est relativement étroite (500 à 1 000 m), le matériau est bien classé, presque exclusivement composé de calcaire issu du substrat. Seul 10 % de quartz dans la fraction sableuse représente l'héritage du cours supérieur granitique.
- *Zone 2 :* les calcaires restent dominants dans la fraction grossière et moyenne, mais plusieurs types pétrographiques apparaissent :

. Le quartz et les feldspaths dans les fractions sableuses et graveleuses moyennes, apportés par la Cure, affluent de rive droite dont le cours supérieur s'alimente sur le substrat granitique.

. Les calcaires tendres en très faible pourcentage, issus du Crétacé inférieur et moyen. L'érosion de ces assises produit peu de blocs et les fractions fines qui résultent de leur érosion sont rapidement entraînées vers l'aval. Elles n'alimentent donc pas les nappes alluviales locales.
- *Zones 3 et 4 :* les calcaires tendres ont disparu, ainsi que les feldspaths dans la fraction sableuse. Le pourcentage des quartz de la fraction moyenne (graviers) diminue au profit de la fraction sableuse et les silex apparaissent au

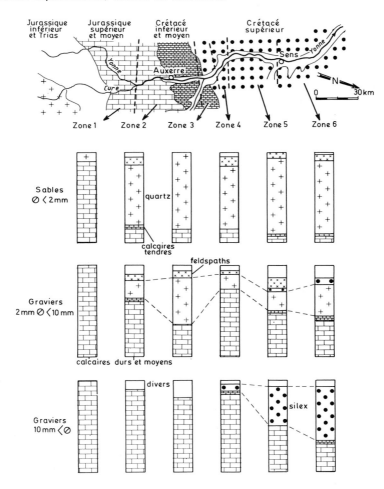

Fig. XIII.5 — *Évolution pétrographique des alluvions de l'Yonne en fonction de la nature du substrat* (d'après M. Doridot et M. Lesauvage, 1977).

contact du substrat crétacé inférieur, mais ne sont pour l'instant présents que dans les classes granulométriques grossières.

- *Zones 5 et 6 :* les silex hérités du substrat deviennent dominants dans la fraction grossière et provoquent un accroissement des blocs dans la nappe alluviale qui devient très hétérométrique. Le pourcentage des calcaires chute et les calcaires tendres issus de la craie sont présents en faible quantité. La fragmentation des silex ne va pas en deçà de 2 mm et ne nourrit pas, de ce fait, la fraction sableuse.

Les nappes alluviales de ces zones sont donc très hétérogènes, aussi bien du point de vue granulométrique que du point de vue de la dureté de leurs constituants, ce qui aura une très forte influence sur les opérations de traitement des matériaux et les qualités géotechniques des produits commercialisés.

• *Évolution pétrographique d'amont en aval*

Si l'on peut considérer qu'en pied de montagne le transport de type gravitaire (cône de piémont) ou glaciaire (moraine) ne modifie pas sensiblement la pétrographie des matériaux du bassin versant, il n'en est pas de même de l'amont à l'aval d'une nappe alluviale.

Au fur et à mesure de leurs reprises successives dans un cours fluviatile, les éléments transportés subissent une évolution pétrographique :
- les roches cristallines abondantes à l'amont (granites, gneiss...) se désagrègent et leurs minéraux primaires sont libérés vers l'aval,
- les roches tendres (schistes ou grès tendres) s'usent et disparaissent progressivement vers l'aval,
- les roches solubles (calcaires), surtout lorsqu'elles sont peu abondantes par rapport à l'ensemble (milieu acide) sont dissoutes progressivement et disparaissent plus ou moins rapidement vers l'aval,
- on assiste en général à une montée du pourcentage des roches dures, peu solubles, non cristallisées et très cohérentes, vers l'aval : quartz, quartzites, schistes durs, lydiennes.

La fig. XIII.6 illustre l'évolution pétrographique des alluvions de la Garonne sur une centaine de kilomètres dans la région de Toulouse. Trois zones ont été délimitées de l'amont à l'aval (J. Robert, 1977) :
- *Zone 1 :* de Montrejeau (limite nord de la zone nord-pyrénéenne à la Cluse de Boussens (confluent du Salat),
- *Zone 2 :* de la sortie de la Cluse de Boussens au confluent de l'Ariège en amont de Toulouse,
- *Zone 3 :* du confluent de l'Ariège à Grenade (confluent de la Save).

L'évolution pétrographique se traduit :
- dans la fraction sableuse, par une montée du pourcentage des quartz de l'amont à l'aval, avec une élimination des granites et une réduction des schistes tendres et durs.
- dans la classe des graviers, par la constatation d'une évolution de même sens, mais moins marquée. A partir de la zone II, un enrichissement en quartz et schistes durs est dû aux apports du Salat.
- dans la classe des cailloux, par la complète disparition des schistes tendres, tandis que le pourcentage des granites monte à partir des apports de l'Ariège.

Cette évolution pétrographique a une importance pratique très grande. Les engins de traitement des granulats (broyeurs, concasseurs) doivent être adaptés à la dureté des matériaux traités. D'autre part, les diverses utilisations potentielles requièrent des matériaux différents. C'est une perte économique d'utiliser des matériaux très durs pour du remblai ou pour une couche routière de base et par contre les couches de roulement nécessitent des matériaux très performants.

— *Variables latérales*

Toutes les variables précédemment évoquées contribuent à modifier les nappes alluviales d'amont en aval. Cette évolution se fait à petite échelle, et très progressi-

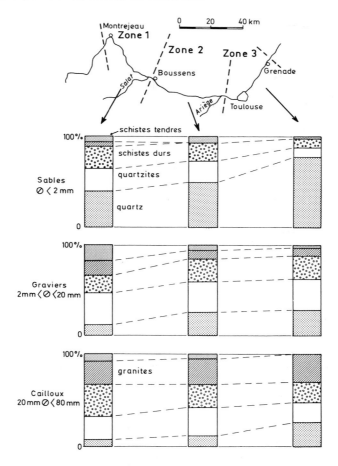

Fig. XIII.6 — *Évolution pétrographique des allu-vions de la Garonne d'amont en aval dans la région de Toulouse* (d'après J. Robert, 1977).

vement, sur des distances dépassant souvent la dizaine de kilomètres, excepté lors d'un apport latéral de matériaux différents par un affluent.

Sur un plan pratique, il peut être intéressant de connaître les variations latérales d'une nappe alluviale, c'est-à-dire transversalement par rapport à son cours. Quel-ques types de ces variations seront examinés.

• *Variation liée au type de sédimentation*

Variation granulométrique, présence d'anciens chenaux abandonnés comblés par des limons argileux et matières organiques, variation de l'épaisseur de la découverte (levée naturelle, plaine d'inondation...), apports locaux de versant... (voir chap. VIII).

• *Variation liée à l'altération différentielle*

Un pourcentage important de graviers altérés dans le gisement peut constituer un ennui majeur. Il oblige à un traitement plus poussé et le produit industriel proposé sera défectueux pour certains emplois.

L'essai dit « sud-africain » consiste, à partir de trois caractères simples évalués statistiquement (éclat à la lumière, dureté au marteau, état des cristaux examinés à la loupe), à classer les galets de granite en trois catégories : sains, altérés, très altérés.

La fig. XIII.7 montre l'évolution des pourcentages de ces trois catégories dans la plaine alluviale de la Garonne dans la région de Toulouse. Elle traduit une meilleure qualité des matériaux au fur et à mesure qu'on se rapproche du lit majeur de la rivière. Cette évolution montre que les matériaux sont d'autant plus sains qu'ils ont été mis en place récemment et que leur plus ou moins long enfouissement a favorisé leur altération par les lessivages répétés de la nappe phréatique.

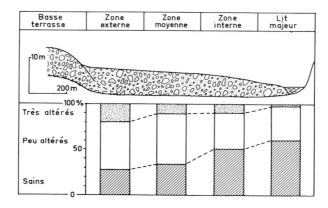

Fig. XIII.7 — *Évolution latérale de l'altération des granites dans la plaine alluviale de la Garonne* (d'après J. Robert, 1977).

— *Variation liée à l'âge des nappes alluviales : le problème des terrasses*
• *Terrasses et altération différentielle*

Les basses plaines alluviales sont les plus fréquemment sollicitées pour les extractions de granulat. Malgré les complications qu'apporte en général la présence d'une nappe phréatique, ces zones sont souvent préférées aux alluvions anciennes, souvent disposées en terrasses, pour un problème de qualité des matériaux. En effet, les alluvions perchées ont une altération croissante avec l'altitude par rapport à la nappe alluviale actuelle (fig. XIII.8 ; voir aussi § IV.3.2b).

Cette altération, qui correspond à une pédogenèse de plus en plus profonde, s'accompagne d'une argilification à tendance fersiallitique. Plus les terrasses sont hautes, plus elles sont anciennes et plus la découverte inutilisable est importante. De plus, les nappes grossières situées sous les niveaux pédogénisés présentent elles-mêmes un coefficient d'altération élevé (quartz carriés, granites pourris) donnant aux matériaux des qualités géotechniques moindres et imposant des traitements plus poussés.

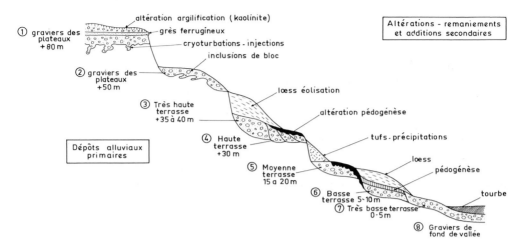

① graviers des plateaux +80 m — altération argilification (kaolinite) — grès ferrugineux — cryoturbations - injections — inclusions de bloc

② graviers des plateaux +50 m

③ Très haute terrasse +35 à 40 m

④ Haute terrasse +30 m

⑤ Moyenne terrasse 15 à 20 m

⑥ Basse terrasse 5-10 m

⑦ Très basse terrasse 0-5 m

⑧ Graviers de fond de vallée

lœss éolisation — altération pédogénèse — tufs - précipitations — lœss — pédogénèse — tourbe

Altérations - remaniements et additions secondaires

Dépôts alluviaux primaires

Fig. XIII.8 — *Coupe schématique des terrasses alluviales de la Seine dans la région parisienne* (d'après F. Bourdier, 1969).

● *Terrasses et remaniement des versants* (fig. XIII.8)

Outre les phénomènes d'altération, les terrasses alluviales subissent des remaniements et des additions secondaires qui modifient leur composition initiale et les rendent plus difficiles et moins rentables à exploiter. La coupe schématique des terrasses alluviales dans la région parisienne (F. Bourdier, 1969) en donne un bon exemple.

Les dépôts initiaux primaires d'alluvions, composés de huit ensembles superposés et emboîtés, ont été remaniés, modifiés au cours du temps et des formations ultérieures sont venues les recouvrir partiellement. Les principaux phénomènes secondaires affectant les alluvions peuvent être :

- des altérations de type pédogénétique, affectant surtout les terrasses anciennes, provoquant une argilification et parfois des ferruginisations secondaires consolidant certains niveaux (alios),
- des phénomènes périglaciaires de type cryoturbation ou injection provoquant des mélanges entre le substrat et les alluvions, ou un remaniement de celles-ci,
- des éolisations développées également pendant les périodes glaciaires, provoquant le recouvrement des alluvions par des limons qui augmentent la découverte des gisements potentiels de granulat,
- des solifluxions affectant les zones altérées superficielles et les incluant dans les dépôts plus récents situés en contrebas,
- des précipitations de type tufs ou travertins dans les zones humides d'environnement calcaire,
- des dépôts organiques de type tourbe dans la zone mal drainée de basse plaine alluviale.

b) Conditions d'exploitation

Chaque exploitation de granulat alluvionnaire possède ses propres problèmes liés aux conditions d'accès, au cadre naturel (géologie, hydrogéologie, climat, écologie) et aux installations humaines (habitat, culture, réseau de communication, tourisme, monument historique, sites archéologiques...). Tous ces éléments sont analysés, les contraintes évaluées et leurs solutions proposées dans l'étude d'impact préalable qu'impose la loi de 1976. Nous ne développerons pas tous ces aspects bien détaillés par ailleurs dans des revues spécialisées (voir bibliographie) émanant soit des associations de producteurs (Union Nationale des Producteurs de Granulats), soit des administrations tutélaires et de leurs services techniques (Laboratoires des Ponts et Chaussées). Nous n'aborderons ici que les problèmes géologiques posés par une exploitation de granulats dans une nappe alluviale.

Plusieurs types d'extraction sont pratiqués dans les nappes alluviales (fig. XIII.9). Examinons les conditions d'exploitation de chacune.

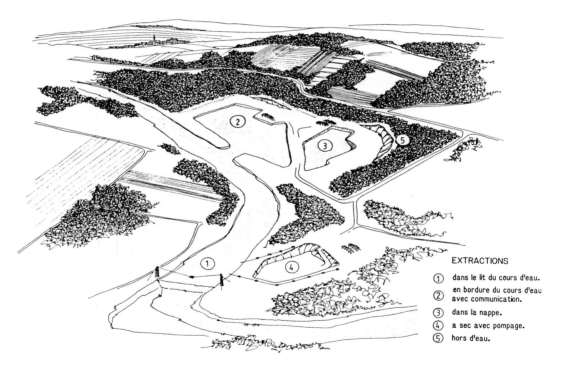

EXTRACTIONS

1. dans le lit du cours d'eau.
2. en bordure du cours d'eau avec communication.
3. dans la nappe.
4. a sec avec pompage.
5. hors d'eau.

Fig. XIII.9 — *Différents types d'extraction* (d'après *Note d'information technique du L.C.P.C.*, juin 1982).

b.1 — Extraction dans le lit du cours d'eau

Ce type d'extraction est surtout pratiqué dans les cours d'eau à lit mineur large et à étiage prononcé. L'extraction se fait dans des conditions d'immersion totale ou partielle et elle a recours aux moyens appropriés : dragueline, drague à godets ou drague suceuse. Elle présente un énorme avantage économique sur tous les autres types d'extraction : elle n'empiète pas sur le domaine cultivable, ce qui supprime l'une des contraintes habituelles. Mais la perturbation provoquée dans un tel milieu non stabilisé entraîne toujours des modifications et des réactions du cours d'eau actif parfois gênantes (fig. XIII.10).

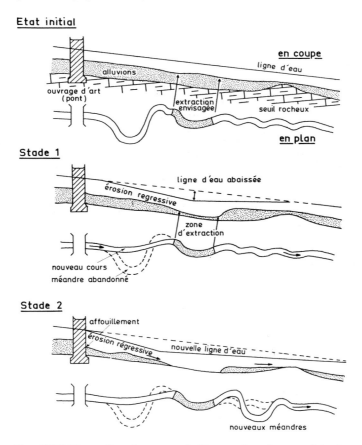

Fig. XIII.10 — *Conséquences de l'extraction de granulats dans le lit d'un cours d'eau* (d'après *Note d'information technique L.C.P.C.*, 1982).

L'extraction proprement dite a des conséquences directes dont les plus évidentes sont l'augmentation de la section d'écoulement au droit de la zone d'extraction et un abaissement de la ligne d'eau. Dans un premier stade, ces conséquences directes provoqueront un accroissement de la pente de la rivière en amont de la zone d'extraction, donc une érosion régressive des alluvions correspondantes et une modification du lit de la rivière qui devient plus rectiligne.

Dans un deuxième stade, l'érosion régressive se poursuit à l'amont et peut déchausser par affouillement les ouvrages d'art éventuels (ponts, bords aménagés, quais...). Cette érosion régressive poursuit l'abaissement de la ligne d'eau à l'aval de l'extraction qui prend une pente plus faible. Cette diminution de la pente provoque souvent une modification du cours initial par attaque érosive des berges et l'apparition de nouveaux méandres. Les niveaux piézométriques de la nappe voisine sont également abaissés parallèlement à l'abaissement de la ligne d'eau de la rivière.

Une variante de ce type d'extraction consiste en une rectification du lit par prélèvement dans les zones de dépôt privilégiées de type barre sableuse ou gravillonnaire de méandre. Les conséquences en sont de même nature et on peut donc constater que l'un des seuls avantages de ce type d'extraction (économie de terrain agricole) est fortement neutralisé par les pertes de terrain entraînées par les modifications du cours de la rivière.

b.2 — Extraction en bordure de cours d'eau dans la basse plaine alluviale

C'est le cas le plus fréquent pour toute une série de raisons liées à la qualité des matériaux et développées dans les paragraphes précédents. En général (fig. XIII.9), un cordon d'alluvions est conservé entre le cours d'eau et l'extraction, mais pour une question de pression hydrostatique, un passage étroit est ouvert dans ce cordon. L'extraction doit souvent s'effectuer avec les mêmes techniques que dans le cas précédent, car la nappe phréatique est proche du sol.

Les conséquences néfastes sont moindres que dans le cas précédent. Cependant, l'exploitation entraînera toujours :

- une modification du champ d'inondation,
- l'invasion du cours d'eau par les matières en suspension libérées au cours de l'extraction et le colmatage de ses berges, ce qui peut étanchéifier le contact eau-nappe alluviale et supprimer ou réduire les échanges modifiant ainsi la piézométrie,
- une modification de la température de l'eau (réchauffement en été, refroidissement en hiver) pouvant influer sur l'équilibre écologique la nappe,
- le drainage ou au contraire l'alimentation de la nappe phréatique, selon l'emplacement de la zone de communication avec la rivière (liaison en aval ou en amont) (fig. XIII.11).

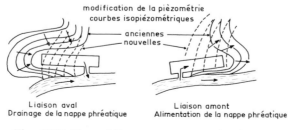

Fig. XIII.11 — *Mise en communication d'une extraction avec un cours d'eau* (L.C.P.C., juin 1982).

b.3 — Extraction dans la nappe alluviale

Une nappe phréatique est souvent présente également, mais moins dépendante du cours d'eau ; elle subit l'influence des apports latéraux du versant. L'exploitation peut se faire corrélativement à un pompage de la nappe phréatique, mais celui-ci provoque un rabattement du niveau hydrostatique qui peut entraîner des perturbations dommageables sur les puits éventuels de captage, la végétation et les cultures. De plus, le rabattement favorise le tassement des matériaux alluvionnaires et toute construction y prenant appui peut être endommagée par déséquilibre, fissuration...

Si l'extraction se fait dans l'eau, les perturbations évoquées dans le paragraphe précédent apparaissent. De plus, une exploitation de grande importance peut provoquer une modification du bilan hydrique de la nappe et une augmentation notable du coefficient d'emmagasinement. Lorsque l'extraction de granulat est profonde, elle peut aussi mettre en communication plus ou moins directe des nappes superposées isolées initialement.

b.4 — Extraction à sec dans une enceinte étanche (palplanches)

Cette disposition coûteuse mais quelquefois nécessaire provoque un barrage à l'écoulement de la nappe phréatique dont le niveau est relevé à l'amont. Une telle rupture d'équilibre naturel toujours brusque peut avoir des répercussions sur toutes les constructions et captages concernés. La végétation peut également en être affectée. Il est possible de réduire ces risques en adoptant la forme et l'orientation de l'enceinte par rapport aux écoulements souterrains.

b.5 — Extraction hors d'eau

Elle concerne les nappes alluviales perchées (terrasses) plus ou moins éloignées du cours actuel de la rivière, en distance et en altitude. Les matériaux toujours plus altérés sont pollués par des argiles, et les traitements de lavage sont renforcés. Les déchets de fines particules sont éliminés par débourbage et les eaux de lavage évacuées dans un bassin de décantation. La destruction de sols épais augmente localement le coefficient d'infiltration et l'exploitation constitue une zone de coupure aux écoulements de surface. La destruction de la zone superficielle filtrante augmente la vulnérabilité à la pollution des nappes profondes par les hydrocarbures, produits d'entretien et déversements accidentels fréquents dans ces types de chantiers.

Une extraction de granulats dans une plaine alluviale constitue toujours une rupture des équilibres naturels initiaux. Une évaluation objective des perturbations peut être faite au cours d'une étude préalable dite *étude d'impact* et si les risques sont trop importants, l'autorisation d'extraction peut être refusée par l'autorité de tutelle (Préfet). Par contre, un certain nombre de mesures, préalablement définies et régulièrement réajustées, doivent permettre l'extraction dans des gisements potentiels estimés nécessaires à la demande. Certains aménagements judicieux d'anciennes carrières constituent même des améliorations sensibles de l'espace dans l'intérêt collectif.

XIII. 1. 3 · Les autres sources de granulat

Si les formations alluviales constituent la première source de granulat, la plupart des formations superficielles ont été exploitées à des fins de matériaux ou remblais, même si leurs qualités géotechniques n'étaient pas toujours satisfaisantes. Ainsi depuis toujours et selon l'opportunité, liée surtout à la proximité, les éboulis de pentes ont été utilisés pour l'empierrage des chemins et route de faible importance. De même, les arènes ont été exploitées de tous temps comme granulats pour réaliser des *remblais* ou des *mortiers* de chaux destinés à la construction artisanale.

Actuellement, les problèmes posés par la surexploitation des nappes alluviales et leur épuisement progressif ont amené les exploitants à chercher d'autres sources.

a) Les arènes

La nécessité de trouver des matériaux de remplacement et la perspective d'abaisser les coûts de transport pour la réalisation de *bétons* ont amené J.-C. Talbert (1983) à envisager l'utilisation des arènes, très abondantes dans certaines régions. Cet auteur a testé des arènes issues des granites d'Égletons, Ussel et Meymac dans le Massif central français. Ces matériaux sont *pauvres en éléments fins* (0,5 % de particules inférieures à 20 μm à Égletons et à Meymac) et ne contiennent pas de particules de taille supérieure à 1 cm (fig. XIII.12) : la granularité dépend à la fois de la taille des grains du granite initial et du degré de l'altération.

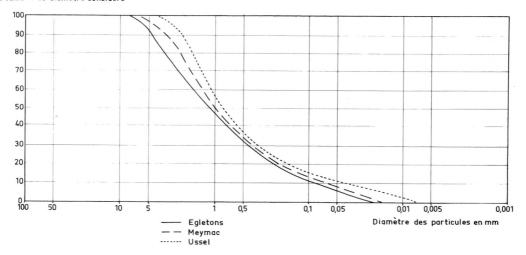

Fig. XIII.12 — *Courbes granulométriques d'arènes granitiques du Massif Central* (d'après J.-C. Talbert, 1983).

Les valeurs obtenues à l'*essai d'équivalent de sable* (E.S. de Californie) varient entre 41,5 et 60,5 %, comme pour des sables argileux (E.S. = 100 % pour les sables purs et 0 % pour les argiles pures).

Des éprouvettes de béton réalisées à partir du mélange 5/6 d'arène brute et 1/6 de ciment, associé à des quantités variables d'eau, ont été soumises à des essais mécaniques de *résistance à la compression et à la traction*. Les bétons comprenant les arènes d'Égletons et Meymac sont les plus résistants : en moyenne 15 mégapascals (MPa) à la compression et 1,65 MPa à la traction, soit selon les échantillons, *50 à 90 % de la résistance d'un béton normal* (25 MPa en compression).

Comme les bétons classiques, ceux composés d'arènes ont une densité croissante avec le rapport ciment/eau, une résistance à la compression accrue lorsque les valeurs d'équivalent de sable de l'arène augmentent (fig. XIII.13) et que la quantité d'eau dans le mélange diminue. Les résistances à la traction et à la compression varient parallèlement. Mais à la différence des bétons de granulats alluviaux, l'amélioration de la résistance avec le *temps* paraît plus marquée pour ceux réalisés avec les arènes. La sélection granulométrique des arènes par criblage, qui implique un coût d'exploitation supplémentaire, permet d'améliorer les résultats obtenus.

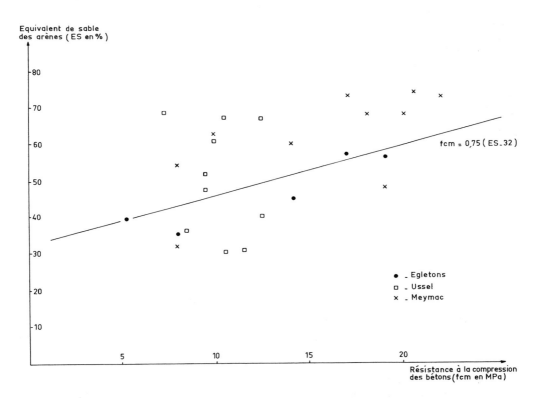

Fig. XIII.13 — *Relations entre les valeurs d'équivalent de sable d'arènes granitiques du Massif Central et la résistance moyenne à la compression à 28 jours, de bétons auxquels elles sont intégrées.*
Une relation (droite), exprimée par la loi fcm = 0,75 (ES-32) apparaît pour les arènes d'Egletons et de Meymac (d'après J.-C. Talbert, 1983).

J.-C. Talbert en conclut qu'il est possible d'utiliser les arènes comme granulats pour la réalisation de bétons ne nécessitant pas de hautes résistances (bétons de masse ou de fondation) en respectant certaines règles :
- prélever l'arène meuble le plus près possible de la roche-mère saine (zone R.A. et A.S.C. de la fig. III.1) et éviter toute pollution par la terre végétale,
- caractériser l'arène mécaniquement par un essai d'équivalent le sable,
- réaliser un béton avec le minimum d'eau, béton qu'il faut ensuite tester et contrôler en cours d'utilisation.

La valeur mécanique des arènes paraît liée à la composition du granite d'origine : les granites riches en feldspaths potassiques (60-70 %) et à structure porphyroïde (Égletons, Meymac) induisent de meilleurs matériaux que ceux contenant beaucoup de plagioclases et à grains fins (Ussel).

b) Les formations glaciaires

Malgré les mauvaises qualités géotechniques globales des formations glaciaires (hétérométrie, matrice fine abondante), certains niveaux ou complexes constituent des sources de granulat parfaitement exploitables et rentables et certains présentent même des qualités exceptionnelles.

C'est le cas des cônes deltaïques proglaciaires (chap. VII). Leur qualité est liée à plusieurs caractères :
- ils sont en général très bien lavés car ils ont été débarrassés des fractions fines lors du transport dans les chenaux proglaciaires. Ainsi, ne se sont sédimentées dans le cône que les fractions grossières ;
- ils représentent en général des corps sédimentaires volumineux, surtout très épais, ce qui réduit considérablement les frais de découverte et d'exploitation ; la plupart sont actuellement hors d'eau car perchés à la suite de la vidange lacustre lors du retrait glaciaire. Leur exploitation ne perturbe donc pas sensiblement les nappes phréatiques ;
- enfin, ils supportent en général des terrains de faible valeur agricole car l'absence de fractions fines ne permet pas la rétention d'eau. Ce sont donc des terrains qui souffrent rapidement de la sécheresse. Ils se prêtent très mal aux cultures et ne sont couverts que d'un maigre gazon.

La plupart des carrières de granulats dans les zones de marges glaciaires exploitent ce type de dépôt.

XIII. 2 · Matières premières diverses tirées des formations superficielles

De nombreuses concentrations minérales (fer, or, manganèse) peuvent exister de manière très localisée dans les formations superficielles. Au siècle dernier, ces minerais ont été exploités de façon artisanale à partir d'altérites, paléosols, zones de battement de nappe des alluvions. A titre d'exemple de matériaux issus des formations superficielles, nous développerons l'exploitation des lœss et limons pour la fabrication des tuiles et des briques et les concentrations minérales associées aux formations éoliennes et aux sables de plages marines.

XIII. 2. 1 · Exploitation des lœss et limons pour la fabrication des tuiles et briques

Les lœss et les sédiments apparentés (limons divers) ont été fréquemment exploités pour la fabrication de briques, de carreaux pour le sol, de tuiles, de drains en terre cuite, etc. en toutes régions, notamment en Normandie, dans la région parisienne, dans le Nord de la France, en Campine belge et en Alsace, d'où la dénomination de « *terre à brique* » attribuée anciennement au lehm terminal holocène le plus souvent sollicité.

Beaucoup de ces exploitations, jadis très nombreuses et à caractère artisanal, ont disparu. Pour ne citer que le district parisien, sur 46 briquetteries recensées en 1935, 19 seulement étaient encore en activité en 1965 (C. Cavelier et L. Damiani, 1969) ; ce nombre a encore décru récemment en raison des difficultés économiques.

Les limons sont utilisés soit seuls (fabrication de produits pleins), soit associés à des *argiles alumineuses* diverses, issues du substrat (briques creuses ou vernissées, tuiles plates, drains...) : les limons les plus riches en alumine, fer ou manganèse sont les plus recherchés. Ils sont composés en moyenne de 70 % de SiO_2, 5 à 15 % de Al_2O_3, 0 à 15 % de CaO. On emploie également les lœss comme ajout « *dégraissant* » à des argiles pour la fabrication de produits creux.

Mis à part le contexte économique, l'exploitabilité d'un gisement dépend :

- de l'*épaisseur* de la couche lœssique (environ 3 m minimum),
- du *volume de matériau exploitable* justifiant d'éventuels investissements pour moderniser et spécialiser les entreprises. Ce volume de réserve nécessaire est estimé à au moins 1 000 000 m³.
- l'*homogénéité* du matériau et la régularité de sa géométrie dans le gisement, permettant une extraction mécanique rapide.

Bien souvent la prospection initiale des gisements s'appuie sur des considérations géomorphologiques et la connaissance du substrat, plus ou moins favorable à l'alimentation et à la fixation de la couverture lœssique. Ainsi en région parisienne on distingue trois types de sites, sous l'angle de leur exploitabilité (C. Cavelier et L. Damiani, 1969) :

- *Exploitations sur les plateaux :* elles sont généralement ouvertes dans de vrais lœss homogènes, calcaires ou non. Les épaisseurs prévisibles varient selon la nature du substrat : sur les calcaires paléogènes (calcaires grossiers, de Saint-Ouen, de Brie, d'Étampes, de l'Orléanais) les lœss ne dépassent pas 3 m de puissance et ne sont pas exploitables. Ils atteignent 3 à 5 m sur les marnes ludiennes et les argiles à meulières de Montmorency, et 5 à 7 m à proximité des aires sableuses (sables de Beauchamp et de Fontainebleau).
- *Exploitations sur les versants :* les matériaux sont hétérogènes car ils passent latéralement et verticalement à des éboulis divers. Les épaisseurs de sédiments dérivés du lœss peuvent être élevées (jusqu'à 15 m), en particulier sur les versants exposés au nord ou à l'est, mais les gisements sont limités dans l'espace.
- *Exploitations en fonds de vallées sèches :* les limons qui dérivent du transport par ruissellement ou solifluxion des lœss originels sur les versants et de leur accumulation au fond de dépressions peu accusées, sont riches en graviers et

blocs avec parfois un début de litage fluviatile. Les gisements sont peu étendus, étroits et allongés, les épaisseurs peuvent atteindre néanmoins 5 à 10 m.

Les exploitations persistant actuellement sont celles qui ont pu se moderniser car implantées sur un bon gisement ou celles qui se sont spécialisées dans la fabrication d'un seul produit (tuiles vernissées, drains, etc.).

XIII. 2. 2 · Concentrations minérales associées aux formations éoliennes et aux sables de plages marines

Le brassage incessant d'un matériau sableux par le vent ou par l'eau sur une plage peut provoquer la concentration d'espèces minérales « lourdes », généralement sombres, contenant des éléments chimiques recherchés (métaux surtout). Le vent agi par *vannage*, en déplaçant les minéraux les moins denses (quartz, feldspaths...). Ses fluctuations de vitesse engendrent l'alternance de lits plus ou moins riches en minéraux lourds dans les accumulations de sables éoliens.

Le mouvement des vagues sur l'estran, en lavant et remaniant le sable de multiples fois, vanne également et amène une concentration en particules grossières ou denses dans la partie haute des plages.

Il existe donc des *placers éoliens* et *marins*, d'ailleurs souvent associés en domaine littoral. Certains sont célèbres comme les gisements d'or d'Australie occidentale, de diamant en Afrique du Sud, d'étain dans le Sahara, d'origine éolienne (P. Routhier, 1963) ou de minéraux titanifères des plages de Ceylan, de Floride et du Brésil (S.W. Bailey et al., 1956). Ils sont pour la plupart de dynamique récente ou actuelle (plages actuelles, plages soulevées...).

Il n'existe pas en Europe d'important gisement de ce type. On connaît cependant sur le littoral aquitain, dans la *dune du Pyla*, des concentrations substantielles de titane, sans véritable intérêt économique, mais qui illustrent bien comment l'enchaînement des processus géodynamiques superficiels littoraux peut conduire à des placers (J.-C. Dumon, 1981).

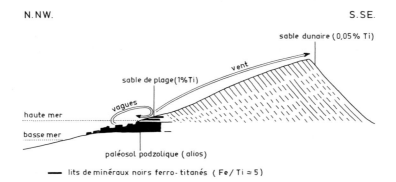

Fig. XIII.14 — *Genèse des concentrations en minéraux titanés dans les sables de la plage et de la dune du Pyla en Aquitaine* (d'après J.-C. Dumon, 1981).

Dans la dune elle-même, des minéraux noirs, en grains de 100 μm de diamètre en moyenne, sont répartis en lits millimétriques ou centimétriques disposés parallèlement à la face de dépôt (fig. XIII.14). Les lits noirs renferment en moyenne 965 ppm et les lits clairs 292 ppm de Ti, soit environ 0,05 % du total des sables. Compte tenu du volume de la dune du Pyla, J.-C. Dumon estime à 63 500 tonnes la réserve en Ti.

C'est au niveau de la plage que s'observent les plus fortes concentrations, environ 1 % en haut de l'estran.

Les minéraux titanés ne paraissent pas avoir une origine première détritique : l'ilménite est peu abondante. Ti est lié à des *composés amorphes ferro-titanés* particulièrement abondants dans un niveau situé au pied de la dune. Ce niveau correspond à un horizon de type *alios*, de paléosol podzolique. Le titane, issu de minéraux dispersés (rutile, anatase...) altérés par des acides organiques (complexolyse), après passage dans le végétal et restitution par la litière, a été concentré par voie pédologique au sein de l'alios. Cet horizon de paléosol, affleurant au niveau de la plage, a été sapé et les minéraux ont été reconcentrés à la partie supérieure de l'estran. Le vent est intervenu en soufflant surtout les grains de quartz auxquels se sont mêlés des minéraux titanés en faible proportion, pour l'édification de la dune.

Références bibliographiques

Arnould M. (1984) — Bilan des inventaires de sables et graviers en France de 1971 à 1983. *Le Granulat*, n° 26, p. 10-14.

Bailey S.W., Cameron E.N., Spedden H.R. et Weege R.J. (1956) — The alteration of ilmenite in beach sands. *Economic Geol. Urbana*, 51, 263-279.

Bourdier F. (1969) — Étude comparée des dépôts quaternaires des Bassins de la Seine et de la Somme. *Bull. d'information des Géologues du Bassin de Paris*, n° 21, p. 169-220.

Cavelier C. et Damiani L. (1969) — Les limons du district parisien dans l'industrie des tuiles et briques. *Mém. h. sér. Soc. Géol. de France*, n° 5, p. 117-121.

Collectif (1977) — Granulats, ressources et prospection de gisements. Numéro spécial IV du *Bulletin de liaison des Laboratoires des Ponts et Chaussées*.

Collectif (1982) — Les études d'impact de carrières de matériaux alluvionnaires. *Note d'information technique du Laboratoire central des Ponts et Chaussées*.

Collectif (1984) — Granulats. Numéro spécial XIV du *Bulletin de liaison des Laboratoires des Ponts et Chaussées*.

Doridot M. et Lesauvage M. (1977) — Les matériaux alluvionnaires de l'Yonne in Granulats. Ressources et prospections de gisements. *Bulletin de liaison des Laboratoires des Ponts et Chaussées*, p. 17-26.

Dumon J.-C. (1981) — Comportement du titane dans les phénomènes d'altération et de sédimentation sous différents climats. Esquisse d'un cycle biogéochimique. Thèse doct. État, Bordeaux I, 297 p.

Macaire J.-J. (1981) — Contribution à l'étude géologique et paléopédologique du Quaternaire dans le sud-ouest du Bassin de Paris. *Thèse Doct. d'État, Sciences*, Tours, t. 1 : 304 p., t. 2 : 146 p.

Robert J. (1977) — Les matériaux alluvionnaires de la Haute-Garonne in Granulats. Ressources et prospections de gisements. *Bulletin de liaison des Laboratoires des Ponts et Chaussées*, p. 27-42.

Routhier P. (1963) — Les gisements métallifères. T1 : Géologie et principes de recherche. Masson éd., 867 p.

Union Nationale des Producteurs de Granulats (1983) — Analyse et Propositions. *Collection Technique*.

Union Nationale des Producteurs de Granulats (1984) — Le tableau de bord de la production des granulats. Politique départementale. *Collection Technique* n° 3.

Union Nationale des Producteurs de Granulats (1985) — Gestion optimale d'une richesse naturelle. Le plein emploi des gisements de granulats. *Collection Technique*, n° 4.

Chapitre XIV

Les formations superficielles, réservoirs d'eau

Les formations superficielles participent à l'hydrosphère, enveloppe terrestre où circule l'essentiel des flux d'eau. Situées à l'interface atmosphère-lithosphère, elles sont alimentées par les précipitations atmosphériques qui s'y accumulent ou y circulent pour rejoindre les nappes profondes. Leur rôle sur l'hydrologie de surface et l'hydrogéologie est donc essentiel. Elles constituent les principaux réservoirs d'eau exploités dans le monde.

XIV. 1 · Le rôle des formations superficielles dans l'hydrologie de surface et l'hydrogéologie

XIV. 1. 1 · Place et rôle dans le cycle de l'eau

a) L'importance de leur situation

La majorité des formations superficielles occupent les zones déprimées de l'espace topographique. Mises en place dans le cadre des phénomènes de la géodynamique externe, les écoulements aqueux de surface ont toujours de près ou de loin participé à leur genèse. Ainsi existe à l'interface atmosphère-lithosphère une *convergence obligatoire* entre les couloirs d'évacuation des eaux de surface et de subsurface et les principales zones de sédimentation des formations superficielles. Cette *conjonction gravitaire* réunit donc dans les mêmes lieux, d'une part l'eau dont les vitesses de circulation peuvent être considérées comme rapides, et d'autre part les formations superficielles qui constituent à la fois le support et le contenant et dont les vitesses de transit peuvent être considérées comme globalement lentes. Ces deux vecteurs empruntant souvent les mêmes itinéraires, mais à des vitesses différentes, réagissent l'un sur l'autre et leurs *interactions réciproques* (hydrodynamique, géochimique) constituent l'un des domaines parmi les plus complexes mais aussi les plus passionnants de la géodynamique externe.

b) Leur rôle dans les transferts d'eau de surface et de subsurface

b.1 — Retard à l'évaporation et diminution du ruissellement

Les forces de rétention exercées par les textures fines et les structures discontinues des formations superficielles freinent l'évaporation par une imbibition rapide et une diffusion en profondeur par capillarité et gravité. De même les couvertures d'altérites meubles réduisent le ruissellement superficiel par leur capacité d'infiltration rapide.

b.2 — Rétention hydrique

La présence d'une couverture superficielle sur un substrat cohérent entraîne une rétention des eaux de précipitation dans la zone de subsurface de la lithosphère. L'hétérogénéité texturale et le caractère habituellement meuble de la couverture s'oppose en général à l'homogénéité et à la compaction du substrat. Les conséquences sont évidemment importantes sur les transferts hydriques mais aussi sur la pédogenèse et la végétation. Entre les zones méditerranéennes de causses qui n'ont pas pu, pour des raisons diverses (climatiques surtout mais aussi topographiques et lithologiques), conserver un manteau superficiel d'altérite et les plateaux calcaires de l'Est de la France, la différence de paysage, liée en grande partie aux transferts hydriques, est saisissante.

b.3 — Régulation des débits d'écoulement superficiels

La régularité relative des débits des cours d'eau de moyenne latitude par rapport aux cours d'eau méditerranéens ou subtropicaux tient essentiellement au rôle de *tampon hydrologique* des formations superficielles. D'autres facteurs liés au régime des pluies et à la couverture végétale renforcent cette régulation. Inversement une atténuation et un étalement dans le temps des écoulements de surface concourent au développement des formations superficielles par augmentation des phénomènes de météorisation vis-à-vis des phénomènes d'ablation et de transport.

b.4 — Rôle de filtre

Le développement industriel, les techniques agricoles et les besoins ménagers, surtout en zone urbaine, entraînent des apports artificiels d'effluents toxiques ou dangereux. Des structures de traitement (stations d'épuration, usines d'incinération, bacs à décantation, décharges contrôlées...) sont venues progressivement atténuer ces inconvénients mais une grande part des effluents est encore actuellement, natu-

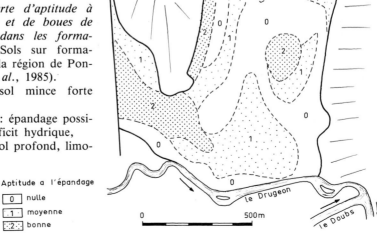

Fig. XIV.1 — *Carte d'aptitude à l'épandage de lisiers et de boues de station d'épuration dans les formations superficielles.* Sols sur formations glaciaires dans la région de Pontarlier (P. Chauve *et al.*, 1985).
0. aptitude nulle : sol mince forte hydromorphie,
1. aptitude moyenne : épandage possible en période de déficit hydrique,
2. aptitude bonne : sol profond, limoneux, bon drainage.

Aptitude à l'épandage
- 0 nulle
- 1 moyenne
- 2 bonne

rellement épurée ou dégradée au niveau des couvertures superficielles et pédologiques lorsqu'elles existent. Pour ne citer qu'un exemple, la dégradation des lisiers de porcherie et des purins d'élevage de bovins se fait par épandage sur des terrains dont la couverture superficielle est capable d'assurer leur neutralisation (fig. XIV.1).

XIV. 1. 2 · Caractères géologiques des aquifères de formations superficielles

La connaissance d'un aquifère implique d'abord l'identification de son réservoir c'est-à-dire de son support géologique, par ses différentes caractéristiques lithologiques et structurales, et ses limites. Nous retiendrons trois caractères fondamentaux des formations superficielles dans leur relation avec l'eau :
- leur hétérogénéité conditionnant la géométrie des aquifères,
- leur porosité constituant la condition même de leur aptitude à servir de réservoir d'eau,
- leur perméabilité permettant la circulation de l'eau souterraine.

a) Hétérogénéité et discontinuité

Nous avons souligné dans la première partie de cet ouvrage l'hétérogénéité fréquente des formations superficielles. La dynamique de mise en place essentiellement continentale de ces formations leur confère de fréquentes variations de faciès dans toutes les dimensions de l'espace. Les études faciologiques et sédimentologiques exposées dans les différents chapitres typologiques confirment ce caractère.

La géométrie des aquifères est directement dépendante de cette hétérogénéité (fig. XIV.2), et plusieurs nappes phréatiques pourront coexister dans un même corps sédimentaire sans liaisons hydrodynamiques directes entre elles. Cette hétérogénéité peut exister aussi bien :

- verticalement par modification dans le temps des conditions de dépôt,
- latéralement par divagation des chenaux actifs dans un espace de sédimentation,
- que longitudinalement lorsque les conditions hydrodynamiques varient de l'amont à l'aval d'un couloir alluvial (passage d'un contexte torrentiel à un contexte lacustre par exemple).

b) Porosité

Les formations superficielles, meubles le plus souvent, présentent une porosité importante due à la présence de vides intergranulaires. La *porosité totale* (nt) s'exprime en pourcent par le rapport entre le volume des vides et le volume total du sédiment. La porosité efficace (ne), exprimée également en pourcent représente le rapport entre le volume d'eau gravitaire que le réservoir peut contenir à l'état saturé puis libérer sous l'effet d'un égouttage complet et le volume total. La porosité efficace, toujours inférieure à la porosité totale, varie en fonction de la granularité du sédiment comme suit (G. Castany, 1982) :

	Diamètre en mm	Porosité totale %	Porosité efficace %
Gravier moyen	2,5	45	40
Sable grossier	0,25	38	34
Sable moyen	0,125	40	30
Sable fin	0,09	40	24
Sable très fin	0,045	40	24
Silt	0,005	32	5
Argile	0,002	47	0

La porosité totale varie peu dans les roches détritiques en fonction de la granularité mais l'eau est peu ou pas disponible dans les silts et les argiles qui sont donc de mauvais réservoirs. L'hétérométrie granulométrique abaisse la valeur de la porosité efficace, car les vides intergranulaires sont colmatés par des fractions plus fines. Sur le plan quantitatif, les réservoirs sont donc d'autant meilleurs que la granularité est grossière et homogène (graviers lavés).

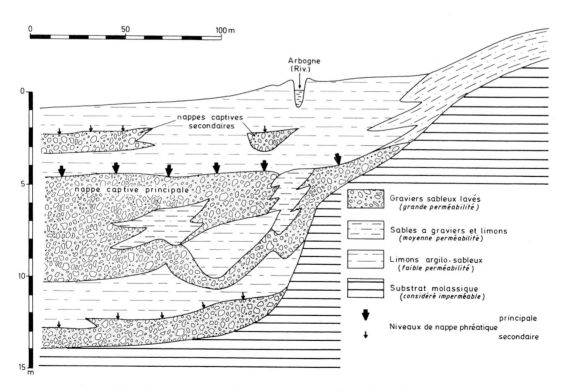

Fig. XIV.2 — *Exemple d'hétérogénéité d'un cône alluvial entraînant une discontinuité des réservoirs d'eau.* La plaine alluviale de l'Arbogne — Suisse (d'après A. Parriaux, 1981).

c) Perméabilité

La perméabilité est l'aptitude d'un sédiment à se laisser traverser par l'eau sous l'effet d'un gradient hydraulique (pression, gravité...). Elle s'exprime par un coefficient de perméabilité K qui représente le volume en m³ d'eau gravitaire traversant une section égale à 1 m², perpendiculaire à la direction de l'écoulement. K se mesure en m/s. Les valeurs de K sont faibles et s'échelonnent de quelques mm/s pour les réservoirs très perméables à 10 000 fois moins pour les réservoirs imperméables. Les valeurs de K sont donc exprimées en puissance négative de 10 afin d'éviter la manipulation de chiffres décimaux.

La perméabilité intrinsèque d'une formation est liée à sa granularité et à son hétérométrie. Les formations homogènes granulométriquement sont extrêmement rares dans la nature et pratiquement il est plus commode de définir un indice de perméabilité en fonction des principaux assemblages granulométriques les plus courants : graviers sableux, sables limoneux, limons argileux... (fig. XIV.3).

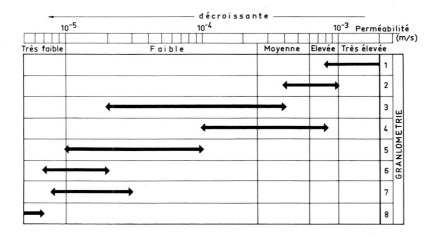

Fig. XIV.3 — *Corrélation approximative entre la granulométrie et la perméabilité dans les formations superficielles supra-molassiques de la plaine suisse* (d'après A. Parriaux, 1981).

1 — Gravier sableux *Gs* ;
2 — Gravier sableux lég. limoneux *Gs (l)* ;
3 — Gravier sableux limoneux *Gsl* ;
4 — Sable moyen à grossier *S* ;
5 — Sable lég. limoneux *S (l)* ;
6 — Sable limoneux *Sl* ;
7 — Sable fin *F* ;
8 — Limon finement sableux et argileux *Lfa*.

Le débit utile d'une nappe dépend directement de sa perméabilité.

XIV. 1. 3 · Caractères hydrologiques des aquifères de formations superficielles

a) Géométrie

Du point de vue géométrique, la répartition des nappes phréatiques dans les formations superficielles est sous la dépendance directe des unités lithologiques. Bien connaître les caractères physiques du réservoir, ses variations et son extension, constitue la base première d'appréciation quantitative du stock d'eau contenu donc partiellement disponible.

La nappe phréatique est présentée géométriquement sous forme de carte hydrogéologique qui comporte, sur un fond topographique d'échelle appropriée à la précision de l'étude (fig. XIV.4) :

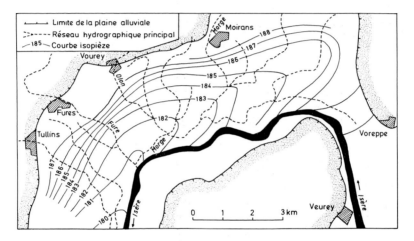

Fig. XIV.4 — *Carte piézométrique de la nappe de l'Isère en aval de Voreppe*. Nappe en position basse (d'après Dubus et Bombard in J. Letourneur et R. Michel, 1971).

- le réseau hydrographique naturel et artificiel,
- les divers points d'eau recensés, avec l'indication de leur débit,
- les courbes isopièzes de la nappe à une date déterminée (lorsqu'il existe des systèmes aquifères superposés, il est préférable de présenter des cartes distinctes),
- les limites des bassins versants superficiels.

Les nappes phréatiques des formations superficielles sont en général de *faibles dimensions verticales* et présentent une grande variabilité horizontale liée à l'hétérogénéité du réservoir et à son caractère pelliculaire qui le rend tributaire de la morphologie du substrat, surtout lorsque celui-ci est imperméable. Les *nappes plates* (surface piézométrique plane, isopièzes équidistantes, profil de nappe rectiligne) sont exceptionnelles. Les *nappes cylindriques* (surface piézométrique parabolique, lignes isopièzes non équidistantes) et les *nappes radiales* (surface piézométrique irrégulière-

ment « vallonnée » et lignes isopièzes tortueuses) sont la règle (fig. XIV.5). Cette irrégularité de la surface supérieure de la nappe phréatique est due :
- à l'hétérogénéité du réservoir : chenaux grossiers longitudinaux, apports latéraux hétérométriques,
- à l'irrégularité du substrat encaissant : resserrement de la vallée, présence de seuils hydrauliques et d'obstacles topographiques,
- aux liens que la nappe phréatique entretient avec des arrivées ou des départs d'eau vers d'autres aquifères (plaines alluviales affluantes, pertes au niveau du substrat).

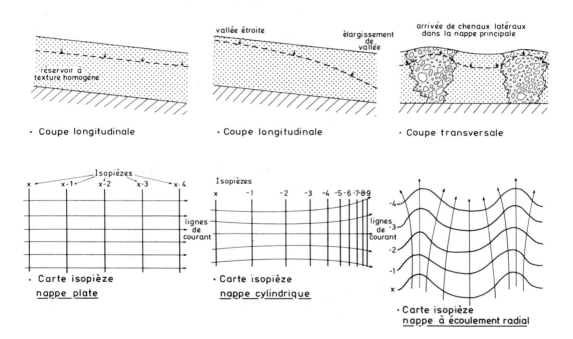

Fig. XIV.5 — *Différents types de nappes libres dans les formations superficielles* (d'après J. Letourneur et R. Michel, 1971).

b) Hydrodynamisme

Formations superficielles et nappe phréatique liée présentent une convergence dynamique qui s'exprime par une polarité commune dans le sens amont-aval. Il y a interaction fondamentale entre l'une et l'autre et il serait illusoire de considérer la première comme le support inerte de la seconde mobile. Seuls des critères d'état physique — l'un essentiellement solide, l'autre essentiellement liquide — les distinguent, entraînant bien entendu des différences de vitesse, de déplacement et de fluidité générale.

La nappe phréatique comme la formation superficielle support, mais avec des différences dans les types d'alimentation, de renouvellement, et d'échanges, est un système complexe en perpétuelle évolution où chaque état momentané représente un bilan ponctuel des gains et des pertes. Ceux-ci évoluent avec le temps en fonction des précipitations, de la température et de l'activité du couvert végétal.

On peut schématiquement définir plusieurs niveaux principaux où s'effectuent les processus d'échange.

— Les *apports* sont issus essentiellement (fig. XIV.6) :
• des précipitations arrosant la surface de la nappe considérée. Elles ne pénètrent pas forcément directement dans la nappe et selon le type de couverture sédimentaire, le ruissellement et l'évacuation par drainage superficiel par cours d'eau effluent peuvent soustraire une part importante des précipitations.
• des écoulements souterrains issus de l'amont aux marges (longitudinales et latérales) de la nappe considérée. Ceux-ci sont en général plus régularisés que les précédents et directement liés aux équilibres hydrodynamiques au sein de la nappe.
• éventuellement des ruissellements qui se développent dans le bassin versant sur substrat imperméable et qui se perdent au contact de la nappe superficielle perméable.

— Les *départs* se font par :
• évaporation directe lorsque la nappe affleure, ce qui est relativement rare car un pédocomplexe s'est souvent développé en surface, limitant ainsi les venues d'eau libre. Mais par contre le couvert végétal constitue un puissant aspirateur qui pompe les eaux superficielles : c'est l'évapotranspiration.

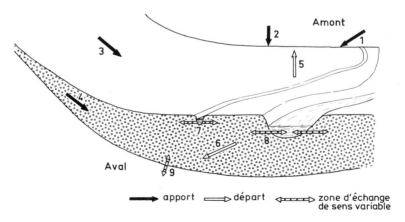

Fig. XIV.6 — *Schéma des divers processus d'échange intervenant au niveau d'une nappe dans des formations superficielles* (d'après J.-C. Fourneaux, 1978).
1 — apports longitudinaux ; **2** — précipitation dans la zone considérée ; **3** — apports latéraux superficiels ; **4** — apports latéraux souterrains ; **5** — évaporation et évapotransformation ; **6** — départs longitudinaux ; **7** — et **8** — échanges au niveau des zones d'eau libre ; **9** — échanges avec le substrat.

- émergence directe ou source. Ce cas est exceptionnel en temps normal dans les formations superficielles étalées de type plaine alluviale, mais elle est fréquente dans les complexes perchés (terrasses, formations de versant), à la base de ceux-ci et à leur contact avec un substrat imperméable.
- évacuation vers l'aval à l'intérieur de la nappe dans le sens de la polarité gravitaire exprimée par la carte piézométrique.
- par des pertes souterraines dans le cas des complexes superficiels reposant sur un substrat absorbant de type calcaire fissuré, craie ou grès.

— Une *zone d'échange* dans le sens d'un gain ou d'une perte s'établit au niveau des cours d'eau drainant la surface des nappes. Lors des longues périodes sans précipitations, les cours d'eau sont alimentés par des nappes sous-jacentes et au contraire lors des crues, du moins au début de celles-ci, le cours d'eau nourrit la nappe.

Le volume de la nappe oscille entre deux extrêmes matérialisés par une carte de battements maximaux, qui traduit l'amplitude des fluctuations subies par la surface piézométrique entre deux périodes successives d'étiage et de hautes eaux (fig. XIV.7).

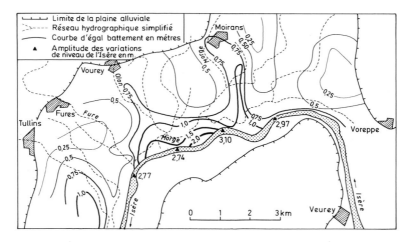

Fig. XIV.7 — *Carte des battements de la nappe de l'Isère entre l'étiage et les hautes eaux suivantes* (d'après Dubus et Lombard in J. Letourneur et R. Michel, 1971).

Une nappe libre présente une surface supérieure fluctuante en fonction des bilans des apports et des départs selon les processus évoqués précédemment. Une zonalité verticale peut être définie, faisant intervenir les relations entre l'eau et son support géologique (fig. XIV.8). On peut en effet distinguer 3 types de relations physiques entre l'eau et son support :

- *L'eau de rétention*, non mobilisable, maintenue dans les vides à la surface des grains par des forces supérieures à celles de la gravité, de type attraction molécu-

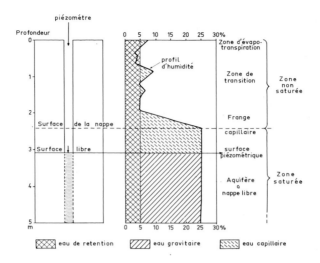

Fig. XIV.8 — *Zonalité verticale d'une nappe libre dans des formations superficielles.* Cas de porosité totale de 25 % et de porosité efficace voisine de 20 % (d'après G. Castany, 1982).

laire. Le pourcentage d'eau de rétention par rapport au volume total varie avec la nature du support. Elle est de l'ordre de 2 à 5 % dans les sables grossiers, de 10 à 15 % dans les sables moyens et peut atteindre 40 à 50 % dans certaines argilites.

- *L'eau gravitaire* est l'eau mobilisable d'une nappe. Elle circule dans les aquifères sous l'action des gradients de dynamisme et c'est elle qui alimente les sources et les puits.
- *L'eau capillaire*, plus difficilement mobilisable, est l'eau soumise à la force de tension superficielle et échappant de ce fait à l'attraction gravitaire. Son pourcentage par rapport au volume total dépend directement de la taille des pores intergranulaires.

Une nappe libre, cas fréquent dans le domaine des formations superficielles, présente deux zones caractérisées par la teneur en eau du réservoir (G. Castany, 1982) :

- *La zone non saturée* superficielle composée essentiellement du support, d'eau de rétention et d'air. Accessoirement, et selon les caractéristiques physiques du réservoir, des horizons riches en eau capillaire peuvent exister. A l'intérieur de cette zone, trois sous-zones sont distinguées. De bas en haut : zone d'évapotranspiration conditionnée par les échanges sol/atmosphère (évapotranspiration et infiltration), zone de transition qui tamponne les mouvements d'eau verticaux, et frange capillaire alimentée par l'eau de la zone saturée remontant par ascension capillaire.
- *La zone saturée* profonde où s'accumule l'eau gravitaire. C'est la nappe d'eau souterraine (aquifère à nappe libre) limitée vers le haut par la « surface de la

nappe » incluant un front d'eau capillaire. Pratiquement, la surface piézométrique reconnue est légèrement plus bas car les sondages de reconnaissance suppriment les forces ascendantes de capillarité.

c) Physico-chimie

Les eaux souterraines, au cours de leur séjour et de leur transit dans les formations superficielles, perméables, subissent des échanges de nature physico-chimique avec le réservoir. Ces échanges se font surtout dans le sens réservoir → eau, la phase liquide intervenant comme capteur actif des caractéristiques physico-chimiques du support qu'elle irrigue, puis comme vecteur de diffusion. Dans certains cas les caractéristiques physico-chimiques de la nappe peuvent transformer sensiblement leur support (précipitations carbonatées, croûte d'oxyde de fer et de manganèse dans les zones de battement...).

Par caractères physico-chimiques d'une nappe, nous entendons toutes les caractéristiques liées aux influences naturelles (température, pH, conductivité, minéralisation) et artificielles liées à la pollution (effluents ménagers, industriels et agricoles).

La température des nappes de formations superficielles est sous la dépendance des températures extérieures. On considère que les variations diurnes sont sans influence sur la température des nappes superficielles sauf dans le cas d'une brusque chute de pluie intervenant après une période sèche. L'équilibre thermique se réalise cependant rapidement et les écarts liés aux cycles journaliers dépassent rarement 1 degré.

Par contre, les variations saisonnières ont plus d'influence. Elles s'exercent sur une tranche de 10 à 15 m et concernent donc l'essentiel des nappes superficielles qui appartiennent pour la plupart à la zone dite d'*hétérothermie*. Plus profondément se trouve la zone d'*homothermie* où règne une température constante que l'on peut considérer globalement comme égale à la température moyenne du lieu, calculée sur une période significative. Dans la zone d'hétérothermie, les réajustements thermiques intersaisonniers se font cependant avec un décalage sensible, croissant avec la profondeur et dépendant de l'importance de la réalimentation des nappes superficielles à partir des précipitations et des nappes d'eau libre (échange nappe alluviale-rivière, pertes diffuses).

Les cartes hydrothermiques (fig. XIV.9) rendent compte des apports d'eaux profondes et des relations avec les nappes d'eau libre. Les profils hydrothermiques (fig. XIV.10) traduisent l'élévation de la température des eaux dans les nappes alluviales épaisses, liées à des arrivées hydrothermales profondes par des failles du substratum. Malgré la faible amplitude thermique entre l'atmosphère et les nappes d'eau superficielles, celles-ci constituent de bons réservoirs pour les pompes à chaleur dont l'utilisation croissante constitue un élément positif dans la politique actuelle des économies d'énergie.

La minéralisation des nappes superficielles est en général plus faible que celle des nappes profondes. En prise directe sur les réalimentations par les précipitations, elles ne subissent pas de longs séjours dans les aquifères et leurs transferts plus rapides ne leur permettent pas de se minéraliser naturellement de manière importante. Elles sont par contre très sensibles aux pollutions artificielles car elles sont aux premiers postes des contaminations accidentelles.

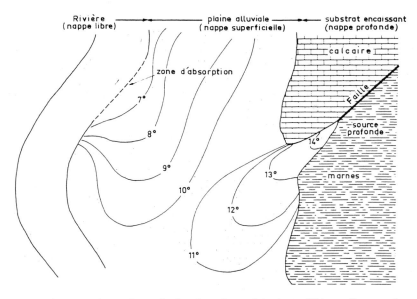

Fig. XIV.9 — *Carte hydrothermique théorique d'hiver d'un aquifère de plaine alluviale, montrant l'influence des apports d'eau issus de nappe profonde* (substrat encaissant) *ou de nappe libre* (rivière).

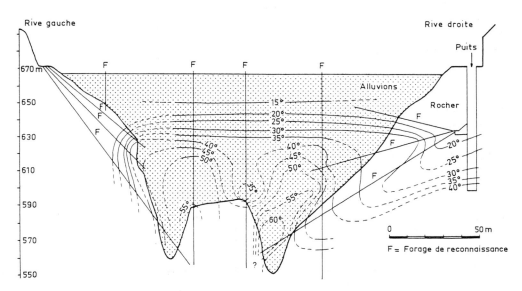

Fig. XIV.10 — *Profil hydrothermique dans les alluvions de la Durance réalisé lors des travaux de reconnaissance sur le site du barrage de Serre-Ponçon* (d'après L. Moret, 1950 in J. Letourneur et R. Michel, 1971).

Les eaux souterraines sont classées en première approche selon leur teneur en anion : bicarbonate $HCO_3^=$ (eaux bicarbonatées), sulfate $SO_4^=$ (eaux sulfatées) et chlore Cl^- (eaux Chlorurées). En deuxième approche le cation dominant permet de définir le terme accessoire de la classification : Ca^{2+} : calcique, Na^+ : sodique, K^+ : potassique, Mg^{2+} : magnésienne.

La qualité des eaux des nappes alluviales est souvent altérée par la présence en solution de fer et de manganèse en quantités supérieures aux normes de potabilité (0,2 mg/l pour le fer et 0,1 g/l pour le manganèse). Un certain nombre de travaux récents (A. Recoules, 1984 ; R. Abiven, 1986) ont tenté d'expliquer cette présence fréquente. D'une manière générale, le fer et le manganèse ont une origine intra-alluviale, et leur présence se manifeste surtout dans des alluvions possédant une grande quantité de fer potentiellement disponible (roches basiques, nodules ferrugineux...). La mise en solution de ce stock potentiel dépend des conditions d'oxydo-réduction du milieu alluvial : les conditions réductrices sont nécessaires (faible oxygénation, abondance de gaz carbonique dissous dans l'eau). Ce déficit d'oxygène s'explique par la présence d'un toit limono-argileux peu perméable à la surface des alluvions grossières, qui joue le rôle d'écran à l'oxygène atmosphérique.

Mais les conditions réductrices sont encore renforcées par l'abondance des lentilles argileuses qui ralentissent les écoulements et concourent à confiner le milieu, par la présence d'une microflore bactérienne consommatrice d'oxygène et par la présence de matériaux alluvionnaires siliceux dont l'acidité naturelle est favorable à la solubilisation du fer. Par contre, les alluvions calcaires sont des milieux qui, par leur basicité, freinent la réduction et la solubilisation du fer et du manganèse. Quelques exemples (S. Bruckert, 1984) ont cependant montré que le fer libre des nappes alluviales pouvait avoir une origine pédologique par mise en solution au niveau des horizons des sols en contexte réducteur (gley et pseudogley) dans la proximité immédiate de la nappe alluviale ou sur la nappe elle-même.

XIV. 2 · Quelques exemples d'aquifères de formations superficielles

Après les sources, dont les captages ont constitué les premiers travaux de récupération d'eau à des fins collectives, les aquifères de formations superficielles sont les réservoirs d'eau naturelle les plus anciennement exploités. Depuis une décennie, des recherches en zone profonde ont été entreprises dans les nappes calcaires noyées, dans les zones de fractures et de broyages des socles granitiques, mais les formations superficielles fournissent encore l'essentiel des besoins en eau de l'humanité. Examinons quelques cas parmi les plus fréquents.

XIV. 2. 1 · Les nappes de basse plaine alluviale

Chaque rivière, chaque ruisseau s'écoule sur un tapis d'alluvions sablo-graveleuses plus ou moins développé, mis en place au cours de périodes anciennes d'accumulation de matériaux de comblement. Ces couloirs alluviaux drainent en écoulement superficiel (ruissellement, cours d'eau) ou en sous-écoulement (nappe alluviale) l'essentiel des eaux de leur bassin versant, surtout sur substrat imperméable. Ils constituent donc d'excellents réservoirs d'eau fréquemment captés, surtout la nappe alluviale la plus basse (cours majeur, plaine alluviale, Fz des cartes géologiques), car les nappes plus anciennes, perchées, ne retiennent l'eau qu'exceptionnellement. Ces aquifères alluviaux, le plus souvent *subordonnés au cours d'eau*, fournissent une grande part, difficilement estimable, mais probablement proche de la moitié, des besoins actuellement nécessaires.

a) Caractéristiques générales et différents types

Du point de vue géométrique, ce sont des aquifères hétérodimentionnels, très allongés (plusieurs km), de faible largeur (de 50 m à 1 km) et dont l'épaisseur dépasse rarement la dizaine de mètres. Ils sont en liaison hydraulique, continue ou non, avec d'une part le ou les cours d'eau dont ils constituent la nappe alluviale et les versants encaissants. Il s'agit d'aquifères dont la fonction conductrice est beaucoup plus utilisable que la fonction capacitive (M. Bonnet et J. Margat, 1976). En

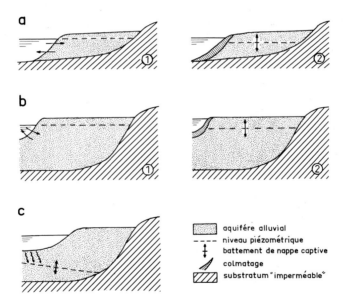

Fig. XIV.11 — *Types d'aquifères subordonnés à une rivière* (d'après M. Bonnet et J. Margat, 1976).
a. cours d'eau complètement enfoncé dans les alluvions
    1. pas de colmatage à la limite cours d'eau — alluvion (nappe libre)
    2. avec colmatage (nappe captive)
b. cours d'eau non complètement enfoncé dans les alluvions
    1. sans colmatage (nappe libre)
    2. avec colmatage (nappe captive)
c. nappe phréatique non saturée.

Legend:
- aquifère alluvial
- niveau piézométrique
- battement de nappe captive
- colmatage
- substratum "imperméable"

effet, leur réserve est faible et leurs fluctuations sont très dépendantes des variations des niveaux du cours d'eau. Les ressources exploitables (renouvelables) peuvent donc être très supérieures aux ressources définies par la porosité du matériau alluvionnaire contenant. L'exploitation de tels aquifères modifiera le flux d'échange à la limite nappe/rivière, au bénéfice de la nappe, soit en réduisant les apports de la nappe vers la rivière (manque à gagner de celle-ci), soit en accroissant le flux passant, initialement ou non, de la rivière à la nappe. Quoi qu'il en soit, une exploitation constituera toujours un préjudice pour la rivière.

Les différents types d'aquifères alluviaux subordonnés à une rivière dépendront, si on envisage uniquement les flux à la limite rivière-alluvions (fig. XIV.11) :
- du degré de pénétration du cours d'eau dans les alluvions, influençant la surface de contact à la limite,
- du degré de colmatage du lit et des berges modifiant le flux d'échanges possibles,
- des possibilités de saturation de la nappe phréatique,
- de la condition, libre ou captive, de la nappe.

b) Débit des aquifères alluviaux

Il faut distinguer (M. Bonnet et J. Margat, 1976) :
- le *débit global* naturel du système aquifère qui exprime le bilan hydrique du système total supposé délimité. La somme des apports est égale à la somme des départs calculés, soit à un instant donné si le régime est considéré permanent (bilan de flux), soit pendant une durée assez longue pour rendre la différence de réserve négligeable.
- le *débit de nappe* suivant une section de vallée donnée. C'est le flux local franchissant une surface équipotentielle transversale.
- le *débit de production* d'un ou plusieurs puits d'un aquifère pouvant être supérieur, égal ou inférieur au débit global. Il dépend des caractéristiques locales de l'aquifère (plus ou moins grande porosité locale) et des conditions de réalimentation de la zone du puits. De plus, l'implantation d'un captage modifie la distribution des flux et la forme des écoulements dans toute son aire d'influence (fig. XIV.12).

c) Ressources en eau

Les ressources potentielles équivalent, théoriquement et au maximum, à l'alimentation totale du système aquifère, c'est-à-dire à la somme des apports (fig. XIV.13) :
- par l'infiltration efficace des précipitations sur le domaine de l'aquifère,
- d'origine superficielle par infiltration à la limite de l'aquifère en contact avec un encaissant imperméable,
- d'origine profonde au niveau du contact à la limite de la rivière ou par le substratum (phénomène de drainance).

Ces ressources naturelles n'ont qu'une signification pratique très limitée. Les ressources exploitables dépendent des contraintes diverses et leur évaluation revient en pratique à identifier la *contrainte prédominante* envisagée comme *facteur limitant de l'exploitation*.

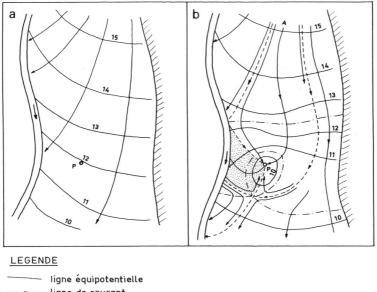

LEGENDE

———————— ligne équipotentielle

———————→ ligne de courant

- - - - -• ligne de partage des eaux souterraines (limite de la zone d'appel du captage)

—·—··—·· ligne équipotentielle passant par des points singuliers

⁄⁄⁄⁄⁄⁄⁄ limite étanche (coteau)

○ P puits de captage (exploité en b)

▦ zone parcourue par l'écoulement de la rivière ou puits

Fig. XIV.12 — *Effets d'un captage dans une nappe subordonnée
à une rivière* (d'après M. Bonnet et J. Margat, 1976)
a. État naturel ; **b.** État influencé par le captage.

Hormis la contrainte imposée par le taux maximum de rabattement, non seulement dans les puits d'exploitation mais dans toute la zone d'influence de l'aquifère, des contraintes spécifiques peuvent se présenter :
- contrainte liée au débit de la rivière : la réalimentation issue de la rivière et compensant le prélèvement des puits doit être à tout moment inférieure ou égale au débit vers l'aval et même obligatoirement inférieure si on souhaite lui conserver un débit minimal indispensable à la conservation de l'équilibre de son écosystème.
- contrainte technique imposée par la nécessité de ne pas rompre la liaison hydraulique entre la nappe et la rivière. Cette contrainte dépendra de la surface du contact, de son homogénéité et de sa qualité. Ce contact peut en effet n'avoir lieu que très localement et l'augmentation du flux rivière-nappe peut accélérer les processus de colmatage.
- contrainte de qualité : il est nécessaire que les puits d'exploitation ne soient pas en prise directe sur l'eau de la rivière, de qualité généralement plus mauvaise et plus fluctuante que celle de la nappe.

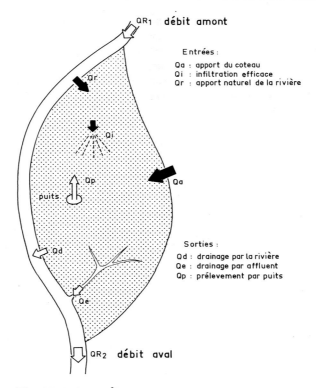

Fig. XIV.13 — *Éléments du bilan hydrologique d'un système aquifère de nappe alluviale subordonné à une rivière* (d'après M. Bonnet et J. Margat, 1976).

XIV. 2. 2 · Les cônes alluviaux

Ces réservoirs superficiels ont beaucoup de points communs avec ceux des plaines alluviales mais ils s'en distinguent par un certain nombre de caractères.

— *Situation dans le bassin versant*. Ils sont en général beaucoup mieux circonscrits et occupent les débouchés des zones supérieures de bassin versant, à la limite entre les cours supérieurs et moyens des cours d'eau (chapitre VIII).

— *Hétérogénéité sédimentaire*. Ils présentent une plus grande hétérogénéité sédimentaire que les nappes alluviales classiques. Les lentilles de graviers grossiers mises en place en phase de crue (fig. XIV.2) sont souvent dispersées au sein de complexes plus fins, isolant les nappes phréatiques. Cette complexité du réservoir entraîne une irrégularité de l'aquifère et l'isolement de nappes captives localisées, pouvant entraîner des phénomènes de phréatisme.

— *Géomorphologie*. Les cônes alluviaux sont en général emboîtés dans un substrat à relief vigoureux où le ruissellement domine sur l'infiltration. Les arrivées d'eau s'y manifesteront donc de manière beaucoup plus irrégulière que dans les nappes alluviales de plaine.

Un exemple d'aquifère de cône alluvial peut être pris dans la vallée de Chambéry (fig. XIV.14). Plusieurs centaines de sondages de reconnaissance ont permis de définir la géométrie du complexe alluvial et la piézométrie de l'aquifère (G. Nicoud, 1986). Du point de vue sédimentaire, il s'agit d'un remplissage lacustre où s'interstratifient des alluvions grossières perméables et des alluvions fines argilo-silteuses très peu perméables. Une couverture argilo-limoneuse scelle l'aval du complexe. Malgré cette hétérogénéité sédimentaire, il semble que les alluvions grossières ne renferment qu'une seule nappe, seulement subdivisée localement par des lentilles argilo-silteuses. Du point de vue piézométrique, la nappe est libre à l'amont du complexe, captive dans la partie moyenne et inférieure où elle peut être artésienne. Le gradient piézométrique est régulier, de l'ordre de 3 %, mais prend des valeurs plus fortes dans les parties étroites de la vallée ou dans les sillons de raccordement interbassins. La période de basses eaux est en automne et celle de hautes eaux débute dès la mi-hiver jusqu'au printemps. Les battements de la nappe sont plus marqués à l'amont (6 m) qu'à l'aval (0,80 m), et les limites de captivité et d'artésianisme fluctuent en fonction des saisons. Du point de vue hydrochimique, les eaux sont de type bicarbonaté calcique et les teneurs augmentent vers l'aval, plus ou moins selon le régime hydrodynamique momentané et la perméabilité des alluvions.

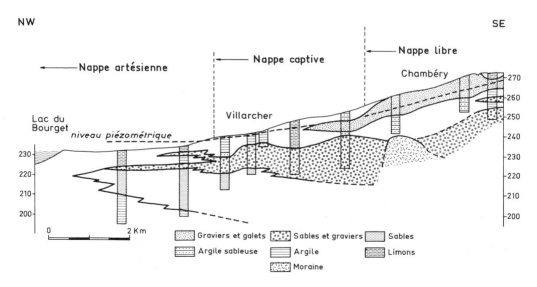

Fig. XIV.14 — *Le cône alluvial de Chambéry.* Lithologie et piézométrie schématiques (d'après G. Nicoud, 1986).

XIV. 2. 3 · Les complexes de formations glaciaires

Les formations glaciaires sont le plus souvent considérées comme de mauvais réservoirs d'eau. Ceci pour de nombreuses raisons qui tiennent à leur nature sédimentologique et à leur géométrie (chapitre VII). L'omniprésence des tills de fond consolidés et compactés par la pression de la glace lors du dépôt, leur naturel mauvais classement textural et la prédominance des fractions fines, les variations latérales fréquentes de faciès, ne sont pas des caractères favorables à la formation de systèmes aquifères comparables aux nappes alluviales. Cependant, de nombreuses tentatives ont été réalisées, surtout dans les pays où les tills prédominent, pour déceler leurs potentialités aquifères (P. Engqvist et al., 1978 ; G.E. Grisak et J.A. Cherry, 1975 ; J.M. Hendry, 1982 ; T. Olsson, 1977).

Les formations glaciaires ne font pas partie de la catégorie des aquifères classiques, reconnus et exploités de longue date. Mais la découverte de la semi-perméabilité de nombreux matériaux naturels réputés imperméables et par là même de leur potentialité hydrologique, ainsi que l'effondrement progressif du mythe de l'imperméabilité absolue (J.-J. Collin et A. Mangin, 1985) en font des réservoirs d'avenir dans les régions où ils constituent l'essentiel des formations superficielles.

Les principaux réservoirs d'eau dans les formations glaciaires sont induits par un certain nombre de dispositions géométriques et texturales :

— Le meilleur contexte est sans doute celui de la *superposition classique — tills d'ablation sur tills de fond* (fig. VII.14). Ces derniers globalement « imperméables » ou du moins présentant une bonne aptitude à la rétention de l'eau constituent la couche de fond, épaisse et continue, limitant les pertes en profondeur. Leur surface est toujours creusée de dépressions plus ou moins vastes dans lesquelles les tills d'ablation, par définition lavés, se sont accumulés. Cette disposition constitue la structure type du bon réservoir aquifère. Très fréquente dans les plaines de retrait glaciaire en périphérie des inlandsis scandinave et canadien (outre le Canada, l'Allemagne, la Pologne et tous les pays nordiques), la superposition est évidemment beaucoup plus fréquente dans les zones de glaciation alpines qui s'y prêtent moins car les entailles érosives postérieures ont cherché les tills d'ablation. A la base de ceux-ci de nombreuses sources sont alors exploitables.

— Les *poches de matériel remanié*, donc lavé, sont fréquentes à l'intérieur des tills de structure massive et colmatée. Elles présentent souvent une perméabilité excellente et peuvent alors constituer des drains efficaces vis-à-vis des matériaux environnants (phénomène de drainance). De nombreuses sources, sur les versants colmatés de tills de fond, sont dues à ce type de structure, mais les aquifères associés sont abondamment cloisonnés et éparpillés et le stockage en est donc très limité. La répartition de ces anomalies sédimentologiques dans les tills est, de plus, très aléatoire, ce qui rend leur prospection très difficile dans le cas où elles ne sont pas liées à une émergence d'eau évidente.

— Les *différents faciès de tills* (chap. VII) présentent des porosités et des perméabilités très variées (S. Haldorsen et al., 1983), et certains d'entre eux peuvent constituer des réservoirs d'eau non négligeables (fig. XIV.15). Ces faciès génétiques établis au Canada et dans les pays nordiques à partir de caractères texturaux et structuraux des tills, sont peu reconnus actuellement en France ; le progrès des recherches sédimentologiques effectuées sur ces formations, en liaison avec l'étude de leur porosité et de leur perméabilité, devrait permettre l'exploitation de réservoirs aquifères actuellement négligés.

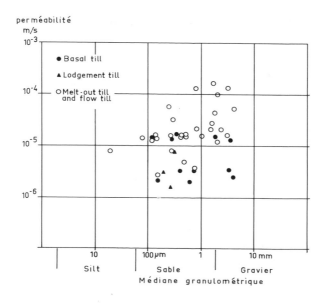

Fig. XIV.15 — *Perméabilité de différents types de tills en fonction de la médiane granulométrique* (d'après S. Haldorsen *et al.*, 1983).

XIV. 2. 4 · Les altérites

Parmi les altérites, les principales formations susceptibles de constituer des aquifères valables sont les arènes au sens large issues de l'altération des roches cristallines (chapitre III). L'importance de l'aquifère dépend de la surface du bassin versant et du volume de l'arène-réservoir. Située le plus souvent à flanc de versant et dans la partie la plus basse de celui-ci, la couverture d'arènes draine les zones de l'amont et latérales de son bassin-versant, entre les remontées affleurantes ou subaffleurantes du socle qui en déterminent les limites. A la base de l'arène proprement dite, le passage à la roche saine se fait par une zone fissurée qui augmente la capacité du réservoir.

Deux principes généraux déterminent les caractères des nappes dans les aquifères d'arènes :

— La puissance de la couverture d'altération est toujours croissante en direction de la base du versant. C'est donc à ce niveau que la capacité de transit est la plus importante et que les captages sont les plus productifs, d'autant plus que, à part l'irrégularité imprévisible du substrat sain, le bassin versant y aura des chances d'être plus vaste.

— Par contre c'est vers la base des versants que l'argilification sera la plus intense (arènes grasses s'opposant aux arènes maigres des zones sommitales). Des irrégularités texturales (chenaux drainants) peuvent cependant pénétrer dans ces zones basales colmatées et déterminer des zones d'écoulement privilégié décelables par la végétation.

Des facteurs locaux nuancent ces données générales :

— La présence dans le socle d'une zone (enclave, filon) pétrographiquement plus résistante : le cas des filons d'aplite est bien connu dans le Morvan, qui provoquent une réduction de la couverture d'arène et un blocage des écoulements de subsurface.

— La présence dans l'arène de concentration argileuse qui perturbe les écoulements normaux du versant.

— La présence dans le substrat d'une zone de broyage ou de concentration de diaclases rapprochées qui détermine un chenal drainant privilégié, influençant le transit des eaux.

Références bibliographiques

Abiven R. (1986) — Étude hydrochimique du fer et du manganèse dans l'aquifère alluvial d'Avignon (Vaucluse). Thèse 3e cycle, *Fac. des Sc. d'Avignon*, 138 p.

Bodelle J. & Margat J. (1980) — L'eau souterraine en France. Masson, Paris.

Bonnet M. & Margat J. (1976) — Aide-mémoire sur l'évaluation des ressources en eau des aquifères subordonnés au cours d'eau. *Bull. B.R.G.M.*, section III, nos 3-4, p. 115-124.

Bruckert S. (1984) — Recherche sur le relargage du fer d'origine pédologique et des risques de pollution de la nappe de Bletterans. Rapport inédit, Labo. de pédologie, Univ. Besançon, 30 p.

Castany G. (1982) — Principes et méthodes de l'hydrogéologie. Dunod Université, Paris.

Chauve P., Ledoux E., Marsily G. de (1985) — L'hydrogéologie et les déchets. *Bull. Soc. Géol. France,* (8), t. 1, n° 7, p. 1045-1054.

Collin J.-J. & Mangin A. (1985) — Évolution récente de l'hydrogéologie : de la prospection à la gestion des ressources en eau. *Bull. Soc. Géol. France*, (8), t. I, n° 7, p. 999-1008.

Engqvist P., Olsson T., Svensson T. (1978) — Pumping and recovery tests in wells sunk in till. Nord. hydr. conf., Hamasari Cultural Centre, Finlande 1, 42-51.

Fourneaux J.-C. (1978) — Étude des échanges nappe-rivière : la nappe de la plaine de l'Isère dans l'ombilic de Grenoble. Thèse de l'Univ. de Grenoble, 327 p.

Grisak G.E. et Cherry J.A. (1975) — Hydrogeologic characteristics and response of fractured till and clay comfining a shallow aquifer. *Can. Geotech. J.*, 12, 23-43.

Haldorsen S., Deinboll Jensen P., Koler J.Ch., Myhr E. (1983) — Some hydraulic properties of sandy-silty norvegian tills. *Acta Geologica Hispanica*, t. 18, nos 3/4, 191-198.

Hendry J.M. (1982) — Hydraulic conductivity of a glacial till in Alberta. Ground Water, 20 (a), 162-169.

Letourneur J. & Michel R. (1971) — Géologie du génie civil. Collection U Armand Colin.

Margat J. (1980) — Carte hydrogéologique de la France à 1/1 500 000 et notice explicative, Éd. B.R.G.M. Orléans.

Marsily G. de (1981) — Hydrogéologie quantitative, Masson, Paris.

Megnien Cl. (1979) — Hydrogéologie du centre du Bassin de Paris. *Mém.* B.R.G.M., n° 98.

Nicoud G. (1986) — Le complexe alluvionnaire aquifère de la vallée de Chambéry. *Ann. Sc. Univ. Besançon*, série géologie, 4e série, fasc. 7, 97-103.

Olsson T. (1977) — Ground water in till soils. Striae 4, 13-16.

Parriaux A. (1981) — Contribution à l'étude des ressources en eau du Bassin de la Broye. Thèse n° 191 de l'École Polytechnique Fédérale de Lausanne.

Recoules A. (1984) — Évolutions des teneurs en fer et en manganèse dans la nappe alluviale de la Saône. Thèse 3e cycle, univ. Besançon, 153 p.

Chapitre XV

L'instabilité mécanique des formations superficielles, causes et remèdes

Les formations superficielles sont la résultante d'une *longue évolution* où s'associent essentiellement érosion et transport, que l'on peut qualifier de *naturelle*. Et bien que ces formations soient en transit, c'est-à-dire appelées à plus ou moins long terme à se déplacer et à se modifier, un certain équilibre s'établit entre les processus d'érosion et la couverture superficielle. L'entraînement d'une partie des matériaux superficiels est compensé au fur et à mesure par la décomposition de la roche-mère ou par l'apport d'éléments allochtones. Cette érosion dite *naturelle* ou *ordinaire* est lente et conserve *grosso modo* son aspect au paysage.

Au contraire, si une cause quelconque rompt l'un des facteurs de l'équilibre, une *érosion accélérée* peut se déclencher par déstabilisation du manteau superficiel pouvant même entraîner l'ablation d'une partie du substrat. Les formations superficielles sont les plus touchées par cette érosion accélérée, d'une part à cause de leur position à l'interface géosphère-hydrosphère et d'autre part en raison de leur relative jeunesse n'ayant pas permis une diagenèse poussée les laissant souvent dans un état meuble ou peu cohérent. De plus, leur origine essentiellement détritique en fait des milieux polyphasés associant un squelette solide (grains, minéraux) et des interstices remplis d'air et/ou d'eau. Leur porosité permet une bonne pénétration des eaux d'infiltration et intervient donc de façon décisive dans leurs propriétés géotechniques immédiates (J. Letourneur et al., 1981).

On aurait tendance à penser que cette instabilité se manifeste uniquement sur les versants, mais en fait, des modifications de charge ou des perturbations hydrogéologiques peuvent aussi provoquer des réponses dynamiques par déstabilisation des formations superficielles dans un contexte topographique hors des versants.

XV. 1 · Les causes d'instabilité des formations superficielles

Nous avons vu dans les formations de versant (chapitre V) les principales causes *d'évolution naturelle* des pentes. Nous dégagerons ici les causes naturelles et surtout *provoquées* déclenchant une déstabilisation des formations superficielles. Deux types de causes sont à l'origine de la déstabilisation : les causes naturelles et les causes anthropiques.

XV. 1. 1 · Les causes naturelles

Les causes naturelles les plus diverses sont à l'origine de la déstabilisation accélérée des formations superficielles et il est toujours très difficile de différencier la part de chacune au moment du mouvement de terrain. Par ailleurs, la classification des causes d'un mouvement est assez subjective, variant en fonction de l'auteur, qu'il soit mécanicien des sols, géologue ou ingénieur du génie civil (M. Humbert, 1972). Différents auteurs (K. Terzaghi, 1950) distinguent des *causes internes*, c'est-à-dire les agents susceptibles *d'abaisser la résistance du matériau*, et des causes *externes* capables *d'augmenter les forces tangentielles favorables au glissement*. D'autres auteurs (A.C. Perrusset, 1976) distinguent les facteurs météosismiques par opposition aux facteurs dormants.

Nous distinguerons avec A. Millies-Lacroix (1965) les *facteurs passifs* ou « *hérités* » (lithologie, structure, topographie) et les facteurs *actifs* ou *agents externes* (climat, couverture végétale, sismicité).

a) Les facteurs passifs ou hérités

a.1 — Valeur de la pente topographique

Ce critère semble au premier abord primordial. Pourtant les essais réalisés (A. Millies-Lacroix, 1968) pour trouver une corrélation entre la valeur moyenne des pentes et la répartition des mouvements de masse montrent que les mesures *statistiques de pente* et les *coefficients de stabilité* établis à partir de ces mesures ne peuvent aboutir *qu'à de très grossières approximations* en raison surtout :

- de l'hétérogénéité du matériau du point de vue lithologique,
- de la structure très variée des cas concernés,
- des inégalités dans le profil et la longueur des versants,
- des différences bioclimatiques dans un même secteur, voire même sur des versants contigus, résultant de l'inégalité de la couverture végétale ou d'oppositions microclimatiques, du type adret-ubac par exemple.

La *valeur de la pente topographique* est cependant un élément *caractéristique pour les dépôts à structure lâche et non cimentés* comme le sont souvent les formations superficielles.

La plupart des glissements qui affectent des formations meubles ont lieu sur des pentes modérées ou même faibles, de l'ordre de 5 à 15° et certains auteurs (M. Humbert, 1972) soulignent à cet égard *l'importance de l'eau* qui imprègne plus facilement les terrains de faible pente (et également les altère plus aisément) que ceux où l'eau s'écoule rapidement par suite d'un relief très accentué.

Il faut dire aussi qu'une période majeure d'ajustement et de régularisation des versants s'est produite à la fin de la dernière période glaciaire. Dans les zones intraglaciaires, englacées pendant le maximum du froid, le retrait des glaces a libéré de leur soutien de nombreuses formations marginales (moraines latérales, terrasses de kame, remplissages lacustres de vallées latérales) et de nombreux « glissements de réajustement » ont eu lieu à cette période.

a.2 — **Nature lithologique**

La nature des matériaux et la variation de leurs propriétés (minéralogique, pétrographique, chimique, physique...) agissent directement sur la résistance mécanique globale du matériau. Les matériaux argileux abondants dans les formations d'altération superficielle sont, par exemple, considérés toujours comme dangereux lorsqu'ils existent sur un versant : selon la nature minéralogique dominante, les argiles seront, par hydratation, *gonflantes* (montmorillonite) ou peu gonflantes (kaolinite). Cette adsorption de l'eau est primordiale dans le mécanisme des coulées et de solifluxion. La présence de gypse peut également avoir de graves conséquences dans la stabilité des terres, de même que la concentration anormalement basse d'ions calcium ou magnésium qui entraîne la « défloculation » des argiles, source d'une perte de cohésion (J. Goguel, 1937).

A.C. Perrusset (1976) distingue dans l'arrière-pays niçois différents types de manteaux de formations superficielles selon leur aptitude à la déstabilisation : manteaux d'éboulis, marneux, gypseux, glaciaire, d'altération. Malgré les différences propres à chaque type quant à la faculté de déstabilisation, ils ont tous en commun :
- des propriétés visco-plastiques dues à la matrice argileuse qui enrobe complètement les blocs contenus,
- ils sont tous affectés par d'anciens glissements quand ils ne représentent pas eux-mêmes d'anciens glissements,
- ils possèdent, du fait de leur mise en place, une grande perméabilité à l'eau et ne sont transitoirement stables que grâce à la sécheresse du climat.

Les formations superficielles présentent le coefficient d'instabilité le plus fort en montagne et quelques chiffres tirés d'une étude sur la région Rhône-Alpes en 1981 permettent de montrer l'importance relative des diverses formations affectées (in G. Mariez, 1985) :
- glaciaire : 45 %,
- altération du substratum : 35 % dont :
  . marnes sédimentaires .... 8 %
  . molasse argileuse .... 8 %
  . houiller .... 8 %
  . schistes sédimentaires et cristallins .... 5 %
  . roches éruptives et métamorphiques .... 3 %
  . divers (gypse, grès, flysch) .... 3 %
- éboulis : 20 %

a.3 — **La structure**

Par structure, pour les formations superficielles, nous entendons l'arrangement des matériaux constitutifs, leur hétérogénéité et leurs discontinuités. Ainsi les dépôts fluviatiles ou les moraines à structures lenticulaires, les éboulis de pente ou les produits d'anciens glissements à grande hétérogénéité, favorisent l'infiltration de l'eau, provoquant la mise en charge de certaines zones ou le ramollissement des terrains dans d'autres. Par ailleurs, les formations d'altération superficielle, certains sols (au sens pédologique) par leur importance, imposent des discontinuités avec la roche sous-jacente et sont des zones d'action privilégiée pour les mouvements de terrains. Il faut en effet souligner que dans les Alpes, les glissements se produisent souvent au contact glaciaire-substratum ou éboulis-substratum (fig. XV.1) (G. Mariez, 1985).

Fig. XV.1 — *Glissement affectant les éboulis de versant sur les schistes de la série verte de Tarentaise, été 1979.* Rive gauche de l'Isère, environs de Celliers (cliché G. Devinaz).

D'une manière générale, plusieurs constatations sont régulièrement rappelées par les différents auteurs :

- Chaque lieu d'instabilité présente des *conditions locales* « passives » qui lui sont propres et qui peuvent rarement être extrapolées. C'est ce qui rend difficile l'appréciation quantitative dans le cadre de la mécanique des sols effectuée *in situ* ou en laboratoire. La grande diversité des conditions, alliée à l'hétérogénéité du milieu naturel et de ses facteurs propres hérités, rendent impossibles ou très difficiles les classements des zones d'instabilité des formations superficielles.

- La connaissance précise des conditions de dépôt et de leur histoire est indispensable pour juger des risques d'instabilité. Elle conditionne les deux facteurs fondamentaux de ces risques, à savoir le degré d'hétérogénéité et la présence de surfaces de discontinuité.

- La plupart des mouvements actuels liés à l'instabilité des versants ont lieu dans des zones d'anciens glissements réactivés périodiquement lors de conditions externes exceptionnelles. Ceci montre bien l'importance des facteurs passifs délimitant des zones « susceptibles d'instabilité » ou « à risques d'instabilité » qui peuvent rester immobiles très longtemps, jusqu'à ce qu'un facteur actif externe vienne déclencher leur mise en mouvement.

L'instabilité des formations superficielles est manifeste sur les versants. Pourtant elle peut également avoir lieu en dehors de ceux-ci. Quelques exemples de ces mouvements sont dus à des facteurs naturels inhérents au contexte géologique et géomorphologique.

— *Effondrement* ou *affaissement* de formations superficielles *sur substrat localement soluble*

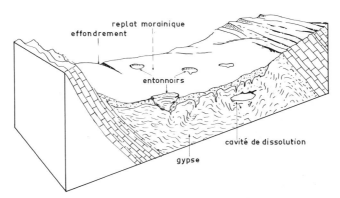

Fig. XV.2 — *Effondrements par dissolution du gypse* (d'après L. Moret in M. Humbert, 1972).

- *Sur gypse* (fig. XV.2) : des replats de formations superficielles peuvent masquer des couches sous-jacentes riches en gypse réparti en lentilles comme c'est le cas dans le Trias supérieur de faciès germanique ou dans certains niveaux du Tertiaire du Bassin parisien. La grande solubilité du gypse permet à la longue le creusement de cavités souterraines importantes capables de favoriser l'effondrement des formations superficielles. On obtient une morphologie particulière en entonnoirs qui peuvent atteindre de grandes dimensions (fontis). L'instabilité des terrains en pays gypseux est d'autant plus dangereuse qu'elle est sournoise car étant indépendante du relief, elle peut affecter un pays plat et provoquer de graves désordres aux fondations. Même si la topographie est favorable, ce type de terrain sera donc toujours jugé comme potentiellement instable en toutes circonstances (M. Humbert, 1972).
- *Sur calcaire :* le même style de phénomène peut se produire dans des roches calcaires et affecter les formations superficielles, même épaisses, qui les recouvrent. Les cas sont innombrables sur les plateaux calcaires recouverts d'argiles de décalcification, de suçoirs karstiques brusquement révélés par la disparition de bovins et de matériels agricoles ou par des désordres de constructions en cours.

— *Ruissellement sous-cutané* et évacuation de matériaux fins : *phénomène de suffosion.*

Les géologues des pays de l'Est groupent sous ce terme, créé par Pavlov en 1898, tous les processus d'érosion souterraine qui se traduisent par un *enlèvement local de matière*, d'où la création d'un vide provoquant un affaissement superficiel (J. Letourneur et R. Michel, 1971).

La circulation des eaux souterraines peut entraîner les particules les plus fines d'une formation hétérogène ou provoquer la *défloculation* de sa fraction argileuse. Ainsi se créent des cheminements d'eau préférentiels (renards) donnant naissance à des émergences bien individualisées ; si ce drainage naturel se produit à faible profondeur, le phénomène peut se répercuter en surface par :

• *des entonnoirs d'ablation :* les éléments restants se tassent au droit des chenaux de circulation, ce qui donne des effondrements fermés, plus ou moins allongés (fig. XV.3).

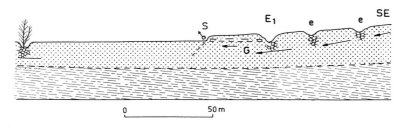

Fig. XV.3 — *Entonnoirs d'ablation dans la région de Peyrus (Drôme).* Substratum de marnes valanginiennes. *A droite :* cône de déjection défoncé par des entonnoirs diversement développés (**E1**, entonnoir principal ; **G**, galerie de captage ; **S**, source). *A gauche :* glacis de piémont, l'effondrement de l'entonnoir **E2** a entraîné la végétation (d'après R. Barbier, 1953 in J. Letourneur et R. Michel, 1971).

C'est ce phénomène qui est fréquemment décrit (M. Dreyfuss, 1956) dans les marnes altérées superficiellement. Une circulation active d'eau de ruissellement sous-cutané s'effectue au contact de la marne altérée et de la marne saine, ce qui a pour effet d'évacuer une grande quantité de matériaux fins et de provoquer des séries d'entonnoirs d'ablation pouvant devenir coalescents.

• *les folletières* du Brionnais (Saône-et-Loire) : ici également une circulation se produit entre la roche en place et sa couverture d'argile à silex. Cette argile, localement rongée par l'érosion à sa base, se découpe en un bloc cylindrique qui s'affaisse progressivement. Mais, en surface, le sol végétal reste longtemps en porte à faux avant de s'effondrer à son tour (fig. XV.4).

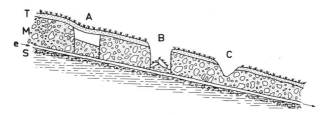

Fig. XV.4 — *Épisodes successifs de l'évolution des folletières.*
A. Folletière naissante, encore masquée par un toit gazonné ; **B.** rupture du toit ; **C.** comblement par éboulement des parois ou apports extérieurs ; **T.** terre végétale ; **M.** argile à silex ; **S.** substratum (marnes liasiques) ; **e.** écoulement souterrain (d'après J. Letourneur, 1964).

b) Les facteurs actifs ou climato-sismiques

Parmi les *facteurs climatiques* qui interviennent dans l'instabilité d'un versant, les précipitations surtout (solides ou liquides) et dans une moindre mesure la température (fig. XV.5) jouent un rôle important eu égard à l'insolation, à l'évaporation, au degré hygrométrique, au régime des vents... Si l'influence directe ou indirecte de l'eau dans le déclenchement des mouvements de terrain n'est plus à démontrer, en revanche, une meilleure compréhension des données pluviométriques et nivométriques permettrait d'aborder les sujets suivants (M. Humbert, 1972) :

Fig. XV.5 — *Glissement d'éboulis calcaire à la suite d'une variation brusque de température passant de − 10° C à + 10° C dans la nuit du 20 au 21 février 1978* — Cluse de Nantua (cliché J. Villain).

- détermination d'une périodicité annuelle de glissements, en corrélation avec les précipitations et la fonte des neiges (saison « critique ») (fig. XV.6),
- étude d'une périodicité pluriannuelle à partir de données recueillies sur une longue période (années « critiques »),
- influence des conditions climatiques locales sur la stabilité d'un versant.

L'eau joue un rôle fondamental dans les problèmes de stabilité et on peut la considérer souvent comme la *seule cause immédiate* et réelle des glissements. Dans les Alpes, la plupart des mouvements ont toujours lieu après une très forte période de pluie ou au printemps, à la fonte des neiges.

M. Chardon (1984) attribue un rôle prépondérant aux averses diluviennes (« sac d'eau ») sur les glissements de terrain dans les Alpes occidentales.

L'eau peut agir de plusieurs manières dans le déclenchement d'un glissement en matériaux superficiels meubles :

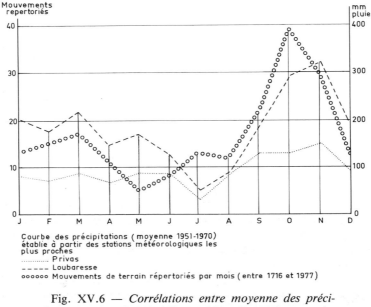

Fig. XV.6 — *Corrélations entre moyenne des précipitations mensuelles* (établie sur 20 ans) *et fréquence des glissements de terrain dans la région de Privas-Ardèche* — enquête historique établie sur les 2 derniers siècles (d'après B. Cadiot, 1977 in G. Mariez, 1985).

- dans les sables humides, limons saturés interstratifiés ou non dans des niveaux argileux, une arrivée massive d'eau peut provoquer une *montée de la pression interstitielle* qui fait baisser la *résistance due aux frottements intergranulaires*.
- dans les argiles, l'eau entraîne un gonflement qui provoque une *perte de cohésion*.
- dans les sables fins humides, les *tensions superficielles* intergranulaires disparaissent et il s'ensuit une perte de cohésion. De même dans certains limons de type lœssique, la *déstruction des liaisons* (ponts) *intergranulaires* déstructure l'ensemble et abaisse la cohésion.

La diminution de la cohésion, donc l'abaissement du coefficient de sécurité d'un versant, pourra être progressif et cyclique jusqu'à la rupture, en fonction des diverses arrivées d'eau annuelles (fig. XV.7).

La végétation, souvent dépendante du climat, est bien sûr un facteur de stabilité des versants meubles, non seulement par l'armature que constitue le réseau de racines, mais aussi par le rôle de tampon que jouent les végétaux vis-à-vis des eaux météoriques et de ruissellement.

La sismicité est un facteur important dans le déclenchement des glissements de terrain, mais surtout de ceux qui concernent le substrat, les vibrations à haute fréquence ayant tendance à s'amortir dans les roches meubles.

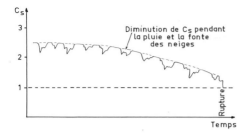

Fig. XV.7 — *Modifications saisonniè-res et décroissance à long terme du coefficient de sécurité d'un versant* (d'après K. Terzaghi, 1950).

XV. 1. 2 · Les causes anthropiques

L'activité humaine constitue probablement aujourd'hui *la cause première de l'instabilité des formations superficielles*. L'homme est presque toujours à *l'origine des déclenchements* de glissement par suite d'interventions inconsidérées sur des versants en équilibre précaire. L'ouverture de tranchées (route, voie ferrée, carrière...), les surcharges excessives (remblais routiers, déblais de mines...), l'action répétée de vibrations (explosif, roulage d'engins lourds...) sont souvent « la goutte d'eau qui fait déborder le vase ». De plus, le développement, depuis 1960, des stations de loisir en montagne et la puissance des moyens techniques utilisés pour les infrastructures ont multiplié les causes d'instabilité autrefois mieux perçues par les populations montagnardes qui avaient acquis une profonde connaissance de leur milieu.

« Ce savoir, transmis de génération en génération au point de devenir pratiquement atavique, était la meilleure assurance pour l'homme contre la tentation, pourtant limitée par suite de ses faibles moyens d'alors, de violer trop effrontément certaines règles naturelles » (P. Antoine, 1978). D'après des statistiques faites au Tyrol sur les catastrophes dites « naturelles », les deux tiers ont une origine humaine, parmi lesquelles 25 % sont dues à la construction d'habitations dans des zones dangereuses, 25 % à des torrents non corrigés et à l'absence de protection naturelle contre les avalanches, et 16,6 % à des erreurs de gestion en matière d'agriculture, de sylviculture ou du mauvais choix des tracés routiers.

Voyons les principales causes d'instabilité des formations superficielles, liées à l'activité humaine.

a) Les travaux de déblais (entailles, tranchées, élargissement de route...)

Ils constituent une atteinte à la stabilité précaire des versants meubles ou à peine consolidés, et correspondent à la suppression d'un volume de terrain qui agissait initialement comme butée par son propre poids. Un prélèvement même limité de matériaux dans un versant apparemment stabilisé, peut déclencher un glissement de grande ampleur sans commune mesure avec le volume de l'entaille initiale (fig. XV.8).

Fig. XV.8 — *Déclenchement d'un glissement dans les éboulis calcaires à la suite d'un léger élargissement de route* (zone inférieure du cliché). Une partie du tronçon routier supérieur a glissé dans la coulée — région de St-Claude — Jura (cliché P. Rosenthal).

b) Les travaux de remblais (appuis de route, terrassement et couches de base pour infrastructures diverses...)

Les remblais *sur pente* ou sur terrain meuble plat agissent sur le terrain naturel par leur poids. La création d'une surcharge est un facteur d'instabilité fréquent. D'autre part, les remblais agissent par les modifications du régime hydraulique qu'ils établissent. Enfin, ils sont difficiles à stabiliser en l'absence de précautions minimales telles que confection de redans et « sabots » de blocage.

En revanche, si le remblai se trouve au pied d'un versant naturel, il peut avoir un effet consolidant important, lorsqu'il est toutefois suffisamment drainant. C'est ce qui s'exprime par la vieille recette pour éviter ou freiner les glissements : « alléger la tête, charger le pied ».

c) Modification des écoulements d'eau superficiels ou peu profonds

La création d'une route est une véritable coupure aux écoulements hydrauliques naturels des versants ; elle modifie brutalement le drainage naturel. On est donc obligé de concentrer et de dériver les écoulements vers des exutoires nouveaux, naturels, mais aussi artificiels. Si les systèmes de drainage sont absents ou mal conçus, la concentration des eaux au niveau de la route risque d'engendrer des phénomènes d'érosion régressive, de coulées boueuses, de glissements de terrain (fig. XV.9).

De plus, une chaussée goudronnée de 10 mètres de large constitue un *excellent impluvium* capable de concentrer des débits élevés lors des fortes pluies d'orage. Car sur ce matériau imperméable, le ruissellement est à peu près intégral. Ce phé-

Fig. XV.9 — *Glissement d'un remblai de route, édifié dans un vallon sans aménagement adapté pour drainer l'eau de ruissellement.* Région du Puy-en-Velay (cliché G. Mariez).

nomène d'imperméabilisation des sols est bien souvent sous-estimé. En Suisse, une étude menée dans le Sperbalgraben a montré que 10 à 50 % du ruissellement, lors des averses fortes, provenait du seul réseau routier, cependant bien moins dense que dans une agglomération urbaine.

Il arrive parfois de voir apparaître des instabilités dans les sites où elles étaient jusqu'alors inconnues, sans modification apparente des facteurs géologiques ou anthropiques. Elles sont souvent la conséquence de l'apparition de nouveaux réseaux d'écoulement, consécutifs à l'abandon du drainage artificiel réalisé autrefois pour les besoins de l'agriculture traditionnelle. L'évolution actuelle de l'économie en montagne, créant de nouveaux secteurs d'activité, a eu pour conséquence la disparition de l'entretien des versants qui révèlent alors de nombreux sites d'instabilité. Plusieurs exemples — glissement de matériel morainique à la Toussuire, coulées boueuses au Petit Bornand, glissement de couverture d'éboulis superficiels en Maurienne — semblent être dus à cette cause (A. Pachoud, 1981).

XV. 2 · Les remèdes à l'instabilité des formations superficielles

Nous venons de définir les deux causes principales d'instabilité des formations superficielles : la première est induite par les conditions naturelles du terrain et du contexte sismo-climatique, la seconde est liée à l'activité humaine, provoquée soit par les aménagements et les travaux, soit par l'abandon des activités agricoles traditionnelles. De ce constat, les remèdes à apporter apparaissent de deux ordres :
- d'abord d'ordre *prévisionnel* : bonne connaissance du terrain et de ses réactions possibles débouchant sur des cartes définissant les zones plus ou moins dangereuses,
- ensuite d'ordre *curatif*, proposant des aménagements à apporter en cas d'instabilité potentielle ou provoquée par des travaux.

XV. 2. 1 · Les études prévisionnelles et mesures préventives

a) L'inventaire des risques d'instabilité : les cartes prévisionnelles

Tout n'est pas prévisible, mais la démarche initiale pour limiter le déclenchement des glissements est l'établissement de cartes de risques, permettant aux aménageurs de choisir les itinéraires routiers ou les implantations de bâtiments lorsque c'est possible, ou dans le cas contraire, de prendre toutes les dispositions nécessaires. L'établissement d'une carte prévisionnelle comporte plusieurs étapes.

a.1 — Les enquêtes

Elles sont fondamentales car elles permettent de retrouver les faits passés et comme nous l'avons vu, les glissements actuels se déclenchent presque toujours dans des zones affectées antérieurement. Les enquêtes portent sur :

- les documents anciens et archives : les archives communales ou juridiques apportent des renseignements sur les plaintes, frais d'entretien de voies ou de structures agraires, accidents divers survenus dans le passé. Il est possible de remonter quelquefois jusqu'au XVIᵉ et même XVᵉ siècles pour des accidents mineurs et antérieurement pour des accidents importants.
- les documents techniques ou administratifs : les anciennes cartes géologiques ou topographiques font parfois état de zones glissées ou de mouvements divers du sol, de ruisseaux ou torrents actuellement déviés ou à sec et de certaines modifications récentes de la topographie et de l'hydrologie en rapport avec les instabilités du substrat. L'étymologie de certains lieux-dits est parfois édifiante, ainsi que la modification de l'implantation des villages et des voies d'accès au cours du temps.
- les relations orales : la consultation des anciens du village, des cantonniers et d'une manière générale des gens qui vivent au contact du pays est parfois source de renseignements sérieux : disparition de source, modification des drainages, zones d'entretien privilégié des murs de soutènement.

a.2 — L'analyse géologique

L'établissement d'une carte passe évidemment par une bonne connaissance des terrains et de leur susceptibilité au glissement. On peut regretter à ce propos que les cartes géologiques classiques à 1/50 000 levées sur le territoire français négligent trop souvent les formations superficielles, lieu privilégié des mouvements de terrains. Notons cependant que selon l'intérêt ou la motivation des géologues cartographes, certaines cartes nouvellement levées font apparaître plus clairement ces données. L'identification classique des terrains peut être utilement doublée d'études d'interprétation d'images obtenues par photographies de la région à des altitudes diverses et par des procédés divers (télédétection). Ces images peuvent en effet donner des informations intéressantes pour l'instabilité des formations superficielles, non décelables au sol :

- les réseaux majeurs de failles anciennes ou actuelles permettant de définir les points sensibles de la croûte terrestre (linéaments actifs), où la sismicité peut se concentrer.
- les traits géomorphologiques majeurs par l'examen des vues aériennes obliques et l'évolution de ces traits sur clichés successifs.
- les hétérogénéités épidermiques liées à la vitesse du phénomène de creeping, à la porosité et à l'humidification des formations de surface.

Il est ainsi possible de reconnaître des *zones de manteau actif* par rapport aux zones stables et cette technique sera d'autant plus efficace qu'elle sera effectuée à intervalles réguliers, permettant de suivre les changements perceptibles de la couverture superficielle.

Cette analyse géologique nécessite bien entendu de nombreuses reconnaissances de terrain, et un échange permanent entre appréciation visuelle concrète des zones inspectées et observation indirecte de type télédétection.

a.3 — Les recensements statistiques

Ils concernent le recensement de toutes les données relatives à l'éventualité d'une instabilité :

- recensement de la fréquence des glissements dans une vallée, un versant, ou tout espace géomorphologique défini,
- recensements statistiques météorologiques : fréquence et importance des pluies, localisation d'exceptionnelles précipitations, importance des phases de gel-dégel, rôle des chutes anormales de neige et de la fonte,
- recensement des séismes en fonction de leur degré d'intensité, de leur localisation, de leurs effets.

La mise en parallèle de ces données statistiques permettra de définir des phases et les zones où et pendant lesquelles les instabilités ont des fortes probabilités d'avoir lieu.

a.4 — L'établissement de la carte prévisionnelle

Elle peut se faire à toutes les échelles, mais l'hétérogénéité géologique et géomorphologique impose une échelle égale ou supérieure à 1/50 000. Pour un projet particulier, l'échelle pourra être de l'ordre du 1/10 000 ou plus. Elle pourra être encore plus précise dans les zones où les risques de destruction peuvent être catastrophiques. De nombreux travaux ont été réalisés ponctuellement à l'initiative des collectivités locales (régionales, départementales ou même communales) et un projet est actuellement en cours de réalisation en France : le plan *ZERMOS* (zones exposées à des risques liés à des mouvements du sol et du sous-sol). Ces opérations sont évidemment complexes car plusieurs facteurs d'appréciation sont subjectifs (P. Antoine, 1978) :

- Le « risque » ne doit-il s'évaluer que lorsqu'il menace l'homme et ses aménagements ou y a-t-il risque dans tous les cas de désordre naturel indépendamment des conséquences socio-économiques ?
- Quelle est la responsabilité du concepteur et du réalisateur de la carte vis-à-vis des tiers et, les critères d'appréciation étant dans l'impossibilité de fournir des données exactes, le réalisateur ne peut-il être influencé dans un sens optimiste ou pessimiste de ses prévisions ?

Les cartes ZERMOS sont en cours d'élaboration. Plusieurs zones ont déjà été couvertes, surtout dans les zones montagneuses. Il s'agit d'un document réalisé par le Service Géologique National, sous la responsabilité et avec le concours du Laboratoire Central des Ponts et Chaussées (L.C.P.C.). Il s'agit essentiellement d'une *carte d'alerte* destinée à attirer l'attention sur les dangers potentiels ou réels, présentés par certaines portions du territoire. Elle n'a pas de valeur réglementaire ni juridique et n'est contraignante que pour les administrations car pour les particuliers, sa valeur n'est qu'indicative. Elle est constituée d'une carte présentant un zonage à trois couleurs de base matérialisant le degré du risque, et d'un fascicule explicatif qui apporte les précisions et les commentaires nécessaires au bon usage de la carte.

b) Les études préalables aux travaux

Les cartes prévisionnelles ne suffisent évidemment pas. Elles guident les projets, évitent d'engager des aménagements dans des zones où des menaces précises souvent incontrôlables existent. Elles sont donc surtout utiles au stade des avant-projets d'aménagement régional. Mais la poussée démographique et les besoins en équipement exigent souvent la réalisation de travaux dans des zones « à risque ». Des études géologiques et géotechniques préalables du secteur envisagé sont alors engagées. Elles ont pour but de :

— Fournir au projeteur les éléments nécessaires à la prise en compte correcte de l'aspect géologique, compte tenu des autres contraintes, pour définir le meilleur tracé. Pour cela, elle doit débuter *dès le stade le plus préliminaire.*

— Rechercher une solution aux problèmes géotechniques qui subsistent sur le tracé retenu ; déterminer la nature et l'état des sols pour prévoir leurs conditions d'utilisation et permettre l'établissement du mouvement des terres.

— Donner au projeteur et à l'entrepreneur les éléments nécessaires pour la mise en œuvre des méthodes choisies. L'étude doit de cette façon aboutir à un « catalogue » de recommandations nécessaires pour une réalisation du projet dans les meilleures conditions possibles.

— Faciliter la réalisation des travaux et leur contrôle : le but d'une étude géologique et géotechnique est de prévoir la « stratégie des travaux ». Les méthodes sont propres à chaque cas, mais elles présentent globalement la même démarche générale (J. Villain, 1981) :

• examen du contexte géologique local ou régional,

• lever et cartographie des formations,

• examen topographique et géomorphologique du site,

• schéma hydrogéologique (analyse de la piézométrie et de son évolution, écoulements de surface...),

• analyse des mouvements initiaux par pose d'appareils enregistreurs-inclinomètres...,

• analyse du comportement géotechnique *in situ* et en laboratoire des niveaux présumés les plus sensibles.

Nous n'entrerons pas dans la compétition opposant géologues de terrain et ingénieurs de la mécanique des sols, mais nous restons persuadés qu'une bonne connaissance du terrain est est un élément indispensable capable de résoudre beaucoup de problèmes par son approche globale des cas.

XV. 2. 2 · Les travaux curatifs de lutte contre l'instabilité

Nous ne nous livrerons pas à une description des procédés techniques utilisés dans les travaux d'aménagement. Ces problèmes sont largement traités et développés dans les revues spécialisées, en particulier les documents publiés dans le Bulletin de Liaison des Laboratoires des Ponts et Chaussées auxquels nous renvoyons le lecteur. Nous nous contenterons d'évoquer les principes généraux et les mesures le plus couramment utilisées pour pallier l'instabilité des formations superficielles, relatives d'abord à la nature du matériau, puis à ses caractéristiques hydrogéologiques et à son équilibre.

a) Action sur la nature du matériau

Il n'est pas facile de modifier les caractéristiques géotechniques du matériau. Pourtant certains essais de compactage ou même de cuisson *in situ* de masses argileuses ont été réalisés avec quelques succès. Une armature artificielle (injection de béton fluide ou pieu ancré) peut également, dans certains cas, être utilisée, mais ces solutions sont en général onéreuses et employées en dernier recours. Plus simple est la revégétalisation artificielle des talus qui, à condition d'implanter des espèces pionnières au développement rapide, s'avère souvent d'une bonne efficacité quand le manteau actif n'est pas trop épais.

Nous accorderons une attention particulière aux lœss et limons, à leurs propriétés géotechniques et à certains types de traitement qui leur sont appliqués.

Les lœss et limons couvrent une grande partie de la surface des bassins sédimentaires européens, c'est pourquoi ils sont souvent sollicités pour supporter des constructions, en particulier les routes et autoroutes, notamment dans le Nord de la France, la Belgique, l'Allemagne, les Pays de l'Est... Leurs propriétés mécaniques sont assez variables, à l'image de la diversité des faciès. Elles dépendent des compositions granulométrique (teneur en argile, en sable...), minéralogique (présence ou absence de calcite, nature des minéraux argileux...) et de la teneur en eau des matériaux.

La figure XV.10 présente les valeurs des *limites d'Atterberg* de quelques lœss belges et normands. Le lœss belge, peu argileux, a des limites de liquidité et de plasticité qui le placent avec les sables dans le diagramme de plasticité de Casagrande (J. de Ploey, 1972). Ce matériau reste stable sur des pentes inférieures à 8° et pour une teneur en eau nettement supérieure à la limite de liquidité (jusqu'à 35 %). Les valeurs de la résistance au cisaillement (25 g/cm^2), de l'angle de frottement interne (environ 35°) et la cohésion confirment cette bonne stabilité.

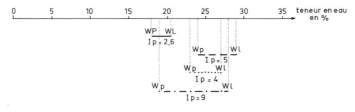

loess peu argileux (12-13 % < 2 μm) de Belgique
limons à doublets (14-15 % < 2 μm)
loess calcaire   (8-12 % < 2 μm) de Normandie
limon argileux   (20-25 % < 2 μm)
WP = limite de plasticité
Wl = limite de liquidité
Ip = indice de plasticité

Fig. XV.10 — *Limites d'Atterberg de quelques lœss et limons de Belgique et de Normandie* (d'après J. de Ploey, 1972 et J.-P. Lautridou, 1985).

Les lœss normands sont plus riches en fraction < 2μm que le lœss belge, ou sont calcaires. Ils ont des propriétés sensiblement différentes, se rapprochant de celles des argiles : limite de plasticité (Wp), limite de liquidité (Wl) et indice de plasticité (Ip) sont plus élevés que ceux du lœss belge. Les valeurs de la cohésion, plus forte (C.U. = 0,4 bar), et de l'angle de frottement interne, plus faible (U.U. = 17° 30'), mesurées à l'essai triaxial, le confirment (J.-P. Lautridou, 1985).

Le comportement mécanique des lœss et limons *in situ* est déterminé par la teneur naturelle en eau (Wn). Des mesures effectuées en Normandie (J. Puig et J. Cariou, 1972) montrent que les teneurs varient peu au cours de l'année au-delà de 4 m de profondeur (fig. XV.11). Dans la zone superficielle :

— Les *limons argileux*, les *lœss à doublets*, les *sols* (lehm et « sol de Roumare ») atteignent des valeurs élevées (jusqu'à 24 % d'eau) en hiver et au printemps : ils peuvent alors entrer dans le domaine de plasticité. Les lœss qui se tiennent bien lorsqu'ils sont secs ont tendance à *s'effondrer* et à se *tasser* s'ils sont saturés d'eau, par destruction des ponts argileux liant les grains silteux entre eux.

— Les *lœss calcaires* s'imprègnent moins facilement d'eau (21 % au maximum) et sont *toujours solides*. La présence de calcite formant des pores tubulaires facilite le drainage de ces lœss et leur consolidation (T. Audric, 1973).

L'apparition du gel, par *cryosuccion* de l'eau vers la surface, amène des teneurs en eau pouvant atteindre 30 à 35 % au moment du dégel : le domaine de liquidité est alors atteint (J.-P. Lautridou, 1985).

Les couches superficielles devant porter les constructions ou les routes doivent présenter une portance suffisante, être peu déformables et peu sensibles à l'eau. Les lœss et limons argileux qui offrent des qualités géotechniques insuffisantes peuvent être améliorés par l'*adjonction de chaux* (A. Le Roux, 1969).

Ce traitement peut viser à obtenir une couche de forme suffisamment stable ou à réutiliser les limons médiocres des déblais en remblais. Il facilite également les travaux lors d'intempéries.

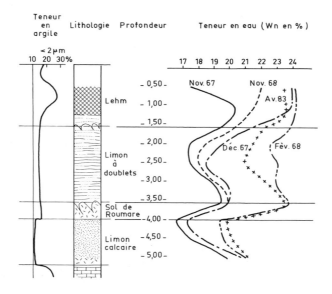

Fig. XV.11 — *Variations des teneurs en eaux naturelles dans divers limons à Routot en Normandie* (d'après J. Puig et J. Cariou, 1972 et J.-P. Lautridou, 1985).

L'ajout de quelques % de chaux vive (CaO) ou de chaux éteinte (Ca(OH)$_2$) à des matériaux argileux produit des effets échelonnés dans le temps :

— A *court terme*, on observe un abaissement de la teneur en eau du limon traité résultant de l'ajout d'un matériau sec (chaux), de l'hydratation de la chaux vive et de l'évaporation consécutive au malaxage et à la réaction exothermique du mélange. Les minéraux argileux floculent. On relève une augmentation des limites de plasticité et de liquidité, et de l'indice C.B.R., un aplatissement des courbes Proctor et une moins forte sensibilité au gel.

— A *long terme*, les minéraux argileux sont attaqués par la chaux (A. Le Roux, 1969). La kaolinite donne naissance à des silicates calciques hydratés amorphes ou mal cristallisés formant des ponts solides entre les particules. On note au bout de quelques jours une très forte augmentation de la résistance à la compression simple et de l'indice C.B.R. La montmorillonite induit la genèse d'aluminates de calcium hydratés dont l'effet stabilisateur est moins spectaculaire que pour la kaolinite.

Dans le détail, le traitement doit être adapté au matériau concerné. Le type et la proportion de chaux, vive ou éteinte, sont à choisir. La fraction argileuse du lœss doit être suffisamment abondante pour que l'action de la chaux soit significative. La teneur en eau initiale du limon ne doit pas être trop faible (> 10 %) pour éviter la carbonatation de la chaux et faciliter la synthèse des silicates et des aluminates. Une certaine proportion de sable est un élément favorable, mais inversement la présence de matière organique et de calcaire constituent une entrave. Les mélanges limon argileux-eau-chaux sont malaxés puis immédiatement compactés selon divers protocoles.

Des recommandations pour le traitement en place des matériaux fins à la chaux ont été émises par le Service d'Études Techniques des Routes et Autoroutes et le Laboratoire Central des Ponts et Chaussées (S.E.T.R.A. et L.C.P.C., 1972).

b) Action sur les caractéristiques hydrogéologiques : les drainages

Agent essentiel de l'instabilité des pentes en formations superficielles, l'eau doit être éliminée dans la masse susceptible de glisser au niveau des apports depuis l'amont. L'élimination de l'eau est réalisée par de nombreux procédés (fig. XV.12) :

- *masques drainants :* matériaux drainants étalés superficiellement sur les talus sur lesquels ils ont une action stabilisatrice,
- *tranchées drainantes* longitudinales utilisées en pied de talus et provoquant un rabattement de nappe phréatique efficace,
- *tubes crépinés* bien adaptés aux terrains hétérogènes,
- *éperons drainants :* ce sont des coins drainants verticaux et perpendiculaires à l'axe des talus. Leur action s'exerce par le rabattement de la nappe et le cloisonnement du talus, par création de zones résistantes (points durs) limitant les glissements éventuels.

Le drainage doit concerner aussi les ouvrages de soutènement par drains verticaux ou obliques permettant le rabattement de la nappe.

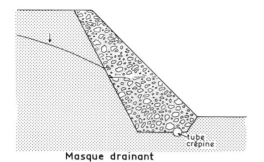

Masque drainant

Tranchées longitudinales

Niveau piézométrique initial

Nappe rabattue

1m
1m

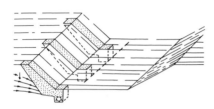

Eperons drainants

Fig. XV.12 — *Quelques types de drainage appliqués en bordure de talus artificiels* (d'après M. Rat in G. Mariez, 1985).

c) Action sur l'équilibre gravitaire

Le principe général bien connu est de *décharger en tête* c'est-à-dire à la partie supérieure du glissement et de *charger en pied*. La décharge en tête se fait par écrêtement de talus, remplacement par un matériau plus léger. La charge en aval est la technique la plus couramment utilisée, par murs en béton armé, en T renversé, qui ont l'avantage d'exercer des contraintes modérées inférieures à celles d'un mur banal de même poids. Des variantes diverses perfectionnent le modèle de base :
— murs à bêches, murs à contreforts, murs ancrés, murs composés (fig. XV.13),
— murs poids en béton ou maçonnerie (fig. XV.14),
— gabions utilisés pour des dénivelés limités (fig. XV.15),
— murs caissons utilisables sur les grandes hauteurs. Ils présentent une bonne souplesse vis-à-vis des tassements (fig. XV.16 et XV.17) :

   • murs Peller constitués de poutrelles en béton armé disposées en cousson à claire-voie et remplis par un matériel sablo-graveleux,
   • murs Armco constitués de caisses métalliques à éléments de tôles pliés galvanisés.
— ouvrages en terre armée formés d'une association de terre et d'armatures souples métalliques pouvant supporter d'importants efforts de traction.

Des techniques nouvelles sont constamment testées alliant à la fois une bonne résistance aux forces de poussée et un prix de revient intéressant.

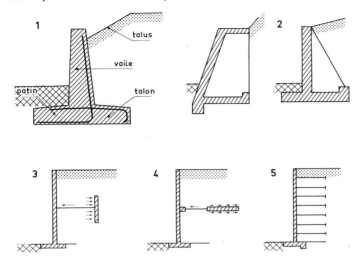

Fig. XV.13 — *Les murs en béton armé en T renversé.* Différentes variantes : **1** — Type classique ; **2** — Murs à contrefort ; **3** — Mur à dalle d'ancrage ; **4** — Mur à dalle de frottement ; **5** — Mur échelle système Coyne (d'après ouvrages de soutènement, murs Setra 73, in G. Mariez, 1985).

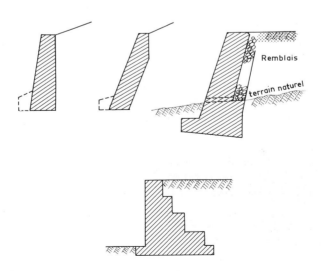

Fig. XV.14 — *Différents types de murs-poids en béton ou en maçonnerie* (d'après ouvrages de soutènement, murs Setra, 1973, in G. Mariez, 1985).

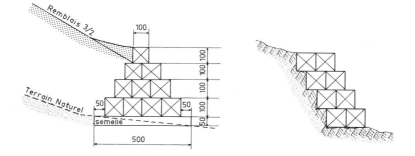

Fig. XV.15 — *Gabions métalliques* (in G. Mariez, 1985).

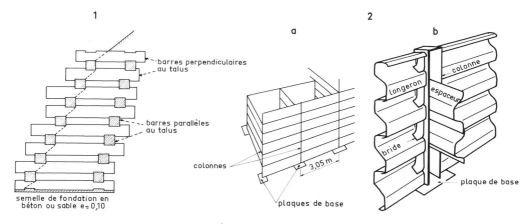

Fig. XV.16 — *Deux exemples de murs caissons*
1 — Murs Peller ; **2** — Murs Armco (*a*. principe de montage ; *b*. détail d'assemblage (in G. Mariez, 1985).

Fig. XV.17 — *Pose de gabions en béton en vue du maintien d'un versant d'éboulis* — région de St-Claude, Jura (cliché P. Rosenthal).

Références bibliographiques

Antoine P. (1978) — Glissements de terrains et aménagement de la montagne. *Bull. Soc. Vaud. de Sc. Nat.*, n° 353, vol. 74, fasc. 1, p. 1-14.

Antoine P. et Fabre D. (1980) — Géologie appliquée au Génie civil. Masson éd., Paris, 291 p.

Audric T. (1973) — Contribution à l'étude géologique et géotechnique des limons de plateau de la région parisienne. Thèse 3e cycle, Orsay.

Chardon M. (1984) — Géomorphologie et risques naturels dans les Alpes. *in* Les Alpes, 25e Congrès International de Géologie, p. 13-28.

Dreyfuss M. (1956) — Circulations sous-cutanées et glissements actifs, agents d'érosion des combes marneuses du Jura bisontin. *Ann. Scientif. de l'Univ. de Besançon*, 2e série, Géologie, fasc. 4.

Goguel J. (1937) — Les glissements de terrain du Sud-Est de la France. *Ann. Ponts et Chaussées, Fr.*, 107, n° 1, p. 47-60.

Humbert M. (1972) — Les mouvements de terrain. Principe de réalisation d'une carte prévisionnelle dans les Alpes. *Bull. du B.R.G.M.*, section III, n° 1, p. 13-28.

Lautridou J.-P. (1985) — Le cycle périglaciaire pléistocène en Europe du Nord-Ouest et plus particulièrement en Normandie. Thèse doct. État, Caen, 2 tomes, 908 p.

Le Roux A. (1969) — Traitement des sols argileux par la chaux. *Bull. Liaison Labo Routiers P. et Ch.*, 40, 59-96.

Letourneur J. (1964) — Sur les entonnoirs d'ablation : les folletières du Brionnais (S.-et-L.). *Bull. Serv. Carte géol. Fr.*, 45-50.

Letourneur J. et Michel R. (1971) — Géologie du génie civil. Librairie A. Colin, coll. U., 728 p.

Letourneur J., Antoine P., Leguernic J. (1981) — De la géologie du Quaternaire à la géotechnique. *Bull. de l'A.F.E.Q.*, 1981-1, p. 27-32.

Mariez G. (1985) — Les tracés routiers en montagne. Études. Travaux. Réglementation. *D.E.A. Géologie appliquée de l'Université de Besançon*, 58 p.

Millies-Lacroix A. (1965) — L'instabilité des versants dans le domaine rifain. *Rev. Géomorphol. Dyn. Fr.*, nos 7-9, p. 97-109.

Millies-Lacroix A. (1968) — Les glissements de terrains. Présentation d'une carte prévisionnelle des mouvements de masse dans le Rif (Maroc septentrional). *Mines et Géol.* Maroc, n° 27, p. 45-54.

Pachoud A. (1981) — Influence de la disparition de l'activité agricole traditionnelle sur la stabilité des pentes en montagne. *Bull. liaison Labo P. et Ch. spécial X*, p. 49-53.

Perrusset A.C. (1976) — Glissements superficiels de terrains et rochers. *Thèse d'État, Université de Nice*, 369 p.

Ploey J. de (1972) — Quelques expériences en rapport avec le rôle éventuel de l'érosion pluviale en milieu périglaciaire. *Bull. Centre de Géomorphologie*, Caen, 13, 14, 15, 101-113.

Puig J. et Cariou J. (1972) — Sonde pour la détermination des variations de teneur en eau dans un déblai. *Bull. Liaison Lab. P. et Ch.*, 60, 50-53.

S.E.T.R.A. et L.C.P.C. (1972) — Recommandation du S.E.T.R.A. et du L.C.P.C. pour le traitement en place des sols fins à la chaux. *Bull. Liaison Labo P. et Ch.*, 61, 49-73.

Terzaghi K. (1950) — Mechanics of landslides. *In* « Application of Geology to engineering practice », Berkey volume. *Trans. Am. Geol. Soc.*, New York, p. 83-123.

Villain J. (1981) — Sur le rôle des structures géologiques dans les glissements de terrain. *Bull. liaison Labo P. et Ch., special X*, p. 119-125.

Chapitre XVI

Modifications superficielles des pierres en œuvre dans les bâtiments.

XVI. 1 · Contexte de l'évolution des pierres en œuvre

Les roches utilisées comme pierres de construction en raison de leurs qualités mécaniques et esthétiques, quelle que soit leur origine géologique, se trouvent placées, artificiellement et brutalement, en situation superficielle : elles présentent de ce fait une évolution particulière où interfèrent *facteurs pétrographiques, bioclimatiques et architecturaux.*

Cette évolution correspond normalement à l'acquisition en surface d'une *patine* par vieillissement, qui marque la réaction de la roche au nouveau milieu dans lequel elle se trouve. Cette patine est surtout l'expression du matériau lui-même ; elle se stabilise peu à peu et participe au cachet final de la pierre.

Dans de nombreux cas, la pierre évolue de façon plus poussée, en se déstabilisant : cette dégradation qui peut prendre des formes diverses ou *lésions*, conduit à la modification progressive des propriétés de la pierre, et à long terme, à sa destruction pure et simple, ce qui n'est pas sans poser de graves problèmes lorsqu'il s'agit de monuments appartenant au patrimoine historique.

La dégradation des pierres se produit aussi bien en zone *rurale* qu'en zone *urbaine* (F. de Beaucourt, J. Pauly et C. Jaton, 1975 ; D. Jeannette, 1983), bien qu'elle soit plus accentuée dans les villes : la *pollution atmosphérique* n'est donc pas la seule responsable des lésions. Les roches sédimentaires sont souvent plus affectées que les roches éruptives.

Rappelons pour mémoire que les pierres peuvent être utilisées soit brutes avec leur forme naturelle reflétant leur débit dans la carrière, ce sont les *moellons*, soit lorsqu'elles sont suffisamment homogènes pour être travaillées, après avoir été taillées aux formes et dimensions souhaitées : *pierres de taille.* Ces dernières sont les plus exposées car elles constituent les parements, colonnes, statues, etc. dans les bâtiments.

Les pierres sont liées ensemble avec des *mortiers* qui constituent leur environnement physico-chimique immédiat et jouent un rôle dans leur évolution. Ces mortiers comprennent un *granulat fin* (généralement du sable) et un *liant* qui provoque le durcissement de l'ensemble, associés à de l'eau. En extérieur, les liants peuvent être (M. Venuat, 1978) :

- La *chaux aérienne* (ou *chaux grasse*) : elle est obtenue par cuisson de roches calcaires très riches en $CaCO_3$, donnant la chaux vive (CaO), transformée en chaux grasse ($Ca(OH)_2$) par addition d'eau. Le durcissement ultérieur apparaît par carbonatation de cette chaux avec le CO_2 de l'air (transformation en calcite).

- La *chaux hydraulique* (ou *chaux maigre*) : elle provient de la cuisson (1 000-1 200° C) de calcaires contenant une certaine proportion d'impuretés (5-20 %, argiles surtout). Les silicates et aluminates de Ca ainsi formés, associés à la chaux préalablement éteinte, cristallisent (« prennent ») par adjonction d'eau.

Le rapport $i = \dfrac{SiO_2 + Al_2O_3 + Fe_2O_3}{CaO + MgO}$ est l'indice d'hydraulicité.

- Les *ciments* : ce sont des mélanges artificiels, selon des proportions définies, de calcaire (80 à 90 %) et de silice (2-8 %), alumine (5-15 %) et de fer (0,1-1 %) apportés sous forme de sable, argiles (ou schistes) et oxy-hydroxydes naturels, cuits à 1 450° C, conduisant au clinker auquel on ajoute ensuite environ 5 % de gypse pour faciliter la prise. On obtient ainsi un liant chimiquement complexe (aluminates de fer, silicates bi- ou tricalciques, etc.) aux propriétés mécaniques voulues.

XVI. 2 · Nature des patines et lésions

XVI. 2. 1 · Les patines

Ce sont de *minces pellicules* (épaisseur : quelque 1/10 ou 1/100 de mm) constituées de minéraux (calcite, argiles, oxydes...) ayant cristallisé sous l'effet de l'évaporation à la surface de la pierre à partir des sels dissous par les eaux d'imbition au sein même de la roche.

Tel est le *calcin* composé de cristaux de calcite microcristalline, qui revêt fréquemment la surface des pierres calcaires.

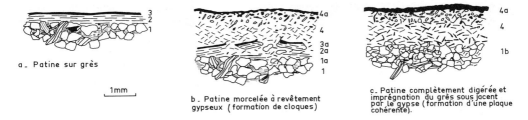

a _ Patine sur grès

1mm

b . Patine morcelée à revêtement gypseux (formation de cloques)

c _ Patine complètement digérée et imprégnation du grès sous jacent par le gypse (formation d'une plaque cohérente).

Fig. XVI.1 — *Modifications superficielles des « grès à meules »,*
en œuvre dans les monuments alsaciens (d'après D. Jeannette, 1981).
1 — Grès à matrice phylliteuse : *1a)* imprégné de gypse et pulvérulent ; *1b)* imprégné de gypse et cohérent.
2 — Pellicule argilo-calcitique : *2a)* morcelée.
3 — Frange ferrugineuse : *3a)* morcelée.
4 — Pellicule gypseuse : *4a)* riche en poussières et suies.
Les couches 2- et 3- forment la patine.

Les « grès à meule » du Trias, utilisés autrefois en Alsace, pour la construction de la cathédrale de Strasbourg par exemple, sont recouverts d'une pellicule *argilo-calcitique* : l'argile a épigénisé les minéraux du grès en surface et contient des granules de calcite disséminés. Cette pellicule est bordée vers l'extérieur par un film d'oxydes de fer donnant à la roche sa patine brun-rose d'aspect métallique (D. Jeannette, 1981) : fig. XVI.1.a.

Une patine noirâtre peut résulter de la concentration d'oxydes de manganèse. Les *goudrons* et *suies* issues de la pollution atmosphérique contribuent aussi à l'aspect des pierres qu'ils noircissent en surface, en s'y collant avec diverses poussières, sans les altérer à proprement parler.

XVI. 2. 2 · Les lésions

Fig. XVI.2 — *Alvéolisation du tuffeau (calcaire biodétritique turonien) dans un bâtiment en Touraine :* les parties en relief, plus résistantes, sont silicifiées.

Fig. XVI.3 — *Desquamation du tuffeau en œuvre, en plaques épaisses de 1 à 2 cm.*

On en connaît principalement deux formes présentes sur toutes sortes de pierres et pouvant parfois interférer (F. de Beaucourt et C. Jaton, 1975) :
- *alvéolisation et désagrégation* (fig. XVI.2) :
C'est une évolution de la pierre en continu depuis sa surface jusqu'à la roche saine à quelques mm de profondeur, qui se résout en la formation d'une poudre sableuse ou limoneuse.

Des crêtes plus résistantes séparant des sillons ou alvéoles, soulignant souvent le litage de la roche, apparaissent. On l'observe sur calcaire à grain fin, tuffeau en Touraine, molasse rhodanienne, grès vosgiens...

Ce type d'altération affecte plus spécialement la base des bâtiments, humide en raison des remontées capillaires (J.-P. Pauly, 1975), ou les zones de condensation. Les angles et arêtes des bâtiments, mieux ventilés sont moins touchés.

- *desquamation ou altération pelliculaire* (fig. XVI.3) :

Elle correspond à une évolution cyclique de la pierre par formation d'une pellicule ou *plaque* rigide d'une épaisseur de quelque 1/10 de mm à plusieurs cm, séparée de la roche saine par une zone de désagrégation poudreuse. Lorsqu'une plaque s'est détachée, une autre se forme, réduisant d'autant à chaque fois l'épaisseur de la pierre.

Ces pellicules peuvent être continues (calcaires spathiques, bioclastiques, tuffeaux, « grès à meule » triasiques, roches éruptives) ou discontinues sous forme de pustules d'un diamètre de quelques mm ou cm (calcaires à grains fins, marbres...).

Les desquamations sont liées à la présence d'eau, soit dans les zones de remontées capillaires (base des édifices), soit dans les parties hautes des parements particulièrement humides (exposition aux pluies, fuites de chéneaux ou défauts de drainage local).

Les pierres sont parfois couvertes par des organismes *végétaux* (algues, mousses, lichens...) qui traduisent et entretiennent l'humidité des façades et participent activement, comme les *micro-organismes* (bactéries, champignons...), à la genèse des lésions.

XVI. 3 · Causes des lésions

Les causes des « *maladies* » de la pierre sont multiples et complexes. Interviennent des paramètres pétrographiques, biologiques, architecturaux, mais ils sont tous dépendant du *microclimat* du site dans lequel les pierres sont placées.

XVI. 3. 1 · Le microclimat

Le *gel* est un agent bien connu de la fragmentation des roches. Il agit efficacement sur certaines façades mal exposées, dans les zones où la pierre est presque saturée d'eau (au moins 80 à 90 % de sa porosité), en permanence. Les pierres fortement poreuses et à pores de grande taille sont les plus sensibles.

Le gel peut amener par exemple le décollement du calcin protecteur ou la fragmentation de la roche. Il intervient particulièrement lorsque la pierre est disposée en délit (litage originel placé non horizontalement lors de la mise en œuvre).

Le *vent*, longtemps rendu responsable de l'origine des alvéoles, n'agit pas mécaniquement par jet de particules. Il intervient indirectement en faisant tomber les grains de poudre issus de la désagrégation ou en favorisant l'évaporation de l'eau dans certaines parties des bâtiments (arêtes).

Mais l'air agit aussi par sa composition et les éléments qui le polluent (CO_2, H_2S, poussières, embruns...), mis en solution ou entraînés par les eaux de pluie.

L'*eau* est un facteur fondamental de l'altération. Elle peut exercer son action soit directement au cours d'une pluie en lessivant la *surface* de la pierre (« eau fouettante »), soit au cours de son cheminement *à travers* la roche, à partir du sol (remontées capillaires) ou du toit (infiltrations en cas de défaut architectural)

Fig. XVI.4 — *Altération du tuffeau dans un bâtiment de l'abbaye de Fontevraud.* Les pierres les plus touchées se trouvent dans les zones humides : au niveau du soubassement, sous les appuis de fenêtre ou les gouttières défectueux.

(fig. XVI.4) : dans ces derniers cas, la circulation de l'eau dépend étroitement des porosité et perméabilité des pierres en contact et du mortier qui les assemble.

Dans cet ordre d'idées, on constate souvent que le remplacement, dans une construction, d'une pierre malade par une autre de même aspect mais de nature pétrographique un peu différente, fait apparaître une altération dans les pierres alentour, saines auparavant, par modification du drainage.

XVI. 3. 2 · Les sels

On sait depuis A. Schmoelzer (1936) et F. de Quervain (1945) que les sels solubles sont à l'origine de la majorité des lésions dans les pierres en œuvre.

Ces sels peuvent résulter de l'altération chimique des minéraux constituant les pierres, provenir du sol par remontée capillaire, de l'atmosphère polluée, de l'activité de certaines bactéries ou du lessivage des chaux et ciments.

Ces sels sont *extrêmement variés* : D. Jeannette (1980) a identifié dans les grès du château de Landsberg en Alsace, du chlorure de sodium (halite), des nitrates de potassium et de sodium (salpêtre), des sulfates de calcium, sodium, potassium et magnésium (gypse, thénardite, mirabilite, syngénite, picromérite...).

Parmi ces sels, le *gypse* et le *salpêtre* sont les plus fréquents. Le gypse ($CaSO_4$, $2H_2O$) peut apparaître à partir du soufre issu de l'oxydation de la pyrite de la pierre, ou de l'acide sulfurique apporté par les pluies (acides) et du Ca présent soit dans la pierre ou les joints voisins, soit dans l'atmosphère (poussières calcaires par exemple).

Au cours de leur cristallisation dans les pores, les sels pulvérisent la roche *(haloclastie)*. La présence des sels dans les eaux d'imbibition dépend donc de l'humidité de la pierre et de son environnement chimique, et leur cristallisation des cycles humectation-dessication : cette cristallisation peut s'effectuer très près de la surface (désagrégation) ou à quelques mm ou cm de profondeur (desquamation) selon les conditions microclimatiques locales. Les sels alcalins (de Na, K) précipitent plus près de la surface que les sels calciques.

D. Jeannette (1981) a décrit les desquamations des « grès à meule » en Alsace. Il distingue deux étapes :
- Formation d'une *pellicule sulfatée* épaisse de quelque 1/10 de mm, en grande partie allochtone, recouvrant la patine argilo-calcitique brun rose dans les zones soumises à évaporation mais sans pluie fouettante (fig. XVI.1.b) : elle est composée d'un feutrage d'aiguilles de gypse sécrétées par la roche à travers la patine morcelée, piégeant des grains de quartz (esquilles éoliennes), de suie et diverses poussières (asbestes, verre, etc.) collées en surface par les eaux atmosphériques (brouillards) (M. Mamillan, 1964). A ce stade, des cloques se forment.
- Si l'évaporation est intense, accroissement de l'épaisseur de la pellicule gypseuse avec *digestion complète de la patine argilo-ferrique* et de sa frange ferrugineuse, et *imprégnation du grès sous-jacent* (fig. XVI.1.c) ; l'ensemble (pellicule gypseuse et grès imprégné), cohérent, forme une plaque homogène qui se détache de la roche, à quelques mm ou cm de profondeur, au niveau du front d'évaporation-humectation cyclique (desquamation).

XVI. 3. 3 · Les micro-organismes

Les algues vertes et brunes, actinomycètes, bactéries, lichens, diatomées... qui vivent à la surface des pierres humides, surtout dans les endroits bien aérés et éclairés, participent activement à leur dégradation. Les micro-organismes dont le rôle néfaste est le plus manifeste sont (C. Jaton, 1971) :
- Les *thiobacilles* ou bactéries oxydantes du soufre qui se développent sur les roches riches en sulfures (pyrite notamment) ou dans les zones de remontée capillaire du soufre organique depuis le sol. Elles induisent la formation d'oxyanions sulfates ($SO_4^=$) cristallisant en gypse le plus souvent. Ce processus explique beaucoup des altérations en zone rurale à l'atmosphère non polluée.
- Les *bactéries nitrifiantes* du type *Nitrosomonas* et *Nitrobacter*, qui utilisent les roches calcaires comme source de carbone, mais surtout fabriquent des acides nitreux et nitriques à partir de l'azote atmosphérique, donnant naissance à des nitrites, et nitrates de potassium (salpêtre), calcium, sodium... selon les cations fournis par la pierre (J. Kaufmann, 1952).

Ces bactéries provoquent la formation d'*efflorescences globuleuses* (gypse) ou d'un *lacis d'aiguilles* (salpêtre) à la surface des pierres, conservés sur les façades non soumises au lessivage par les pluies, sinon dissous par le ruissellement : l'infiltration des solutions salines au sein des roches amène leur dégradation.

XVI. 4 · Les remèdes

Remédier à l'altération des pierres en œuvre dans un bâtiment est un problème complexe qui nécessite pour chaque cas une approche et un traitement particuliers. Les solutions le plus souvent préconisées sont les suivantes :
— *Décapage mécanique* de la zone altérée : il rend à la pierre son aspect initial mais ne soigne pas la maladie qui réapparaît plus tard.
— *Imprégnation* du matériau, après décapage, par des *produits hydrofuges* (latex, résines) s'opposant à la pénétration de l'eau. Cette technique ne fait généralement que repousser le mal en profondeur car l'imprégnation ne peut être totale : des plaques plus épaisses de roche traitée se détachent finalement. Par diminution de la capacité d'évaporation de l'eau certaines lésions peuvent même s'aggraver. Le *réagréage* de la pierre par des mortiers de chaux ou ciment, outre le fait qu'il masque la pierre, aboutit à des résultats encore plus catastrophiques.
— *Aspersion* par des substances diverses en solution : elle aboutit au nettoyage chimique de la roche ou à la destruction de bactéries (par exemple, le sulfate de Cu contre les ferments nitrificateurs). Elle est souvent à éviter car elle introduit dans la pierre de nouveaux sels indésirables.
— *Suppression des venues d'eau :*
  • *du sol* par ascension capillaire, avec des matériaux étanches intercalés, à la base des murs ou par des méthodes physiques comme l'électro-osmose,
  • *des toitures*, par un entretien soigneux des gouttières, larmiers ou autres sources potentielles d'écoulement accidentel : cet entretien est souvent suffisant pour stopper la progression de lésions sur des bâtiments anciens,
  • *en drainant* les zones les plus humides.
— *Limitation des fluctuations microclimatiques* (variations de température et d'humidité, ventilation) afin d'éviter les cycles dissolution-précipitation des sels ou gel-dégel, préjudiciables. Il s'agit là surtout de solutions architecturales touchant l'orientation de la construction, la situation et le nombre des ouvertures, etc.
— *Choix convenable des pierres et des liants :* une bonne connaissance pétrographique de la roche utilisée (composition minéralogique et chimique, porosité, perméabilité, résistance mécanique...) permet de l'employer logiquement, de garantir son homogénéité dans l'édifice et de concevoir un mortier (de chaux) de qualités physiques et chimiques aussi proches que possible de celles des pierres qu'il assemble. Les ciments, sources de sels multiples et donnant des mortiers imperméables sont à éviter.
La sauvegarde des pierres en œuvre, exposées aux agents bioclimatiques superficiels, obéit aux règles générales de la médecine : il vaut mieux prévenir en choisissant de bons matériaux, appareillés judicieusement et bien entretenus par la suite, qu'avoir à guérir par une intervention incertaine risquant de produire des effets pires que le mal.

Références bibliographiques

Beaucourt F. de et Jaton C. (1975) — Les types d'altération des roches calcaires. Num. hors sér. *Rev. Monuments Historiques* (Maladie de la Pierre), p.14-21.

Beaucourt F. de, Pauly J.-P. et Jaton C. (1975) — L'église monolithe d'Aubeterre-sur-Dronne. Num. hors sér. *Rev. Monuments Historiques* (Maladie de la Pierre), p. 48-65.

Cautru J.-P. (1976) — Le tuffeau de Touraine — Étude de son altération. Rapport B.R.G.M., n°76 S.G.N. 012 M.T.X.

Jaton C. (1971) — Contribution à l'étude de l'altération microbiologique des pierres des monuments de France. Thèse 3e cycle, Paris-Orsay, 193 p.

Jeannette D. (1980) — Les grès du château de Landsberg : exemple d'évolution des « grès vosgiens » en milieu rural. *Sci. Géol. Bull.,* 32, 2, p. 111-118, Strasbourg.

Jeannette D. (1981) — Modifications superficielles des grès en œuvre dans les monuments alsaciens. *Sci. Géol. Bull.,* 34, 1, p. 37-46, Strasbourg.

Kaufmann J. (1952) — Rôle des bactéries nitrifiantes dans l'altération des pierres calcaires des monuments. *C.R.Ac. Sc., Paris,* 234, p. 2395-2397.

Mamillan M. (1964) — Recherches récentes sur le nettoyage des façades en pierres calcaires. *Ann. Inst. Techn. Bâtiments et Trav. Publ.,* 17, p. 861-888.

Pauly J.-P. (1975) — Maladie alvéolaire. Conditions de formation et d'évolution. I.C.O.M.O.S. Bologne. The stone conservation, p. 55-80.

Quervain F. de (1945) — Verhalten der Bausteine gegen Verwitterrungseinflüsse in der Schweiss. Teil 1, *Betir. Géol. Schweiz,* Bern Géotechn. Ser. 23.

Schmoelzer A. (1936) — Entstchung der Verwitterungsskulpturen an Bausteinen. *Chem. der Erde,* p. 479-520.

Venuat M. (1978) — Ciments et bétons. Coll. Que sais-je ? P.U.F., n° 1339.

Chapitre XVII

Le rôle des formations superficielles dans la spécificité des terroirs

Par leur position à la surface de la lithosphère, les formations superficielles, comme les sols formés à leurs dépens, sont occupées par les végétaux, participent à leur alimentation et par voie de conséquence, influent sur la vie et la production animales. Elles conditionnent donc en partie le paysage végétal et les activités humaines en milieu rural. Leur spécificité lithologique peut transparaître au travers des productions agricoles.

XVII. 1 · Notion de terroir

Le terroir est une « *étendue limitée de terre considérée du point de vue de ses aptitudes agricoles* » (Dictionnaire Petit Robert, 1981). La « *terre* », formation meuble constituant la couche superficielle de l'écorce terrestre et supportant les êtres vivants qu'elle nourrit, comprend toujours le sol, et souvent la roche-mère du sol (substrat ou formation superficielle) : c'est le matériau du *milieu géo-pédologique*.

La profondeur exploitée par les racines est fonction des espèces végétales : quelques dm pour les espèces herbacées, plusieurs dm ou m pour les espèces arbustives ou arborescentes. Mais pour une même espèce, la pénétration et le développement du réseau racinaire sont conditionnés par la dureté du sous-sol, la capacité d'alimentation en eau et en sels minéraux des divers horizons ou couches et la situation de la nappe phréatique (fig. XVII.1).

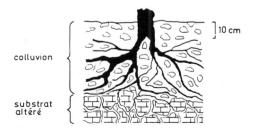

colluvion

substrat altéré

]10 cm

Fig. XVII.1 — *Un exemple d'enracinement de la vigne (cépage sauvignon) dans le Sancerrois* (d'après J. Bisson et R. Studer, 1971).
Les racines se développent dans un matériau colluvial caillouteux peu épais (30 à 60 cm) et ne peuvent pénétrer le calcaire kimméridgien sous-jacent, altéré mais compact. L'asphyxie des racines n'est pas à craindre car le plan d'eau est profond et les colluvions sont très perméables. Malgré l'enracinement superficiel, la rétention d'eau est suffisante pour une alimentation satisfaisante lors de la sécheresse estivale.

On sait que la pédogenèse est essentiellement placée sous le contrôle des climats : elle tend à uniformiser les roches dans une zone climatique donnée. De plus, dans l'agriculture moderne, les fumures (apports de fumiers, d'engrais divers) et les techniques (labours, irrigation, drainage) mises en œuvre pour certaines productions intensives, contribuent à modifier les caractères naturels des sols.

Le *sol* n'apparaît donc pas comme le plus fidèle reflet de la spécificité lithologique d'une région. Les produits céréaliers ou maraîchers qui y puisent leur nourriture n'ont pas la réputation de traduire un terroir particulier. Ils marquent parfois un trait climatique (primeurs).

Les *roches-mères* des sols sont aussi souvent sollicitées pour l'agriculture : les formations superficielles, meubles, sont plus facilement pénétrées par les racines que le substratum constitué de roches plus cohérentes. Il est d'ailleurs fréquent de constater, dans les paysages, que les parcelles cultivées se trouvent sur limons, colluvions, alluvions, altérites... faciles à travailler, tandis que les roches dures du substrat à relief plus chaotique ou escarpé, sont laissées en friches (fig. XVII.2).

Fig. XVII.2 — *Paysage d'une région calcaire de Yougoslavie.* L'agriculture est limitée au fond des dolines où s'accumulent les dépôts argilo-limoneux superficiels.

Les formations superficielles ont une grande variabilité lithologique à l'échelle régionale. Leurs caractères physico-chimiques sont moins modifiés par les interventions humaines que ceux des sols. C'est pourquoi l'originalité des terroirs transparaît beaucoup mieux à travers des espèces végétales peu exigeantes, allant chercher leurs aliments au-delà du sol dans les formations superficielles, en en répercutant les aptitudes. C'est le cas de nombreux *arbres fruitiers* et surtout de la *vigne*.

Ce sont principalement les paramètres lithologiques naturels marquant l'originalité des terroirs, et leurs relations avec l'environnement local (microclimat, topographie) que nous décrirons ci-après, laissant de côté les techniques d'intervention (amendement, irrigation...) qui tendent plutôt à en estomper les différences. Ajoutons que le terroir, riche ou pauvre, doux ou âpre à vivre, nourrit l'homme et agit sur lui. Il transparaît dans son accent, ses histoires et ses coutumes. Mais nous ne nous immiscerons pas ici dans le domaine complexe des sciences humaines.

XVII. 2 · Paramètres physico-chimiques conditionnant la qualité des terres

Trois types de propriétés déterminent la qualité des terres d'une région :
- *propriétés chimiques* qui conditionnent la croissance des végétaux par l'intermédiaire des éléments minéraux, majeurs et mineurs, et des fertilisants apportés par les praticiens,
- *propriétés hydriques*, plus ou moins favorables à l'alimentation en eau des cultures,
- *propriétés thermiques* qui agissent sur la vitesse de développement des végétaux et la maturation des fruits.

XVII. 2. 1 · Propriétés chimiques du milieu géo-pédologique

a) Substances nécessaires à la croissance des végétaux

La croissance des végétaux est liée à l'assimilation par leurs racines de divers éléments (J. Boulaine, 1982) :
- *Azote* (N), *phosphore* (P) et *potassium* (K) sont les principaux. L'azote, issu initialement de l'air, peut être intégré aux humus (forme organique) ou bien se trouver sous forme d'ions NO_3^- (forme nitrique), NH_4^+ (forme ammoniacale) ou simplement sous forme gazeuse (N_2) dans l'atmosphère des espaces intergranulaires.

Le phosphore est lié à des phosphates de Fe, Al, Ca, généralement peu solubles, ou à la matière organique. Il se présente aussi en sels dissous plus ou moins dissociés en ions PO_4^{3+}.

Le potassium existe dans de nombreux minéraux (feldspaths, micas, argiles...) d'où il peut être libéré par altération superficielle pour être retenu ensuite par la matière organique, ou se trouver sous forme de sels solubles et d'ions K^+.
- *Calcium* (Ca), *magnésium* (Mg) et *soufre* (S) jouent aussi un rôle important et doivent être présents en quantité substantielle (par exemple, le soufre : 25 kg/ha/an pour les céréales et 70 kg/ha/an pour le colza). Ils proviennent des minéraux ou de la matière organique. Ils existent aussi sous forme de sels solubles et d'ions Ca^{2+}, Mg^{2+} et SO_4^{2-}.
- Les *oligo-éléments* sont indispensables au développement normal des végétaux mais en très petite quantité. Ils sont divers : cuivre (Cu), zinc (Zn), molybdène (Mo), fer (Fe), manganèse (Mn), bore (B), fluor (F), chlore (Cl), etc.

Leur surabondance peut être *toxique* et leur absence amène des *carences*. Ces éléments, présents dans les minéraux, sont libérés par l'altération et sont plus ou moins solubles dans le milieu superficiel, donc diversement assimilables.

Le *carbone*, autre composant majeur des végétaux, vient de l'atmosphère d'où il est extrait par photosynthèse.

b) Rôle du complexe absorbant

Les éléments chimiques incorporés aux minéraux ou à la matière organique ne sont pas immédiatement assimilables par les végétaux. Ils sont mis en *réserve* à plus ou moins long terme et libérés progressivement par les processus de l'altération superficielle et de la minéralisation.

Seuls peuvent être absorbés par les racines les éléments *solubilisés*. Or ceux-ci ont tendance à être évacués par l'eau (lixiviation) au cours de son cheminement souterrain. Si la quantité d'éléments nutritifs libérés par la réserve est inférieure à celle perdue par lixiviation, les solutions s'appauvrissent et ne peuvent suffire à la nutrition des végétaux. Par ailleurs, la concentration des éléments dans l'eau varie d'un moment à l'autre selon l'humidité du milieu : les solutions se concentrent en phases d'assèchement et se diluent en phases d'humectation.

Entre la réserve évoluant à long terme et le vecteur permettant l'assimilation (eau) existe un dispositif assurant le *stockage* des ions libérés et leur disponibilité à court terme. Ce dispositif est le *complexe absorbant* (fig. XVII.3). Il est constitué par les particules colloïdales : humus dans le sol, minéraux argileux cristallisés ou amorphes dans le sol et le sous-sol (altérites ou sédiments fins).

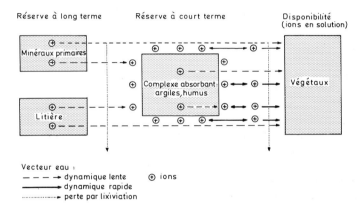

Fig. XVII.3 — *Mécanismes de l'alimentation des végétaux en sels minéraux.*

Ces particules colloïdales chargées électro-négativement ont la propriété de retenir à leur surface des cations qui peuvent être échangés avec ceux circulant dans les solutions environnantes, de façon que les concentrations s'équilibrent (J. Chaussidon in M. Bonneau et B. Souchier, 1979) : lorsque les solutions interstitielles s'appauvrissent en ions, le complexe absorbant les approvisionne. Lorsqu'au contraire des ions sont concentrés dans l'eau, le complexe tend à les mettre en réserve.

Le complexe absorbant présente donc une *capacité d'échange* essentiellement cationique. On exprime la capacité d'échange totale (T) en milliéquivalents (me) pour 100 g de terre (fig. XVII.4). Pour un élément donné, un milliéquivalent est égal au rapport masse atomique/valence $\times$ 1/1 000, soit par exemple 20 mg pour Ca^{2+} ou 39 mg pour K^+.

L'aptitude des divers colloïdes à stocker des ions est variable. L'humus a une capacité d'échange (200 à 400 me pour 100 g) nettement supérieure à celle des minéraux argileux (montmorillonite : 120 me, illite : 30 à 40 me et kaolinite : 10 me

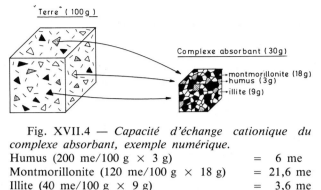

Fig. XVII.4 — *Capacité d'échange cationique du complexe absorbant, exemple numérique.*

Humus (200 me/100 g × 3 g)	= 6 me
Montmorillonite (120 me/100 g × 18 g)	= 21,6 me
Illite (40 me/100 g × 9 g)	= 3,6 me
Capacité d'échange totale (T/100 g de terre)	**= 31,2 me**

Bases échangeables	Ca^{2+}	= 10 me
	Mg^{2+}	= 5 me
	K^+	= 3 me
	Na^+	= 2 me
	S/100 g de terre	**= 20 me**
Taux de saturation (S/T en %)		**= 64, 1 %**

pour 100 g). Les alumino-silicates amorphes naturels tels les allophanes issus de l'altération des roches volcaniques ont une assez forte capacité d'échange (100 à 200 me/100 g).

La capacité d'échange totale d'une terre dépend donc de la nature et de la quantité des colloïdes qu'elle contient : T varie de quelques me/100 g pour les terres pauvres (sédiments et altérites peu argileux) à 100 me/100 g pour les terres riches (horizons humiques des sols).

La richesse d'une terre dépend évidemment aussi des ions effectivement stockés par le complexe absorbant, que l'on estime d'après la *somme* S en me *des cations échangeables* Ca^{2+}, Mg^{2+}, K^+ et Na^+ présents dans 100 g de terre (fig. XVII.4). Le rapport S/T, en %, indique si le sol est saturé (S/T = 100 %) ou peu saturé (S/T = quelques %). Dans le deuxième cas le complexe retient surtout des ions peu nutritifs tels Al^{3+}, H^+ ou des oligo-éléments. Le complexe absorbant peut aussi présenter localement des charges positives et retenir des anions (Cl^-, NO_3^-...).

Le complexe absorbant joue donc un rôle fondamental dans la nutrition des végétaux. Par son intermédiaire, les caractéristiques chimiques des roches superficielles ont une influence sur la végétation. Les espèces cultivées exigeantes ne peuvent croître convenablement que dans un milieu où le niveau nutritif est correct, généralement contrôlé par des apports d'engrais (azote, phosphore, potassium et oligo-éléments en cas de carence) agissant surtout au niveau du sol où le complexe absorbant est actif. Les espèces cultivées peu exigeantes comme la vigne, s'adaptent à des milieux chimiquement divers, voire pauvres, qu'il n'est pas nécessaire de modifier sensiblement. Qualitativement et quantitativement, leur développement reflète en partie le chimisme du terroir qui les a nourries.

XVII. 2. 2 - **Propriétés hydriques du milieu géo-pédologique**

a) Localisation de l'eau dans les matériaux superficiels

L'eau apporte aux végétaux l'hydrogène et l'oxygène nécessaires à leur croissance. Elle est captée dans le sol et le sous-sol par les racines et elle véhicule les éléments nutritifs.

Les molécules d'eau sont incorporées à différents niveaux d'organisation dans les composants minéraux et organiques. On distingue :

- l'*eau de constitution*, située dans le réseau des minéraux auxquels elle est fortement liée. Seul un chauffage à plus de 100° C peut l'extraire ;
- l'*eau adsorbée*, se trouve à la surface des particules, notamment des minéraux argileux, retenue par les forces électrostatiques et associées aux cations compensateurs (fig. XVII.5). La quantité d'eau retenue dépend des cations présents (dans l'ordre d'une fixation croissante d'eau : Ca^{2+}, K^+, Na^+, Li^+) et de la nature des minéraux argileux : les argiles gonflantes (smectites) retiennent plus d'eau que les autres (illites, kaolinites...). Les smectites peuvent capter jusqu'à cinq fois leur poids d'eau (D. Tessier et G. Pedro, 1976) ;
- l'*eau de microporosité*, se trouve dans les pores de petite taille (quelques μm de diamètre) plus ou moins retenue par des forces capillaires. Ces pores sont situés entre les particules, dans les matériaux fins (argiles, limons) : il s'agit donc surtout d'une microporosité *texturale* ;
- l'*eau de macroporosité*, est localisée dans diverses fissures, dans les chenaux liés aux racines ou les pores de grande taille (en général plus de 1/100 de mm de diamètre, comme dans les sables). Cette eau dépend principalement de la structure du matériau qui l'accueille (porosité *structurale*) et circule dans le milieu sous l'effet de la gravité.

Les différents types d'eau cohabitent dans les milieux superficiels. Dans un matériau donné, la teneur relative de chaque type varie d'un moment à l'autre en fonction des apports par les pluies ou de l'évaporation, des prélèvements par les

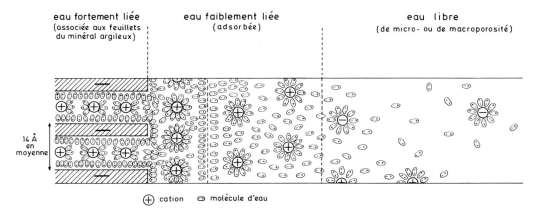

Fig. XVII.5 — *Différents types d'eau en relation avec les minéraux argileux* (d'après E.M. Sergeev, 1971, modifié).

végétaux, de l'évacuation vers les nappes d'eau souterraines et de la géométrie du matériau réservoir (variation de la taille des pores et fissures par gonflement ou contraction des argiles, croissances des racines, etc.).

b) Dynamique de l'eau et développement des végétaux

La capacité d'alimentation en eau des végétaux est variable dans le temps : elle dépend du régime hydrique du milieu. Nous en résumons les points essentiels d'après M. Hallaire (1963), A. Féodoroff (1972) et M. Bonneau et B. Souchier (1979).

L'eau de pluie qui ne ruisselle pas et n'est pas immédiatement évaporée, s'infiltre dans le sol puis le sous-sol qu'elle humecte lorsqu'ils sont secs, en chassant l'air qui s'y trouve. Elle occupe progressivement tous les sites décrits ci-dessus (surface des colloïdes, micropores, macropores...), la terre étant de plus en plus humide. Une partie de cette eau est retenue par les composants minéraux et organiques, une autre partie est mobile. Deux notions apparaissent :

— La *teneur en eau* : elle se mesure en pesant un échantillon de terre humide (P1), puis séché à l'étuve à 105° C (P2) et en effectuant le rapport $\dfrac{P1 - P2}{P2}$ en %.

La teneur en eau peut varier de quelques % à 100-200 % ou plus pour le même échantillon, d'un instant à un autre.

— La *rétention* ou la *mobilité* de l'eau dans le milieu géo-pédologique. Le comportement des molécules d'eau est lié au rapport de leur énergie libre (liée essentiellement au potentiel gravitaire) relativement à la force d'attraction exercée à leur endroit par le matériau (potentiel matriciel). Le *potentiel matriciel* est exprimé par le pF : logarithme décimal de la pression (en atmosphère ou g/cm²) nécessaire pour extraire l'eau retenue. Par exemple, pour la valeur pF = 3, il faut exercer sur chaque cm² de surface interne (toute surface de contact matériau-eau) une force d'extraction de 1 000 g. En tout site à l'intérieur d'un matériau, lorsque le potentiel matriciel appliqué à une molécule d'eau est supérieur au potentiel gravitaire, celle-ci est retenue, sinon, elle est libre.

Il existe une relation entre la teneur en eau d'un matériau et son pF (fig. XVII.6) :

- aux faibles teneurs en eau, les sites où s'exercent les forces du potentiel matriciel n'étant pas occupés, le pF est élevé (= 4, 5, 6...) ;
- aux fortes teneurs en eau, l'essentiel des forces d'attraction étant utilisées, celles restant inoccupées sont faibles, voire nulles lorsque le milieu est saturé.

Pour une même valeur de pF (par ex : pF = 3, fig. XVII.6), un matériau sableux retient moins d'eau qu'un matériau argileux car sa surface interne est plus faible en raison notamment d'une texture plus grossière (fig. XVII.7).

Les racines des végétaux ont une force de succion qui leur permet de capter une grande partie de l'eau située dans leur environnement : cette force est estimée en moyenne à 15 850 g/cm² soit un pF = 4,2. Elles peuvent évidemment prélever sans aucune difficulté l'eau mobile, en transit vers les nappes d'eau souterraines ou vers des zones plus sèches (remontée vers la surface au cours d'une période sèche accompagnée d'évaporation superficielle par exemple).

Mais cette eau en transit n'est présente que pendant une durée limitée après une

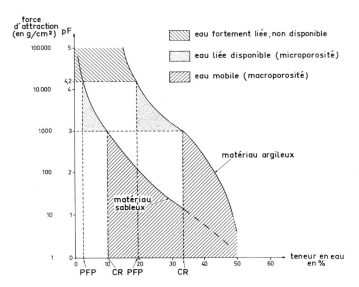

Fig. XVII.6 — *Exemples de courbes teneur en eau — pF de matériaux sableux et argileux.*

pluie : c'est la phase de *ressuyage*. On admet qu'au bout de 48 heures il ne reste dans le milieu que de l'eau liée, correspondant à un pF voisin de 3 : la teneur en eau à ce stade est appelée *capacité de rétention*. Une partie de cette eau, faiblement retenue (entre les pF 3 et 4,2), peut encore être captée par les racines : c'est la plus intéressante car elle demeure longtemps dans le milieu et est disponible. Elle constitue la *réserve utile*.

Les molécules d'eau encore présentes lorsque le pF atteint 4,2 ne peuvent être extraites : la teneur en eau à ce stade correspond au *point de flétrissement permanent*. Même si la quantité d'eau restant alors est assez élevée (cas des matériaux argileux notamment), cette eau n'est d'aucune utilité pour le végétal qui se flétrit (fig. XVII.6).

Chaque horizon ou couche du domaine géo-pédologique présente sa propre courbe teneur en eau — pF qui caractérise ses propriétés hydriques. A un moment donné la variation d'humidité selon les niveaux permet de déterminer un *profil*

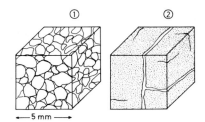

Fig. XVII.7 — *Schématisation de la surface interne d'un matériau.*
1 — Matériau sableux : surface interne faible. Le volume est peu divisé par de gros grains.
2 — Matériau limono - argileux : surface interne élevée. Le volume est intimement subdivisé par de petits grains et les fentes inter-agrégats (la kaolinite pure a une surface interne de l'ordre de 50 m^2/g).

hydrique (fig. XVII.8). La forme des profils dépend étroitement du climat, en particulier de la distribution des pluies dans l'année et de la température qui peut accélérer ou ralentir les processus d'évaporation. Elle est aussi influencée par la présence d'un plan d'eau en profondeur (nappe phréatique) amenant des remontées capillaires.

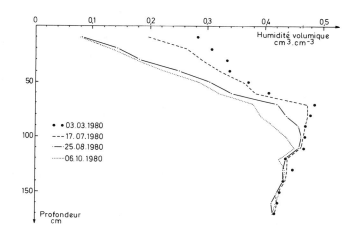

Fig. XVII.8 — *Quelques profils hydriques relevés en 1980 dans un sol du vignoble de Pomerol sur formation alluviale dans le Bordelais* (d'après J. Duteau, 1982). L'assèchement estival n'apparaît pas au-delà de 1,20 m de profondeur.

Par ailleurs, l'eau indispensable à la croissance des végétaux est nuisible lorsqu'elle sature durablement le milieu, car l'oxygène nécessaire à la respiration des racines est insuffisant et l'environnement devient asphyxiant.

Les racines prospectent le sol et le sous-sol, parfois jusqu'à plusieurs mètres de profondeur, à la recherche des niveaux qui leur sont les plus favorables du point de vue hydrique tout au long de l'année.

XVII. 2. 3 · Propriétés thermiques du milieu géo-pédologique

Les *radiations* d'origines céleste ou atmosphérique, principalement celles issues du soleil, fournissent à la surface de la terre en moyenne 0,8 calorie par cm² et par minute (S. Henin, 1977). Une partie de ces radiations est réfléchie dans l'atmosphère, une autre est absorbée par la lithosphère superficielle et contribue à l'évaporation de l'eau qui s'y trouve et à l'échauffement de ses constituants organo-minéraux. La proportion en %, du rayonnement réfléchi par rapport au rayonnement reçu par la terre est nommé *albédo*.

Plusieurs facteurs conditionnent le régime thermique du milieu géo-pédologique :

- la *situation géographique* dont dépend le climat et donc l'intensité de l'ensoleillement et sa répartition dans le temps (jour, année...).
- la *topographie* : la valeur et l'orientation des pentes par rapport aux radiations solaires majorent ou réduisent le flux thermique. En Europe occidentale, une pente de 30 % orientée au sud apporte un gain du quart des calories reçues par une surface horizontale, et une pente de même valeur tournée vers le nord, une perte de la moitié des calories (S. Henin et al., 1969).
- l'*albédo* : il dépend de l'importance du couvert végétal et de la nature des matériaux affleurant. Des sables clairs ou du calcaire blanchâtre réfléchissent environ 50 % des radiations. Des roches sombres ou des horizons de sol riches en matière organique sont plus absorbants : ils ont un albédo de 5 à 10 %. Végétation et humidité ont tendance à diminuer la valeur de l'albédo.
- les *caractéristiques physiques des matériaux* constituant le sol et le sous-sol. Pour élever d'un degré la température d'un gramme d'eau, il faut une calorie (chaleur spécifique : 1 cal/g), tandis que les diverses roches n'exigent en moyenne que 0,2 cal/g et l'air 0,24 cal/g : une terre humide se réchauffe et se refroidit plus lentement qu'une terre sèche, et la matière organique par sa capacité de rétention d'eau, joue dans le même sens.

Fig. XVII.9 — *Vignoble de Rablay (Coteaux du Layon, Anjou) : caractéristiques thermiques.* Le cépage chenin blanc est tardif (vendanges fin octobre, début novembre) et la production de vins blancs doux à titres alcooliques élevés demande une forte maturation du raisin. Les parcelles permettant la récupération maximum des calories nécessaires en automne se trouvent sur de fortes pentes exposées au sud, façonnées dans des schistes, grès ou spillites carbonifères altérés, de teinte sombre.

Par ailleurs, la propagation de la chaleur dans le sous-sol est réglée par la *conductibilité thermique* de ses constituants : l'air est le moins conducteur des matériaux tandis que les roches denses et compactes ont une meilleure conductibilité thermique. Les roches poreuses (sables, calcaires...) et l'eau ont des caractéristiques intermédiaires.

La combinaison de ces divers facteurs fait que la température varie continuellement dans la lithosphère superficielle :
- entre le jour et la nuit, sur une profondeur de quelques dm depuis la surface ;
- d'une saison à l'autre, sur plusieurs mètres, voire 15 à 20 m de profondeur (J. Boulaine, 1982).

A un instant donné, la distribution des températures selon la profondeur constitue le *profil thermique*.

La température de la lithosphère superficielle agit directement sur le développement des végétaux en stimulant plus ou moins l'activité et la croissance des racines. Elle agit aussi indirectement sur l'appareil aérien, et notamment la maturation des fruits, en restituant pendant les périodes fraîches (nuit, printemps...) des calories à l'atmosphère située près du sol, s'opposant ainsi, par exemple, au gel (fig. XVII.9).

XVII. 3 · Les terroirs viticoles

XVII. 3. 1 · Exigences de la vigne et expression du terroir

C'est sans conteste à travers la *viticulture* et son produit le *vin* que la notion de terroir est la mieux exprimée. Un ouvrage intitulé « Terroirs et Vins de France » (coordination C. Pomerol, 1986) traite ce sujet en détail.

La vigne, espèce végétale assez peu exigeante, peut croître sur divers supports organo-minéraux, allant chercher souvent à plusieurs mètres de profondeur, généralement dans des formations superficielles, les substances dont elle a besoin.

La richesse en sels minéraux (potassium, phosphore, magnésium...) du sol et du sous-sol, joue un rôle sur le développement de l'appareil végétatif mais ne paraît pas, dans l'état actuel des connaissances, avoir de répercussion à travers le raisin, sur la qualité des vins. Ce sont essentiellement les *propriétés physiques* des terres qui influent sur la production vinicole.

L'*alimentation en eau* des vignes doit être suffisante, notamment en période sèche, mais ne doit pas être trop abondante tout au long de l'année : ni au moment du développement des feuilles (printemps) car elles seraient trop volumineuses et formeraient un écran vis-à-vis du soleil, entravant la maturation du raisin (R. Morlat et al., 1981), ni lors de la croissance et la maturation des grappes (été, automne) afin que les grains présentent des teneurs suffisantes en sucres, composés phénoliques et pigments colorés pour induire des vins de qualité. C'est pourquoi les meilleures terres viticoles sont caillouteuses, avec un taux d'argile le plus souvent faible à moyen (éboulis, alluvions...), bien drainées et à faible capacité de rétention. Ces terres sont justement délaissées pour les autre cultures.

La fructification de la vigne et la maturation du raisin demandent des conditions *thermiques* favorables. Absence de gel au printemps et chaleur maximum en automne sont obtenues sur les terres peu argileuses, sèches, dépourvues d'herbe, riches en pierres de préférence sombres, accumulant et restituant rapidement les calories, et bien orientées par rapport au soleil et au vent (pentes favorisant les microclimats).

La vigne doit donc plus à la lithologie de son sous-sol qu'au sol lui-même généralement peu épais là où on la cultive. Elle s'adapte facilement au milieu où on la plante et en répercute les caractéristiques.

De plus, la vinification, lorsqu'elle suit les méthodes ancestrales, renforce ces caractères : le vigneron est souvent lui-même né dans le terroir dont il connaît, par pragmatisme, les aptitudes. Il sait au gré des années, bonnes ou mauvaises climatiquement, associer les raisins provenant de terres différentes, vendanger plus tôt ou plus tard selon la situation des parcelles, parfois grain par grain, choisir la durée de la fermentation et la méthode de pressurage, de façon à exprimer au mieux les potentialités du terroir.

XVII. 3. 2 · Quelques exemples de terroirs viticoles sur formations superficielles

a) Terroirs de colluvions ou éboulis calcaires

Les formations superficielles calcaires, caillouteuses et meubles, bien drainées et convenablement orientées, portent beaucoup de vignobles réputés. On peut citer par exemple les crus issus de la culture du pinot noir, à Marlenheim en Alsace sur colluvions de calcaire muschelkalk, en Champagne sur craies crétacées ou en Bourgogne où les vignobles des côtes de Beaune et de Nuits sont plantés sur colluvions et éboulis de calcaires respectivement oxfordiens et bajociens-bathoniens.

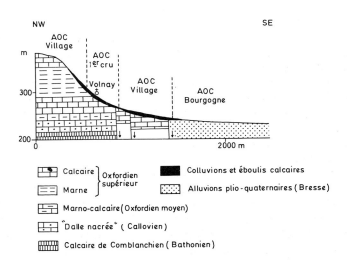

Fig. XVII.10 — *Situation géologique des appellations dans les vignobles de Côte-de-Beaune* — Pommard, Volnay (d'après N. Leneuf *et al.* in C. Pomerol, 1986, modifié).

Dans ces vignobles bourguignons, les meilleures productions (Grands Crus, Premiers Crus et Villages) sont obtenues sur les colluvions contenant 5 à 40 % de pierres, 30 à 45 % d'argile et 10 à 50 % de calcaire (N. Leneuf et al. in C. Pomerol, 1986) (fig. XVII.10 et XVII.11).

Fig. XVII.11 — *La côte bourguignonne au niveau de Volnay (Côte-d'Or).* A l'arrière-plan calcaire marneux de l'Oxfordien ; au premier plan, cône de déjection à cailloux calcaires de l'Avant-Dheune (cliché N. Leneuf).

En Savoie, près de Chambéry, dans les vignobles des Abymes de Myans et d'Apremont, le cépage blanc jacquère est cultivé sur les dépôts provenant de l'écroulement en l'an 1248 de la falaise urgonienne du Granier.

Les terres carbonatées contenant une forte proportion (plus de 6 à 8 %) de calcaire finement divisé en particules argilo-limoneuses *(« calcaire actif »)* sont parfois responsables d'une maladie de la vigne : la *chlorose ferrique.* Cette maladie provient d'un blocage de l'assimilation du fer nécessaire à la synthèse de la chlorophylle par un excès de $CaCO_3$, ce qui se traduit par une décoloration des feuilles et le ralentissement de l'activité végétative.

La surabondance d'eau aggrave la chlorose qui n'apparaît pas lorsque l'effet du calcaire actif est contrebalancé par la présence de minéraux ferrifères comme la glauconite (cas des terroirs de Champigny en Saumurois, sur craie turonienne altérée où est cultivé le cabernet franc). En Champagne, on ajoute aux terres crayeuses des lignites sparnaciennes contenant de la pyrite de fer (H. Guérin et M. Laurain in C. Pomerol, 1986).

Inversement, le calcaire actif a un effet bénéfique en limitant la toxicité de certains éléments comme le cuivre apporté sous forme de sulfate pour les traitements contre le mildiou.

b) Terroirs d'alluvions fluviatiles

Les dépôts fluviatiles sont très favorables à la culture de la vigne. Ce sont des matériaux meubles et caillouteux, situés sur des pentes (versants de vallées) souvent bien exposées, perméables et à capacité de rétention d'eau assez faible, renfermant néanmoins un plan d'eau à quelques mètres de profondeur assurant une alimentation hydrique suffisante de la vigne.

Les caractères physiques varient selon les secteurs et dépendent notamment de l'altitude des terrasses alluviales, les plus basses (quelques mètres au-dessus de la rivière) étant moins favorables en raison de l'excès d'eau.

De même, les caractères chimiques sont fluctuants, les alluvions pouvant être carbonatées ou non (si oui, il s'agit surtout de graviers et galets calcaires et non de calcaire actif), plus ou moins riches en Fe, Mg, K... ; elles sont en général surtout siliceuses et pauvres en cations, ce qui n'a pas de conséquence majeure sur la qualité des vins produits.

Certains vins d'Alsace, des Côtes du Rhône méridionales, du Val de Loire et du Bordelais proviennent de tels terroirs. En Val de Loire par exemple, le cépage sauvignon (blanc) croît à Quincy sur des alluvions anciennes du Cher, et le cabernet franc (rouge) à Bourgueil sur des dépôts de la Loire (fig. XVII.12 et XVII.13) et à Chinon sur les alluvions de la Vienne : les nuances du terroir apparaissent entre ces deux dernières appellations voisines à travers la limpidité, la couleur, l'arôme et l'aptitude au vieillissement des vins.

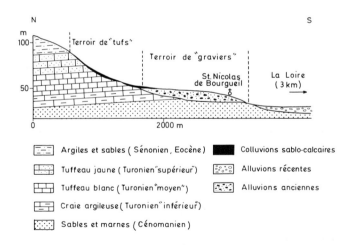

Fig. XVII.12 — *Situation géologique des vignobles de l'appellation Bourgueil en Touraine* (d'après J.-J. Macaire in C. Pomerol, 1986, modifié).

En Bordelais, les cépages côt, merlot et cabernet souvent associés pour produire les vins rouges de Pomerol, des Graves ou du Médoc sont profondément enracinés dans les alluvions (jusqu'à 5 m). En Médoc, les conditions d'alimentation en eau

Fig. XVII.13 — *Vignoble de Saint-Nicolas de Bourgueil (Indre-et-Loire), installé sur une terrasse fluviatile de la Loire.*

sont particulièrement favorables (G. Seguin, 1970). Au printemps, lors de la croissance de la vigne, les racines profondes des vieux ceps (10 ans ou plus) puisent l'eau dans la zone de remontée capillaire située au-dessus de la surface de la nappe phréatique en cours d'abaissement : la teneur en eau est à la capacité de rétention, le milieu est donc suffisamment aéré (macropores vides d'eau).

En été, époque de la maturation du raisin, l'alimentation est ralentie par le fort abaissement de la nappe et la faible pluviométrie, mais assurée par des réserves suffisantes (rétention). Le point de flétrissement est bas. Si l'été est pluvieux, la forte perméabilité des alluvions permet l'évacuation rapide de l'excès d'eau vers la nappe en profondeur.

Ainsi, les vieilles vignes se développent toujours favorablement, ce qui n'est pas le cas des jeunes plants à enracinement superficiel. La touche finale marquant le millésime, dépend surtout de l'environnement thermique (ensoleillement) à la fin de l'été et au début de l'automne.

c) Terroirs d'arènes et gores

Les produits d'altération des roches éruptives ou métamorphiques portent des vignobles de qualité, notamment en Alsace (riesling de Dambach), en Beaujolais (crus de Moulin à Vent, Morgon, Juliénas...), dans les Côtes du Rhône septentrionales, en Provence, Corse, dans le Pays Nantais (Muscadet), et en Espagne au nord de Barcelone.

Les arènes granitiques donnent des terres sableuses, légères, parfois peu riches en cailloux, bien aérées et bien drainées car à faibles teneurs en argile, mais sensibles au dessèchement. Elles sont pauvres chimiquement, à pH acide (4 à 6), avec parfois des carences en oligo-éléments. Le « minage », défonçage du sous-sol permettant de remonter en surface des minéraux peu altérés, améliore ces terres (A. Godard, 1977).

Les gores, sensiblement plus argileux, et les altérites sur roches basiques plus riches chimiquement et à meilleure aptitude thermique que les arènes granitiques en raison de leurs teintes foncées, marquent leur empreinte dans la production viticole. En Beaujolais, la célèbre appellation communale Morgon vient de « morgon » nom local des altérites de schistes et de roches éruptives.

d) Terroirs de sables et limons éoliens

Par leurs fortes teneurs en argiles, les lœss et limons éoliens ne sont pas favorables à la viticulture : ils donnent des terres trop humides se réchauffant mal. Ces sédiments sont néanmoins présents dans de nombreux terroirs viticoles en recouvrement pelliculaire (quelques dm) d'alluvions fluviatiles ou autres formations (Alsace, Bordelais...).

Les parcelles où leur épaisseur est trop forte (apparition d'indices d'hydromorphie) ne sont pas plantées.

Les sables éoliens seuls sont peu propices car trop pauvres chimiquement et à capacité de rétention insuffisante. Cependant, lorsqu'ils sont peu épais et que les racines peuvent atteindre une couche différente en profondeur, ils peuvent être un élément favorable par leur bonne perméabilité et leur réchauffement rapide : c'est le cas du terroir de l'A.O.C. Montlouis en Touraine où le chenin blanc va chercher sous le sable éolien, dans le tuffeau jaune turonien altéré, ce que le sable ne lui fournit pas.

Les vergers affectionnent particulièrement ces terres sableuses (fig. XVII.14).

Fig. XVII.14 — *Arbres fruitiers cultivés sur des sables éoliens à Azay-le-Rideau (Touraine).*

XVII. 4 · Vulnérabilité des terres cultivées aux remaniements superficiels

On sait que les formations superficielles sont en continuelle évolution et qu'elles sont fugaces à l'échelle du temps géologique : meubles, soumises aux agents bioclimatiques, elles sont sujettes à la dissolution ou à l'érosion par l'eau ou le vent.

Cette évolution naturelle, lente et peu perceptible sous les climats peu agressifs et le fort couvert végétal de l'Europe, s'accélère dans les zones en pente soumises à la rotation des cultures, car les terres sont épisodiquement dégarnies et ameublies par les labours et façons culturales.

L'eau de pluie parvenant à la surface du sol et non évaporée se répartit en trois catégories (G. Clauzon et J. Vaudour, 1971) (fig. XVII.15) :
- celle qui *s'infiltre* dans le sous-sol : elle est retenue par les particules ou gagne

lentement les nappes d'eau souterraines. Elle n'a pas d'action érosive mais une action dissolvante lente.

- celle qui *ruisselle en surface* : elle agit surtout par érosion, plus ou moins efficace selon le régime pluviométrique. Son action dissolvante est assez limitée.

- celle qui *ruisselle sous la surface* (ruissellement hypodermique) sans véritable action érosive mais efficace par solubilisation.

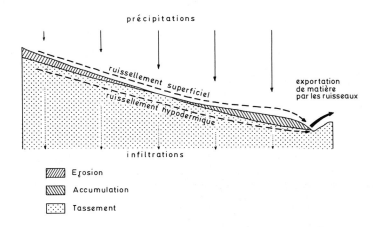

Fig. XVII.15 — *Modalités et natures des remaniements superficiels.*

Le remaniement superficiel se traduit par un *transfert de matière solide* depuis les parties hautes des parcelles (érosion) vers les parties basses (accumulation) et par une *exportation* par les eaux des rivières sous forme d'ions solubles ou de charge solide. Lorsque la perte de matière apparaît au sein même du sol ou du sous-sol, un *tassement* se produit. M. Bornand (1978) estime par exemple que l'altération des alluvions fluviatiles a entraîné un abaissement de la surface des terrasses dans la vallée du Rhône de 1 à 1,5 m depuis le Würm, 3 à 4 m depuis le Riss, 11 à 15 m depuis le Günz et 55 à 100 m depuis le Villafranchien !

La vitesse de perte de matière en un lieu donné se mesure en « *Unités Bubnoff* » (A.G. Fischer, 1969) : une unité est égale à l'ablation d'une couche de 1 m par million d'année (soit un mm en 100 ans ou un micromètre par an).

Des mesures expérimentales comparées, effectuées en Provence par G. Clauzon et J. Vaudour (1971) sur des parcelles couvertes de garrigue et dénudées, ont montré l'effet néfaste du défrichement et du labour sur la conservation des terres. La parcelle couverte évolue peu sous le climat méditerranéen : elle ne fournit pratiquement pas de matière solide et l'exportation d'ions solubles est limitée (1,8 kg/ha/an d'ions Ca^{2+} et 0,3 kg/ha/an d'ions Mg^{2+}).

Sur la parcelle découverte et labourée tous les ans, la perte de substance solide est estimée à 41 t/ha/an, 3 ans après le défrichement (équivalent de 100 unités Bubnoff) : il s'agit surtout de limon (50 %) et d'argile (30 %). Les graviers peuvent représenter 5 %. Le départ de substances solubles est en moyenne 3 fois plus élevé que sur la parcelle couverte (4 à 5 fois pour les bases).

C'est la dénudation puis les labours successifs, amenant une déstabilisation rapide des unités structurales du sol, un tassement du sous-sol et donc une diminution de l'infiltration au profit du ruissellement qui expliquent ces remaniements. Les parcelles en pente et à nu toute l'année, comme c'est le cas dans de nombreux vignobles, sont donc particulièrement vulnérables.

En fait, plus qu'une érosion globale, bien souvent la mise en culture amène plutôt une *redistribution anthropique* des formations superficielles. Dans le Terrefort toulousain, J.-C. Revel et M. Rouaud (1985) ont observé que les sols bruns lessivés et bruns calciques peuvent être rajeunis par l'érosion en sols bruns calcaires ou en régosols, ou bien être enterrés sous des colluvions.

Ces auteurs ont mesuré que depuis environ 1 000 ans (époque d'un défrichement intensif) 57 % de la surface sont l'objet d'une érosion à une vitesse moyenne de 1,1 mm/an et 36 % enregistrent une accumulation colluviale au taux moyen de 1,5 mm/an. 10 % seulement de la matière érodée sont évacués par les cours d'eau.

Cette redistribution se faisait autrefois à l'intérieur de chaque parcelle. La terre était labourée à faible profondeur, selon les courbes de niveau. Elle était rejetée vers le bas et retenue par les haies limitant les propriétés (fig. XVII.16). Le remem-

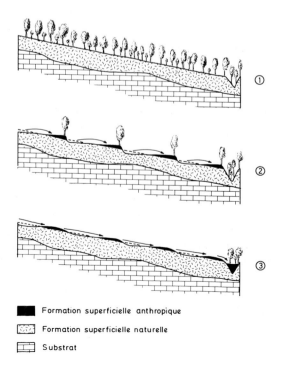

Fig. XVII.16 — *Remaniements anthropiques successifs de versants mis en culture* (d'après J.-C. Revel et M. Rouaud, 1985).
1 — Versant originel à couvert végétal naturel.
2 — Versant défriché, haies conservées, labour traditionnel de petites parcelles allongées parallèlement aux courbes de niveau : érosion en partie haute, accumulation vers le bas de chaque parcelle.
3 — Remembrement, suppression des haies, labour mécanique de grandes parcelles selon la ligne de plus grande pente : régularisation du profil topographique et accumulation dans les ravins et vallons.

■ Formation superficielle anthropique

▨ Formation superficielle naturelle

⊞ Substrat

brement a vu l'agrandissement des parcelles cultivées avec la suppression des haies. Le labour mécanique, récent, est plus profond et suit la ligne de plus grande pente. On tend vers une uniformisation du profil des parcelles qui favorise le transit des particules sur toute la longueur des versants et leur accumulation au fond des ravins ou des vallons.

Les formations superficielles et les sols qu'elles portent, d'une importance primordiale pour l'homme, sont donc très vulnérables, ce qui fait dire à H. Faure (1978) : « Lorsque le pétrole aura été épuisé, les formations superficielles, matière première des ressources naturelles, support de l'environnement et des sources d'énergie futures, constitueront bientôt la formation géologique la plus précieuse pour l'homme. Il est donc grand temps de mieux les comprendre pour mieux les exploiter, les renouveler et les protéger ».

Références bibliographiques

Bisson J. et Studer R. (1971) — Étude des sols du Sancerrois Viticole Nord. *Bull. Inst. Nat. Appel. Orig. des Vins et Eaux-de-Vie.* 111, 3-25.

Bonneau M. et Souchier B. (1979) — Pédologie — T 2 : Constituants et propriétés du sol. Masson éd., Paris, 459 p.

Bornand M. (1978) — Altération des matériaux fluvio-glaciaires, genèse et évolution des sols sur terrasses quaternaires dans la moyenne vallée du Rhône. Thèse Doct. État, Montpellier, 329 p.

Boulaine J. (1980) — Pédologie appliquée. Masson éd., Paris, 220 p.

Boulaine J. (1982) — L'Agrologie. Coll. « Que sais-je », P.U.F., n° 1412.

Clauzon G. et Vaudour J. (1971) — Ruissellement, transports solides et transports en solution sur un versant aux environs d'Aix-en-Provence. *Revue Géog. phys. et Géol. dyn.*, XIII, 5, 489-503.

Duteau J. (1982) — Alimentation en eau de la vigne dans le Bordelais en période estivale sèche. *Sc. du Sol*, 1, 15-30.

Faure H. (1978) — Colloque : « Étude et cartographie des formations superficielles : leurs applications en régions tropicales » — Thème 1 : « Formations superficielles et géologie » — Rapport de synthèse. Sao Paulo, 1, 39-54.

Féodoroff A. (1972) — Hydrologie du sol. Document I.N.R.A. Science du Sol.

Fischer A.G. (1969) — Geological time — distances rates : The Bubnoff unit. *Geol. Soc. of America Bull.*, 80, 549-552.

Godard A. (1977) — Pays et paysages du granite. P.U.F., 232 p.

Hallaire M. (1963) — L'eau et la production végétale. I.N.R.A., Paris.

Henin S. (1977) — Cours de physique du sol. Tome 2. O.R.S.T.O.M., n° 29, Editest, 222 p.

Henin S., Gras S. et Monnier G. (1969) — Le profil cultural. Masson éd., Paris, 332 p.

Morlat R., Puissant A., Asselin C., Léon H. et Remude M. (1981) — Quelques aspects de l'influence du milieu édaphique sur l'enracinement de la vigne, conséquences sur la qualité du vin. *Sc. du Sol*, 2, 125-146.

Pedro G. (1976) — Sols argileux et argiles. Éléments généraux en vue d'une introduction à leur étude. *Sc. du Sol*, 2, 69-84.

Pomerol C. (sous la dir. de) (1986) — Terroirs et vins de France — Itinéraires œnologiques et géologiques. Total éd. Presse et Éd. du B.R.G.M., 2e éd., 350 p.

Revel J.-C. et Rouaud M. (1985) — Mécanismes et importance des remaniements dans le Terrefort toulousain (Bassin Aquitain, France). *Pédologie*, Gand, XXXV, 2, 171-189.

Seguin G. (1970) — Les sols des vignobles du Haut-Médoc. Influence sur l'alimentation en eau de la vigne et sur la maturation du raisin. Thèse Doct. État, Bordeaux, 141 p.

Sergeev E.M. (1971) — Les forces de cohésion et eau liée dans les argiles. *Bull. B.R.G.M.*, II, 1, 9-19.

Tessier D. et Pedro G. (1976) — Les modalités de l'organisation des particules dans les matériaux argileux. *Science du Sol*, 2, 85-100.

Épilogue

Malgré l'essai de classification géodynamique proposé dans cet ouvrage, il apparaît que la première caractéristique des formations superficielles est leur diversité. Celle-ci résulte de la multiplicité des conditions de leur genèse, agissant de manière directe ou indirecte, à l'interface lithosphère-atmosphère. Le substrat lithosphérique, constituant l'agent pourvoyeur de matière, essentiellement *passif*, et sa nature lithologique induisent l'héritage directement transmis, plus ou moins modifié, aux formations superficielles. Les agents atmosphériques constituent l'agent *actif*, de prélèvement, de transport et de transformation du stock de matière héritée. Les formations superficielles apparaissent donc comme *la résultante de deux complexes interactifs*.

Dans leur diversité, les formations superficielles ont un point commun : elles sont l'expression des processus de la géodynamique externe et à ce titre, elles doivent être considérées comme des *formations en transit*, provisoirement stabilisées au niveau des différentes zones de l'espace continental mais prêtes à se remobiliser sous l'effet des différentes forces actives qui déterminent les transformations et les transferts de matière à l'interface lithosphère-atmosphère. L'eau et la gravité sont les deux agents moteurs principaux de leur mobilisation épisodique.

Dans l'espace temps, le transit des formations superficielles s'effectue globalement à deux vitesses différentes qui alternent selon des rythmes périodiques d'amplitude variable. Pendant *les phases de stabilité* dynamique globale, d'ordre surtout climatique mais aussi orogénique, un certain *équilibre* s'établit entre la production de couverture superficielle et les moteurs de sa migration qui s'effectue alors à petite vitesse et souvent de façon imperceptible. Cet état d'équilibre apparent est perturbé par des *phases de déstabilisation* périodiques qui provoquent une *mobilisation accélérée* des couvertures superficielles dont le transit s'effectue alors à grande vitesse. Ces phases d'activation des processus peuvent être globales et perceptibles à l'échelle de tous les espaces continentaux terrestres, et c'est le cas des péjorations climatiques du Pléistocène, mais elles peuvent aussi s'exprimer dans un cadre beaucoup plus local comme par exemple une crue exceptionnelle n'affectant seulement qu'un bassin versant bien circonscrit géographiquement. La nécessaire recherche de *phénomènes globaux* dans les transferts superficiels ne doit pas minimiser l'importance des *phénomènes locaux*.

En un point donné de l'espace continental, les formations superficielles représentent le bilan des interactions entre l'érosion et la sédimentation. Mais la comptabilisation des entrées et des sorties de matière ne peut être abordée que par une prise en compte de *la chaîne des transferts* qui s'effectuent de l'amont à l'aval des complexes de surface. Cette approche dynamique globale est nécessaire pour la compréhension des corps sédimentaires de surface. Elle doit constituer la base indispensable à toute entreprise ponctuelle, d'ordre agronomique, archéologique, pédologique, ou d'aménagement de l'espace.

Le rôle économique des formations superficielles abordé sous quelques aspects dans la dernière partie de l'ouvrage fait apparaître la nécessité d'une *gestion raisonnée* de ces complexes naturels dont l'exploitation aveugle peut entraîner la destruction de l'équilibre précaire auquel est liée leur existence.

Index

MASSON, Éditeur
120, bd Saint-Germain
75280 Paris Cedex 06
Dépôt légal : février 1989

Corlet, Imprimeur, S.A.
14110 Condé-sur-Noireau
N° d'Imprimeur : 4121
Dépôt légal : janvier 1989